Frank Adloff
Eckhard Priller
Rupert Graf Strachwitz
(Hrsg.)

Prosoziales Verhalten

Maecenata Schriften Band 8

Frank Adloff
Eckhard Priller
Rupert Graf Strachwitz (Hrsg.)

Prosoziales Verhalten

Spenden in interdisziplinärer Perspektive

Lucius & Lucius · Stuttgart · 2010

Mitarbeit/Redaktion: Amanda Groschke

Bibliografische Information der Deutschen Nationalbibliothek

Die Deutsche Nationalbibliothek verzeichnet diese Publikation in der
Deutschen Nationalbibliografie; detaillierte bibliografische Daten sind im Internet über
http://dnb.d-nb.de abrufbar

ISBN 978-3-8282-0507-9

Satz: Sibylle Egger, Stuttgart
Umschlaggestaltung: I. Devaux, Stuttgart
Druck und Bindung: Rosch-Buch, Scheßlitz

Vorwort

Am 4. August 2010 haben zwei der reichsten Männer der Welt, Bill Gates und Warren Buffett die Medien mit der Nachricht überrascht, eine große Zahl amerikanischer Milliardäre hätten sich verpflichtet, die Hälfte ihres Vermögens für Zwecke des allgemeinen Wohls zu spenden. Die Nachricht hat weltweit eine Diskussion über den Stellenwert privater philanthropischer Initiativen ausgelöst. Die Kommentare reichten von geradezu euphorischer Zustimmung bis zu großer Skepsis. In Deutschland scheint die Skepsis zu überwiegen. Das Potenzial freiwilligen persönlichen Handelns wird vielfach nicht als positive Herausforderung, sondern als Gefährdung des überkommenen, staatlich gestalteten Wohlfahrtssystems gesehen. Dies erscheint um so weniger einleuchtend, als die Akteure des Staates selbst nicht müde werden, freiwillige Beiträge zur Finanzierung von Gemeinwohlaufgaben einzufordern und durchaus eine Verpflichtung wohlhabenderer Bürgerinnen und Bürger unterstellen, für diese Aufgaben zu spenden.

Weiterführende Gedanken und fundierte Analysen zum Spendenverhalten bleiben bei dieser populistischen Diskussion weitgehend auf der Strecke. Um so dringender ist daher das wissenschaftliche Desiderat, die Grundlagen dieses offenkundig wichtigen Teils der Lebenswirklichkeit aus verschiedenen Perspektiven zu beleuchten. Diesem Ziel diente schon im September 2009 eine Tagung im Wissenschaftszentrum Berlin für Sozialforschung (WZB), die Vertreter unterschiedlicher wissenschaftlicher Disziplinen zu diesem Thema zusammenführte.

Ein Teil der dort gehaltenen Vorträge kann nun, angereichert durch weitere Beiträge, als Sammelband vorgelegt werden. Die Organisatoren der Tagung verantworten die Herausgabe, für die redaktionelle Betreuung ist Frau Amanda Groschke, die ebenfalls bereits die Tagung betreut hat, herzlich gedankt.

Die Tagung wurde seinerzeit von der Schmölders-Stiftung, der Dr. Eckart und Mariette Knaul-Stiftung und dem Förderverein Zivilgesellschaftsforschung e.V. gefördert. Die Herausgabe des Bandes ermöglichen u. a. der Deutsche Spendenrat und die Quelle Innovationsstiftung. Allen Förderern sei an dieser Stelle nochmals ausdrücklich gedankt.

Die Herausgeber hoffen, mit dem nicht leichten Versuch, ganz unterschiedliche Blickweisen auf das Phänomen des Spendens einen Beitrag dazu zu leisten, dass diese Thematik in der wissenschaftlichen, politischen und praktischen Diskussion durchaus kontrovers, aber letztlich weiterführend begleitet wird.

Berlin, September 2010 — Die Herausgeber

Beiträge

Historisch-politische Kontexte

Empirische Sondierung

Die Praxis der Organisation

Theoretische Perspektiven

Historisch-politische Kontexte

Spenden und bürgerschaftliches Engagement: Aspekte einer politischen Kontextualisierung

von Rupert Graf Strachwitz

Einführung

Zwischen dem 6. und dem 4. Jahrhundert v. Chr. fand, so die These der Religionswissenschaftlerin Karen Armstrong, eine „Große Transformation" von weltgeschichtlichem Ausmaß statt (Armstrong 2006). Menschen erweiterten ihr prosoziales Verhalten um die Dimension von Adressaten außerhalb ihrer familiären Bindungen – und dies weltweit, theoretisch begründet durch Sokrates, Jeremia, Buddha und Konfuzius. Die Autorin behauptet nicht, dieser Paradigmenwechsel habe in einer Kultur begonnen und sei von den anderen übernommen worden oder sei abgestimmt vonstatten gegangen. Sie weist lediglich auf das erstaunliche Phänomen hin, dass seit dieser Zeit freiwilliges prosoziales Verhalten Einzelner zugunsten Fremder in allen untersuchten Kulturen normativ eingefordert wird und empirisch nachweisbar erscheint.

In der Tat finden wir seit dieser Zeit in den ethischen Vorgaben aller großen Religionsstifter, aber auch in allen normativen Setzungen von Reichs- oder Staatengründern ebenso wie von Theoretikern politischer Ordnung das Gebot des Spendens oder Almosens. Das Beispiel des Neuen Testaments ist bekannt (Luk. 18, 18-27; Matth. 19, 19-26; Mark. 10, 17-27. S. hierzu: Voß 1993, 126). Beispielhaft sei hier auch das Gebot des *zakat* angeführt, der dritten der fünf Säulen des Islam. „Die traditionelle Machtbasis des Freiwilligen Sektors ist [...] die vorgeschriebene Spende des *zakat* (üblicherweise 2,5% des liquiden Vermögens im Jahr)." (Montagu 2010: 82, Übers. d. Verf.).

In diesem Beitrag soll nur insoweit die Frage der Freiwilligkeit im Sinne einer endogenen oder exogenen Motivation solcher Spenden angesprochen werden, als sie die Konstanz des Spendens als Erscheinungsform prosozialen Verhaltens in ihrer politischen Relevanz illustrieren kann. Unterschiede und Entwicklungen sind freilich nicht zu übersehen. So ist beispielsweise eine universell religiös bestimmte Motivierung einem säkular-offenen Motivmix gewichen, in dem sich religiöse und humanistische Motive finden können, aber nicht müssen. Die Linderung unmittelbarer menschlicher Not tritt in jüngerer Zeit als Ziel des Spendens hinter den Anspruch auf Veränderung negativ beurteilter Verhältnisse, den Beitrag zum sozialen Wandel zurück. Die Norm der Unauffälligkeit des Spendenvorgangs ist einer beabsichtigten Auffälligkeit gewichen; aus dem „Tue Gutes, aber rede nicht darüber!" ist ein weithin propagiertes „Tue Gutes und rede darüber!" geworden, vorgeblich als Anstiftung zur Nachahmung im Sinne der guten Sache, daneben wohl auch zur Erlangung zeitnaher Anerkennung. Biologen, Anthropologen, Historiker, Soziologen und Politikwissenschaftler sind sich dennoch heute darüber einig, dass das Geben oder Schenken eine Konstante darstellt, die in jeder Gesellschaft aufscheint (Hogan 2010: 98). Das Schenken ist sogar bei Primaten zu beobachten (Godelier 1999) und neuerdings von Neurobiologen im Gehirn lokalisiert worden.

Dieses Schenken ist mit dem Gegenargument des Eigeninteresses konfrontiert. Über den Gabentausch, das heißt die Erwartung, für das Geschenk eine wie immer geartete Gegenleistung zu erhalten, ist viel gerätselt worden (Klie u.a. 2009: 27). Am deutlichsten kommt dies im Modell des *warm glow* zum Ausdruck. „*Warm Glow* beschreibt das Gefühl einer persönlichen inneren Befriedigung, das ein Individuum während oder nach dem Akt des Gebens verspürt. Die Gabe ist dementsprechend nicht altruistischer Natur, sie wird vielmehr durch den durchaus egoistischen Wunsch nach dem Konsum eines privaten Gutes, nämlich des *Warm Glow*, motiviert." (Kotzebue und Wigger 2006: 23).

Zu dieser intrinsischen Gegenleistung treten extrinsische Erwartungen hinzu. Der Ehrgeiz von Spendern, nicht nur gesellschaftliche Reputation zu spenden, sondern diese auch durch das Spenden zu erlangen oder zu erhöhen, scheint zu den Konstanten des Spendens zu gehören, übrigens schon in der Antike. Die Gegenleistung muss nach dieser Logik nicht materieller Natur sein. Diesem Einwand, der darauf hinausläuft, dass zwischen Geschenk und Tausch kein prinzipieller Unterschied besteht, wird entgegengehalten, dass im Tausch Leistung und Gegenleistung vorher bestimmt werden. Wer eine Ware oder Dienstleistung erwerben möchte, tauscht dafür eine vorher vereinbarte ein. Wer schenkt, mag dagegen zwar damit bestimmte Erwartungen verbinden; ob sie aber und gar in der erhofften Weise erfüllt werden, auch ob sie der Beschenkte oder ein vorher nicht bekannter Dritter erfüllt, bleibt offen, was einen grundsätzlichen Unterschied markiert. Damit geben sich Verfechter der Gabentausch-Theorie allerdings nicht zufrieden. Hätten sie Recht, wäre dies allerdings nicht nur für die Beziehungen unter Individuen von Bedeutung, sondern würde auch die Argumentation in Frage stellen, dass es neben Staat und Markt eine dritte Arena gesellschaftlich wirksamen Handelns gibt, die einer völlig anderen, wesentlich vom Schenken bestimmten Handlungslogik unterliegt (Offe 2002: 274) und wesentlich zum Erfolg eines gesellschaftlichen Arrangements beiträgt.

Reziprozitätsmechanismen sind in der Spendenforschung, gerade in jüngerer Zeit, vielfach untersucht worden (Enquete-Kommission 2002: 122f.). Adloff und Mau (2005) haben sich mit der Abwägung zwischen altruistischen und eigennützigen Motiven auseinandergesetzt und versucht, den unlösbar erscheinenden Knäuel von unterschiedlichen Motiven aufzulösen. Sie sind dabei der Schwierigkeit begegnet, dass sich die zahlreichen Motive so ohne weiteres der einen oder andere Kategorie gar nicht zuordnen lassen. Ist dies bei dem Motiv der Verbesserung der Reputation noch relativ eindeutig, so ist schon das altchristliche Motiv der Erlangung ewigen Seelenheils bei genauerem Hinsehen nicht nur eigennützig, die Ermöglichung des Schulbaus in einem afrikanischen Land möglichweise nicht nur altruistisch bestimmt.

Hier soll es im Folgenden um die politischen Kontexte gehen, in denen Menschen oder auch Unternehmen spenden. Das Spenden, so die Ausgangsthese, ist als Option prosozialen Verhaltens aus der Wirklichkeit der modernen Gesellschaft ebensowenig wegzudenken, wie es aus der vormoderner Gesellschaften hätte weggedacht werden können – unabhängig von der allgemeinen Verfassung der Gesellschaft, vom Wohlstand ihrer Mitglieder und der Verbindlichkeit ihrer normativen Konzepte. Schon deshalb wohnt ihr im Sinne umfassender Ordnungsvorstellungen eine politische Dimension inne. Insofern kann es weniger darum gehen zu fragen, ob eine Gesellschaft ohne Schenken oder Spenden denkbar oder normativ vorzuziehen wäre, sondern eher darum zu untersuchen, unter welchen Voraussetzungen sich die Option des Spendens im Rahmen einer offenen Gesellschaft optimal entfalten und wie sie optimale Wirkungen zeitigen kann.

Die öffentliche Diskussion

Die Wirkung des Spendens ist in der Tat historisch gesehen keineswegs immer positiv gesehen worden. Im 18. Jahrhundert gehörte zu den gegen die Kirche vorgebrachten Argumenten insbesondere der französischen *philosophes*, dass das Sammeln von frewilligen Zuwendungen und deren Verteilung an Bedürftige zu Faulheit und Müßiggang (sowohl der Sammler als auch der Destinatäre) verführe und daher besser verboten werden sollte (Beales 2003: 236). Heute ist der Wert des Spendens im Grundsatz unstrittig, während seine Einbindung in prosoziales Verhalten als Teil bürgerschaftlichen Engagements und die Verteilung des Aufkommens im Sinne eines Beitrags zu strukturellen Veränderungen definiert worden ist.

Im Kontext des modernen bürgerschaftlichen Engagements wird das Spenden von Geld mit dem Spenden von Zeit, Empathie, Reputation und Kreativität, ja sogar von eigenen Organen als ein Ausdruck prosozialen Verhaltens eingeordnet. Was hiervon umfasst wird, ist beispielsweise von der Enquete-Kommission des Bundestags ‚Zukunft des bürgerschaftlichen Engagements' intensiv erarbeitet worden und unterliegt kaum einer Kontroverse (Enquete-Kommission 2002). Der Begriff ‚Bürgerschaftliches Engagement' hat einerseits die Nachfolge des Begriffs ‚Ehrenamt' angetreten, der von vielen „ehrenamtlich" Engagierten als anachronistisch empfunden wurde. Er ist offenkundig umfassender als der Begriff der Freiwilligenarbeit und weniger normativ aufgeladen als andere wie Philanthropie, Solidarität usw. und bringt daher andererseits das Spenden und Stiften (von Vermögenswerten) in einen sinnvollen Bezug zu anderen Ausdrucksformen. Wer der Gesellschaft Zeit oder Ideen oder Empathie oder Vermögenswerte oder sein persönliches Ansehen schenkt, ist, so lässt sich sagen, bürgerschaftlich engagiert.

„Welche Investition ist sinnvoller als eine Investition für die hilfsbedürftigen Menschen unserer Gesellschaft, in bürgerschaftliches Engagement?", fragte demgemäß Bundesfinanzminister Peer Steinbrück rhetorisch, als er 2008 die Reformen des Stiftungs- und Gemeinnützigkeitsrechts verteidigte (Steinbrück 2008: 10). Eine weitere

Frage schloss er an: „Wie und mit wem kann es neben allen staatlichen Maßnahmen gelingen, die sozialen Fliehkräfte einzudämmen, die in den letzten Jahren eher stärker als schwächer geworden sind? Eine überzeugende Antwort lautet seit langem für mich: bürgerschaftliches Engagement. Nur damit können wir eine vitale Bürgergesellschaft schaffen [...]" (Steinbrück 2008:11). Anders als Peter Sloterdijk, der die Idee aufbrachte, alle öffentlichen Ausgaben durch freiwillige Beiträge der Bürgerinnen und Bürger, also durch Spenden zu finanzieren (Sloterdijk 2010)[1], sieht Steinbrück offenkundig ein Nebeneinander von Spenden und zwangsweise eingehobenen Steuern einerseits und von Spenden und anderen Formen bürgerschaftlichen Engagements andererseits. „Die Verantwortung für eine stabile und tolerante Gesellschaft, in der Würde und Freiheit nicht [...] Leerformeln sind, liegt nicht allein beim Staat. [...] Und sie liegt schon gar nicht nur bei denen, die sich ehrenamtlich engagieren. Sie sind kein preiswerter sozialer Reparaturbetrieb des Staates" (Steinbrück 2008: 13).

Nach einem Jahrhundert des europäischen Wohlfahrtsstaates, in dem der Staat tatsächlich die alleinige Gestaltungsmacht für das Wohlergehen seiner Bürgerinnen und Bürger beanspruchte und die Finanzierung im Wege der Umverteilung zwangsweise eingehobener Steuern zu bewerkstelligen suchte, lässt dies aufhorchen. Steinbrück repräsentiert freilich gewiss mit diesen Aussagen die Meinung der Mehrheit der Bürgerinnen und Bürger. Aber Sloterdijks „Gedankenexperiment" (Sloterdijk 2010), mit dem er „eine der wichtigsten psychopolitischen und moralischen Fragen der Zukunft" befruchten will, ist bei aller Exzentrik der Argumentation doch Ausdruck eines tiefer sitzenden Widerstands gegen eine pfadabhängige, 300-jährige Tradition des politischen Denkens. „Ich bin prinzipiell überzeugt, es tut den modernen Gesellschaften nicht gut, wenn man die gebende Dimension in der menschlichen Psyche kleinredet. [...] Die meisten Parteipolitiker interessieren sich sehr wenig für die Gedanken und Gefühle der Leute, deren Geld sie ausgeben. In Steuerfragen denken sie rein etatistisch. Sie glauben an die wohlmeinende Kleptokratie, kaum anders als die Fürsten und die fiskalische Obrigkeit von einst" (ebd.).

Das Kleinreden hat Tradition. Standpunkte wie der von Steinbrück waren und sind, sieht man von Lippenbekenntnissen und Sonntagsreden ab, Ausnahmeerscheinungen. Es erstaunt daher nicht, dass das Spenden von materiellen Werten, überwiegend Geld, in der öffentlichen Wahrnehmung in aller Regel eine Randerscheinung darstellt und allenfalls dann in das Zentrum des Interesses rückt, wenn Einzelfälle positiver oder negativer Art die Aufmerksamkeit der Medien erregen. Das Medieninteresse an zivilgesellschaftlichen Organisationen beschränkt sich nach wie vor auf Spektakuläres, Negatives und die Schnittstelle zum Staat. Eine kontinuierliche, kompetente und ab-

1 Ganz neu ist Sloterdijks Idee nicht. Schon in der 1. Phase der Französischen Revolution (1789) hatte Finanzminister Necker angesichts der Tatsache, dass die Generalstände die Einhebung von Steuern verweigert hatten, einen „patriotischen Beitrag" von jedem wohlsituierten Bürger eingefordert (Beales 2003, 249). Auch der Sozialdruck totalitärer Regime des 20. Jahrhunderts zur Einhebung „freiwilliger" Beiträge der Bürgerinnen und Bürger zur Erfüllung öffentlicher Aufgaben (z. B. im Winterhilfswerk der NS-Regierung) ist bekannt.

gewogene mediale Begleitung zivilgesellschaftlichen Handelns fehlt nach wie vor. Kein Wunder, dass diejenigen Bürgerinnen und Bürger, die sich zur Meinungsbildung auf medienvermittelte Informationen und Bewertung verlassen, eine unverändert klischeehafte und vorurteilsbeladene Meinung von der Lebenswelt der Zivilgesellschaft und dem Umfang und der Bedeutung von Spenden haben, von den zum Spenden führenden Mechanismen und Überlegungen ganz zu schweigen. Dies gilt in besonderem Maße für viele Entscheidungsträger in der Wirtschaft, sodass Programme des *Corporate Social Responsibility* nur in Ausnahmefällen eine inhaltlich hinreichende Qualität besitzen, sondern vielmehr und erfahrungsgemäß zunehmend nach vordergründiger medialer Wirkung gestaltet werden.

Interessanterweise steigt andererseits seit rund zwei Jahrzehnten der Erwartungsdruck auf die freiwilligen Beiträge der Bürger ständig. Immer mehr öffentliche Güter sollen, so ist gerade aus der Politik zu hören, möglichst mit Hilfe von Spenden hergestellt werden. Kaum ein politisch gewolltes Projekt wird heute neu aufgelegt, das nicht zumindest eine Mitfinanzierung durch Unternehmen der Wirtschaft und private Mäzene zum festen Bestandteil des Durchführungskonzepts macht. In diesem Zusammenhang wird ein Diskurs darüber, inwieweit das zu fördernde Projekt eine Förderung überhaupt verdient, fast nie geführt. Und ob im Einzelfall einem Projekt wegen Unvereinbarkeit mit einem grundlegenden politischen Ordnungskonsens eine solche ausdrücklich verweigert werden sollte (Hogan 2010: 98), beschäftigt allenfalls Steuerbehörden und Gerichte, ist aber kaum Thema öffentlicher Diskurse.

Der plötzliche Medienrummel um UNICEF hat auch gezeigt, wie sensibel, zugleich aber auch wie irrational die Öffentlichkeit auf dieses Thema und damit auf Probleme bei großen, die Spenden im Wesentlichen empfangenden zivilgesellschaftlichen Organisationen reagiert. Diese Sensibilität ist freilich nur ein Indiz für eine ganze Kette von Fragestellungen, denen sich das Spenden gegenüber sieht. Zum einen ist die Meinung nicht auszurotten, Spenden bildeten die wesentliche Einnahmequelle zivilgesellschaftlicher Organisationen und dies solle auch so sein. Selbsterwirtschaftung wird nach wie vor öffentlich mit großer Skepsis gesehen und von den Rahmenbedingungen her drastisch beschränkt. Öffentliche Zuwendungen und Kontrakte werden in der Diskussion vielfach ausgeblendet. Die normative Festlegung auf dieses „franziskanische Prinzip“, wonach die Zivilgesellschaft bezüglich ihrer materiellen Ressourcen auf das Betteln angewiesen sein sollte, wird heute selten hinterfragt, obwohl normative Alternativen durchaus und schon lange modellhaft bestehen. So gründet sich die eigene Erwirtschaftung von Erträgen aus der gemeinwohlorientierten Arbeit, sowohl zur Subsistenz der Arbeitenden als auch zur Verteilung an Bedürftige in der Form des „benediktinische(n) Prinzip(s)“ (Bilgri 1999) ebenso und schon länger auf religiös unterlegte kulturelle Traditionen. Dennoch beharren viele Spender auf dem Gefühl, sie würden gemeinnütziges Handeln durch ihre Spenden erst ermöglichen, während andere dies angesichts des Umfangs der Aufgaben für von vornherein aussichtslos halten und sich daher des Spendens enthalten.

Bedingt durch Erwartungen, öffentliche Diskussionen und ihre konstante Finanznot, aber auch durch das Desinteresse für andere Aspekte zivilgesellschaftlicher Tätigkeit droht die Zivilgesellschaft zum zweiten in ihrem eigenen Selbstverständnis viel zu stark von ihrer Einnahmeseite und ihrem Zwang, Spenden akquirieren zu müssen, beherrscht zu werden. Nicht, wer einen besonders innovativen Ansatz verfolgt oder ideell besonders achtunggebietend erscheint, gilt in der Regel als erfolgreich, sondern wer ein guter Fundraiser ist. Im Bereich der großen Spenden- und Wohlfahrtsorganisationen hat sich infolgedessen ein Typus von gemeinnützigen Unternehmern herausgebildet, für den sich das Verhältnis zwischen sozialem und materiellem Lohn ganz anders darstellt, als dies von Unbeteiligten vermutet wird. Das durch erfolgreiches Spendensammeln erworbene Ansehen lässt Personen zu Protagonisten zivilgesellschaftlichen Handelns aufsteigen, die weder in der Bereitstellung von Dienstleistungen, noch gar in der Ausübung von Anwalts- oder Wächterfunktionen für öffentlich diskutierte Themen eine besondere Qualifikation nachweisen können. Berühmte Beispiele dafür sind sogenannte „Charity-“ oder „Benefiz-Ladies“, prominente Damen oder Ehefrauen prominenter Männer, die sich „in den Dienst der guten Sache stellen.“ (Walterskirchen 2001: 12)

Schließlich werden Vertrauen und Vertrauensverlust vielfach öffentlich thematisiert. Grundsätzlichem Misstrauen, etwa gegen große Organisationen, die angeblich einen viel zu hohen Teil der Spenden für deren Verwaltung verwenden, steht ein erheblicher, oft durch nichts belegter Vertrauensvorschuss für medial vermittelte Aktionen gegenüber, der durch prominente, aber mit der Thematik oft kaum befasste Vertrauenspersonen weiter gesteigert wird. Eine nüchterne, vergleichende Analyse von Tätigkeitsberichten findet dagegen kaum statt; ihre Vorlage wird nicht einmal eingefordert. Transparenzinitiativen gehen dementsprechend von Insidern, nicht von Wächterorganisationen, Medien oder Politikern aus.

Gegenstände der Debatte

Größere Diskurse, die im Zusammenhang mit dem Spenden anstehen, werden in der Öffentlichkeit schon deswegen klischeehaft und vorurteilsbeladen geführt, weil diese in der Wissenschaft außerhalb eines begrenzten Kreises von auf dieses Thema spezialisierten Forschern kaum angekommen sind. Zivilgesellschafts-, Engagement- oder Spendenforschung sind Spezialgebiete, die vom wissenschaftlichen Mainstream kaum rezipiert werden. So stimmen Ökonomen gern pauschal das Lied der Verschwendung von Spendengeldern an, obwohl ihnen beispielsweise die Thematik des optimalen Ressourceneinsatzes ebenso vertraut sein sollte wie der hierzu notwendige Bedarf an Planungs-, Ausbildungs- und Steuerungsmitteln. Dass auch in der Verteilung von Spendengeldern Transaktionsmaßnahmen zwar einen Teil des Ertrags verbrauchen, die Effektivität aber auch deutlich verbessern können, ist schon hier kaum erkannt. Nimmt man die über Jahrzehnte von den Organisationen selbst geführte Argumentation hinzu, alle Spenden würden ohne Abzug Bedürftigen zufließen, wundert es nicht, dass es der Öffentlichkeit fast nicht vermittelbar ist, dass Spenden, wenn sie sinnvoll eingesetzt werden sollen, eben nicht zu 100 % direkt – was immer das heißen mag – den bedürftigen Letztempfängern zufließen dürfen, sondern dass ein nicht unerheblicher Anteil für Organisationsentwicklung, Ausbildung, Einsatz- und Projektplanung usw. verwendet werden muss, um die langfristige Effektivität des Spendens sicherzustellen.

Ebensowenig wird verstanden, dass etwa nach Naturkatastrophen Hunderte von Millionen Euro nicht innerhalb von Tagen oder wenigen Wochen abfließen können – oder dass es eigentlich sinnvoller wäre, Soforthilfe aus einem bereits vorhandenen Fonds zu finanzieren und Wiederaufbauhilfe strategisch und langsam zu leisten. So stellten beispielsweise allein Bürgerinnen und Bürger der USA, Kanadas, Großbritanniens und Deutschlands für die Opfer des Erdbebens in Haiti bis März 2010 über ein Milliarde Euro zur Verfügung (ICFO 2010). Der bei weitem größte Teil davon kann, soll er einen positiven Effekt haben, nur mittelfristig eingesetzt werden[2]. Verfolgt man aber die Berichterstattung, so fällt auf, dass sich die positive Aufmerksamkeit der Medien auf kleinere Organisationen richtet, die schnellstens und möglichst spontan Hilfe leisten, während andererseits die angeblich mangelhafte Koordination der Organisationen untereinander ein beliebtes Kritikfeld darstellt.

Dass es zwischen dem Spenden von Empathie, Ideen, Geld und Zeit wichtige Zusammenhänge gibt, wird nach wie vor zu wenig gesehen. Messen, aggregieren und argumentativ verwerten lässt sich im Wesentlichen nur das Schenken von Zeit und Geld (s. Sprengel/Strachwitz 2008). Es gibt empirische Befunde sowohl zu dem tatsächlich vorhandenen und angebotenen Engagement, als auch zum gesellschaftlichen Bedarf daran. Dieses Engagement geht keineswegs zurück, sondern steigt, allen Unkenrufen zum Trotz. Allerdings verlagert es sich, weg von den großen, älteren Organisationen, hin zu den neuen und kleinen. Dies macht den großen Sorge. Es kommt nicht von ungefähr, dass ihre Dachverbände erstmals gemeinsam versuchen, ihre Interessen vorzutragen. Auch die Entstehung eines Bundesnetzwerks Bürgerschaftliches Engagement, in dem trisektoral, also unter Einbezug von Staat und Wirtschaft versucht wird, dieses Engagement politisch neu zu positionieren, ist Ausdruck einer sich stark verändernden Engagement-Landschaft. Verändert hat sich auch die Motivation. Wie sich empirisch gut zeigen lässt, lässt diese sich heute mit Begriffen wie Lebenslanges Lernen, Selbstverwirklichung, aber auch Betroffenheit und Altruismus abgreifen,

2 Interessant sind in diesem Zusammenhang die erheblichen Unterschiede zwischen den Ländern:

	Total (M€)	Pro Kopf (€)
USA	653	2,10
Deutschland	195	2,40
Kanada	110	3,30
Großbritannien	100	1,60
Niederlande	68	4,10
Schweiz	55	7,10

Quelle: Pressemitteilung des International Committee on Fundraising Organizations (ICFO), Berlin, 12. März 2010

auch wenn traditionelle, etwa christliche Motive ihre Bedeutung ebenso wenig verloren haben wie die Suche nach Wahrheiten, Solidarität und Humanität. Als nationale Pflicht oder gar Ehre würde hingegen kaum jemand mehr sein Engagement begründen wollen, sieht man einmal von dem Erfolg punktueller Überredungskünste ab. Dies entspricht der weder aufhaltbaren noch steuerbaren Ausdifferenzierung unserer Gesellschaft, dem fast uneingeschränkten Konsens über Toleranz, Respekt und Pluralismus, der Suche nach selbst definierten Gemeinschaften, der Abkehr von Volk und Nation im traditionellen Sinn und letztlich der Attraktivität von Freiwilligkeit, Selbstermächtigung und Selbstorganisation.

All dies bedeutet nicht, dass das Spenden von Geld in seiner Attraktivität gefährdet ist. Vielmehr kreist die Debatte heute um die Schnittmengen verschiedener Optionen. Doch sorgt der niedrige empirische Erkenntnisstand zum Spendenwesen nach wie vor dafür, dass der Diskurs darüber auf niedrigem Niveau stattfindet. Das Zahlenmaterial ist unvollständig, veraltet und vielfach in seiner Ermittlung methodologisch umstritten. Insofern sind Aussagen oft nicht hinreichend valide und schon gar nicht international vergleichbar, werden jedoch, nicht zuletzt von den Verbänden der zivilgesellschaftlichen Organisationen, ohne solche einschränkenden Hinweise verbreitet. Selbst die seit Jahrzehnten geführte Auseinandersetzung zwischen Solidarität und caritativer Hilfe als Ziel des Spendens ist kaum beim Bürger angekommen. Große Anstrengungen und Forschungserfolge (vgl. bspw. Zimmer/Priller 2004) sind durch mangelhafte Finanzierung immer wieder an ihre Grenzen gestoßen.

Ein herausragender Gegenstand der Debatte ist das Verhältnis zwischen einer ökonomischen Funktion des Spendens und anderer freiwilliger Beiträge zum gemeinen Wohl einerseits und ihrer auf Alexis de Tocqueville zurückgehenden Auffassung von der sozialintegrativen und partizipatorischen Funktion. Robert Putnam griff diese Argumentation 1993 erneut auf, als er, gestützt auf Ergebnisse empirischer Untersuchungen, den Zusammenhang zwischen zivilgesellschaftlichem Handeln und Vertrauen analysierte und zum Hauptargument seiner Theorie des Sozialkapitals machte (Putnam 1993, 1999; s. hierzu: Anheier 2005: 372 f.). Skocpol warnt im Anschluss daran davor, dass im Zuge fortschreitender wohlfahrtsstaatlicher Ambitionen auch amerikanischer Regierungen das Tocquevillesche Ideal der partizipativen Gesellschaft marginalisert und durch ein reines Scheckbuch-Engagement ersetzt werde. Dies mache politische Steuerungsmaßnahmen erforderlich (Skocpol 2002).

Der gesetzliche Rahmen

„Kein Buch über den Dienst der Bürger an der Allgemeinheit wäre vollständig, würde es nicht auf die ausschlaggebende Rolle des Staates – seine Gesetze, Verordnungen, Programme und Subventionen – bei der Förderung des gemeinen Wohls und die Bedeutung von Bürgeraktivität zur Sicherstellung einer guten Regierung eingehen.“ (Clinton 2008: 185; Übers. d. Verf.) „Daher kann es einer der wichtigsten Ziele des Spendens von Zeit, Geld, Wissen und Erfahrungen sein, zu versuchen, Politik zu verändern, zu verbessern oder zu verteidigen" (ebd.: 186). Diese Ansichten eines früheren Präsidenten der USA spiegeln eine Seite der Debatte wider, mit der sich das Spenden immer dann konfrontiert sieht, wenn es darum geht, zu erörtern, ob es eines gesetzlichen Rahmens für das Spenden bedarf. Der säkulare Verfassungsstaat kann sich durchaus auf den Standpunkt stellen, das Spenden gehöre zu den Bereichen gesellschaftlichen Lebens, die dem Staat nicht zur Gestaltung oder Verwaltung überantwortet sind. Wer spendet, so setzt sich dieses Argument fort, tut dies aus religiösen, humanistischen, persönlichen oder sonstigen privaten Motiven. Es könne demnach nicht Aufgabe des Staates sein, dies zu fördern oder zu verhindern.

Einige, auch europäische Staaten folgen dieser Argumentation. So sind beispielsweise in Finnland Spenden nicht steuerlich absetzbar. Andere Regierungen, z.B. die norwegische, denken darüber nach, diesem Beispiel zu folgen, weil sie es als inzwischen für zu schwierig erachten, eine sachgemäße Verwendung von Spendenmitteln zu prüfen, während sie sich andererseits wegen des durch die Absetzbarkeit in diesen Spenden anteilig enthaltenen, durch Aufkommensverzicht entstandenen öffentlichen Mitteln, hierzu verpflichtet fühlen. Der deutsche Gesetzgeber hat sich seit Beginn des 20. Jahrhunderts überwiegend, wenn auch mit einigen Ausnahmen (etwa in der Zeit des Nationalsozialismus oder in der DDR) dem Grundsatz verpflichtet gefühlt, dass das Spenden von materiellen Werten mit steuerlichen Anreizen gefördert werden sollte.[3] Es ist nicht zu übersehen, dass das Spenden heute in einen außerordentlich engen Zusammenhang mit diesem Anreizsystem gebracht wird. Von wenigen Ausnahmen abgesehen, etwa Kirchenkollekten, Straßensammlungen oder Spenden im engen persönlichen oder lokalen Umfeld, wird das Spenden an die Ausstellung einer Spendenquittung[4] gekoppelt, und zwar sowohl wegen der steuerlichen Wirkung als auch wegen der dadurch gewissermaßen amtlich bestätigten Vertrauenswürdigkeit des Empfängers.[5] Dass die erteilte Berechtigung zur Ausstellung solcher Quittungen nicht unbedingt tatsächlich Ausweis der Vertrauenswürdigkeit war, wird gemeinhin ausgeblendet.

Politisch erstaunt ein anderer Aspekt des steuerrechtlichen Rahmens. Absetzen kann der in Deutschland steuerpflichtige Bürger seine Spenden (seit 2008 bis zu einer Höhe von 20%) vom steuerpflichtigen Einkommen. Dieses System führt dazu, dass die übliche Systematik der Besteuerung hier umgekehrt wird. Wer mehr verdient, zahlt nicht nur absolut, sondern auch proportional mehr Steuern. Wer aber proportional mehr zahlt, setzt prozentual mehr ab, hat also von seiner Spende proportional einen höheren Steuervorteil. In anderen Ländern (und in Deutschland bei Spenden an poli-

3 Forderungen, auch das Spenden von Zeit in gleicher oder ähnlicher Weise zu fördern, sind immer wieder erhoben, aber ebenso oft zurückgewiesen bzw. nicht befürwortet worden (Enquete Kommission 2002: 632).

4 Korrekt: Zuwendungsbestätigung.

5 Die steuerliche Absetzbarkeit ist davon abhängig, dass die Organisation (in der Gesetzessprache: Körperschaft), die die Zuwendungsbestätigung ausstellt, von einem Finanzamt als steuerbegünstigten Zwecken dienend anerkannt und zur Ausstellung der Bestätigung ermächtigt wurde.

tische Parteien, die einem anderen Regelwerk unterliegen) werden diese von der Steuerschuld abgezogen, wodurch die Gesamtproportionalität erhalten bleibt (Strachwitz u.a. 2005: 26).[6]

Angesichts der langen Geschichte einer staatlichen Aufsicht über das Spendenwesen ist es geradezu erstaunlich, dass die gesetzlichen Rahmenbedingungen des Spendens kaum einen Anhaltspunkt für eine Systematik der Anreizbildung bieten. Zwar konzentriert sich die im amtlichen Sprachgebrauch so genannte „Begünstigung" bestimmter Organisationen im wesentlichen auf den Gesichtspunkt, ob deren Tätigkeit geeignet erscheint, den Staat bei der Bereitstellung von öffentlichen Gütern zu entlasten. Insofern ist der kalkulierte Steuerausfall der Hebel, um Zuwendungen aus versteuertem, zunächst dem Privatgebrauch des Steuerpflichtigen zur Verfügung stehenden Einkommen zu generieren. Historisch musste jedoch die ursprünglich auf soziale Dienste konzentrierte Liste entsprechender Ziele ständig erweitert werden. So geriet bspw. der Sport zu Beginn des Ersten Weltkriegs wegen Förderung der Wehrertüchtigung und vormilitärischen Ausbildung in den Genuss dieser Vorzüge und behielt diese – im Gegensatz zu entsprechenden Regelungen in den meisten anderen Staaten – bis heute, obwohl die damalige Begründung gewiss keine Relevanz mehr besitzt, große Teile des organisierten Vereinssports der persönlichen Gesundheit und Freizeitbeschäftigung dienen und dieser zunehmend in eine Wettbewerbssituation zu gewerblichen Sportangeboten gerät. Allenfalls kann der organisierte Sport heute als Selbsthilfeorganisation[7] eingeschätzt oder wegen seines zweifellos großen Potenzials zur Erreichung gesellschaftlicher Metaziele wie Betreuung Jugendlicher, Integration von Randgruppen, Förderung gesellschaftlicher Kohäsion und dergleichen als förderungswürdig betrachtet werden. Ob und in welchem Rahmen sich der Steueraufkommensverzicht und wenn ja, aus welchen Gründen auch auf solche Organisationen erstrecken sollte, bleibt undiskutiert und wird vom politischen Druck von Millionen von vereinsmäßig organisierten Freizeitsportlern in den Hintergrund der Überlegungen verdrängt. Dabei lässt sich durchaus argumentieren, dass die sozialintegrative Wirkung gemeinsamen Sporttreibens ein gesellschaftliches Anliegen von hoher Priorität darstellt.

6 Innerhalb der Europäischen Union bestehen z. Zt. sechs grundsätzlich unterschiedliche Systeme der steuerlichen Berücksichtigung von Spenden (Strachwitz u.a. 2005: 26):
- Abzug vom steuerpflichtigen Einkommen (z.B. Deutschland),
- Abzug von der Steuerschuld (z.B. Frankreich),
- Zuschlag auf die Nettospende aus dem Steueraufkommen anhand der Steuerpflicht des Spenders (z.B. Großbritannien),
- Möglichkeit der Zweckbindung von Steueranteilen zugunsten von anerkannten zivilgesellschaftlichen Organisationen (z.B. Italien, Ungarn),
- keine Abzugsmöglichkeit (z.B. Finnland),
- Besteuerung von Spenden (z.B. Griechenland).

7 Die Europäische Kommission hat in einer Mitteilung über die Rolle der Vereine und Stiftungen in Europa diese von ihrer Aufgabenstellung in Dienstleister, Themenanwälte *(advocacy groups)*, Selbsthilfeorganisationen und Mittlerorganisationen eingeteilt (Europäische Kommission 1998).

Bei der Beurteilung der Frage, ob eine Organisation in dem Maße dem allgemeinen Wohl dient, dass es gerechtfertigt erscheint, Spendern steuerliche Vorteile einzuräumen, stellt die deutsche Gesetzgebung auf die von dieser Organisation verfolgten Zwecke ab. Ähnlich verfahren die meisten anderen Staaten, obwohl die Beurteilung im Einzelnen oft schwierig erscheint. Die Beurteilung nach anderen Kriterien wäre in manchem klarer. So ist zum Beispiel der sog. *nonprofit constraint*, das heißt das absolute Verbot, Überschüsse an Mitglieder, Eigentümer, Mitarbeiter usw. auszuschütten, eine Unterscheidung, die leichter zu treffen ist (Strachwitz u.a. 2005: 21f.). Bleibt man aber bei den Zwecken als wesentliches Kriterium, müssen diese systematisch und nachvollziehbar aufgelistet werden. Dies ist beispielsweise durch die im Rahmen des Johns Hopkins Comparative Nonprofit Sector Project entwickelte und seitdem weithin verwendete *International Classification for Nonprofit Organizations* (ICNPO) geschehen (Salamon u.a. 1999: 468). ICNPO listet folgende Hauptkategorien, jeweils mit mehreren Unterkategorien auf:

1. Kultur, Freizeit, Sport
2. Bildung und Wissenschaft
3. Gesundheit
4. Soziale Dienste
5. Umwelt
6. Internationale Entwicklung
7. Bürger- und Menschenrechte
8. Philanthropie
9. Völkerverständigung
10. Religion
11. Berufsorganisation
12. Andere

Diese Liste hat durchaus Kritik auf sich gezogen, erfüllt aber zumindest die Voraussetzung einer Systematik, die erkennen lässt, welche Ziele gemeinwohlorientiertes Handeln verfolgen muss, um von der Allgemeinheit durch steuerliche Anreize gefördert zu werden. Die nachfolgende Tabelle zeigt hingegen die aktuell gültige Liste der Zwecke, zugunsten derer in Deutschland Spenden an steuerbegünstigte Körperschaften vom Spender steuerlich mit bis zu 20% vom steuerpflichtigen Einkommen bzw. Gewinn abgesetzt werden können.

Tabelle 1: Wegen Förderung der Allgemeinheit als steuerbegünstigt anzuerkennende Zwecke gem. § 51 Abs. 2 AO (Neufassung 2007)

1.	die Förderung von Wissenschaft und Forschung;
2.	die Förderung der Religion;
3.	die Förderung des öffentlichen Gesundheitswesens und der öffentlichen Gesundheitspflege, insbesondere die Verhütung und Bekämpfung von übertragbaren Krankheiten, auch durch Krankenhäuser im Sinne des § 67, und von Tierseuchen;

4.	die Förderung der Jugend- und Altenhilfe;
5.	die Förderung von Kunst und Kultur;
6.	die Förderung des Denkmalschutzes und der Denkmalpflege;
7.	die Förderung der Erziehung, Volks- und Berufsbildung einschließlich der Studentenhilfe;
8.	die Förderung des Naturschutzes und der Landschaftspflege im Sinne des Bundesnaturschutzgesetzes und der Naturschutzgesetze der Länder, des Umweltschutzes, des Küstenschutzes und des Hochwasserschutzes;
9.	die Förderung des Wohlfahrtswesens, insbesondere der Zwecke der amtlich anerkannten Verbände der freien Wohlfahrtspflege (§ 23 der Umsatzsteuer-Durchführungsverordnung), ihrer Unterverbände und ihrer angeschlossenen Einrichtungen und Anstalten;
10.	die Förderung der Hilfe für politisch, rassisch oder religiös Verfolgte, für Flüchtlinge, Vertriebene, Aussiedler, Spätaussiedler, Kriegsopfer, Kriegshinterbliebene, Kriegsbeschädigte und Kriegsgefangene, Zivilbeschädigte und Behinderte sowie Hilfe für Opfer von Straftaten; Förderung des Andenkens an Verfolgte, Kriegs- und Katastrophenopfer; Förderung des Suchdienstes für Vermisste;
11.	die Förderung der Rettung aus Lebensgefahr;
12.	die Förderung des Feuer-, Arbeits-, Katastrophen- und Zivilschutzes sowie der Unfallverhütung;
13.	die Förderung internationaler Gesinnung, der Toleranz auf allen Gebieten der Kultur und des Völkerverständigungsgedankens;
14.	die Förderung des Tierschutzes;
15.	die Förderung der Entwicklungszusammenarbeit;
16.	die Förderung von Verbraucherberatung und Verbraucherschutz;
17.	die Förderung der Fürsorge für Strafgefangene und ehemalige Strafgefangene;
18.	die Förderung der Gleichberechtigung von Frauen und Männern;
19.	die Förderung des Schutzes von Ehe und Familie;
20.	die Förderung der Kriminalprävention;
21.	die Förderung des Sports (Schach gilt als Sport);
22.	die Förderung der Heimatpflege und Heimatkunde;
23.	die Förderung der Tierzucht, der Pflanzenzucht, der Kleingärtnerei, des traditionellen Brauchtums einschließlich des Karnevals, der Fastnacht und des Faschings, der Soldaten- und Reservistenbetreuung, des Amateurfunkens, des Modellflugs und des Hundesports;
24.	die allgemeine Förderung des demokratischen Staatswesens im Geltungsbereich dieses Gesetzes; hierzu gehören nicht Bestrebungen, die nur bestimmte Einzelinteressen staatsbürgerlicher Art verfolgen oder die auf den kommunalpolitischen Bereich beschränkt sind;
25.	die Förderung des bürgerschaftlichen Engagements zugunsten gemeinnütziger, mildtätiger und kirchlicher Zwecke.

Bundesgesetzblatt 2007 Teil I Nr. 50 v. 15. Oktober 2007

Die Liste, die erst 2007 geringfügig überarbeitet und an neuer Stelle in die Abgabenordnung eingefügt wurde, offenbart den Mangel an Systematik in eklatanter Weise, auf den schon der Abschlussbericht der Enquete-Kommission eindringlich hingewiesen hatte (Enquete-Kommission 2002: 630). Langfristige und theoretisch fundierte Bezugspunkte einer Spendenpolitik fehlen vollständig. Wie gering das Interesse ist, hieran etwas zu ändern, zeigt beispielsweise, dass eine Entscheidung des Bundesfinanzhofs von 1978(!)[8], wonach auch die Förderung der Friedhofskultur einen gemeinnützigen Zweck darstellt, bis heute nicht in die Liste eingearbeitet wurde.

Versucht man, diese Liste ohne Abzüge oder Hinzufügungen systematisch zu ordnen, ergibt sich folgendes Bild:

Tabelle 2: Gemeinnützige Zwecke (Versuch einer Systematisierung)

Religion	für religiöse Zwecke für kirchliche Zwecke
Menschenrechte, Bürgerrechte, Grundrechte	für das bürgerschaftliche Engagement, für das demokratische Staatswesen, für die Gleichberechtigung von Männern und Frauen, für den Schutz von Ehe und Familie, für den Verbraucherschutz, für politisch, rassisch und religiös Verfolgte, für Flüchtlinge, für die Opfer von Straftaten,
Kultur	für Kunst, Kultur und Denkmalpflege, für Heimat- und Brauchtumspflege, für Toleranz auf allen Gebieten der Kultur,
Soziale Zwecke	für soziale Zwecke, für die Jugendhilfe, für die Altenhilfe, für das Gesundheitswesen, für den Katastrophen- und Zivilschutz,
Sport	für den Sport,
Bildung, Wissenschaft	für Wissenschaft und Forschung, für Bildung, Ausbildung und Erziehung,
Transnationale Ziele	für eine internationale Gesinnung, für die Völkerverständigung, für die Entwicklungszusammenarbeit,
Natur, Umwelt	für den Natur- und Umweltschutz, für den Tierschutz, für Tierzucht und Pflanzenzucht.

Zusammenstellung d. Verf.

8 BFH v. 14. 12. 1978 – I R 122/76 (BStBl 1979 II, S. 491).

Auch dieses System enthält jedoch noch keinen Ansatz für eine Beurteilung, was eigentlich aus Sicht der Politik spendenwürdig erscheint und wofür möglicherweise steuerliche Anreize gewährt werden sollten. Es verwundert daher nicht, dass zahlreiche gemeinnützige Dienstleister Schwierigkeiten mit den strengen Wettbewerbsregeln der Europäischen Union haben, die zum Teil nur Wege des politischen Kompromisses aus dem Weg geräumt werden können, während andererseits politisch aktive Gruppen, die sich der Politik des Staates entgegenstellen, riskieren, dass ihnen das Privileg, Spendenquittungen ausstellen zu können, entzogen wird. Seit 2008 verlangt der Gesetzgeber, dass die Tätigkeit gemeinnütziger Organisationen im Ausland zugleich dem Ansehen der Bundesrepublik Deutschland im Ausland dienen müsse, um anerkannt zu bleiben – ein in hohem Maß politisch manipulierbares Kriterium. 2009 musste sich die Finanzverwaltung zwar einem Urteil des Europäischen Gerichtshofes beugen, wonach Spenden auch dann grundsätzlich absetzbar sind, wenn sie an vergleichbare Organisationen in anderen Mitgliedsländern der EU und des Europäischen Wirtschaftsraum geleistet werden, knüpfte aber daran so enge Bestimmungen zur Kontrolle über diese, dass der Sinn des Urteils dadurch im Grunde ausgehebelt wird.

In der politischen Diskussion der Jahre 2009 und 2010 spielt vor allem die Frage eine Rolle, wie die Attraktivität von Zeit- und Geldspenden zugunsten von sozialen Dienstleistungen erhöht werden kann. Deren Finanzierung steht dabei im Mittelpunkt der Überlegungen. Die zweite Ebene der Effekte des Spendens, d.h. etwa die Schaffung von Voraussetzungen für bürgerschaftliches Engagement, die demokratiefördernde Wirkung von selbst ermächtigtem Handeln oder die Einforderung oder Verteidigung von Werten, auf die Clinton (2008, 186) Bezug nimmt, wird hierbei kaum in den Blick genommen. Eine dritte Ebene der gesellschaftspolitischen Aspekte von bürgerschaftlichem Engagement wie Inklusion, Integration, Partizipation, Demokratieentwicklung oder Herstellung von sozialem Kapital (Putnam 2001), die angesichts der Herausforderungen, vor der moderne Gesellschaften stehen, höherrangig, aber angesichts des fiskalischen und materiellen Drucks auf die Organisationen ohnehin sehr schwer durchsetzbar erscheinen (Braun 2009, 85f.), wird ebensowenig durch fiskalpolitische Maßnahmen begünstigt.

Politik und Verwaltung handeln, so ist zu folgern, was Rahmenbedingungen der Zivilgesellschaft betrifft, nach fiskalischen, etatistischen oder Klientelinteressen, oft auch nach einem undurchschaubaren Geflecht zwischen diesen und haben an einer politischen Neujustierung dieses Aspekts der gesellschaftlichen Realität kein Interesse. Es verwundert daher nicht, dass die Bundesregierung 2010 auf eine Kleine Anfrage von Mitgliedern des Bundestages weder zur Zahl der Organisationen, die berechtigt sind, Zuwendungsbestätigungen auszustellen noch zu anderen Einzelheiten des Spendenwesens konkrete Angaben machen konnte[9] - ein offenkundiger Kontrast zu zahlreichen anderen Feldern des Staatshandelns, zu denen akribisch Daten gesam-

9 Kleine Anfrage: Bundestagsdrucksache 17/1515; Antwort der Bundesregierung: Bundestagsdrucksache 17/1712 v. 11. Mai 2010.

melt und aggregiert werden. Erst seit wenigen Jahren verarbeitet das Statistische Bundesamt zumindest die Daten der Steuerverwaltung. Die Ergebnisse sind interessant und reizen zu weitergehenden Fragen (Buschle 2009).

Dem Bürger fehlt genau das moderne, zivilgesellschaftlich orientierte Kriteriengerüst für sein persönliches Spenden, das er vielfach erwartet, wenn er die von der Finanzverwaltung bescheinigte Gemeinnützigkeit zum Maßstab seines Spendenverhaltens macht. Ob die Finanzverwaltung auf Grund ihrer Aufgabenstellung überhaupt die richtige Stelle ist, um in dieser Weise gestalterisch zu intervenieren, muss angesichts der konservativen und pfadabhängigen Entwicklung der Liste steuerbegünstigter Zwecke bezweifelt werden. Insofern ist von einem typischen Fall des Staatsversagens zu sprechen.

Die Forschungsagenda

Von der Forderung des *zakat* (2,5% des Vermögens im Jahr) oder dem biblischen Zehnten (10% des Einkommens) ist das Spendenverhalten der deutschen Durchschnittsbürger weit entfernt. Es liegt schätzungsweise bei 0,31% des Einkommens unter Einschluss der Spenden an religiöse Organisationen (Reimer 2006: 44). Ob dies, wie oft behauptet wird, an der gegenüber biblischen Verhältnissen in der Tat hohen Steuerlast liegt, ist wenig erforscht. Internationale Vergleichzahlen stützen diese Argumentation nicht in vollem Umfang (Bosch 2007: 37).

Die Frage, warum gespendet wird, findet heute unterschiedliche Antworten. Ob und inwieweit es Schnittmengen zwischen traditionellen und neueren Motiven gibt, welche eher überwiegen und inwieweit es Motivgruppen gibt, ist unerforscht und, noch wichtiger, für die Erreichung politischer Spendenziele nicht aufgearbeitet. Es wird eine allgemeine Spendenbereitschaft unterstellt, mehr noch, es wird angenommen, dass sich diese unter politische Absichten subsumieren lässt. Ob einzelne Motive hierfür mehr oder weniger geeignet erscheinen, womöglich kontraproduktiv wirken oder zu ihrer Entfaltung nicht unerheblicher Korrekturen der traditionellen Spendenpolitik erforderlich erscheinen lassen, wird weder gefragt noch gar untersucht. So bleibt die Frage unbeantwortet, ob und unter welchen Bedingungen Bürgerinnen und Bürger deutlich mehr spenden würden als zurzeit. So werden Vergleichszahlen aus anderen Ländern, die etwa für die USA ein Gesamtspendenaufkommen von über 300 Milliarden US-Dollar ausweisen, sehr allgemein (und in Teilen unzutreffend) mit amerikanischen Traditionen und anderer Steuergesetzgebung erklärt. Ernsthafte Erklärungsversuche fehlen.

Bei aller Widersprüchlichlichkeit der Zahlen scheint festzustehen, dass das Spendenaufkommen in der Bundesrepublik Deutschland seit 1990 trotz einer um rd. 25% gestiegenen Bevölkerung, trotz eines erheblich gewachsenen Volksvermögens, trotz Inflation, trotz eines erheblich professionalisierten Fundraising-Gewerbes und trotz drei seit 1998 in Kraft gesetzten gesetzlichen Anreiz-Maßnahmen nominal nicht wesentlich gestiegen ist (Alscher u.a. 2009: 55). Von 2006 auf 2007 ist das Aufkommen gesunken (Buschle 2009: 42). Ob also steuerliche Anreizsysteme in diesem Bereich überhaupt die Wirkung entfalten, die ihnen zugemessen wird, ist daher als zweifelhaft anzusehen. Am ehesten haben sie vermutlich eine katalytische Wirkung, die von der Höhe des eigentlichen Nachlasses relativ unabhängig ist. Valide Untersuchungen hierzu fehlen. Insbesondere muss interessieren, ob sich die Wirkung von Anreizsystemen nach Sektoren, Organisationstypen oder anderen Kriterien differenzieren lässt, da nur so ein Feintuning solcher Systeme möglich wäre. So ist beispielsweise nicht klar, ob die Stiftern und Zustiftern seit 2000 eingeräumten, seit 2007 erheblich erweiterten erheblichen zusätzlichen Absetzmöglichkeiten diese tatsächlich in dem Maße zum Stiften motiviert haben wie dies die Entwicklung der Neugründungen vordergründig zu zeigen scheint. Dagegen sprächen beispielsweise der erheblich gestiegene Bekanntheitsgrad des Spendeninstruments Stiftung, der Nachahmungseffekt oder das bis 2008 stark angestiegene Vermögen in der Hand einzelner Bürgerinnen und Bürger.

Ebensowenig untersucht ist die Frage, welche Unterschiede zwischen Empfängern bestehen, die tatsächlich ihre Tätigkeit ausschließlich durch Spenden finanzieren und solchen, für die die Spenden nur einen kleinen Teil ihrer im Übrigen durch Leistungsentgelte und Subventionen dominierten Einnahmen darstellen. Bedingen beispielsweise Spenden öffentliche Subventionen für in den Organisationen entwickelte Projekte, wie es der oft geforderte Eigenmittelanteil nahelegt, oder werden Spenden dadurch für Aufgaben verwendet, für die ein Anspruch auf Finanzierung aus öffentlichen Mitteln besteht? Ein noch nicht veröffentlichter Laborversuch des Zentrums für Europäische Wirtschaftsforschung scheint die Annahme zu stützen, dass kleine, finanziell schwächere Organisationen Spenden leichter akquirieren können als große, etablierte Verbände (Süddeutsche Zeitung 2009: 19). Dies würde den Trend bestätigen, dass im politischen wie im zivilgesellschaftlichen Bereich kleinere Organismen mehr Vertrauen genießen und deshalb größeren vorgezogen werden. Dass Politik und Verwaltung hieraus irgendwelche Konsequenzen ziehen, ist nicht erkennbar. Umso wichtiger erscheint es, diese Zusammenhänge näher zu untersuchen.

Schwer zu beantworten ist schließlich die Frage, ob die deutliche Präferierung von Spenden zugunsten wohlfahrtsstaatlicher Programme oder anderer Pflicht- oder Quasi-Pflichtaufgaben des Staates gesellschaftspolitisch vertretbar ist. Angesichts zunehmender Schwächen des Parteien- und Verwaltungsstaates liegt eine parallele zivilgesellschaftliche Demokratieentwicklung möglicherweise sehr viel eher im langfristigen politischen Interesse der Bürgerinnen und Bürger ebenso wie ihrer politischen Führer. Prozessen dieser Art eine vernünftige Eigenfinanzierung zu ermöglichen, könnte sich als erfolgreicher erweisen, als kurzfristig Haushaltslöcher durch freiwillige Beiträge stopfen zu wollen.

Die Bundesregierung redet seit 1998 viel vom Spenden und bürgerschaftlichen Engagement. Zunehmend scheint es ihr aber darum zu gehen, durch freiwillige Beiträge das Defizit auszugleichen, das zur Deckung der Ausgaben angeblich benötigt wird und durch Steuern nicht mehr hereinzuholen ist. Dieser Versuch ist schon wegen der Dimensionen, um die es geht, zum Scheitern verurteilt. Was sich hingegen im Spenden tatsächlich ausdrückt, woher sich der Impuls dazu speist und auf was es letztlich abzielt, ist bislang nur ansatzweise erforscht.

Der einhelligen Forderung der Wissenschaft nach Erarbeitung rationaler Kriterien für Spendenentscheidungen, insbesondere einer vollständigen öffentlichen Rechenschaftslegung, stehen Berichte erfolgreicher Spendenorganisationen gegenüber, dass nach wie vor irrationale, emotionale Motive im Vordergrund stehen. Sachlich inkompetente, aber medial positiv besetzte Prominente seien sogar noch zugkräftiger als im Bild dargestellte Betroffene. Tiefergehende Analysen erscheinen notwendig, zumal in typischen Empfängerländern internationaler Hilfe die Darstellung von Betroffenen als Marketing-Instrument zur Spendeneinwerbung zunehmend scharf als Herabwürdigung der dargestellten Personen kritisiert wird. Die Bedeutung des Vertrauens in die sinnvolle Verwendung der Spenden wird infolgedessen voraussichtlich steigen, ohne dass der Spender hierfür substantiierte und nachvollziehbare Kriterien zur Hand hat. Zu einer Forschungsagenda zum Spenden würde daher auch die Eröffnung eines qualifizierten Diskurses im Sinne einer *Donor Education* gehören, mit dem Ziel, einerseits für politische Entscheidungsträger Kriterien der Spendensteuerung, andererseits aber auch für Spender Kriterien der Spendenentscheidung zu entwickeln, die bei voller Würdigung des emotionalen Begründungsanteils eine rationale Beurteilung von Spendenbitten und sachgerechte Entscheidung darüber zu entwickeln.

Ausblick

Die Vorstellung, der Staat sei die oberste Instanz der Lebensgestaltung, oder alles sei über die Mechanismen des Staates zu entwickeln, ist nicht erst seit kurzem umstritten. Insofern ist die Entwicklung von drei Arenen gesellschaftlichen Handelns und des Verhältnisses zwischen ihnen primär keine Frage des Rechts, schon gar nicht des Zwangs, sondern ein auf Aktion und Interaktion von Bürgerinnen und Bürgern aufbauender Prozess. Dies gilt nicht nur für die Arena des Geschenks, aber gerade auch für diese.

Seit den 1960er Jahren sind Initiativen, die für eine Sache eintreten, im politischen Leben immer präsenter geworden. Das Umweltthema manifestierte sich zunächst ausschließlich zivilgesellschaftlich, Kultur und vieles andere bekam zivilgesellschaftliche Konnotationen. Aus der öffentlichen Auseinandersetzung um Menschen- und Bürgerrechte oder nachhaltige Entwicklung sind die Nicht-Regierungsorganisationen als freiwillige zivilgesellschaftliche Zusammenschlüsse nicht mehr wegzudenken. Sie sind längst zu akzeptierten, ob ihrer Sachkenntnis gesuchten Gesprächspartnern geworden.

In Mittel- und Osteuropa, auch in Ostdeutschland, ist der Beweis erbracht worden, dass auch unter widrigsten Umständen selbst-organisiertes Engagement für die Gesellschaft von durchschlagendem Erfolg gekrönt sein kann. Bis heute wird weithin unterschätzt, welche Bedeutung diese Entwicklung einer antistaatlichen Zivilgesellschaft für die historischen Veränderungen in Mittel- und Osteuropa einerseits und für die Entwicklung des Konzepts einer dritten Arena gehabt hat. Dennoch: Seit 1989 hat auch der öffentliche Diskurs über den Wert des Engagements, über die Bedeutung einer Zivilgesellschaft in ihrer allgemein politischen Dimension zugenommen. Aus diesem Diskurs kann das Spenden von Geld nicht isoliert werden.

Am Engagement wird besonders deutlich, dass materielles Entgelt keine entscheidende Bedeutung hat. Nicht zuletzt vor diesem Hintergrund hat die Enquete-Kommission Bürgerschaftliches Engagement den vielen Vorschlägen für materielle Engagement-Anreize, die von den Funktionären der Verbände vorgetragen wurden, übereinstimmend im Wesentlichen eine klare Absage erteilt. Das Geben folgt, wie man hier besonders klar, wie man aber auch an vielen ganz anders gelagerten Beispielen sehen kann, eben doch einer anderen intrinsischen Logik und bleibt eben deshalb für die Gesellschaft unverzichtbar. Freiwilligkeit einerseits, die Erwartung sozialen Lohns, und zwar gerade nicht in Form von Anerkennungen staatlicher Amtsträger, sondern in der Form des Erlebnisses von Veränderung andererseits, scheinen wichtige Anreize zum Schenken zu sein. Und neben der Suche nach Sinnerfüllung, nach persönlicher Entwicklung stehen Dabei-Sein und Mitmachen-Dürfen, also Inklusion und Partizipation, oben an. Schenken hat heute mit Gestalten zu tun. Daraus wird die partizipative Dimension des bürgerschaftlichen Engagements deutlich, ebenso, dass dieses weder in den traditionellen sogenannten Vorfeldorganisationen, vor allem den Parteien und Gewerkschaften befriedigen und sich nicht primär an den Staat heranziehen lässt; als Vorhof der Politik ist es nicht wesentlich zu aktivieren. Dass andererseits der *homo oeconomicus* tot ist, ist bekannt. Social Responsibility, sei es von Bürgern oder Unternehmen, ist dementsprechend nicht notwendigerweise ein sinnleerer Begriff aus dem Vokabular der Öffentlichkeitsarbeit oder politischen Rhetorik, sondern kann Ausdruck ganzheitlicher Überlegungen zur Ausstrahlung und zum Arbeiten des Menschen in den drei Arenen gesellschaftlichen Handelns sein. Projizieren wir die Entwicklung der letzten Jahrzehnte in die Zukunft, so bedarf es kaum prophetischer Gaben, um ein weiteres Wachsen der Bedeutung dieser Dimension von Geben zu prognostizieren. Markt- und Staatsversagen werden angesichts immer komplexerer Herausforderungen nicht beseitigt werden, sondern voraussichtlich exponentiell zunehmen. Die modernen Kommunikationsinstrumente begünstigen das Entstehen von und das Handeln in barrierefreien Netzwerken, die sich um althergebrachte Begrenzungen nicht kümmern. Kreativität, eine der wesentlichen Gaben bürgerschaftlichen Engagements, wird in fast unbegrenzter Menge benötigt, um die Herausforderungen zu meistern. Diese Kreativität entsteht primär bei Individuen, nicht bei Organisationen, während andererseits das Individuum zu seiner Verwirklichung selbst identifizierter anderer Individuen bedarf. Die Gabe der Empathie erscheint als wirksamste Methode, der über alle Maßen ausufernden Ausübung von Gewalt über Menschen – besonders im Sinne von administrativer Regulierung – Herr zu werden.

Der Welt des Gebens, des Schenkens steht daher durchaus eine Zukunft bevor – eine Zukunft mit Konflikten und Diskursen um das rechte Maß, die rechte Form, den rechten Geist, den rechten Ausdruck, aber in jedem Fall eine Zukunft mit großer Kraft und Wirkung.

Literatur

Adloff, Frank/Mau, Steffen (Hg.) (2005): Vom Geben und Nehmen. Zur Soziologie der Reziprozität. Frankfurt a. M.: Campus.

Alscher, Mareike/Dathe, Dietmar/Priller, Eckhard/Speth, Rudolf (2009): Bericht zur Lage und zu den Perspektiven des bürgerschaftlichen Engagements in Deutschland. Berlin: Bundesministerium für Familie, Senioren, Frauen und Jugend.

Anheier, Helmut K. (2005): Nonprofit Organizations, Theory, Management, Policy. Abingdon und New York: Routledge.

Armstrong, Karen (2006): The Great Transformation. The World in the Time of Buddha, Socrates, Confucius and Jeremiah. New York.

Beales, Derek (2003): Prosperity and Plunder; European Catholic Monasteries in the Age of Revolution, 1650-1815. Cambridge: Cambridge University Press.

Bilgri, Anselm (1999): Das benediktinische Prinzip. In: Maecenata Actuell Nr. 15. Berlin.

Bosch, Ise (2007): Besser spenden! Ein Leitfaden für nachhaltiges Engagement. München: Beck.

Braun, Sebastian (2009): Sozialkapital und Integration – Überforderte Zivilgesellschaft?, In: Forschungsjournal Neue Soziale Bewegungen 3/2009, S.76-87.

Buschle, Nicole (2009): Neue Entwicklungen im Spendenbereich. In: Deutsches Zentralinstitut für soziale Fragen (Hg.), Soziale Arbeit Spezial: Helfersyndrom, Prestigeverlangen oder Gemeinsinn? Untersuchungen zum Spendenverhalten. Berlin: DZI, S. 10-15.

Clinton, Bill (2008): Giving. How each of Us Can Change the World. London: Arrow.

Enquete Kommission, Deutscher Bundestag (Hg.) (2002): Enquete-Kommission Zukunft des bürgerschaftlichen Engagements. Bericht: Bürgerschaftliches Engagement: Auf dem Weg in eine zukunftsfähige Bürgergesellschaft. Opladen: Leske & Budrich.

Europäische Kommission (1998): Mitteilung über die Rolle der Vereine und Stiftungen in Europa. Luxemburg: Europäische Kommission.

Godelier, Maurice (1999): Das Rätsel der Gabe: Geld, Geschenke, heilige Objekte. München: C. H. Beck.

Hogan, John (2010): What possesses people like the Good Samaritan to help strangers? In: BBC Knowledge, May/June 2010.

Klie, Thomas/Stemmer, Philipp/Wegner, Martina (2009): Untersuchung zur Monetarisierung von Ehrenamt und Bürgerschaftlichem Engagement in Baden-Württemberg. Stuttgart: Ministerium für Arbeit und Sozialordnung, Familien und Senioren Baden Württemberg.

Koch-Weser, Maritta/van Lier, Tatiana (2008, 2): Financing Future. Innovative Funding Models at Work. o. O.

Kotzebue, Alexander v./Wigger, Berthold U. (2006): Private Finanzierung kollektiver Aufgaben: theoretische Grundlagen und empirische Befunde. In: Helmut Neuhaus (Hg.), Stiftungen gestern und heute – Entlastung für öffentliche Kassen?. Erlanger Forschungen Reihe A (Geisteswissenschaften) Bd. 110, Erlangen 2006, S. 23.

Lingelbach, Gabriele (2009): Spenden und Sammeln. Der westdeutsche Spendenmarkt bis in die 1980er Jahre. Göttingen: Wallstein.

Montagu, Caroline (2010): Civil Society and the Voluntary Sector in Saudi Arabia. In: Middle East Journal, vol. 64, No. 1, Winter 2010.

Muschter Gabriele/Strachwitz Rupert Graf, Hg., Strachwitz, Victoria, Interviews (2009): Keine besonderen Vorkommnisse?, Zeitzeugen berichten vom Mauerfall. Berlin: Stapp.

Putnam, Robert (1993): Making Democracy Work: Civic Traditions in Modern Italy. Princeton: Princeton University Press.

Putnam, Robert (Hg.) (2001): Gesellschaft und Gemeinsinn. Sozialkapital im internationalen Vergleich. Gütersloh: Bertelsmann.

Reimer, Sabine (2006): Die Stärke der Zivilgesellschaft in Deutschland / The Strength of Civil Society in Germany. Berlin: Maecenata.

Salamon, Lester M./Anheier, Helmut K./List, Regina/Toepler, Stefan/Sokolowski, S. Wojciech / and Associates (1999): Global Civil Society, Dimensions of the Nonprofit Sector. Baltimore: The Johns Hopkins Center for Civil Society Studies.

Skocpol, Theda (2002): From Membership to Advocacy. In: Robert Putnam (ed.), Democracies in Flux. Oxford: Oxford University Press.

Sloterdijk, Peter (2010): Wider die Verteufelung der Leistungsträger. Interview mit Marc Beise. In: Süddeutsche Zeitung, 6. Januar 2010 (www.sueddeutsche.de/wirtschaft/2.220/ – Zugriff am 23. Juni 2010).

Steinbrück, Peer (2008): Reform des Gemeinnützigkeitsrechts - Eine Einführung. In: Rolf Berndt u. a., Zivilgesellschaftspolitik. Berlin: Maecenata Institut, Opusculum Nr. 27.

Strachwitz, Rupert Graf/Ebermann, Thomas/Mercker, Florian/Rotenhan, Götz Freiherr v./Stehr, Yannick (2005): Organisationen der Zivilgesellschaft und ihre Besteuerung; Vorschlag für eine grundlegende Reform des Gemeinnützigkeits- und Spendenrechts. Berlin: Maecenata Institut, Opusculum Nr. 19.

Süddeutsche Zeitung (2009): Sparen statt Spenden / Kleine bevorzugt. In: Süddeutsche Zeitung, 23. Dezember 2009.

Voß, Andreas (1993): Betteln und Spenden; Eine soziologische Studie über Rituale freiwilliger Armenunterstützung, ihre historischen und aktuellen Formen sowie ihre sozialen Leistungen. Berlin/New York: Walter de Gruyter.

Walterskirchen, Helene (2001): Benefiz-Ladies, Im Dienst der guten Sache. Düsseldorf: Droste.

Zimmer, Annette/Priller, Eckhard (2004): Gemeinnützige Organisationen im gesellschaftlichen Wandel. Ergebnisse der Dritte-Sektor-Forschung. Wiesbaden: VS-Verlag.

Zum sozio-kulturellen und theologischen Hintergrund der paulinischen Kollekte

von Christoph J. Karlson

Wenn man als Vertreter der Theologie etwas zum Thema Spenden sagen soll, steht man vor einem doppelten Dilemma. Zum einen, weil wir es gewohnt sind, die Bereiche Geld und Religion gleichermaßen mit politischen Korrektur-Vorgaben einzuzäunen, also am besten nur metaphorisch davon zu sprechen, zum anderen weil die Verkoppelung beider Bereiche eine durchaus klassische genannt werden kann, also eine Kulturgeschichte immensen Ausmaßes betrifft. Das Dilemma besteht näherhin in einer ungünstigen Sprechersituation: nämlich in der wie selbstverständlich erwarteten Moralkeule. Beide Erwartungen möchte ich im folgenden unterlaufen: also weder theoretisieren, noch moralisieren.

Ich beschränke mich vielmehr auf einige Ansätze, die hoffentlich zur Diskussion reizen, die von ihrer historischen Genese gewissermaßen ‚zwischen' den beiden Testamenten verortet sind und beide mit der Einwerbung von Spenden zu tun haben. Vorher möchte ich allerdings in zwei kurzen mehr andeutungshaften Vorüberlegungen den Vorhof zur biblischen Spendenthematik kontextualisieren.

Bibel und Geld

Dass es in den Heiligen Schriften Israels und des Christentums relativ häufig um Geld geht, darf als bekannt vorausgesetzt werden. Meist wird es hier in seiner Funktion als Wertaufbewahrungsmittel verwendet. In die Dimension des Religiösen gelangt das Geld dann als Tempelsteuer, Abgaben etc. In den Gleichnissen des Neuen Testament stoßen wir auf eine Vorliebe Jesu für Motive aus dem häuslichen Bereich. Geld spielt in den Bildern Jesu eine wichtige Rolle – zu erwähnen seien hier beispielsweise die Talente, die verlorene Drachme, der böse Schuldner. Darüber hinaus wird Geld auch jenseits der Bildrede in den Evangelien ganz und gar nicht totgeschwiegen: Wir kennen die arme Witwe, die zwei Kupfermünzen in den Opferkasten am Tempel wirft – also ein Hinweis auf eine anonyme Spendeneinrichtung – und wir kennen den reichen Jüngling, der, um vollkommen zu sein, doch seinen Besitz verkaufen solle, um es den Armen zu geben – und sich nicht dazu entschließen kann. Wir wissen, wer die Gemeinschaftskasse der Jünger hatte – nämlich Judas Iskariot. Schließlich bezeichnet Jesus seine Existenz sogar als פדיון (pidyon) – griechisch: λύτρον (Lösegeld) – für die Vielen. Welche Höhe für dieses existentielle Lösegeld durch die Ältesten im Hohen Rat damals angesetzt wurde, wissen wir auch: 30 Silberdrachmen. Das ist so viel nicht, man konnte einen Acker dafür kaufen. Ob diese Summe „für viele" gereicht haben dürfte, ist allerdings auch eine Frage des Glaubens und nicht der Buchhaltung.

Spenden in der Bibel

Aber nach dem deutschen Verbum „spenden“, um das dieser Kontext kreist, kann man in den Schriften der Juden und Christen nicht suchen. Das deutsche Wort „spenden“ hat hier keinen festen Bedeutungsrahmen. Das, was wir heute mit einer „Spende“ meinen, nach Grimm eine „unentgeltliche Austheilung oder Darreichung“, heißt im Bibeldeutsch natürlich Opfergabe: hebr. מנחה (minha). In dieser Weise kommt es in 1 Chronik 16,29 und 29,17 vor. Auch bei Jeremia gibt es diese Konstruktion. Die eigentliche Hauptbedeutung des Sachverhaltes, der mit dem deutschen „spenden“ ausgedrückt wird, weist über den spezifisch kultischen Kontext hinaus. Das „Spenden“ in der Bibel ist zunächst keine soziale Tätigkeit, überhaupt zunächst keine menschliche Handlung. Der, der in der Bibel am meisten „spendet“, ist Gott selber – dann aber kein Geld – sondern Regen natürlich! Das heißt im Naturvorgang des Regnens fasst der biblische Mensch die Fruchtbarkeit, den Segen, der allein durch Gott gegeben wird. Die „Spendierhosen“ sind sozusagen ein ursprünglich genuin anthropomorphes Gottesattribut.

Wenn wir uns der Frage also nähern wollen, welche Beweggründe es wohl gegeben haben mag, freiwillig Geld auszugeben für einen hehren Zweck, sollte man unter zwei Stichworten fündig werden: das eine ist die δικαιοσύνη (dikaiosyne) der griechischen Bibel; das andere die צדקה (zdka) der hebräischen Heiligen Schrift. Es heißt wörtlich übersetzt Gerechtigkeit bzw. „Gerechtigkeit üben“. Diese Formulierung gilt als das biblische Synonym für Almosengeben, das ja im Deutschen angelehnt ist an das griechische ἐλεμοσύνη. Darüber hinaus gibt es die vielen schon oben erwähnten Tempelabgaben, Weihegeschenke etc. Der soziale und der kultische Bereich sind in vormodernen Gesellschaften stark miteinander verschränkt.

Der Kultus scheint eine starke Motivation überhaupt zu sein: Die Priester- und Levitengruppe, die über kein Land verfügt, ist auf die Geschenke und die Erträge aus der Steuer angewiesen. Die Religiosität der Juden versucht, mit Hilfe ihrer Weihegaben den Kult repräsentativer und schöner zu gestalten. Das gespendete Geld partizipiert also an der Kommunikation der Opferhandlung. Es ermöglicht die vorgeschriebenen Kulthandlungen. Der Halbschekel, der in der Makkabäerzeit als jährliche Kopfsteuer für den Tempel bezahlt wurde, war eine Steuer, die auf jedem männlichen Juden lastete. Nicht übermäßig schwer – die äquivalente Doppeldrachme war in etwa ein Tageslohn eines einfachen Arbeiters.

Makkabäer – Spendensammlung

Wenden wir uns nun der näheren Thematik, die ja über eine Abführung von regelmäßigen Beiträgen hinausgeht, zu: nämlich einer Sammlung von Spenden, die ihren Namen verdient. Es geht um eine Kollekte, von der im Zweiten Buch der Makkabäer berichtet wird, einem Buch, das griechisch verfasst wurde und dessen Entstehungszeit in das zweite Jahrhundert vor Christus datiert wird. „Er [Judas, der Makkabäer] veranstaltete eine Sammlung, an der sich alle beteiligten, und schickte etwa zweitausend Silberdrachmen nach Jerusalem, damit man dort ein Sündopfer darbringe. Damit handelte er sehr schön und edel; denn er dachte an die Auferstehung“ (2 Makkabäer 12,43).

Hintergrund für diese spontane Fundraising-Aktion ist ein religiöser: Bei den Gefallenen im Heer des Judas wurden Amulette entdeckt, die heidnische Götter abbildeten. Diese Schande des versteckten Unglaubens zu sühnen, entschließt sich Judas zu einem stellvertretenden Bittgottesdienst und zu einer großangelegten Spendenaktion für ein Sühnopfer im Jerusalemer Tempel. Die Menge des übersandten Geldes – ein Opferstier kostete 300 Drachmen – ist schwer zu interpretieren. Bei dieser Spendenaktion handelt es sich um eine außerordentliche, die zu den wiederkehrenden Tempelabgaben hinzukam. Darin besteht ihr Wert für unsere Thematik. Judas sammelt Geld für einen speziellen Zweck, der sich mit den üblichen Abgaben an den Tempel zwar deckt, jedoch kann er auf Grund einer Ausnahmesituation die außerordentliche Geldsammlung bei seinen Glaubensgenossen plausibel machen. Der Autor betont durch die nachträgliche Qualifizierung und Deutung der Spendensammlung die Bedeutung des Jerusalemer Opferkultes für die jüdische Diaspora – es handelt sich um ein griechisch verfasstes Werk! Die Makkabäische Spendensammlung wird also zur Nachahmung empfohlen.

Die jährliche Tempelsteuer wurde wie sämtliche Weihegaben nach der Tempelzerstörung im Jahr 70 n. Chr. obsolet und schließlich ersetzt durch eine Spende für die Jerusalemer Gelehrten. Die Funktion der Aufrechterhaltung des Tempelbetriebs war verschwunden, an seine Stelle trat die Spende für die Gelehrten, die an den Schulen des Tempels arbeiteten. Diese waren anfangs noch in Jerusalem verblieben und hatten das Problem der Leviten geerbt, kein Land zu besitzen, bzw. zur Landarbeit untauglich zu sein. Zwei Funktionen der Spende im Judentum haben wir bislang deutlich machen können – eine stellvertretende Funktion: Durch die Übersendung von Geld kann der gläubige Jude von fern gleichsam die Kulthandlungen im Jerusalemer Tempel unterstützen und verbindet sich mit ihnen. Die zweite ist dann die identitätsstiftende Funktion, die schon durch die gemeinsame Steuer gegeben ist. Diese solidarisierende Kraft überträgt sich auf die zusätzliche, freiwillige Spende. Zugleich zeigt die Höhe der Spende auch eine möglicherweise caritative Nebenfunktion an. Die Opferreserven konnten unmöglich vor Ort verbraucht werden und gingen an die Witwen und die Armen.

Bevor ich näher auf *das* Spendenprojekt des Neuen Testaments eingehe, die Kollekte des Paulus, sei noch ein Hinweis zum kulturellen Kontext derselben erlaubt, der die Bedeutungsverschiebung leichter erkennen lässt, die sich zwischen beiden Spendenaktionen historisch ergibt.

Das griechisch-römische Vereinswesen und die Gütergemeinschaft der Essener

Geld in eine Stiftung einzuzahlen, war den Menschen des ersten Jahrhunderts nicht fremd. In den letzten Jahren sind eine Reihe von Untersuchungen zum griechisch-römischen Vereinswesen durchgeführt worden (Downs 2008: 73ff.); unter anderem betreffen diese Untersuchungen antike Wohltätigkeitsvereine, die die o.g. Makkabäer-Kollekte sozusagen flankieren: die römischen *collegia* waren zum einen zweckbestimmt – z.B. Beerdigungsvereine, zum anderen gruppierten sich Mitglieder gleicher ethnischer Herkunft in Vereinen. Normalerweise hat man die Unterschiede zwischen diesen antiken Vereinen zu den christlichen Gemeinden immer sehr stark betont, aber es gibt in jüngster Zeit Tendenzen, hier auch Analogien hervorzuheben, ohne sofort Kausalitäten untereinander zu konstruieren. Hier spielt die Einrichtung des *patrociniums* eine große Rolle: Es gab eine Menge wohlhabender Römer, die Patron vielfältiger *collegia* waren. Die dem römischen Patrozinium entsprechende Einrichtung griechischer Mentalität ist der εὐργετισμος (Euergetismos) – die Wohltätigkeit, die auf Inschriften vermerkt wurde und das Ansehen und Prestige des εὐργετας erhöhte.

Darüber hinaus scheint die asketische, ordensähnliche Vereinigung der Essener am Toten Meer zumindest erwähnenswert. Auch diese Vereinigung hatte eine gemeinsame Kasse wie die griechisch-römischen Vereine. Es dürfte sich bei den Essenern sogar um eine vollständige Lebens- und Gütergemeinschaft gehandelt haben.

Die Paulinische Kollekte

Kommen wir nun zur Spendensammlung des Apostels Paulus. Diese Sammlung innerhalb der von Paulus gegründeten Christengemeinden zugunsten der Jerusalemer Urgemeinde ist in ihrer Bedeutung unterschätzt. Die gemeinschaftsstiftende Funktion der Kollekte des Apostels Paulus ist die klassische Interpretation in der Geschichte der biblischen Exegese als Wissenschaft (vgl. Bultmann 1954: 62). Die Idee für diese Sammlung kam auf dem so genannten Apostelkonzil in Jerusalem auf und erinnert zugleich an die von der jüdischen Diaspora erbetene Steuer für die Gelehrten.

Doch worum ging es eigentlich bei dieser Versammlung im Jahre 50? Paulus vertritt ganz entschieden eine Botschaft der Freiheit von der Mischna, der mündlichen gesetzlichen Überlieferung und damit implizit eine Emanzipation von der Religion des Volkes Israel – wohl bemerkt für die sog. Heidenchristen. Diese müssten nach Paulus' Auffassung nicht zunächst „Juden" werden, um zu Christus zu gehören, sondern können so bleiben, wie sie sind. Diese Auffassung setzt sich auf dem Apostelkonzil schließlich durch, jedoch nicht völlig; beide Auffassungen bleiben nebeneinander bestehen: Die Juden können die jüdischen Feste weiterfeiern und die Bräuche der Juden pflegen, die Heiden müssen nach der Taufe keine jüdischen Vorschriften beachten. Dazu muss man allerdings die Einflussbereiche aufteilen. Paulus geht zu den Heiden, die anderen Apostel bleiben bei den Juden. Gelingt diese Aufteilung reibungslos? Was ist der Haken? Der Galaterbrief 2,10 gibt die Antwort. Es gibt doch eine Bedingung: „Nur der Armen sollten wir gedenken."

„Die Armen" gilt als *terminus technicus,* als Ehrenbezeichnung für die Jerusalemer Gemeinde, eine Gruppe von aramäischsprachigen Christen, die in der Stadt der Verheißung – eben in Jerusalem – die Stellung hielten, sich für die Parusie, die Wiederkunft des Messias bereithielten (vgl. Georgi: 1994, 29ff.).

Die Kollekte stellt somit den äußeren Aspekt einer inneren Verbindung dar, kann sich zugleich auf Vorbilder und Spendenaufrufe für den nachexilischen Tempelbau berufen (Esra 1,4; 7,15-23; 8,1ff.; 1 Chronik 29, 2.18; 2 Chronik 2,15f. et al.). Paulus, der sich in fast stereotyper Weise nach einer gewissen Zeit aber auch mit jedem überwirft, beginnt nach der Vereinbarung mit Jerusalem voller Elan sein Missionsprojekt in Galatien (Zentralkleinasien), dann in den griechischen Hafenstädten an der Ägäis – allein die versprochene Kollekte wird zunächst zurückgestellt. Jedenfalls wird in den ersten Briefen nichts von einer Sammlung für Jerusalem erwähnt. Dazu kommt es erst nach den Auseinandersetzungen in Korinth, seiner erfolgreichsten Gründung. Sehr interessant ist es zu sehen, dass das Kollektenprojekt genau dort wieder ins Bewusstsein tritt, wo Paulus vor allem um die Einheit und den Frieden in seiner eigenen Gemeindegründung besorgt ist: die gemeinsame Orientierung auf eine dritte nebengeordnete Instanz – die angesehene Jerusalemer Gemeinde – soll die Auflösung der Korinther in sich gegenseitig bekämpfende mystische Zirkel verhindern. Und dies wird ganz praktisch angesprochen:

„Was die Geldsammlung für die Heiligen angeht, sollt auch ihr euch an das halten, was ich für die Gemeinden Galatiens angeordnet habe. Jeder soll immer am ersten Tag der Woche etwas zurücklegen und so zusammensparen, was er kann. Dann sind keine Sammlungen mehr nötig, wenn ich komme. Nach meiner Ankunft werde ich eure Vertrauensleute mit Briefen nach Jerusalem schicken, damit sie eure Liebesgabe überbringen. Ist es der Mühe wert, dass ich selbst hinreise, dann sollen sie mit mir reisen" (1 Korinther 16,1–4).

So einfach, wie sich die Sache im 1. Korintherbrief darstellt, wird sie aber nicht gewesen sein: Es kommen die üblichen überaus unangenehmen Verdächtigungen in Gang. Die Anarchie der korinthischen Gemeinde liegt, so die Ankläger, einzig und allein in der Person des Paulus selbst begründet. Paulus hört von der Gegenagitation und macht einen Zwischenbesuch, um die Verleumder zu stellen. Allein dieser Zwischenbesuch wird zum Fiasko: Paulus wird nicht mit theologischen, sondern persönlichen Vorwürfen konfrontiert und verliert leider die Nerven. Er läuft Hals über Kopf davon. In der nachgereichten Rechtfertigung können wir vermuten, dass man ihn der Untreue beschuldigt haben muss (vgl. 2 Korinther 10-13); zumindest steht das Kollektenziel in Frage. Paulus ist gezwungen, sich gegen den Vorwurf, er wolle sich mit der Höhe der Kollekte ins rechte Licht rücken, sozusagen auf Kosten der Korinther vor den Jerusalemern brüsten. Gegen diese ehrenrührigen Angriffe kommt ihm seine

Lieblingsgemeinde in Philippi zu Hilfe. An der Reaktion auf die unerwartete Ehrenrettung können wir deutlich erkennen, wie Paulus die „monetäre Arbeit“ theologisch auflädt. Diese Gemeinde überbringt ihm fast aus eigenen Stücken eine Spende, die ihn mit der Welt versöhnt: ein lieblicher Opferduft, ein angenehmes, Gott wohlgefälliges Opfer (Philipper 4,18).

Doch zunächst zurück zu den Korinthern: Der liebenswürdige Titus hat dort ganze Arbeit geleistet. Die Korinther sind versöhnt und vom sperrigen Wanderapostel erneut begeistert. Paulus kann nun wieder an die Kollektenpläne denken. Ein Begleitschreiben erklärt den Sinn der Spendensammlung, zwei demokratisch gewählte Zeugen überwachen den vertrauenswürdigen Titus. Im Begleitschreiben heißt die Kollekte nun: διακονία (Dienstleistung) und χάρις (Gunst, Liebenswürdigkeit). Und ein zusätzliches Ziel kommt in den Blick: Die στης – die Gleichheit. „Denn es geht nicht darum, dass ihr in Not geratet, indem ihr anderen helft; es geht um einen Ausgleich. Im Augenblick soll euer Überfluss ihrem Mangel abhelfen, damit auch ihr Überfluss einmal eurem Mangel abhilft. So soll ein Ausgleich entstehen“ (2 Korinther 8,13–14).

Im Zusammenhang mit der στης ist oft von Philo die Rede, von griechisch-kosmischem Gleichheitsdenken – ein spekulativ-mystisches Motiv, das wir jetzt nicht ausdiskutieren können. Nur soviel scheint deutlich: Das griechische Ausgleichsdenken – die ἰσότης – findet sich im hebräischen „Gerechtigkeit üben“ in der Almosengabe wieder und ist für einen hellenisierten Juden, wie Paulus einer ist, offensichtlich selbstverständlich. Im 16. Kapitel des Römerbriefs schließlich kommt doch noch ein spezifisch paulinischer Zug in die Kollektenbegründung – ein provokatorisches Motiv: Die freie Gabe der Heidenchristen erzwingt gleichsam die Wertschätzung der Jerusalemer Gemeinde – so sieht es zumindest Dieter Georgi, der bis heute die im deutschsprachigen Raum einschlägige Arbeit zur paulinischen Kollekte veröffentlicht hat (ebd. 84f.).

Zusammenfassung

Die Spuren der so sorgfältig organisierten Kollekte verwischen sich durch die sofortige Verhaftung des Paulus bei seiner Ankunft in Jerusalem. Wichtiger als die tatsächliche Übergabe an die Gemeinde ist jedoch, dass Paulus überhaupt eine Kollekte für die Jerusalemer zustande bekommen hat. Fassen wir kurz zusammen. Die Sammlung des Paulus dient im Gegensatz zur makkabäischen Kollekte keinem spezifisch kultischen Zweck mehr, sondern ist ausschließlich eine Sache der Wohltätigkeit – eine Dienstleistung an den Armen, an der Jerusalemer Gemeinde. Zum anderen erfüllt sie analoge Funktionen, die öffentliche Stiftungen in der nichtchristlichen Antike auch erfüllen, sie verbindet die Stifter durch ein ideelles Band, im Rahmen der paulinischen Gemeinden sogar über Kulturgrenzen hinweg. Sie stellt für Paulus dennoch nicht bloß eine caritative Transferleistung dar, sondern einen genuin religiösen Akt – und das ist die Neuheit in Paulus – sie ist in der Lage, die Honorierung des Almosengebens der jüdischen Tradition und die solidarisierende Wirkung der gemeinsamen Spende über Sprach- und Kulturgrenzen hinaus auszudehnen und dennoch beides miteinander zu verknüpfen. Religion und das Spendenwesen sind nicht mehr auf ethnisch homogene Bereiche begrenzt, sondern werden kulturübergreifend. Für Paulus erfüllt die Sammlung der Kollekte, obwohl sie auf keine traditionell kultische Handlung hin finalisiert ist, einen genuin theologischen Zweck: „Denn euer Dienst und eure Opfergabe füllen nicht nur die leeren Hände der Heiligen, sondern werden weiterwirken als vielfältiger Dank an Gott“ (2 Korinther 9,12).

Literatur

Bultmann, Rudolf (1954): Theologie des Neuen Testaments. 2. Auflage. Tübingen: Mohr.

Downs, David J. (2008): The Offering of the Gentiles. Tübingen: Mohr Siebeck.

Georgi, Dieter (1994): Der Armen zu gedenken. Geschichte der Kollekte des Paulus für Jerusalem. 2. Auflage. Neukirchen-Vluyn: Neukirchner Verlagsgesellschaft.

Anmerkung

Die Schriftzitate stammen aus der Einheitsübersetzung der Heiligen Schrift.

Spenden als prosoziales Verhalten aus geschichtswissenschaftlicher Sicht

von Gabriele Lingelbach

Da dieser Sammelband Aufsätze vereint, die aus der Perspektive unterschiedlicher Disziplinen das Phänomen des Spendens als prosozialem Verhalten analysieren, soll dieser Beitrag die Spezifik der geschichtswissenschaftlichen Herangehensweise herausarbeiten. Auf zwei Charakteristika der historischen Analyse von Spendenvorgängen sei hier in besonderem Maße hingewiesen: zum einen auf die Besonderheit der historiographischen Methodik, zum anderen auf das Erkenntnisinteresse, das geschichtswissenschaftlichen Studien in der Regel zugrunde liegt. Methodisch gesehen ist die Geschichtswissenschaft eine quellengestützte Disziplin: Sei sie induktiv oder deduktiv vorgehend – stets braucht der Historiker die Quelle als Grundlage seiner Analyse. Und dies stellt für Untersuchungen, die sich mit der Geschichte des Spendens befassen, ein außerordentliches Problem dar: Die Zahl und die Qualität der Dokumente, aus denen sich die Motive ableiten ließen, warum in früheren Zeiten Menschen Geld in eine Sammelbüchse warfen, sie bei einer Sammlung eines Wohltätigkeitsvereins einen Briefumschlag mit Geld überreichten oder warum sie einen Überweisungsschein für eine wohltätige oder gemeinnützige Organisation ausfüllten, sind eher enttäuschend. Besonders für Gaben unterhalb einer gewissen „Erheblichkeitsschwelle" (Kocka/Frey 1998: 12) gibt es fast keine schriftlichen Aussagen, warum dieser Schritt vollzogen wurde. Während das Stiftungswesen besser dokumentiert ist, da Stifter bei der Gabe größerer Summen meist ihre Gründe, warum sie die Stiftung vollzogen und was sie mit ihr erreichen wollten, auch schriftlich fixierten, war dies bei der Gabe geringfügiger Summen nur selten der Fall.

Über die Motive früherer Kleinspender können Historiker somit kaum direkte und gesicherte Aussagen treffen. Zwar gibt es Meinungsumfragen und Marktforschungsstudien zum Spenderverhalten, doch diese existieren in der Bundesrepublik erst seit den 1960er Jahren in valider Form (Kruke 2007). Hin und wieder schrieben Spender auch Briefe an Wohltätigkeitsorganisationen, in denen sie auf ihre Motive zu sprechen kamen, doch die Repräsentativität dieser Aussagen kann mit Fug und Recht bezweifelt werden. Zumal der Historiker aufgrund seiner quellenkritischen Ausbildung davon ausgehen muss, dass die in Umfragen und Briefen angegebenen Motive nicht unbedingt die tatsächlichen waren – schließlich verfolgte der demoskopisch Befragte oder der Verfasser eines Briefes, wie auch der Autor von Petitionen oder Leserbriefen über das Spendenwesen in der Regel bestimmte Interessen. Zudem ist problematisch, dass in den wenigen vorhandenen Dokumenten meist nur floskelhafte Begründungen für den Spendenvorgang zu finden sind. Denn hinsichtlich des Spendens herrscht ein gewisses Sprechtabu: Gäbe man die tatsächlichen Gründe für die Spende an (Gewissensberuhigung, emotionale Gratifikation, Verbesserung des eigenen Selbstbildes, Steigerung des sozialen Prestiges des Gebenden oder Ähnliches), würde sich gegebenenfalls herausstellen, dass man nicht immer aus purem Altruismus heraus handelt – was wiederum den Spendenvorgang für den Gebenden entwertet.[1] Daher muss der nach den Spendenmotiven fahndende Historiker die Dokumente aus der Feder von Spendern nicht nur mit großer Vorsicht behandeln, vielmehr muss er sie auch mithilfe weiterer Quellen austarieren. Quantitative Analysen von Spendenflüssen, also die Untersuchung, wann wie viel an welche Organisation für welche Zwecke gegeben wurde, können weiterhelfen, geben sie doch Auskunft über Spenderpräferenzen. Doch auch hier ist die Ausgangslage hinsichtlich der Dokumentationsdichte nicht optimal: Viele Organisationen, die früher Spenden gesammelt haben, existieren heute nicht mehr und haben ihre Unterlagen keinem Archiv hinterlassen. Andere Initiativen haben so gut wie keine Dokumente aufbewahrt, wieder andere stellen sie der geschichtswissenschaftlichen Forschung nicht zur Verfügung. Zudem ist zu bedenken, dass die Entscheidung, an wen man seine Spende gab, nicht immer eine freie war, denn je weiter man zurückblickt, desto geringer war die Auswahl an Organisationen und Spendenzwecken, für die man sein Geld geben konnte. Der heutige Zustand einer schier unübersehbaren Menge an sammelnden Organisationen ist ein historisch gesehen junges Phänomen. Insofern sind auch die quantitativen Analysen von Spendenströmen nur von begrenzter Aussagekraft. Was bleibt, sind die Unterlagen jener Organisationen, die auf eine längere Geschichte zurückblicken können, ein Archiv aufgebaut haben und dieses auch großzügig für die Forschung öffnen. Des Weiteren geben staatliche Überlieferungen zumindest über die Rahmenbedingungen des Spendenvorgangs während des 19. und 20. Jahrhunderts Auskunft (siehe unten). Doch als Fazit ist aus geschichtswissenschaftlicher Perspektive festzuhalten: Einer Analyse, die sich auf die Motive von Kleinspendern konzentrierte, stünden enorme quellentechnische Probleme im Weg. Deshalb ist man darauf verwiesen, den Blick auszuweiten und die gesellschaftlichen Rahmenbedingungen für den Spendengang ins Auge zu fassen, wenn man sich dem Phänomen des Spendens aus geschichtswissenschaftlicher Perspektive nähern will.

Die zweite Spezifität der geschichtswissenschaftlichen Vorgehensweise ist das Erkenntnisinteresse, das der Analyse zugrunde liegt. Historiker suchen meist nach Phänomenen des Wandels, die es sowohl zu beschreiben als auch zu erklären gilt. Kaum ein Historiker begnügt sich damit, lediglich Momentaufnahmen aus der Vergangenheit zu reproduzieren. Vielmehr nimmt man meist einen gewissen Zeitraum in den Blick und beschreibt die darin stattfindenden Prozesse und Entwicklungen. Um diese dann wiederum zu erklären, kann man beispielsweise danach fahnden, ob sich bestimmte Rahmenbedingungen änderten, die den Wandel auslösten und in die beschriebene Richtung lenkten. Diesen Zweischritt vollziehen auch die nachstehenden Erläuterungen. Zunächst sollen zwei Zeitschnitte hintereinander gestellt werden, um

1 Dieser quellenkritische Gedanke sollte auch bei heutigen Umfragen stärker berücksichtigt werden: Es ist unwahrscheinlich, dass die Befragten bei Interviews oder Meinungsumfragen stets in völliger Ehrlichkeit offenlegen, warum sie sich engagieren. Zumal viele der Motive im vorbewussten Raum angesiedelt und daher kaum kommunizierbar sind.

den Wandel herauszuarbeiten, dem das Spendenwesen unterlag. In einem zweiten Schritt wird dargelegt, welche Prozesse für den aufgezeigten Wandel verantwortlich gemacht werden können. Dies erfolgt anhand des bundesrepublikanischen Beispiels, denn Studien zur historischen Entwicklung, die längere Zeiträume in den Blick nehmen, sind jenseits von regionalgeschichtlichen Untersuchungen (Auts 2001) rar. Zudem existieren noch kaum vergleichende Studien, die über den nationalen Tellerrand hinausblicken (Adam/Lässig/Lingelbach 2009).[2]

Der Spendenvorgang im Jahr 1955

Wer in Westdeutschland im Jahr 1955 eine kleinere Summe seines Geldes für wohltätige oder gemeinnützige Zwecke zur Verfügung stellen wollte, der hatte dazu nur wenige Möglichkeiten: Entweder konnte man im Gottesdienst während der Kollekte Geld in den Klingelbeutel geben oder danach Münzen oder Scheine in einen der Opferstöcke werfen, die in den Kirchen platziert waren. Ansonsten gab es noch die Möglichkeit, bei Straßensammlungen den Sammlerinnen oder Sammlern Geld in die Sammelbüchse zu stecken. Oder man gab bei Haussammlungen etwas, wenn die ehrenamtlichen Sammler an die Türe klopften und um eine Spende baten (Lingelbach 2005). Allerdings war die Zahl der Haus- und Straßensammlungen begrenzt und man musste warten, bis man einen Sammler antraf: Die Aktivität ging von der spendensammelnden Organisation, nicht vom Spender aus. Andere Möglichkeiten der Gabe waren rar. Vielleicht war es noch möglich, auf dem Jahrmarkt Lose zu kaufen, die Wohltätigkeitsvereine oder -verbände anboten. Oder man besuchte einen der Wohltätigkeitsbasare, die beispielsweise von Kirchengemeinden veranstaltet wurden. Doch auch bei diesen Spendengelegenheiten musste man darauf warten, dass diese sich einem boten, man konnte nicht von sich aus aktiv werden. Letzteres war in erster Linie nur dann möglich, wenn man Mitglied in einem Wohltätigkeitsverein war und diesem Geld jenseits des eigenen Mitgliedsbeitrages zukommen ließ. Somit waren in den 1950er Jahren die Rollen zwischen den sammelnden Organisationen und den Spendern recht eindeutig verteilt: Erstere gingen aktiv mit der Bitte um eine Gabe auf potenzielle Spender zu, letztere blieben weitgehend passiv und ließen sich eher ‚absammeln', anstatt die Möglichkeit zu erhalten, von sich aus, zu einem von ihnen gewählten Zeitpunkt, einen Obolus zu leisten. Die Überweisung auf ein Spendenkonto war unter anderem aus Kostengründen in den 1950er Jahren für Spenden kleineren Umfangs noch nicht üblich.

Doch nicht nur die Gelegenheiten für eine Spende waren eng begrenzt, sondern auch die Auswahl an Spendenzwecken, für die man etwas geben konnte. Denn jenseits der lokalen Ebene sammelten in erster Linie die fünf großen Wohlfahrtsverbände: die Caritas, die Innere Mission bzw. das Evangelische Hilfswerk, das Rote Kreuz, die Ar-

2 Dieser Beitrag fasst einige der Ergebnisse einer umfangreicheren Studie zur Geschichte des westdeutschen Spendenwesens seit dem Ende des Zweiten Weltkrieges zusammen (Lingelbach 2009).

beiterwohlfahrt und der Deutsche Paritätische Wohlfahrtsverband (Hammerschmidt 2005). Sie veranstalteten im Turnus und in regelmäßigen Abständen Haus- und Straßensammlungen und schickten ihre ehrenamtlichen Sammlerinnen und Sammler in die Innenstädte und ließen sie von Haus zu Haus gehen. Die Agenda an Zwecken, für die die Spenden verwendet wurden, war dabei von den Wohlfahrtsverbänden eng begrenzt: Die meisten Sammlungen dienten der finanziellen Unterstützung der verbandlichen Infrastruktur, also den Anstalten, Heimen und weiteren Einrichtungen. Bei der Kollekte wiederum war seitens der Kirche vorgegeben, für welchen Zweck während des Gottesdienstes gesammelt wurde – sei es die Unterhaltung konfessioneller Anstalten, die Versorgung der ‚Ortsarmen' oder die Mission. Ein etwas vielfältigeres Bild boten lediglich die rein lokalen Sammlungen, wenn etwa ein örtlicher Verein Geld sammelte, um ein Kriegerdenkmal auf dem Friedhof zu errichten oder die Lokalzeitung um eine Spende bat, damit im örtlichen Waisenhaus ein Weihnachtsfest samt Bescherung veranstaltet werden konnte. Die Zwecke, für die sowohl die lokalen als auch die überlokalen Initiativen warben, waren dabei in ihrer überwiegenden Mehrzahl inländisch. Geholfen werden sollte Menschen, die in Deutschland bedürftig waren oder Projekten, die hiesigen gemeinnützigen Zwecken zugutekamen. Und meist war Wohltätigkeit das Ziel, das mit der Spende angestrebt wurde: Es ging beispielsweise um die Hilfe für Arme, Kranke oder Kinder in Anstalten und Heimen, für Mütter, die eine Kur zur Erholung brauchten, für Flüchtlinge in den Übergangslagern. Spendenzwecke jenseits der Wohltätigkeit für Menschen – Tierschutz, Denkmalpflege oder Sport- und Kulturförderung – wurden 1955 nur in sehr seltenen Fällen angeboten.

Da sowohl die Wahlmöglichkeiten hinsichtlich der Spendenzwecke als auch die Gelegenheiten zur Gabe eng begrenzt blieben, spielten die Motive der Spender nur eine untergeordnete Rolle: Man gab etwas, weil man dazu aufgefordert wurde. Und dies war nicht selten mit einem gewissen Zwang verbunden, da der Spendenvorgang meist in der Öffentlichkeit und somit sozial kontrolliert stattfand. Wenn im Gottesdienst der Klingelbeutel herumgereicht wurde, dann setzte sich jemand, der das Sammelgefäß weiterreichte, ohne selbst Münzen hineinzuwerfen, gegebenenfalls verächtlichen Bemerkungen anderer Gemeindemitglieder aus. Wer bei einer Haussammlung die Tür öffnete und die Bitte der Caritas oder des Roten Kreuzes abschlägig beschied, musste sich eventuell nicht nur eines kritischen Blickes seitens des Sammlers erwehren, sondern war sich bewusst, dass auch die Nachbarn diese Spendenverweigerung registrieren konnten. Denn die Haussammlungen wurden meist mit Listen durchgeführt, anhand derer für die nachfolgenden Spender erkennbar war, wer wie viel Geld gegeben hatte bzw. wer die Spende verweigert hatte. Die Freiwilligkeit der Gabe war somit im Jahr 1955 stark kompromittiert, zumal sie insbesondere von den den Spendenmarkt stark dominierenden kirchlichen Organisationen noch mit einem meist imperativisch-autoritären Duktus eingefordert wurde (Lingelbach 2007).

Die Spende im Jahr 1980

1980 gab es für einen potenziellen Spender im Vergleich zu 1955 ganz andere Möglichkeiten, seiner prosozialen Einstellung in Form einer Geldspende Ausdruck zu verleihen. Einerseits kamen nun nur noch relativ selten ehrenamtliche Sammlerinnen und Sammler bei ihm zu Hause vorbei – zumal diese oft niemanden mehr antrafen, da es wegen der steigenden Frauenerwerbsquote immer unwahrscheinlicher wurde, dass auf das Klingeln tatsächlich jemand öffnete. Auch in den Innenstädten wurden den Passanten immer seltener die Sammelbüchsen der großen Wohlfahrtsverbände entgegen gehalten. Die Gabe in den Klingelbeutel war ebenfalls wegen der sinkenden Kirchlichkeit für immer weniger Menschen eine selbstverständliche Alltäglichkeit. Andererseits war es nun weitaus üblicher, eine Zahlkarte auszufüllen und so eine bargeldlose Überweisung zu tätigen. Denn Aufforderungen, auf diese Art und Weise zu spenden, kamen 1980 über Briefwurfsendungen in die bundesrepublikanischen Haushalte: Organisationen schickten nun nicht mehr ehrenamtliche Sammlerinnen und Sammler, sondern versandten Spendenwerbebriefe, denen in der Regel eine Zahlkarte beigelegt war oder in denen die Bankverbindung der sammelnden Organisation angegeben war. Somit war es 1980 auch wesentlich üblicher, zur Bank oder Sparkasse zu gehen und dort einen Überweisungsträger auszufüllen. Viele Bundesbürger taten dies besonders dann, wenn sie in der Zeitung oder im Fernsehen über die Existenz einer bestimmten Notlage informiert worden waren. Die Medien hatten dann auch oft die Kontonummer angegeben, die man brauchte, um einer der Organisationen, die versprachen, sich dieser speziellen Notlage anzunehmen, Geld zukommen zu lassen. Vielleicht ging der Spender des Jahres 1980 aber nicht nur auf die Bank, um Geld zu überweisen, sondern organisierte mit Bekannten oder Kollegen selbst eine Sammlung. Dies geschah, indem man zusammen möglicherweise einen sportlichen Wettkampf veranstaltete, Eintritt nahm und die eingenommenen Gelder der Aktion Sorgenkind zukommen ließ. Oder die Bürger waren selbst als Sammler aktiv, indem sie Kuchen backten und diesen zusammen beispielsweise mit anderen Mitgliedern der evangelischen Kirchengemeinde auf dem Markt verkauften, um im Anschluss den Erlös an Brot für die Welt zu überweisen.

Doch nicht nur die Art und Weise, in der man 1980 spendete, unterschied sich von dem Vorgehen des Jahres 1955, vielmehr war auch der Spendenzweck nun meist ein anderer. Die Wahrscheinlichkeit war deutlich geringer geworden, dass man einem inländischen Spendenzweck etwas zugutekommen ließ, vielmehr standen nun ausländische Spendenzwecke weit oben auf der Prioritätenskala. Dabei war neben der Entwicklungshilfe für eher langfristig angelegte Projekte auch die Katastrophenhilfe ein Zweck, für den häufig etwas gegeben wurde. Weitere neue Spendenzwecke waren hinzugekommen: Wer wollte, konnte sich nun finanziell für den Schutz der Menschenrechte ebenso einsetzen wie für den Tierschutz, den Kampf gegen die Umweltverschmutzung oder gegen bestimmte Krankheiten, wie etwa Krebs. Oder man konnte ein sogenanntes Patenkind in einem afrikanischen oder asiatischen Land ‚adoptieren' und ihm ad personam regelmäßig Geld zukommen lassen.

Diese Aufzählung weist bereits darauf hin, dass sich nicht nur die Spendenzwecke, sondern auch die Zahl der Organisationen, an die man eine Spende geben konnte, vervielfacht hatten. Das Spendenwesen war nicht mehr von den fünf großen Wohlfahrtsverbänden dominiert, vielmehr warben im Jahr 1980 wohl Tausende von Initiativen, große und kleine, um Spenden.[3] Zahlreiche Neulinge wie Misereor, Brot für die Welt, Adveniat, die Aktion Sorgenkind (die heutige Aktion Mensch), die Deutsche Krebshilfe, Cap Anamur, Amnesty International oder World Vision hatten sich erfolgreich auf dem Spendenmarkt etabliert.

Somit hatte sich die Wahlfreiheit der Spender deutlich gesteigert. Sie konnten sich nun nicht nur zwischen sehr viel mehr unterschiedlichen Spendenzwecken entscheiden, sondern auch unter einem großen Angebot an Initiativen auswählen, welcher sie ihr Geld anvertrauen wollten. Was auch bedeutete, dass der Informationsaufwand größer war, um herauszufinden, welche Organisation überhaupt in Frage kam, wenn man einen bestimmten Zweck unterstützen wollte. Informieren musste man sich aber auch, um herauszufinden, welche Einrichtung korrekt arbeitete und das Spendervertrauen nicht missbrauchte – denn Pressemeldungen über die Veruntreuung von Spendengeldern waren an der Tagesordnung und das Misstrauen gegenüber den sammelnden Organisationen dementsprechend hoch. ‚Freier' war der Spendenvorgang aber nicht nur hinsichtlich der Wahlmöglichkeiten, sondern auch dahingehend, dass es nun viel seltener sozialer Druck war, der jemanden zur Gabe veranlasste. Da der Spendenvorgang nun meist zu Hause am Schreibtisch oder ohne zuvorige persönliche Aufforderung am Bankschalter getätigt wurde und so insgesamt viel stärker als zuvor aus Eigeninitiative heraus erfolgte, waren nun intrinsische Motive für die Gabe wesentlich wichtiger als noch im Jahr 1955. Die Palette möglicher Spendenmotive war dabei sehr breit, wobei hinsichtlich des Vorgangs zwischen spontanen, meist in unmittelbarer zeitlicher Nähe zur Spendenaufforderung getätigten Spenden einerseits und den durchdachten, auf Informationen und ‚reiflicher Überlegung' basierenden Gaben andererseits unterschieden werden muss (Mayerl 2009). Gewissensberuhigung konnte zu den bewussten oder unbewussten Spendenmotiven ebenso gehören wie das positive Gefühl, jemandem geholfen zu haben. Die Steigerung von Selbstwert- und Eigenmachtsgefühlen kann ebenso verfolgt worden sein wie gesellschaftspolitische Ziele (Lingelbach 2009: 398-409). Auch Angstbewältigung kann zu den möglichen Motiven hinzu gezählt werden oder die gefühlte Verpflichtung, für eine Hilfeleistung, die man selbst einmal erfahren hatte, eine Gegengabe leisten, eine Dankesschuld abtragen zu müssen. Bei öffentlichen Spenden kann zudem die Steigerung des Sozialprestiges des Gebenden ebenso eine Rolle gespielt haben wie bei den gemeinsam durchgeführten Spendensammelaktionen das Erlebnis eines Zusammengehörigkeits-

3 Die genaue Zahl von spendeneinwerbenden Organisationen lässt sich nicht ermitteln, da es für sie keine zentrale Erfassungsstelle gibt. Für das Jahr 1993 gehen Schätzungen von etwa 20.000 eingetragenen Hilfsorganisationen in der BRD aus, von denen ungefähr 2.000 überregional tätig waren. Dabei teilten sich 200 bis 250 Organisationen 85 % des gesamten Spendenaufkommens (Antwort der Bundesregierung 1994).

gefühls, die Stiftung von Gruppenidentitäten, das Knüpfen sozialer Kontakte (Baringhorst 1998). Doch bleibt in Erinnerung zu halten, dass, wie eingangs erwähnt, sich nur wenige Dokumente finden lassen, die über die Motive für die Spendengabe in der Vergangenheit Aufschluss geben. Es wäre ein anachronistisches Vorgehen, würde man die heutzutage vorliegenden Ergebnisse von Untersuchungen hinsichtlich von Spendermotiven auf frühere Spendergenerationen übertragen. Daher sind Historiker nicht in der Lage, mehr als nur vage Aussagen über die Spendenmotive vergangener Zeiten zu treffen.

Erklärungen für den Wandel

Gerade die Gegenüberstellung von zwei Momentaufnahmen macht deutlich, wie sehr sich das bundesrepublikanische Spendenwesen in nur 35 Jahren verändert hatte: Der Spendenvorgang, die Spendenzwecke, das Feld der sammelnden Organisationen und auch die Motive für das Spenden waren einem deutlichen Wandel unterlegen. Um diesen Wandel zu erklären, muss man den Blick auf Akteursgruppen lenken, die die Rahmenbedingungen für den Spendenvorgang setzten: staatliche Stellen auf der einen und die Medien auf der anderen Seite.

Insbesondere der Staat hatte in der Bundesrepublik das Spendenwesen lange Zeit intensiv beeinflusst. In Westdeutschland galt zunächst das ursprünglich nationalsozialistische, 1934 erlassene Sammlungsgesetz fort, das staatlichen Stellen das Genehmigungsrecht für Sammlungen zuwies (Gesetz zur Regelung der öffentlichen Sammlungen 1934). Genauer: Wer eine überlokale Spendensammlung veranstalten wollte, musste eine Genehmigung bei dem betreffenden Innenministerium (in einigen Fällen war auch das Sozialministerium zuständig) des Bundeslandes, in dem er sammeln wollte, beantragen. Wollte eine Organisation bundesweit sammeln, so musste sie in allen Bundesländern dafür um Erlaubnis bitten. Wer ohne eine solche staatliche Genehmigung Spenden sammelte, riskierte Strafverfolgung und eine Haftstrafe. Die betreffenden staatlichen Stellen nutzten dieses Sammlungsgesetz vor allem dazu, die Zahl der sammelnden Organisationen rigoros zu begrenzen. Dies erklärt, warum auf überlokaler Ebene die genannten fünf Wohlfahrtsverbände das Sammlungswesen im Jahr 1955 so stark dominieren konnten: Staatliche Stellen gaben ihren Anträgen Vorzug vor anderen und schützten die Wohlfahrtsverbände so vor Konkurrenz. Eine korporatistische Verflechtung zwischen staatlichen Stellen einerseits und den Wohlfahrtsverbänden andererseits sowie eine intensive Lobbyarbeit seitens der letzteren ermöglichten es in den späten 1940er und in den 1950er Jahren, dass staatliches Handeln die expansiven Tendenzen des Spendenmarktes einhegte (Backhaus-Maul 2000). Beispielsweise konnten die Wohlfahrtsverbände Terminabsprachen treffen, welcher Verband wann eine Haus- und Straßensammlung in einem Bundesland abhalten wollte. Sie beantragten diesen sogenannten Sammlungskalender dann bei dem betreffenden Ministerium, das diesen genehmigte und keine oder nur eng begrenzte weitere Sammlungen jenseits des Sammlungskalenders mehr zuließ. Da nicht nur die

Haus- und Straßensammlungen, sondern auch die Spendenwerbung per Werbebrief, Plakataushang oder per Aufruf in den Medien einer solchen staatlichen Genehmigung bedurften und auch hier lange Zeit ein eher restriktiver, das Sammlungsoligopol der Wohlfahrtsverbände schützender Kurs seitens der Ministerien gefahren wurde, blieb die Zahl der sich neu, jenseits der Wohlfahrtsverbände gründenden spendenbasierten Initiativen überschaubar. Schließlich lag es im Interesse des Staates, die sich auf inländische Bedürftige konzentrierenden Wohlfahrtsverbände vor Konkurrenz zu schützen, da die Spendenleistungen den Sozialetat entlasteten. Darüber hinaus konnte so dem Subsidiaritätsprinzip des westdeutschen Sozialstaats Rechnung getragen werden. Aus der Sicht der Spender war der Spendenmarkt in der Folge durch zwar nur geringe Wahlmöglichkeiten charakterisiert, zugleich war er aber auch wegen des überschaubaren Angebots sehr transparent.

Staatliche Stellen benutzten das Sammlungsgesetz aber nicht nur dazu, die Zahl der sammelnden Organisationen möglichst zu beschränken, vielmehr ging es ihnen auch darum, die wenigen tatsächlich stattfindenden Sammlungen zu kontrollieren. Zumindest dem Anspruch nach verfolgten sie das Ziel, die Werbe- und Verwaltungskosten der Sammlungen auf einem niedrigen Niveau zu halten und so einen größtmöglichen Prozentsatz der eingenommenen Spenden tatsächlich dem Spendenzweck zukommen zu lassen. Daher wurden die Genehmigungen für die Durchführung von Sammlungen mit entsprechenden Auflagen verbunden, etwa dahingehend, dass die Verwaltungskosten für die Sammlungen 5% oder 8% nicht übersteigen durften. Zudem richteten die Innenministerien Stäbe ein, die die Einhaltung dieser Auflagen kontrollieren sollten. Dies kam einem staatlichen Vertrauensschutz für die Spender gleich, die glaubten, davon ausgehen zu können, dass keine ‚schwarzen Schafe' die Spendengelder veruntreuten oder für unangemessen hohe Verwaltungsaufgaben verschwendeten.

Allerdings waren die Innenministerien mit diesen Verwaltungsaufgaben in zunehmendem Maße personell und infrastrukturell überfordert. Kontrollanspruch und Vertrauensgarantie erwiesen sich zunehmend als Illusion. Dies war einer der Gründe, warum die Bundesländer – die einen zu Beginn der 1960er Jahre, die anderen einige Jahre später – das Sammlungsgesetz deutlich liberalisierten (Borgmann-Quade 1982). Doch nicht nur der Verwaltungsaufwand, sondern auch die generelle Liberalisierungstendenz der bundesrepublikanischen Gesellschaft machte die Fortdauer eines nationalsozialistischen Sammlungsgesetzes mit seinem autoritären, obrigkeitsstaatlichen Duktus zunehmend zu einem Anachronismus (Herbert 2002). Dies spiegelte sich auch in wachsendem Maße in Gerichtsurteilen wider, die die Geltung des Sammlungsgesetzes zunächst einschränkten, bis das Bundesverfassungsgericht es 1966 für verfassungswidrig und damit nichtig erklärte (Bundesverfassungsgericht 1966).

Die Konsequenz war, dass insbesondere die Spendensammlungen per Werbebrief und Medienaufruf freigegeben wurden. Wer auf diese Art und Weise Spenden sammeln wollte, konnte dies von nun an tun, ohne dass noch eine staatliche Kontrolle oder gar eine Genehmigungspflicht existierte. Es folgte eine Gründungswelle neuer spendensammelnder Organisationen, die sich den unterschiedlichsten Spendenzwecken widmeten. Dass der Spender des Jahres 1980 eine im Vergleich zu 1955 viel größere Wahlfreiheit hatte, lässt sich somit vor allem auf die Liberalisierung des Sammlungsrechts und damit auf die Zurückdrängung des Staates aus der Regulierung des Spendenmarktes und der Kontrolle der Spendensammler zurückführen. Die Kehrseite dieser Entwicklung war allerdings, dass der Markt für die Spender nun intransparenter war und auch das Misstrauen wegen des Fortfalls der staatlichen Vertrauensgarantie anstieg. Eine weitere Kehrseite zeigte sich in der wachsenden Kommerzialisierung des Spendenmarktes: Je größer der Konkurrenzdruck wurde, desto intensiver mussten die einzelnen Initiativen die potenziellen Spender umwerben, was sich in einer Ausweitung der Werbearbeit ebenso niederschlug wie in der Inanspruchnahme von Marktforschungsinstituten und professionellen Marketingspezialisten (Conrad 2004; Hansen/Bode 2007; Heister 1994). Zum Teil kamen dabei auch marktschreierische Werbemethoden zum Einsatz, die die Seriosität des Spendenmarktes zu unterminieren drohten.

Für das wachsende Misstrauen auf Seiten der Spender war aber nicht nur der Rückzug des Staates verantwortlich, sondern auch der steigende Einfluss der Medien, die sich seit den 1960er Jahren zu einer Akteursgruppe entwickelten, die in wachsendem Maße die Rahmenbedingungen für das Spendenwesen setzte. Denn die Medien boten im Hinblick auf den zunehmend intransparenter werdenden Spendenmarkt nicht nur Informationen darüber, wo überhaupt Bedürftigkeit bestand, sondern auch, welche Organisationen an dieser Stelle halfen und wem man mithin eine Spende überweisen konnte. Hinzu kam, dass die Medien über die Zuverlässigkeit, oder besser: über die Unzuverlässigkeit, bestimmter Organisationen Auskunft gaben. Denn immer häufiger lasen und hörten die Medienrezipienten Berichte über Veruntreuungen und Spendenmissbrauch (Roll 1982). Während die Presse die Spendensammlungen der Wohlfahrtsverbände in den 1950er Jahren meist wohlwollend und nahezu kritiklos begleitet hatte, änderte sich der Tenor der Berichterstattung seit den 1960er Jahren deutlich. Wobei nicht nur die traditionellen Wohlfahrtsverbände, sondern auch viele der Neugründungen Zielscheibe der Medienkritik wurden. In dem Maße, wie sich die Medien vom „Konsensjournalismus" (Hodenberg 2002: 293) entfernten und sich auch hinsichtlich des Spenden- und Sammlungswesens als kritische ‚vierte Gewalt' etablierten, wuchs auch das generelle Misstrauen der potenziellen Spender, die immer häufiger mit Spendenskandalen konfrontiert wurden.

Doch die Medienschelte gegenüber den Spendenorganisationen war nicht gänzlich uneigennützig, da mit der Liberalisierung des Sammlungsrechts einige Presseorgane begonnen hatten, selbst Spendenaktionen größeren Umfangs zu initiieren. Kritische Berichte über unseriöse Sammler konnten daher auch das Ziel haben, den Konkurrenten auf dem Spendenmarkt deutlichen Schaden zuzufügen. Darüber hinaus hatten die Spendenaktionen einzelner Medienorgane den nicht unbedingt ungewollten Nebeneffekt, dass die Auflagenzahlen gesteigert und die Leser-, Hörer-, bzw. Zuschauerbindung erhöht werden konnten, was als eines der vielen Indizien nicht nur für die wachsende Medialisierung (Bösch/Frei 2006), sondern auch für die zunehmende Kommerzialisierung des Spendenmarktes seit den 1960er Jahren gelten kann. Die wachsende Medialisierung lässt sich aber auch daran festmachen, dass einige Wohltätigkeitsinitiativen enge Beziehungen zu den Medien, insbesondere zum Fernsehen knüpften. Hier gelang es den traditionellen Wohlfahrtsverbänden noch einige Zeit, ihre Bastion zumindest ansatzweise zu verteidigen. Doch auf lange Sicht konnten sie nicht verhindern, dass sich Konkurrenzinitiativen über eine ausgeprägte Zusammenarbeit mit den Medien Wettbewerbsvorteile erarbeiteten. So konnte beispielsweise Cap Anamur Ende der 1970er Jahre von einer intensiven Berichterstattung in den ‚Report'-Sendungen von Franz Alt profitieren.

Die Medialisierung des Spendenwesens war wiederum eine der Ursachen dafür, dass sich auf Seiten der Spender die Präferenzen zu verschieben begannen: Je mehr sie Informationen aus den Medien dazu verwendeten, um festzulegen, für wen oder was sie spenden sollten, desto stärker unterlag ihre Entscheidung den Schwerpunktsetzungen medialer Berichterstattung. Und seit den 1960er Jahren berichteten Presse, Radio und Fernsehen in wachsendem Maße über Bedürftigkeit im Ausland (was wiederum mit der sinkenden inländischen Bedürftigkeit im Zusammenhang stand). Insbesondere Natur- und Hungerkatastrophen waren Anlässe zu einer verstärkten Berichterstattung, die häufig mit der expliziten Aufforderung zur Spendengabe verbunden war (Benthall 1993; Köpp 1995). Dies erklärt, warum ein wachsender Anteil der Spendenströme auf die humanitäre Katastrophenhilfe im Ausland gelenkt wurde und warum immer mehr spendensammelnde Organisationen neu entstanden, die sich diesem Spendenzweck widmeten, bzw. warum auch alteingesessene Organisationen versuchten, in diesem Bereich Fuß zu fassen. Damit gerieten die Spendensammler aber in immer größere Abhängigkeit von den Selektionskriterien der Medien, die nicht über alle Katastrophen und nicht über alle gleich intensiv informierten. Vielmehr war das Ausmaß der Berichterstattung davon abhängig, ob Journalisten vor Ort waren, ob sich die Katastrophe in beeindruckende Bilder fassen ließ, ob sie ‚inszenierbar' war für die Zuschauer und Leser zu Hause. Zudem bedrohte die mediale Konzentration auf Naturkatastrophen jene Organisationen, die sich eher im Bereich der langfristigen und nachhaltigen Entwicklungshilfe engagierten. Die Medien hatten also zumindest teilweise jene Lenkungsfunktion für den Spendenmarkt übernommen, die der Staat seit den 1960er Jahren aus der Hand gegeben hatte.

Fazit

Die geschichtswissenschaftliche Analyse der Veränderungen im Bereich des Spendenwesens zeigt, dass Historiker hier durchaus aus der Not eine Tugend machen können. Zwar stehen uns nur wenige Quellen zur Verfügung, die Aussagen über die Motive von Spendern zulassen, doch gibt es eine überbordende Zahl von Dokumenten, die uns über jene Akteursgruppen informieren, die die Rahmenbedingungen für den Spendenvorgang setzten. Hier zeigt sich, dass diese Rahmenbedingungen – seien sie seitens des Staates oder seitens der Medien bestimmt – einen wesentlichen Einfluss darauf hatten (und haben), wer an welche Organisation für welche Zwecke Geld gab (und gibt). Spenden ist eine gesamtgesellschaftlich bedingte Form sozialen Verhaltens – der Blick lediglich auf die individuellen Motive für die Spendenentscheidung verengt und verfälscht das Bild. Vielmehr muss es auch für die Analyse heutigen prosozialen Verhaltens darum gehen, die Wechselwirkungen zwischen den im Individuum angesiedelten Überzeugungen, Motiven und Zielsetzungen auf der einen und den gesellschaftlichen Rahmenbedingungen auf der anderen Seiten zu untersuchen. Im Rahmen dieses Beitrages wurde dies exemplarisch anhand staatlicher und medialer Akteure aufgezeigt, doch ließen sich noch weitere gesellschaftliche Strukturen und Prozesse in die Analyse einbeziehen. Hier sind beispielsweise die externen „Vertrauenswächter" (Shapiro 1987: 635) wie etwa das Deutsche Zentralinstitut für soziale Fragen zu nennen, die über ihre spenderberatende Informations- und Öffentlichkeitsarbeit das Spendenverhalten in bestimmte Richtungen lenken können.

Als weitere Einflussfaktoren auf das Spendenwesen können aber auch wirtschaftliche Prozesse wie etwa konjunkturelle Zyklen einbezogen werden. Auch die Entwicklung sozialer Ungleichheit im lokalen, nationalen sowie globalen Rahmen bleibt nicht ohne Rückwirkungen auf den Bereich des philanthropischen Handelns. Und damit werden auch die jeweilig dominierenden sozial- und entwicklungspolitischen Agenden zu Bestimmungsfaktoren für das Spendenwesen, da diese die Strukturen sozialer Ungleichheiten mit gestalten. ‚Weichere', sozialpsychologische Entwicklungen wie der allgemeine Wertewandel, die Veränderung kollektiver mentaler Dispositionen und Verhaltensweisen können ebenfalls angeführt werden. Kurzum: Aus geschichtswissenschaftlicher Sicht kann man ein Plädoyer dahingehend formulieren, sich bei der Erforschung – auch des gegenwärtigen – Spenderverhaltens nicht zu sehr auf die individuelle Ebene zu konzentrieren, sondern den Blick auf die gesellschaftlichen Rahmenbedingungen, innerhalb derer die Spender agieren, auszuweiten.

Literatur

Adam, Thomas/Lässig, Simone/Lingelbach, Gabriele (Hg.) (2009): Stifter, Spender und Mäzene. USA und Deutschland im historischen Vergleich. Stuttgart: Franz Steiner.

Antwort der Bundesregierung auf die Große Anfrage der Abgeordneten Rudolf Bindig, Evelin Fischer, Monika Ganseforth, weiterer Abgeordneter und der Fraktion der SPD (1994). In: Deutscher Bundestag, Drucksachen, Drucksache 12/8248, 7.7.1994.

Auts, Rainer (2001): Opferstock und Sammelbüchse. Die Spendenkampagnen der freien Wohlfahrtspflege vom Ersten Weltkrieg bis in die sechziger Jahre. Paderborn: Schöningh.

Backhaus-Maul, Holger (2000): Wohlfahrtsverbände als korporative Akteure. In: Aus Politik und Zeitgeschichte, B 26-27, S. 22-30.

Baringhorst, Sigrid (1998): Politik als Kampagne. Zur medialen Erzeugung von Solidarität. Opladen: Westdeutscher.

Benthall, Jonathan (1993): Disasters, Relief and the Media. London: Tauris.

Bösch, Frank/Frei, Norbert (2006): Die Ambivalenz der Medialisierung. Eine Einführung. In: Dies. (Hg.): Medialisierung und Demokratie im 20. Jahrhundert. Göttingen: Wallstein, S. 7-24.

Borgmann-Quade, Rainer (1982): Das Sammlungsrecht in der Bundesrepublik Deutschland. In: Ders. (Hg.): Stichwort Spendenwesen. Ein Handbuch für Spender, Organisationen, Behörden und Medien mit 43 Selbstdarstellungen gemeinnütziger Organisationen und einem Abdruck maßgeblicher Gesetze. Berlin: DZI, S. 140-153.

Bundesverfassungsgericht: GG Art. 2, 4, 5, 9; Sammlungsgesetz. Zu den verfassungsrechtlichen Anforderungen an einen gesetzlichen Erlaubnisvorbehalt. Urteil des I. Senats vom 5.8.1966. In: Neue Juristische Wochenschrift, Jg. 1966, S. 1651-1653.

Conrad, Christoph (2004): Observer les consommateurs. Etudes de marché et histoire de la consommation en Allemagne des années 1930 aux années 1960. In: Mouvement social 206, S. 17-39.

Gesetz zur Regelung der öffentlichen Sammlungen und sammlungsähnlichen Veranstaltungen (Sammlungsgesetz) vom 5. November 1934. In: Reichsgesetzblatt, Jg. 1934, Teil I, S. 1086-1088.

Hammerschmidt, Peter (2005): Wohlfahrtsverbände in der Nachkriegszeit. Reorganisation und Finanzierung der Spitzenverbände der freien Wohlfahrtspflege 1945 bis 1961. Weinheim: Juventa.

Hansen, Ursula/Bode, Matthias (2007): Entwicklungsphasen der deutschen Marketingwissenschaft seit dem Zweiten Weltkrieg. In: Berghoff, Hartmut (Hg.): Marketinggeschichte – die Genese einer modernen Sozialtechnik, Frankfurt a.M./New York: Campus, S. 179-204.

Heister, Werner (1994): Das Marketing spendensammelnder Organisationen, Köln: Juventa.

Herbert, Ulrich (2002): Liberalisierung als Lernprozess. Die Bundesrepublik in der deutschen Geschichte. In: Ders. (Hg.): Wandlungsprozesse in Westdeutschland. Bedeutung, Integration, Liberalisierung 1945 bis 1980. Göttingen: Wallstein, S. 7-59.

Hodenberg, Christina von (2002): Die Journalisten und der Aufbruch zur kritischen Öffentlichkeit. In: Herbert, Ulrich (Hg.): Wandlungsprozesse in Westdeutschland. Bedeutung, Integration, Liberalisierung 1945 bis 1980. Göttingen: Wallstein, S. 278-311.

Kocka, Jürgen/Frey, Manuel (1998): Einleitung und einige Ergebnisse. In: dies. (Hg.): Bürgerkultur und Mäzenatentum im 19. Jahrhundert. Berlin: Bostelmann & Siebenhaar, S. 7-17.

Köpp, Dirke (2005): „Keine Hungersnot in Afrika" hat keinen besonderen Nachrichtenwert. Afrika in populären deutschen Zeitschriften (1946-2000). Frankfurt a.M.: Lang.

Kruke, Anja (2007): Demoskopie in der Bundesrepublik Deutschland. Meinungsforschung, Parteien und Medien 1949–1990. Berlin: Droste.

Lingelbach, Gabriele (2007): Das Bild des Bedürftigen und die Darstellung von Wohltätigkeit in den Werbemaßnahmen bundesrepublikanischer Wohltätigkeitsorganisationen. In: Archiv für Kulturgeschichte 89, S. 345-365.

Lingelbach, Gabriele (2005): Die Geschichte des Ehrenamtes im bundesrepublikanischen Sammlungswesen. Über die Grenzen staatlich durchgesetzter Freiwilligenarbeit. In: Westfälische Forschungen 55, S. 153-175.

Lingelbach, Gabriele (2009): Spenden und Sammeln. Der westdeutsche Spendenmarkt bis in die frühen 1980er Jahre. Göttingen: Wallstein.

Mayerl, Jochen (2009): Warum spenden Menschen Geld? Ein einstellungstheoretisches Erklärungsmodell, in: Deutsches Zentralinstitut für soziale Fragen (Hg.): Soziale Arbeit Spezial. Helfersyndrom, Prestigeverlagen oder Gemeinsinn? Untersuchungen zum Spendenverhalten. Dokumentation einer Tagung vom 13. Oktober 2008 in Berlin. Berlin: DZI, S. 45-52.

Roll, Winfried (1982): Unredliche Spendensammler und scheinsoziale Organisationen. In: Borgmann-Quade, Rainer (Hg.): Stichwort Spendenwesen. Ein Handbuch für Spender, Organisationen, Behörden und Medien mit 43 Selbstdarstellungen gemeinnütziger Organisationen und einem Abdruck maßgeblicher Gesetze. Berlin: DZI, S. 47-58.

Shapiro, Susan P. (1987): The Social Control of Impersonal Trust. In: American Journal of Sociology 93, S. 623-658.

Empirische Sondierung

Zur Empirie des Spendens

von Eckhard Priller und Jürgen Schupp

1. Einleitung

Obwohl die Spendenthematik in Deutschland in den letzten Jahren eine erhöhte Aufmerksamkeit erfährt, sind wichtige Fragen noch immer nicht geklärt. Wissenschaft, Politik, Medien, Öffentlichkeit, Spenden sammelnde Organisationen und nicht zuletzt die Spenderinnen und Spender wollen wissen, wie viel in Deutschland gespendet wird. Es werden Informationen nachgefragt, wer spendet, für welche Bereiche dies erfolgt oder unter welchen Voraussetzungen und mit welchen Motiven Menschen sich bereit finden zu spenden. Zur Beantwortung dieser Fragen ist die empirische Basis des Spendenwesens nach wie vor unzureichend und eine weitere Verbesserung bei der Bereitstellung inhaltlich fundierter und methodisch belastbarer Daten dringend erforderlich. Ein Zugriff auf ein entsprechendes Informationssystem für die Spendenthematik ist in Deutschland noch immer nicht möglich. Es fehlt der Wissenschaft weitgehend an verallgemeinerungsfähigen Daten, die es erlauben, empirische Analysen im erforderlichen Umfang und in die Tiefe gehend vorzunehmen. Die an verschiedenen Stellen erfolgten Betrachtungen zur gegenwärtigen defizitären Situation kommen deshalb mehr oder weniger einheitlich zu dem Ergebnis, dass die Gesamtheit der vorhandenen Angaben weiterhin lückenhaft und zudem in sich nicht widerspruchsfrei ist (vgl. Priller/Sommerfeld 2010a; Alscher et al. 2009; DZI 2010).

Obwohl also die empirischen Resultate noch immer kein ausreichendes und einheitliches Bild vom Spenden in Deutschland vermitteln, wurden gleichwohl in den letzten Jahren beachtliche Fortschritte erreicht. Dies lässt sich zum einen an der Zunahme von empirischen Untersuchungen zur Spendenthematik und damit einhergehend mit der Verbreiterung der Datenbasis festmachen. Zum anderen hat die Zahl entsprechender Publikationen stark zugenommen (vgl. z.B. Hahn et al. 2008; Sprengel/Strachwitz 2008; Priller/Sommerfeld 2010a; DZI 2010). Zu nennen sind auch die Aktivitäten einer Reihe von Organisationen. So wird im Auftrag des Deutschen Spendenrats e.V. regelmäßig auf der Grundlage der Untersuchung der Gfk „Charity* Scope" die Studie „Bilanz des Helfens" erstellt. Außerdem wurde eine Reihe von speziellen Veranstaltungen[1] durchgeführt. Diese Entwicklung ist unmittelbarer Ausdruck der gestiegenen

1 Eine 2006 vom Wissenschaftszentrum Berlin für Sozialforschung (WZB) durchgeführte Tagung stand unter der Überschrift „Spenden in Deutschland". Sie zog eine Bilanz, auf welche Daten zur Spendenthematik zurückgegriffen werden kann (vgl. Priller/Sommerfeld 2010a). Die Tagung 2008, die das Deutsche Zentralinstitut für soziale Fragen (DZI) gemeinsam mit dem WZB veranstaltete, widmete sich den Spendenmotiven. Die Beiträge sind in einem Sonderheft der Zeitschrift „Soziale Arbeit" unter der Thematik „Helfersyndrom, Prestigeverlangen oder Gemeinsinn?" veröffentlicht. Mit der 2009 gemein-

Aufmerksamkeit für die Thematik. Sie reflektiert zugleich den Bedarf an Analyseergebnissen und weiterer evidenzbasierter Forschung.

Es ist allerdings nicht nur eine Erweiterung der empirischen Datenbasis erforderlich, sondern auch die Theorieorientierung der Analysen ist zu verbessern, da die Sozial- und Politikwissenschaften vielfach nicht über die notwendigen, empirisch verallgemeinerbaren Datengrundlagen verfügen. Die vorliegenden quantitativen Analysen vermögen zwar einen gewissen Eindruck zu vermitteln, inwiefern bestimmte Sachverhalte, beispielsweise die Spendenaktivitäten oder bestimmte Spendenmotive, in der Gesellschaft ausgeprägt sind. Sie können aber häufig Zusammenhänge nicht oder nur partiell erklären. Insbesondere, wenn es sich um ein empirisch wenig erschlossenes Gebiet wie jenes der Spenden handelt, sind neben der standardisiert-quantitativen Umfragenmethode qualitative Studien bis hin zu experimentellen Forschungsansätzen unerlässlich. Für eine fundierte Empirie der Spendenthematik muss also ein breites methodisches Spektrum zum Einsatz kommen. Zugleich ist ein ausgereiftes Theoriegefüge zu entwickeln – Aufgabenstellungen, die in den nächsten Jahren große Herausforderungen darstellen.

Der folgende Beitrag konzentriert sich auf die Betrachtung quantitativer Daten und deren Analyse. Er vermittelt im ersten Teil eine Übersicht, was an empirischen Untersuchungen gegenwärtig zur Spendenthematik in Deutschland vorhanden ist.[2] Der zweite Teil geht auf wichtige empirische Ergebnisse ein, die aus diesen Erhebungen resultieren. In einem dritten Teil werden Daten zur Spendenthematik, die im Rahmen des Sozio-oekonomischen Panels (SOEP) erhoben wurden, analysiert. Das Besondere dieses Datensatzes besteht darin, dass sich die Betrachtung nicht wie die meisten Untersuchungen auf monetäre Aspekte des Spendengeschehens beschränkt, sondern Angaben zu Blutspenden und zur Bereitschaft von Organspenden mit erfasst. Eine solche komplexe Betrachtung kann für die Erklärung von Spendenaktivitäten eine wichtige Rolle spielen. Der Beitrag schließt mit einer Zusammenfassung und einem Ausblick auf die Erfordernisse zur Verbesserung der Empirie des Spendens.

2. Zur Datensituation in Deutschland

In Deutschland liegen verschiedene Erhebungen zur Spendenthematik vor. Bereits an anderer Stelle wurde untersucht, inwiefern sie für den Aufbau einer regelmäßig durchzuführenden Spendenberichterstattung geeignet sind (vgl. Priller / Sommerfeld 2010c). Im Mittelpunkt dieser Betrachtungen stand besonders die Prüfung der Verfügbarkeit, Aussagekraft und Zuverlässigkeit sowie Güte der Daten. Des Weiteren wurde

sam vom Maecenata Institut an der Humboldt Universität zu Berlin, dem John-F.-Kennedy-Institut der Freien Universität Berlin und dem WZB durchgeführten Tagung „Warum spenden wir?“ wurde sich dem Spendenthema aus interdisziplinärer Sicht genähert. Der vorliegende Band enthält u. a. Beiträge dieser Tagung. Schließlich fand beim 35. Kongress der Deutschen Gesellschaft für Soziologie im Oktober 2010 in Frankfurt am Main eine Ad-hoc-Gruppe zum Thema „Transnationale Solidarität? Spenden und Zivilgesellschaftliches Engagement in transnationaler Perspektive“ statt.

2 Zur Analyse des internationalen Standes vgl. Priller/Sommerfeld 2010c.

der Grad der Übereinstimmung und Konsistenz der Ergebnisse verschiedener Erhebungen verglichen. Das Zusammentragen vorhandener Untersuchungen zu Spenden und ihre systematische Prüfung wurden durch den „Spendenbericht Deutschland 2010", der sich als Startpunkt einer kontinuierlichen Spendenberichterstattung versteht, fortgesetzt (vgl. DZI 2010).

Bei der Erstellung einer Übersicht zu vorliegenden empirischen Quellen sind neben Datensätzen der Umfrageforschung auch in der amtlichen Statistik Angaben zu Spenden zu finden. Außerdem lassen sich Informationen zur Spendenthematik aus verschiedenen Datenbanken für Analysezwecke verwerten. Insgesamt sind damit folgende relevante Datenquellen zu nennen: Bevölkerungsumfragen, amtliche Statistik und ausgewählte Datenbanken.

1. Angaben zu Spenden sind bislang vor allem in folgenden Bevölkerungsumfragen enthalten (vgl. Tabelle 1):
   - Befragungen des Instituts für Demoskopie Allensbach zur Stellung der Freien Wohlfahrtspflege von 1967 bis 1985;
   - Umfragen in der Bevölkerung zu ihrem freiwilligen Engagement und Spendenverhalten im Rahmen des international vergleichenden Johns Hopkins Comparative Nonprofit Sector Project von 1992 und 1996;
   - Emnid-Spendenmonitor, der seit 1995 jährlich durch das Meinungsforschungsinstitut TNS Infratest Bielefeld durchgeführt wird;
   - Freiwilligensurvey, eine in den Jahren 1999, 2004 und 2009 im Auftrag des Bundesministeriums für Familie, Senioren, Frauen und Jugend (BMFSFJ) von TNS Infratest München durchgeführte Repräsentativerhebung zum ehrenamtlichen Engagement;
   - die seit Juli 2004 laufende Studie Charity*Scope, initiiert und durchgeführt von der Gesellschaft für Konsumforschung (GfK) in Nürnberg;
   - die jährlich seit 2005 erfolgende Erhebung der Arbeitsgemeinschaft Spenden in Deutschland;
   - SOEP-Pretest-Erhebungen 2006 und 2009;
   - DZI-Umfrage 2008;
   - von der Dresdner Bank in Auftrag gegebene Umfrage, die im Herbst 2009 durchgeführt wurde.
2. In der amtlichen Statistik sind besonders in drei Statistiken Spendendaten enthalten (vgl. Tabelle 2):
   - Laufende Wirtschaftsrechnungen (LWR);
   - Einkommens- und Verbrauchsstichprobe (EVS);
   - Lohn- und Einkommensteuerstatistik.
3. In Datenbanken sind Informationen zum Spenden vor allem bezogen auf Organisationen zu finden, die Spenden sammeln. Zu nennen ist hier besonders die seit 1992 geführte Datenbank der Spenden-Siegel-Organisationen des Deutschen Zentralinstituts für soziale Fragen. Inwieweit bestimmte Internetplattformen, die

Tabelle 1: Bevölkerungsumfragen als Datenquellen zur Spendenthematik

Umfragen der Meinungsforschungsinstitute	Zeitverlauf	Stichprobenumfang/Alter der Befragten	Art der Stichprobenziehung	Erhebungsmethode	Befragungszeitpunkt	Fragen zur Spendenbeteiligung
Institut für Demoskopie Allensbach	1967/68 1973 1979 1985	Jeweils 2.000 Personen ab 16 Jahre	Quotenauswahl	Face-to-Face-Interviews	1967/68: Februar 1973: September 1979, 1985: April	„Wenn man etwas spendet, dann kann man Geld oder Sachen spenden. Wenn Sie einmal an das *letzte Mal* denken, als Sie etwas gespendet haben, war das etwas von dieser Liste oder etwas anderes?"
Johns Hopkins Project	1992 und 1996	5.600 bzw. 3.000 Personen ab 14/18 Jahre	ADM-Stichprobensystem, 3-stufiges Zufalls-Auswahlverfahren	Face-to-Face-Interviews	Nov./Dez.	„Haben Sie in den letzten 12 Monaten Geld gespendet – Mitgliedsbeiträge nicht einberechnet?"
Emnid-Spendenmonitor	Seit 1995, jährlich	4.000 Personen ab 14 Jahre	Random-Route-Auswahlverfahren (mehrstufig)	Face-to-Face-Interviews, CAPI	Sept./Okt.	„Haben Sie innerhalb der letzten 12 Monate mindestens einmal für eine gemeinnützige Organisation gespendet?"
Freiwilligensurvey	1999, 2004, 2009, alle 5 Jahre	1999 und 2004 15.000, 2009 20.000 Personen ab 14 Jahre	Infratest-Telfonhaushalts-Sample (ITMS); Random Last Digit	Telefoninterviews, CATI	Mai-Juli	„Manche Menschen leisten gelegentlich oder regelmäßig Geldspenden für karitative, soziale oder gemeinnützige Zwecke. Bitte überlegen Sie einmal: Haben Sie in den letzten 12 Monaten solche Spenden geleistet?"
GfK Charity*Scope	Seit 2004, jährlich	10.000 Personen ab 10 Jahre	Verbraucherpanel	Tagebuch	Monatlich	„Haben Sie in diesem Monat Geld, Sachen oder Zeit gespendet?" [Spenden für Bedürftige und gemeinnützige Organisationen, A.d.V.]
Spenden in Deutschland	Seit 2005, jährlich	5.200 Personen zwischen 18–70 Jahren	Nach soziodemographischen Merkmalen und regionaler Verteilung	Telefoninterviews	März/April 2005	„Haben Sie in den letzten 12 Monaten Geld für gemeinnützige Organisationen gespendet?"
SOEP Pretest 2006	2006					

DZI-Umfrage	2008	2.000 Personen ab 18 Jahre		Telefoninter-views	Herbst	„Haben Sie in den vergangenen 12 Monaten *Geld* gespendet? Wir meinen *nicht* Mitgliedsbeiträge, aber größere und kleinere Beträge, z. B. auch die Kollekte in der Kirche und die Sammelbüchsen, gehören dazu."
Dresdner Bank	2009	1.298 Personen ab 18 Jahre		Telefoninter-views	Herbst	„Haben Sie bereits oder wollen Sie in diesem Jahr etwas für wohltätige Zwecke spenden?"
SOEP Pretest 2009	2009	1007 Personen				„Wir haben nun einige Fragen zu Spenden. Unter Spenden verstehen wir hier das Geben von Geld für soziale, kirchliche, kulturelle, gemeinnützige und wohltätige Zwecke, ohne dass man dafür direkt Gegenleistungen erhält. Dies können größere Beträge sein, aber auch kleinere, die man z.B. in eine Sammelbüchse steckt. Auch die Kollekte in der Kirche zählen wir dazu. Haben Sie in den letzten 12 Monaten Geld gespendet – Mitgliedsbeiträge nicht mitgerechnet? Wie hoch war der Gesamtbetrag, den Sie in den letzten 12 Monaten gespendet haben?" „Es gibt auch Spenden, die nicht finanzieller Art sind, zum Beispiel Organspenden oder Blutspenden. Wie ist Ihre persönliche Meinung dazu? Sind Sie grundsätzlich zu einer Organspende nach dem Tod bereit?" „Haben Sie Ihre Bereitschaft zur Organspende in Form eines Organspendeausweise schriftlich festgelegt?" „Haben Sie in den vergangenen 10 Jahren einmal Blut gespendet?" „Haben Sie im vergangenen Jahr, also 2008, einmal Blut gespendet?"

Tabelle 2: Datenquellen der amtlichen Statistik zur Spendenthematik

Erhebungen der amtlichen Statistik	**Zeitverlauf**	**Stichprobenumfang**	**Art der Stichprobenziehung**	**Erhebungsmethode**	**Befragungszeitpunkt**	**Informationen zur Spendenbeteiligung**
Laufende Wirtschaftsrechnungen	Seit 1949/50, seit 1999 repräsentative Daten zu Spenden, jährlich	6.000 bzw. 8.000 Haushalte	Quotenverfahren	Fragebogen, Haushaltsbuch	Monatlich	Detailgenaue Aufzeichnung der Geldspenden und Mitgliedsbeiträge durch die Haushalte
Einkommens- und Verbrauchsstichprobe	Seit 1962/63, seit 2003 repräsentative Daten zu Spenden, alle 5 Jahre	60.000 Haushalte	Quotenverfahren	Fragebogen, Haushaltsbuch, Feinaufzeichnungsheft	Monatlich	Vorgegebene Felder für bestimmte Ausgabearten
Einkommensteuerstatistik	Seit 1954, alle 3 Jahre	Einkommensteuerpflichtige	Totalerhebung	Auswertung der Steuererklärungen	Jahresbezogen	Aufwendungen für Spenden und Mitgliedsbeiträge

hauptsächlich auf der Basis von Spenden sammelnden Organisationen entstehen, weitere Analysemöglichkeiten bieten, ist noch weitgehend ungeklärt (vgl. z.B. Breidenbach in diesem Band).

Die einzelnen Datenquellen und Untersuchungen haben zum Teil eine recht unterschiedliche inhaltliche Ausrichtung. Sie unterscheiden sich zudem in ihrer methodischen Qualität und in den Zugangsmöglichkeiten. Es zeigt sich, dass die Vergleichbarkeit der Ergebnisse aus den Umfragen aufgrund unterschiedlicher Erhebungsmethodiken und spezieller, nicht vergleichbarer Klassifikationen oft stark eingeschränkt wird. Dies ist einerseits ein Nachteil, andererseits können durch die jeweilige Spezifik weitere und sich ergänzende Informationen gewonnen werden.

Die Vorteile der Datennutzung aus der amtlichen Statistik liegen in der kontinuierlichen Bereitstellung von Angaben. Diese betreffen die individuelle Spendenhöhe, soweit diese steuerlich geltend gemacht wurde, das nationale Spendenaufkommen sowie Angaben zu ausgewählten Verwendungszwecken und bestimmten sozialstrukturellen Merkmalen der Spendenden über die Zeit. Allerdings stehen zu subjektiven Sachverhalten (z.B. Spendermotive, Einstellungen zum Spenden) hier keine Aussagen zur Verfügung. Daten zu subjektiven Indikatoren, aber auch Angaben in Bezug auf eine differenzierte Darstellung der Spendenzwecke sind bislang nur über Bevölkerungsbefragungen verfügbar. Gemeinsam ist den vorliegenden Umfragen, dass sie sich auf die Erfassung von Geldspenden für gemeinnützige Organisationen konzentrieren und dabei die einzelnen Spendenaktivitäten, die Spendenhöhe und die sozialstrukturellen Merkmale der Spender berücksichtigen – jedoch in unterschiedlicher Differenziertheit. Teilweise werden außerdem Sachspenden und weitere Spendenbereiche erhoben. Der SOEP-Pretest von 2009 erfasst beispielsweise die Bereitschaft zur Organspende und bereits erfolgte Blutspenden (vgl. Mohn/Schupp 2009). Die GfK-Studie Charity*Scope bezieht darüber hinaus auch Zeitspenden mit ein.

Mit den Datenbanken zu gemeinnützigen Organisationen sind potenziell eher Organisationsanalysen durchführbar, mit denen sich die bei den Organisationen eingehenden Spendensummen ermitteln lassen. Zu den Spendern und deren Struktur sind auf dieser Grundlage kaum Aussagen möglich. Der Informationsgehalt der Datenbanken ist in Deutschland zudem stark eingeschränkt, da in ihnen Angaben nur zu einem Teil der Spenden sammelnden Organisationen enthalten sind und insgesamt kaum Bereitschaft zur Transparenz besteht.

3. Kontinuität, Stabilität und Differenzierungen im Spendenverhalten

Um im Folgenden einige empirische Aussagen für die Situation zur Spendenthematik in Deutschland zu erarbeiten, werden vorhandene Spendendaten analysiert. Damit sollen zum einen wichtige ausgewählte Ergebnisse zum Spendengeschehen vermittelt und zum anderen die noch bestehenden Unschärfen und Widersprüche aufgezeigt werden. Fokussiert wird dabei auf die Indikatoren Spendenbeteiligung, Spendenhöhe je Spender und Summe der Spenden auf nationaler Ebene sowie auf die Betrachtung der Zwecke, für die die Spenden verwendet werden.

3.1 Angaben zur Spendenbeteiligung

Eine der wichtigsten Messgrößen, aus denen man ersehen kann, in welchem Umfang die Bürger eines Landes spenden, ist die Spendenbeteiligungsquote. Sie wird gebildet, indem man den Anteil der Spender in Relation zur gesamten Bevölkerung bzw. zu den befragten Gruppen ausweist. Zumeist wird in Umfragen und in den anderen Quellen auf den Zeitraum der letzten zwölf Monate Bezug genommen.

Nach Angaben des Freiwilligensurveys[3] aus den Jahren 1999, 2004 und 2009 haben zu den beiden ersten Erhebungszeitpunkten jeweils 63 Prozent und im Jahre 2009 mit 59 Prozent ein etwas geringerer Anteil der Bundesbürger in den jeweils zurückliegenden zwölf Monaten Geld gespendet.

Der Emnid-Spendenmonitor, der bereits seit 1995 jährlich Daten zum Spendenverhalten erfasst, kommt für die letzten fünfzehn Jahre im Durchschnitt zu einer Spenderquote, die sich um die 40 Prozent bewegt (vgl. Abbildung 1). Ausnahmen bilden die Jahre 2002/2003 sowie 2005/2006, in denen die Spenderquote infolge der Elbe-Flut bzw. der Tsunami-Katastrophe höher lag.

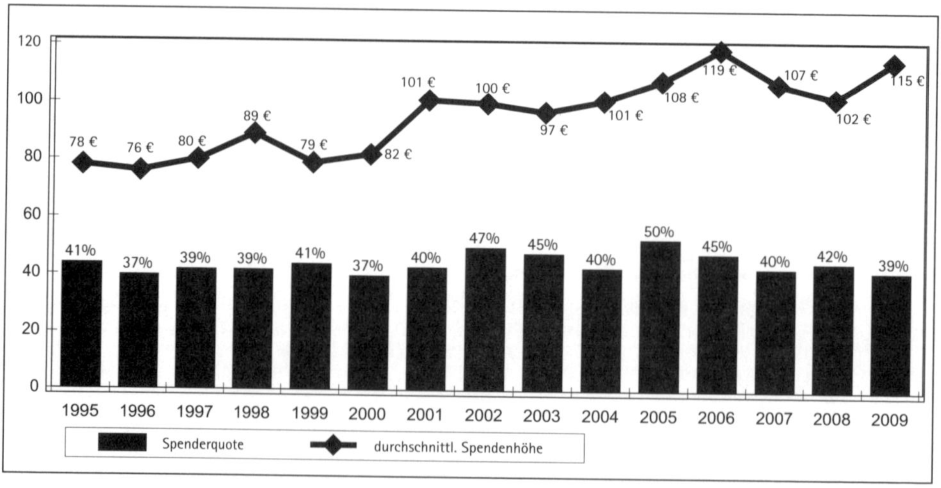

Abbildung 1: Entwicklung der Spenderquote und der Spendenhöhe in Deutschland, 1995–2009
Datenbasis: Emnid-Spendenmonitor 1995–2009

3 Der Freiwilligensurvey ist eine Repräsentativerhebung zum bürgerschaftlichen Engagement, in der Personen über 14 Jahre u.a. danach gefragt wurden, ob sie in den zurückliegenden zwölf Monaten für „karitative, soziale oder gemeinnützige Zwecke" gespendet hatten und, wenn ja, wie viel.

Obwohl die Untersuchungen unterschiedliche Niveaus ausweisen, lassen sie entsprechend der jeweils internen Entwicklung den Schluss zu, dass die Spendenbeteiligungsquote über die Jahre betrachtet in Deutschland relativ stabil ist. Für die erheblichen Unterschiede zwischen den Angaben aus diesen wie auch weiterer Erhebungen kann in einem hohen Maße die Spezifik der Frageformulierung verantwortlich gemacht werden. Im Freiwilligensurvey wird nach regelmäßigen Geldspenden für karitative, soziale oder gemeinnützige Zwecke gefragt, im Spendenmonitor nach Spenden für gemeinnützige Organisationen.[4] Außerdem können unterschiedliche Erhebungszeitpunkte, verschiedene Erhebungstechniken (z.B. persönlich-mündliches Interview oder Telefonbefragung) und der inhaltliche Kontext der Gesamterhebung eine Rolle spielen. In den Freiwilligensurveys ist beispielsweise ein besonders hoher Anteil engagierter Personen vertreten. Da diese wegen ihres Interesses an der Thematik mit höherer Wahrscheinlichkeit an einem solchen Interview teilnehmen bzw. es mit geringerer Wahrscheinlichkeit abbrechen als Nichtengagierte, kann es zu einer höheren Spenderquote kommen, denn Engagierte zeichnen sich durch eine hohe Spendenbeteiligung aus. Von anderer Seite wird außerdem darauf hingewiesen, dass interviewte Personen bei Fragen zum Spendenverhalten in bestimmten Situationen überhöhte Angaben machen. Da die Spendenbereitschaft gesellschaftlich relativ positiv bewertet wird, neigen demnach Befragte dazu, ihr Verhalten - bewusst oder unbewusst - in ein gutes Licht zu rücken (vgl. Schnell et al. 1999: 332f.; Notheis 1995: 64). Um die Ursachen der zum Teil stark voneinander abweichenden Ergebnisse im Detail zu klären, ist weitere surveymethodische Grundlagenforschung vonnöten.

3.2 Spendenhöhe und Spendenvolumen

Neben der Frage, wie viele Personen gespendet haben, ist die Höhe der jeweiligen Spenden von Interesse. Diese Angaben ermöglichen zum einen Rückschlüsse auf den Umfang bzw. die Intensität des Spendens. Zum anderen gestatten sie eine Berechnung des gesamten nationalen Spendenvolumens.

Ebenso wie die Spendenbeteiligungsquote fallen die Ergebnisse zur Spendenhöhe und damit zum nationalen Spendenvolumen nach den Angaben der verschiedenen Erhebungen recht unterschiedlich aus. Auf die beträchtlichen Schwankungen verweist bereits die Enquete-Kommission des Deutschen Bundestages „Zukunft des Bürgerschaftlichen Engagements". Sie geht von einer jährlichen Spendensumme zwischen drei und fünf Milliarden Euro in Deutschland gegen Ende der 1990er Jahre aus (vgl. Enquete-Kommission 2002: 71).

4 Frageformulierung im Freiwilligensurvey: „Manche Menschen leisten gelegentlich oder regelmäßig Geldspenden für karitative, soziale oder gemeinnützige Zwecke. Haben Sie in den letzten 12 Monaten solche Spenden geleistet?" Frageformulierung im Emnid-Spendenmonitor: „Haben Sie innerhalb der letzten 12 Monate mindestens einmal für eine gemeinnützige Organisation gespendet?"

Dem Emnid-Spendenmonitor zufolge ist die Spendenhöhe im Laufe der letzten zehn Jahre relativ stabil geblieben und weist nur geringe Schwankungen auf (vgl. Abbildung 1). Während die Spendenhöhe von Mitte der 1990er Jahre bis zur Jahrtausendwende bei rund 80 Euro je Spender lag, wuchs sie 2001 um 20 Prozent auf 101 Euro und ist in den folgenden Jahren zum Teil bis auf 119 Euro gestiegen, insgesamt aber etwa auf gleichem Niveau von etwas über 100 Euro geblieben. Als Ursache für den einmaligen beträchtlichen Anstieg im Jahre 2001 ist ein gewisser „Euro-Einführungseffekt" nicht auszuschließen. Ein Teil der Spender hat offenbar bei Einführung des Euro seine jährliche Spendensumme nicht reduziert, sondern weiterhin den gleichen Betrag in Euro statt in Mark zur Verfügung gestellt. Rechnet man die durchschnittliche individuelle Spendenhöhe auf das nationale Spendenvolumen hoch, kommt man in Deutschland nach den Angaben aus dem Spendenmonitor zu den Höchstwerten von 3,3 Mrd. Euro im Jahre 2002, 3,5 Mrd. Euro 2005, 3,4 Mrd. Euro 2006 und 2,8 Mrd. Euro im Jahre 2008 (vgl. Sommerfeld / Sommerfeld 2010: 33c).

Der Freiwilligensurvey enthält in seinen drei Erhebungen Fragen zur Spendenhöhe in Kategorien (1–100 Euro, 101–500 Euro, 501 Euro und mehr). Um die durchschnittliche Spendenhöhe und das Spendenvolumen für Deutschland trotz der nach oben offenen letzten Kategorie zu ermitteln, kann der mittlere Wert für diese Kategorie mit Hilfe angenommener Höchstwerte geschätzt werden. Nach unterschiedlichen Berechnungsvarianten ergeben sich durchschnittliche Spendenhöhen von 73, 105 bzw. 174 Euro für 1999, für das Erhebungsjahr 2004 Werte von 85, 123 bzw. 130 Euro und für die Erhebung im Jahre 2009 Werte von 277, 100 bzw. 143 Euro. Das geschätzte nationale Spendenvolumen lag laut Freiwilligensurvey im Jahre 1999 im Bereich von 2,6 bis 4,9 Mrd. Euro, 2004 von 3,1 bis 5,3 Mrd. Euro sowie 2009 von 2,6 bis 5,4 Mrd. Euro (vgl. ebd.: 35).

Den Erhebungen des GfK Charity*Scope zufolge unterscheidet sich die durchschnittliche Spendenhöhe von 165 Euro im Jahre 2009 nicht wesentlich von den Vorjahren.

Die DZI-Bevölkerungsbefragung ermittelte für 2008, dass 61 Prozent der Spender bis 100 Euro, 30 Prozent bis 500 Euro und 9 Prozent mehr als 500 Euro spendeten. Für das gesamte Spendenvolumen werden nach der DZI-Erhebung Werte zwischen 4,5 Mrd. und 15,8 Mrd. Euro angegeben (vgl. ebd.: 36).

Die Laufenden Wirtschaftsrechnungen der amtlichen Statistik kommen für die Jahre von 1999 bis 2007 zu einer durchschnittlichen Spendenhöhe von 109 Euro je Haushalt. Das Spendenvolumen schwankt demnach in diesem Zeitraum zwischen 3,25 und 4,45 Mrd. Euro. Die Angaben der Einkommensteuerstatistik fassen die veranlagten Spenden und steuerlich abzugfähigen Mitgliedsbeiträge zusammen. Für den Zeitraum 2001–2007 wurde ein Durchschnittswert von 155 Euro pro Jahr und steuerpflichtiger Spender ausgewiesen. Das Volumen der steuerlich geltend gemachten Spenden und Beiträge belief sich im gleichen Zeitraum auf 3,4 bis 4,5 Mrd. Euro.

Tabelle 3: Spenderquote, durchschnittliche Spendenhöhe je Spender und nationales Spendenvolumen in Deutschland im Jahre 2008

Quelle	Jahr	Spenderquote	Spendenhöhe	Nationales Spendenvolumen
Deutscher Spenden-monitor	2008	42 %	102 €	2,8 Mrd. €
GfK Charity Scope	2008	20 %	167 €	2,1 Mrd. €
Freiwilligensurvey	2009	59 %	100 €	3,8 Mrd. €
DZI-Umfrage	2008	57 %	115€	4,5 Mrd. €
Laufende Wirtschafts rechnung	2007	40 % (2005)	110 €	4,0 Mrd. €
Einkommenssteuer-statistik	2006	33 % (2005)	172 €	4,5 Mrd. €

Quelle: Sommerfeld/Sommerfeld 2010: 44f.

Für die unterschiedlichen Ergebnisse der Erhebungen dürften weitgehend die bereits angeführten Gesichtspunkte verantwortlich sein. Ursachen für die beachtlichen Differenzen liegen auch darin, dass in den Erhebungen häufig unklar bleibt, ob nur Geld- oder auch Sachspenden von den Befragten mit zu berücksichtigen sind.

3.3 Spendenzwecke

Bislang stehen kaum Erhebungen zur Verfügung, die eine differenzierte Betrachtung nach Bereichen vornehmen, für die Einzelpersonen gespendet haben. Lediglich der Spendenmonitor fragt detailliert elf Kategorien ab, für die jemand gespendet hat (vgl. Abbildung 2).

Bezogen auf die Spender zeigt sich über die einzelnen Jahre durchaus ein differenziertes Bild bei den bevorzugten Spendenzwecken. Die auszumachenden Schwankungen betreffen vor allem den Bereich der Sofort-, Not- und Katastrophenhilfe. Während für bestimmte Zeiträume nur geringe Veränderungen zu konstatieren sind und der sogenannte Spendenkuchen gleichbleibend verteilt ist, steigt in Jahren mit großen Naturkatastrophen (siehe in Abbildung 2 das Jahr 2002) der Anteil der Spender auf über 50 Prozent, das heißt, mehr als jeder zweite Spender spendet dann für diesen Bereich. Dies ist in einem hohen Maße darauf zurückzuführen, dass neben den regelmäßig Spendenden zusätzlich Menschen bereit sind, etwas zu geben. In anderen Jahren (z.B. 2008) verteilen sich die Spender eher gleichmäßig auf die in der Abbildung dargestellten acht Bereiche.

Die Laufenden Wirtschaftsrechnungen der amtlichen Statistik weisen nur vier Spendenbereiche aus: religiöse und weltanschauliche Vereinigungen, Organisationen der

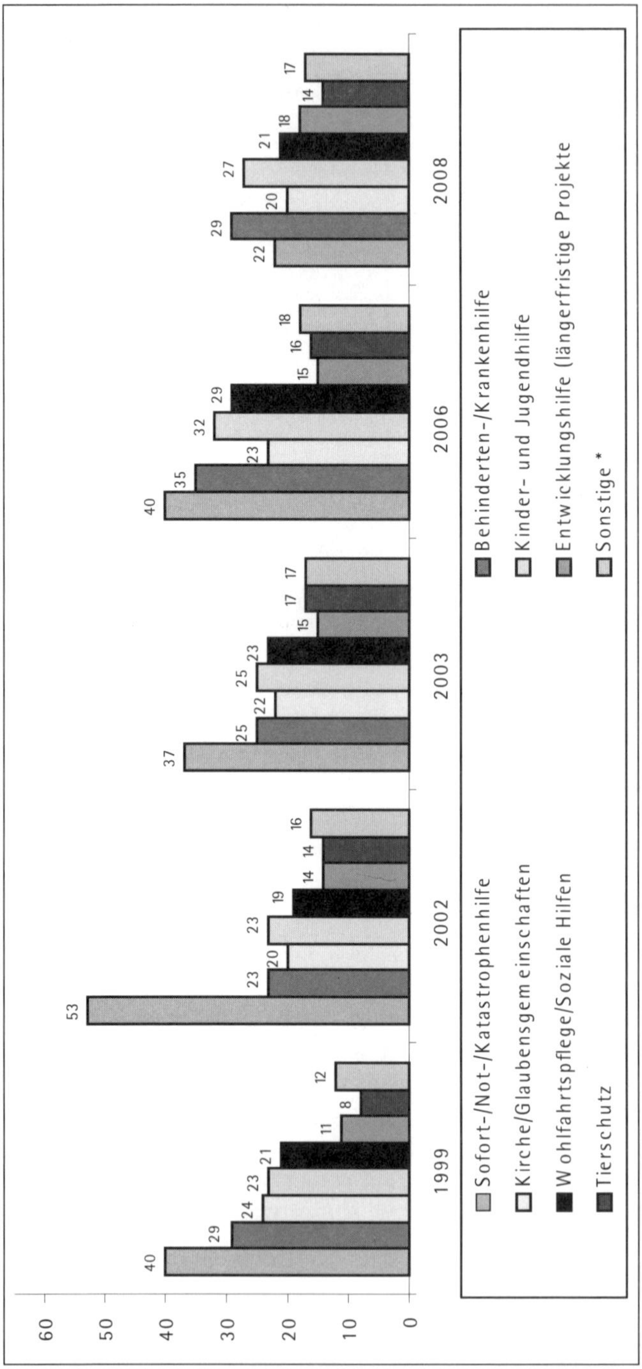

Abbildung 2: Spendenzwecke,1999–2008 (Mehrfachnennungen)
* Sonstige: Umwelt- und Naturschutz, Bildung/Wissenschaft/Forschung, politische Arbeit, Kunst/Kultur.
Datenbasis: Deutscher Spendenmonitor 1999–2008

Freien Wohlfahrtspflege und Jugendhilfe; Organisationen in den Bereichen Bildung, Wissenschaft, Forschung und Kultur, Gesundheitswesen; Sportorganisationen und sonstige Organisationen. Mit den Angaben der Laufenden Wirtschaftsrechnungen kann der Anteil dieser Bereiche am gesamten Spendenaufkommen ermittelt werden. Er beläuft sich in den letzten zehn Jahren für religiöse und weltanschauliche Vereinigungen sowie für Organisationen der Freien Wohlfahrtspflege und Jugendhilfe auf zwischen 70 und 90 Prozent. Der Rest entfällt auf die anderen drei Gruppen, wobei die Spenden für Sportorganisationen nur einen sehr geringen Anteil ausmachen (vgl. Sommerfeld / Sommerfeld 2010: 69).

4. Spendenerfassung im Sozio-oekonomischen Panel – Ansatz und Ergebnisse

4.1 Methodischer Ansatz und Analysepotenzial

Die mit Unterstützung des Bundesministeriums für Familie, Senioren, Frauen und Jugend (BMFSFJ) im Jahre 2006 erstellte Studie „Spenden und ihre Erfassung in Deutschland: Vergangenheit - Gegenwart - Zukunft“ unterbreitete im Rahmen der Vorschläge zum Aufbau einer Spendenberichterstattung in Deutschland die Empfehlung, das Sozio-oekonomische Panel (SOEP) als eine bewährte und in der Wissenschaft etablierte Standarderhebung für die Bereitstellung von Daten zur Spendenthematik zu nutzen (vgl. Priller / Sommerfeld 2010a: 64). Als Vorzüge dieser Erhebung wurde hervorgehoben, dass es sich um eine repräsentative Längsschnittstudie privater Haushalte handelt, die über den langen Zeitraum der Durchführung (jährlich seit 1984) über ein hohes methodisches Niveau verfügt (vgl. Schupp 2009). Weitere Vorzüge sind die Befragung derselben Personen sowie ein breites Spektrum von Angaben zur Erwerbs- und Familienbiographie, zum Einkommen und zu Einkommensverläufen, zur Gesundheit und Lebenszufriedenheit, zur Zeitverwendung, zur sozialen Einbindung und zu weiteren sozioökonomischen Merkmalen. Von Vorteil ist außerdem die freie Verfügbarkeit der Daten für Forschungszwecke.

Einen wichtigen Schritt in Richtung der Nutzung des SOEP zur Spendenerhebung stellte der Pretest aus dem Jahr 2006 dar. [5] Er enthielt sowohl Fragen zum Spendenvolumen als auch zu den Spendenmotiven. Der Pretest 2009, der von Juli bis August 2009 im Feld war, setzte die Erprobung von Fragen zur Spendenerfassung mit einer größeren Stichprobe und mit erweiterter Fragestellung fort. Bei dieser Erhebung handelt es sich um eine Stichprobe von 1.007 Befragten. Zielgruppe waren Personen ab 18 Jahre, die mittels Computer Assisted Personal Interviews (CAPI-Methode) befragt wurden.

5 Der Pretest erfolgt jährlich, um neue Themenfelder und Fragestellungen auf ihre inhaltliche Relevanz und methodische Umsetzungsfähigkeit zu testen (vgl. hierzu Rosenbladt/Stocker 2006: 23).

Die Erhebung konzentrierte sich im Themenblock zu Spenden auf folgende fünf Fragen:

1. „Wir haben nun einige Fragen zu Spenden. Unter Spenden verstehen wir hier das Geben von Geld für soziale, kirchliche, kulturelle, gemeinnützige und wohltätige Zwecke, ohne dass man dafür direkte Gegenleistungen erhält. Dies können größere Beträge sein, aber auch kleinere, die man z. B. in eine Sammelbüchse steckt. Auch die Kollekte in der Kirche zählen wir dazu. Haben Sie in den letzten 12 Monaten Geld gespendet – Mitgliedsbeiträge nicht mitgerechnet?
   Wie hoch war der Gesamtbetrag, den Sie in den letzten 12 Monaten gespendet haben?"
2. „Es gibt auch Spenden, die nicht finanzieller Art sind, zum Beispiel Organspenden oder Blutspenden. Wie ist Ihre persönliche Meinung dazu?"
3. „Haben Sie Ihre Bereitschaft zur Organspende in Form eines Organspendeausweises schriftlich festgelegt?"
4. „Haben Sie in den vergangenen 10 Jahren einmal Blut gespendet?"
5. „Haben Sie auch im vergangenen Jahr, also 2008, einmal Blut gespendet?"

Die an dieser Stelle vorgenommenen ersten Auswertungen sollen zum einen überprüfen, inwiefern die Angaben mit den Ergebnissen anderer Untersuchungen übereinstimmen. Zum anderen ist durch die Einbeziehung von Fragen zu Blut- und Organspenden eine nichtmonetäre Erweiterung der Fragestellung in den Blick zu nehmen. Insgesamt wird deutlich, dass auch nach den Ergebnissen des SOEP-Pretests 2009 sowohl die finanziellen Spendenaktivitäten als auch die Bereitschaft zur Organspende relativ hoch sind. In einem geringeren Maße wird Blut gespendet (vgl. Abbildung 3).

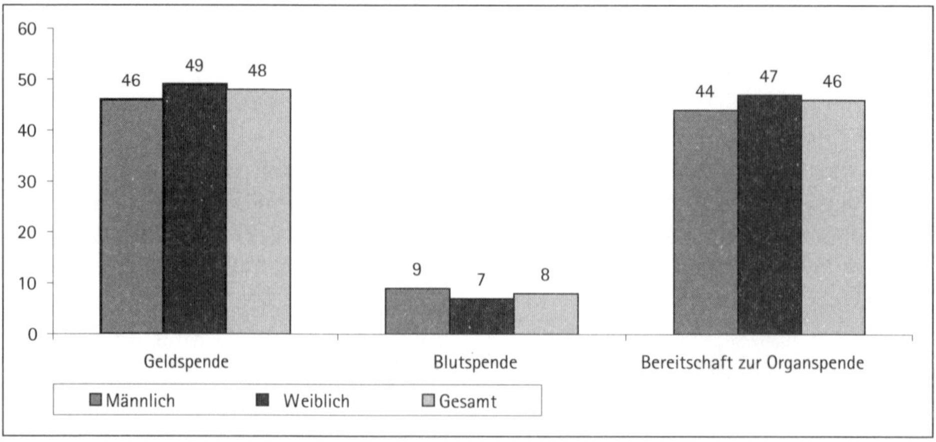

Abbildung 3: Geld-und Blutspenden sowie Bereitschaft zur Organspende im Jahre 2009 (in Prozent)
Datenbasis: SOEP-Pretest 2009

Die Ergebnisse zu den finanziellen Spenden befinden sich im Bereich der Angaben der bereits vorgestellten Erhebungen. Mit einer Spendenaktivität von 48 Prozent hat fast jeder zweite Befragte in den zurückliegenden zwölf Monaten gespendet. Hingegen fällt der Anteil bei den Blutspendern im gleichen Zeitraum mit 8 Prozent eher gering aus. Immerhin 44 Prozent der Bürger wären zu einer Organspende bereit. Die damit deklarierte Spendenbereitschaft ist durchaus hoch. Doch nicht einmal jeder vierte potenzielle Organspender lässt seiner grundsätzlichen Bereitschaft auch Taten folgen: Gerade einmal 11 Prozent besitzen einen Organspendeausweis. Ob für den Schritt von der prinzipiellen Bereitschaft bis hin zur Beschaffung eines Organspendeausweises zu viele Hürden liegen oder ob die verbindliche, schriftlich festgehaltene Zusage als Hemmnisse wirken, lässt sich zurzeit nicht beantworten. In der Regel bedarf es nur weniger Minuten, ein Ausweisformular aus dem Internet herunterzuladen, auszudrucken, auszufüllen und in der Brieftasche zu deponieren. Allerdings kann der Internetzugang Älteren durchaus Probleme bereiten. Außerdem kostet es mehr Zeit, sich über Organspenden zu informieren, als wenn man sich entscheidet, Geld zu spenden.

4.2 Soziodemographische Struktur der Spender – Bestätigung und Erweiterung bisheriger Ergebnisse

Obwohl auch nach den Untersuchungsergebnissen des SOEP-Pretests ein beachtlicher Anteil der Deutschen spendet, stellt sich immer wieder die Frage, ob dies in allen soziodemographischen Gruppen in gleichem Maße der Fall ist.

Ganz allgemein wird in der Literatur und diversen Studien festgestellt, dass sich das Spendenverhalten in sozialstrukturellen Gruppen durchaus unterscheidet und in der statistischen Analyse Einflüsse von Merkmalen wie Geschlecht, Alter, familiäre Situation oder andere sozialstrukturelle Faktoren nachzuweisen sind. Demnach sind beispielsweise Frauen spendenfreudiger als Männer, ältere und einkommensstärkere Menschen spenden häufiger als jüngere und einkommensschwache (vgl. Haibach 1998: 156). Auch durch die Verbreitung der „Best Practice"-Beispiele über die Medien und durch Berichte von Organisationen über größere Spendenbeträge entsteht oft der Eindruck, dass Wohlhabende mehr spenden als jene, die über geringere Mittel verfügen.

Zum Beleg für das Vorhandensein sozialstruktureller Unterschiede wird in Deutschland gemeinhin auf Untersuchungen wie den Emnid-Spendenmonitor, den Freiwilligensurvey oder auf die Angaben aus der Lohn- und Einkommensteuerstatistik zurückgegriffen. Häufig bezieht man sich allerdings nur allgemein auf Erfahrungen aus dem Fundraising oder auf Ergebnisse von Studien aus den USA. Selbst wenn man diesen bedingungslos vertraut und von einer generellen Übertragbarkeit der Spendensituation in Deutschland und den USA ausgeht, ist stets neu zu prüfen, ob vorhandene Unterschiede im bekannten Maße weiterbestehen, sich diese tendenziell eher ausgleichen oder ob sich neue Differenzen unter dem Einfluss von Zeit und gesellschaftlichem Wandel herausbilden.

Im folgenden Abschnitt soll mittels von Daten des SOEP-Pretests 2009 (vgl. Huber et al. 2009) untersucht werden, wie das Spendenverhalten aktuell in verschiedenen soziodemographischen Gruppen ausgeprägt ist. Den Schwerpunkt bilden hinsichtlich der Vergleichbarkeit mit anderen Untersuchungen die finanziellen Spenden.

4.2.1 Geschlecht, Alter und Haushaltsgröße

Vorliegende Befunde zu geschlechtsspezifischen Unterschieden im Spendenverhalten sind, wie bereits andere Autoren bemerkten, nicht völlig widerspruchsfrei und aufgrund der Datenlage nicht immer überzeugend (vgl. Schlegelmilch 1986; Schlegelmilch / Tynan 1989; Jones / Posnett 1991). Doch die Untersuchungen gelangen allgemein zu der Feststellung, dass Frauen in Deutschland noch immer zu einem leicht höheren Anteil spenden. Dies bestätigten u.a. differenzierte Betrachtungen mit den Ergebnissen des Freiwilligensurveys (vgl. Priller/Sommerfeld 2010a), und die Angaben aus dem SOEP-Pretest weisen ebenfalls diese Tendenz auf. Während demnach 49 Prozent der Frauen spendeten, gaben dies nur 46 Prozent der Männer an (vgl. Abbildung 3). Für die unterschiedliche Spendenbeteiligung beider Geschlechter wird oft die durchschnittlich längere Lebenserwartung von Frauen verantwortlich gemacht, da ältere Personen häufiger spenden als jüngere.

Das geschlechtsspezifische Muster kehrt sich bei der Blutspende um – Männer geben entsprechende Aktivitäten sowohl im 10-Jahres-Rückblick (52 Prozent der Männer zu 48 Prozent bei den Frauen) als auch im Zeitraum der letzten zwölf Monate (9 Prozent bei den Männern zu 7 Prozent bei den Frauen) häufiger an. Frauen sind hingegen zu einem deutlich höheren Anteil zur Organspende bereit (54 Prozent der Frauen zu 46 Prozent der Männer).

Dass die Spendenbeteiligung mit zunehmendem Alter wächst, belegt eine Reihe von Untersuchungen (vgl. Auten / Rudney 1989: 80f.; Boskin / Feldstein 1977: 352ff.; Clotfelter 1980: 328ff.; Feldstein / Taylor 1976: 1213f.; Reece 1979: 147; Meulemann/ Beckers 2003: 54). Auch die Daten des Freiwilligensurveys bestätigen diesen Zusammenhang über alle drei Erhebungswellen (vgl. Priller/Sommerfeld 2010b: 188; Sommerfeld / Sommerfeld 2010: 47). Die mit dem Alter zunehmende Spendenneigung bezeugen die Daten des SOEP-Pretests zumindest bei den Geldspenden (vgl. Abbildung 4) ebenfalls.

Besonders gering fallen die Geldspendenanteile bei den Befragten im Alter von 18 bis 34 Jahren aus. In dieser Gruppe spendet nur jeder Vierte. Die häufig geltende Feststellung, dass viele Menschen erst im mittleren Alter mit dem Spenden beginnen, trifft auch für diese Erhebung zu. Die Spendenbereitschaft steigt erst in der Altersgruppe 45–54 Jahre auf über 50 Prozent. Die Gründe für den deutlichen Einfluss des Alters auf das Spendenverhalten sind bislang noch nicht näher untersucht. Erklärungsan-

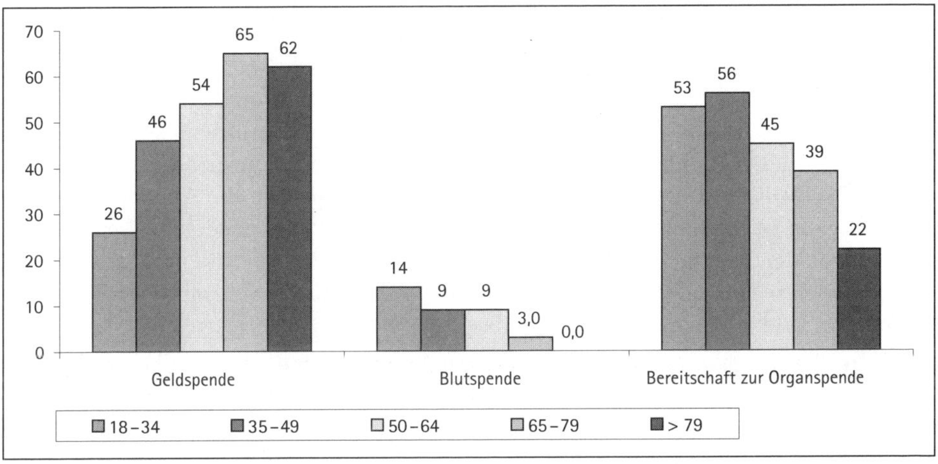

Abbildung 4: Geld- und Blutspende sowie Bereitschaft zur Organspende nach Altersgruppen (in Prozent). *Datenbasis: SOEP-Pretest 2009*

sätze der Generationenforschung gehen davon aus, dass Menschen gleichen Alters zu einem ähnlichen Verhalten tendieren, da sie gleiche bzw. ähnliche Erfahrungen in ihrer Kindheit gemacht haben (vgl. Nichols 1995). Bei sozioökonomischen Erklärungsansätzen führt man die größere Spendenbereitschaft der älteren Personen eher auf deren höheres und gesichertes Einkommen, das angesammelte Vermögen sowie damit insgesamt auf deren bessere wirtschaftliche Situation zurück.

Einfluss auf das Spendenverhalten hat außerdem der familiäre Status bzw. die Haushaltsgröße. Die Daten des SOEP-Pretests weisen für Ein-Personen-Haushalte und Fünf-Personen-Haushalte etwa gleiche Spenderquoten von 40 bzw. 39 Prozent aus (vgl. Tabelle 3). Zwei-Personen-Haushalte (51 Prozent) und Vier-Personen-Haushalte (55 Prozent) spenden hingegen anteilig deutlich häufiger.

Tabelle 3: Geldspenden nach Haushaltsgröße

Haushaltsgröße	Spenderquote (in Prozent)
Ein-Personen-Haushalt	40
Zwei-Personen-Haushalt	51
Drei-Personen-Haushalt	46
Vier-Personen-Haushalt	55
Fünf- und mehr Personen-Haushalt	39

Datenbasis: SOEP-Pretest 2009

4.2.2 Bildung, Erwerbsstatus, beruflicher Status, Einkommen und Vermögen

In vielen sozialen Bereichen gehen von den Bildungsmerkmalen gravierende Einflüsse auf bestimmte Ausprägungen des sozialen Verhaltens aus. Ein entsprechender enger Zusammenhang besteht ebenfalls zwischen Bildungsabschlüssen und dem Spendenverhalten: Je höher die Bildung, umso häufiger wird gespendet. Dies belegen die unterschiedlichen empirischen Untersuchungen, und auch die Angaben aus dem SOEP-Pretest bestätigen diesen Zusammenhang. Demnach spenden in Deutschland 64 Prozent der Personen mit einem Hochschulabschluss. Bei einem Abschluss mit Abitur werden hingegen nur noch Anteile von 48 Prozent, bei mittlerer Reife von 47 Prozent und bei einem Hauptschulabschluss von 43 Prozent erreicht.

Auch der Erwerbsstatus beeinflusst die Spendenbereitschaft. Erwerbstätige (49 Prozent) spenden doppelt so häufig wie Arbeitslose (24 Prozent). Die höchste Spendenbeteiligung findet man allerdings bei den Rentnern (58 Prozent). Dies ist offensichtlich Ausdruck ihrer allgemeinen Lebenssituation und der guten wirtschaftlichen Absicherung eines großen Teils dieser sozialen Gruppe. Erneut findet damit die These Bestätigung, dass von der wirtschaftlichen Lage und der finanziellen Absicherung ein starker Einfluss auf das Spendenverhalten ausgeht. In diesem Sinne lassen sich auch die Wirkungen der beruflichen Stellung begründen. Beamte und Selbstständige nehmen absolute Spitzenpositionen bei der Spendenbeteiligung ein: Drei von vier Beamten und zwei von drei Selbständigen spendeten, während das bei 50 Prozent der Angestellten und nur bei jedem dritten Arbeiter der Fall war. Untersuchungen wie der Freiwilligensurvey weisen zudem eine hohe Stabilität dieser Verteilungsmuster nach (vgl. Sommerfeld/Sommerfeld 2010: 55).

Ähnlich wie bei der Bildung geht ein nachhaltiger Einfluss vom Einkommen auf das Spendenverhalten aus: Das monatliche Haushaltsnettoeinkommen wurde klassifiziert abgefragt und es zeigt sich: Je höher die Einkommensklasse, umso höher ist der Anteil der Spender. Zur Erklärung des Zusammenhangs zwischen Einkommen und Spendenverhalten wird oft angeführt, dass höherer Wohlstand den Personen die Möglichkeit bietet, einen Teil ihres Vermögens anderen Menschen oder Projekten zukommen zu lassen, ohne selbst in wirtschaftliche Schwierigkeiten zu geraten oder Verzicht leisten zu müssen. Bezieher von hohen Einkommen verkraften demnach eine finanzielle Förderung gemeinnütziger Zwecke leichter, und dementsprechend nimmt die Spendenfreudigkeit mit steigender Prosperität zu (vgl. Jencks 1987: 324). Zudem wachsen mit höheren Einkommen aufgrund der Steuerprogression die Anreize für Spendentätigkeit. Dass der Anteil der Spender mit steigendem Einkommen zunimmt (vgl. z.B. Schneider 1996: 109), bestätigen alle empirischen Erhebungen, und auch der SOEP-Pretest gelangt zu diesem Ergebnis (vgl. Tabelle 4).

Personen in Haushalten mit einem monatlichen Nettoeinkommen von über 4.000 Euro haben demnach zu 82 Prozent gespendet, während dies für Haushalte mit einem monatlichen Nettoeinkommen zwischen 750 Euro und 1.500 Euro nur für weniger als die Hälfte zutraf (36 Prozent).

Tabelle 4: Geldspenden nach Haushaltsnettoeinkommen

Haushaltsnettoeinkommen (in €)	Spenderquote (in Prozent)
Unter 750	18
750 bis unter 1.500	36
1.500 bis unter 2.500	42
2.500 bis unter 4.000	58
Über 4.000	82

Datenbasis: SOEP-Pretest 2009

Ein unmittelbarer Zusammenhang zu Spendenaktivitäten besteht auch hinsichtlich der Höhe des Haushaltsvermögens. Während Personen mit einem geringen Haushaltsvermögen nur zu 18 Prozent spendeten, verdoppelte sich dieser Anteil bereits bei einem Haushaltsvermögen von bis zu 5.000 Euro. Bei einem Vermögen von 50.000 bis unter 100.000 Euro spendeten sogar 80 Prozent der Befragten (vgl. Tabelle 5).

Tabelle 5: Geldspenden nach Haushaltsvermögen

Haushaltsvermögen (in €)	Spenderquote (in Prozent)
Kein Vermögen	18
Unter 5.000	33
5.000 bis 20.000	45
20.000 bis 50.000	63
50.000 bis 100.000	80
100.000 bis 200.000	57
200.000 bis 500.000	70
500.000 und mehr	91

Datenbasis: SOEP-Pretest 2009

Die Angaben aus dem SOEP-Pretest bestätigen zugleich die bereits früher getroffene Aussage, dass untere Einkommensgruppen prozentual von ihrem Einkommen mehr spenden als Personen in den oberen Einkommensgruppen (vgl. Anheier 1997: 207; Priller/Sommerfeld 2010b: 182). Der Anteil der Spenden am Einkommen liegt bei den unteren Einkommensschichten aber nicht wie in anderen Untersuchungen wie z.B. beim Freiwilligensurvey (vgl. ebd.) wesentlich über jenem der in der höchsten Einkommensgruppe (vgl. Tabelle 6). In der unteren Einkommensgruppe wurden 0,81 Prozent des Einkommens gespendet. Dagegen waren es in der höchsten Einkommensgruppe lediglich 0,59 Prozent.

Tabelle 6: Spendenhöhe im Verhältnis zum Jahresnettoeinkommen

Monatliches Nettoeinkommen (in €)	Durchschnittliches Jahresnettoeinkommen (in €)	Anteil der Spenden am durchschnittlichen Jahresnettoeinkommen (in Prozent)
Bis 750	6.900	0,81
750 bis unter 1.500	13.300	0,84
1.500 bis unter 2.500	23.300	0,76
2.500 bis unter 4.000	35.000	0,74
4.000 und mehr	59.200	0,59
Insgesamt	26.200	0,74

Datenbasis: SOEP-Pretest 2009

Die sogenannte U-förmige Beziehungskurve zwischen Einkommen und Spendenhöhe, wie sie für die USA ausgemacht wurde und eine Entwicklung beschreibt, die bei steigenden Einkommen ein Sinken des prozentualen Spendenanteils verzeichnet, der erst bei höherem Einkommen wieder zunimmt (vgl. Anheier 1997: 207), ist für Deutschland empirisch nicht auszumachen. Die unteren Einkommensgruppen geben demnach zwar wie in den USA anteilig am meisten. Im Unterschied zu den USA, wo der Spendenanteil am Jahresnettoeinkommen wieder ansteigt, spenden in Deutschland die oberen Einkommensgruppen anteilig am wenigsten.

5. Zusammenfassung und Ausblick

Die Anzahl der Erhebungen mit Angaben zu Spenden hat zugenommen, wodurch sich u. a. eine zunehmend bessere analytische Grundlage zur Bestimmung sozialer Mechanismen des Spendens ergibt. Insofern erweitern die Ansätze mit dem SOEP-Pretest das Spektrum. Letztlich können erst mit der Einschaltung von spendenbezogenen Fragen in die SOEP-Hauptuntersuchung 2010 deren breites Analysepotenzial erschlossen und mit der Wiederholung der Spendenfragen in einigen Jahren auch dynamische Aspekte im Lebensverlauf untersucht werden. Besonders die vielschichtigen sozialstrukturellen und ökonomischen Merkmale, die hier auf Personen- und Haushaltsebene erhoben werden, können die Analysemöglichkeiten zur Spendenthematik grundlegend erweitern. Zudem bieten sich mit den in den letzten Jahren verstärkt im SOEP enthaltenen Indikatoren zu Persönlichkeitsmerkmalen, Risikobereitschaft, Vertrauen sowie Reziprozität interessante Analyseperspektiven zum besseren Verständnis der Spendenmechanismen. Damit kann ein gewichtiger Beitrag zur Schließung von gegenwärtig noch vorhandenen Lücken sowie hinsichtlich einer Verbesserung der Datenqualität erreicht werden.

Die bereits vorliegenden Ergebnisse des SOEP-Pretests bestätigen eine Reihe von Aussagen bisheriger Erhebungen. Gleichzeitig bietet die Aufnahme von Angaben zur Blut- und Organspendenbereitschaft Möglichkeiten zur Erweiterung des Betrachtungshorizonts. Spenden als eine Gabe verfügbarer Ressourcen beschränkt sich damit nicht mehr allein auf das Spenden von Geld.

Hinsichtlich sozialstruktureller Merkmale wie des Alters zeigen sich bei den einzelnen Spendenformen durchaus Unterschiede. Demnach ist das Spenden nicht einzig und allein als Ressourcenfrage zu verstehen, sondern situative und normative Einflüsse sind ebenso bedeutsam. Welche Faktoren insgesamt für das Spendenverhalten eine Rolle spielen und wie stark sie dieses beeinflussen, bedarf des weiteren Ausbaus der empirischen Basis und der qualitativen Verbesserung der zur Verfügung stehenden Dateninfrastruktur.

6. Literatur

Alscher, Mareike/Dietmar Dathe/Eckhard Priller/Rudolf Speth (2009): Bericht zur Lage und zu den Perspektiven des bürgerschaftlichen Engagements in Deutschland. Berlin: Bundesministerium für Familie, Senioren, Frauen und Jugend.

Anheier, Helmut K. (1997): Ehrenamtlichkeit und Spendenverhalten in Deutschland, Frankreich und den USA. In: Helmut K. Anheier/Eckhard Priller/Wolfgang Seibel/Annette Zimmer (Hg.): Der Dritte Sektor in Deutschland. Organisationen zwischen Staat und Markt im gesellschaftlichen Wandel. Berlin: edition sigma, S. 197–209.

Auten, Gerald/Gabriel Rudney (1989): The Variability of the Charitable Giving by the Wealthy. In: Richard Magat (Hg.): Philanthropic Giving – Studies in Varieties and Goals. New York/Oxford: Oxford University Press, S. 72–91.

Boskin, Michael J./Martin Feldstein (1977): Effects of the Charitable Deduction on Contributions by Low Income and Middle Income Households. Evidence from the National Survey of Philanthropy. Review of Economics and Statistics, Vol. 59, No. 3, S. 351–354.

Clotfelder, Charles T. (1980): Tax Incentives and Charitable Giving: Evidence from a Panel of Tax Payers. Journal of Public Economics, Vol. 13, S. 319–340.

DZI (Deutsches Zentralinstitut für soziale Fragen) (Hg.) (2010): Spendenbericht Deutschland 2010. Daten und Analysen zum Spendenverhalten in Deutschland. Berlin: DZI.

Enquete-Kommission „Zukunft des Bürgerschaftlichen Engagements“ des Deutschen Bundestages (Hg.) (2002): Bericht – Bürgerschaftliches Engagement: auf dem Weg in eine zukunftsfähige Bürgergesellschaft. Opladen: Leske + Budrich.

Feldstein, Martin/Amy Taylor (1976): The Income Tax and Charitable Contributions. Econometrica, Vol. 44, No. 6, S. 1201–1222.

Hahn, Udo/Thomas Kreutzer/Susanne Schenk/Gury Schneider-Ludorf (Hg.) (2008): Geben und Gestalten. Brauchen wir eine neue Kultur der Gabe? Berlin: LIT Verlag.

Haibach, Marita (1998): Handbuch Fundraising. Spenden, Sponsoring, Stiftungen in der Praxis. Frankfurt a.M.: Campus.

Huber, Simon / Nico A. Siegel / Andreas Stocker (2009): SOEP Testerhebung 2009. München (mimeo).

Jencks, Christopher (1987): Who Gives What? In: Walter W. Powell (Hg.): The NonProfit Sector – A Research Handbook. New Haven: Yale University Press, S. 321–339.

Jones, Andrew / John Posnett (1991): Charitable Donations by UK Households: Evidence from the Family Expenditure Survey. Applied Economics, Vol. 23, S. 343–351.

Meulemann, Heiner / Tilo Beckers (2003): IFAS-Forschungsprojekt „Selbst- und Kollektivorientierung" zum Interuniversitären Forschungsprojekt (Cati-Befragung) der Universitäten Köln, Düsseldorf und Duisburg 2002–2003. Forschungsgruppe Köln am Institut für Angewandte Sozialforschung. Köln.

Mohn, Carel / Jürgen Schupp (2010): Organspenden – ökonomisch betrachtet. Der Tagesspiegel vom 29. 8. 2010.

Nichols, Judith (1995): Global Demographics. Fund-Raising for a New World. Chicago: Bonus Books.

Notheis, Dirk (1995): Ansatzpunkte und Strategien zur Akquisition von Unternehmensspenden. Stuttgart: M&P Verlag für Wissenschaft und Forschung.

Priller, Eckhard / Jana Sommerfeld (Hg.) (2010a [2009]): Spenden in Deutschland. Analysen, Konzepte, Perspektiven. Berlin: LIT Verlag.

Priller, Eckhard / Jana Sommerfeld (2010b [2009]): Wer spendet in Deutschland? Eine sozialstrukturelle Ananlyse. In: Dies. (Hg.): Spenden in Deutschland. Analysen, Konzepte, Perspektiven. Berlin: LIT Verlag, S. 167–200.

Priller, Eckhard / Jana Sommerfeld (2010c [2009]):Spenden und ihre Erfassung in Deutschland: Vergangenheit – Gegenwart – Zukunft. In: Dies. (Hg.): Spenden in Deutschland. Analysen, Konzepte, Perspektiven. Berlin: LIT Verlag, S. 5–74.

Reece, William S. (1979): Charitable Contributions: New Evidence on Household Behaviour. The American Economic Review, Vol. 69, No. 1, S. 142–151.

Rosenbladt, Bernhard von / Andreas Stocker (2006): SOEP 2006 Testerhebung. Persönlichkeit und Gemeinschaft – Pretestbericht. München (mimeo).

Schlegelmilch, Bodo B. (1986): Targeting of Fund-Raising Appeals – How to Identify Donors. Arbeitspapier Nr. 10 des Department of Business Studies. Edinburgh: University of Edinburgh.

Schlegelmilch, Bodo B. / Caroline A. Tynan (1989): The Scope for Market Segmentation within the Charity Market: An Empirical Analysis. Managerial and Decision Economics, Vol. 10, No. 2, S. 127–134.

Schneider, Willy (1996): Die Akquisition von Spenden als eine Herausforderung für das Marketing. Berlin: Duncker & Humblot.

Schnell, Rainer / Paul B. Hill / Elke Esser (1999, 2005): Methoden der empirischen Sozialforschung. München: Oldenbourg.

Schupp, Jürgen (2009): 25 Jahre Sozio-oekonomisches Panel – Ein Infrastrukturprojekt der empirischen Sozial- und Wirtschaftsforschung in Deutschland. Zeitschrift für Soziologie, Jg. 38, Nr. 5, S. 350–357.

Sommerfeld, Jana / Rolf Sommerfeld (2010): Spendenanalysen. In: Deutsches Zentralinstitut für soziale Fragen (Hg.): Spendenbericht Deutschland 2010. Daten und Analysen zum Spendenverhalten in Deutschland. Berlin: DZI, S. 23–92.

Soziale Arbeit Spezial (2009), Schriftenreihe zur Theorie und Praxis: Helfersyndrom, Prstigeverlangen oder Gemeinsinn? Untersuchungen zum Spendenverhalten. Berlin.

Sprengel, Rainer / Rupert Graf Strachwitz (2008): Private Spenden für Kultur. Bestandsaufnahme, Analyse, Perspektiven. Stuttgart: Lucius & Lucius.

Zur Erklärbarkeit und Erklärungskraft von Spendenmotiven

von Clara West

Im Rahmen der Diskussion des „neuen Ehrenamtes" wird in der Engagementforschung seit einigen Jahren auch die Frage der Engagementmotive diskutiert. Auf Basis verschiedener Erhebungen, wie dem Freiwilligensurvey, wird von einem Wandel der Motivlagen gesprochen (vgl. z.B. BMFSJ 2005: 29). Vermutet werden ähnliche Entwicklungen für den Spendenbereich: Engagement wird in diesem Zusammenhang als „Zeitspende" gesehen und als Vergleichsbasis herangezogen, da die Spendenmotive noch deutlich weniger empirisch erforscht sind. Sowohl aus Fundraisingpraxis als auch in der Wissenschaft wird immer wieder nach Daten zu den Spendenmotiven gefragt. Neben der in Deutschland noch unzulänglichen und z.T. unübersichtlichen Datenlage bei den Spendenmotiven besteht oft auch Unklarheit über die Begrifflichkeit als solche.

Tabelle: Übersicht über die verschiedenen Spendertypen nach Unterscheidungsmerkmalen

	TYP 1: **Der Saturierte**	TYP 2: **Der pragmatische Aktivist**	TYP 3: **Der Kompensierende**	TYP 4: **Der Emotionale**	TYP 5: **Der Enttäuschte**
Merkmalsbündel 1: Spenden und Engagement in der Herkunftsfamilie	Hoher Stellenwert von Spenden und Engagement in der Herkunftsfamilie		Engagement und Spenden spielten in der Herkunftsfamilie keine Rolle		Hoher Stellenwert von Spenden und Engagement in der Herkunftsfamilie
Merkmalsbündel 2: Funktion und Rationalität bzw. Emotionalität bei der Spendenentscheidung	„Überlegter Gefühlsspender": • Entscheidet emotional, spendet aber bewusst und informiert sich • Spende ist eingebunden in das soziale Umfeld	„Idealistischer Stratege": • Thema wird überwiegend nach emotionalen Kriterien entschieden, Organisation wird nach rationalen, strategischen Kriterien ausgewählt • Spende ist eine Investition in die Zukunft	„Rationaler Stratege": • Spendenentscheidung wird nach rationalen Kriterien getroffen • Spende wird als bewusster Ausdruck der Zugehörigkeit zu einer *bestimmten* Gruppe gesehen	„Emotionaler Situationsspender": • Spende wird als direkte Reaktion auf (emotionale) Anreize gesehen • Spende wird als Ausdruck von „Normalität" gesehen	„Idealistischer Stratege": • Thema wird überwiegend nach emotionalen Kriterien entschieden, Organisation wird nach rationalen, strategischen Kriterien ausgewählt • Spende ist eine Investition in die Zukunft

Merkmalsbündel 3: Konsistenz des Spendenverhaltens	Spendentableau ist zeitlich kontinuierlich und thematisch geschlossen	Spendentableau ist überwiegend zeitlich kontinuierlich und thematisch geschlossen	Spendentableau ist nur teilweise zeitlich kontinuierlich und thematisch geschlossen	Spendentableau weist keine thematischen Bezüge auf und ist nur teilweise zeitlich stabil	Spendentableau weist keine thematischen Bezüge auf und ist diskontinuierlich
Allgemeine Grundhaltung	• Positive Grundhaltung • Kollektive Orientierung • Hohe Zufriedenheit mit eigener materieller Lage	• Positive Grundhaltung • Kollektive Orientierung	• Negative/ Ambivalente Grundhaltung • Hohe Selbstwirksam-keitserwartung bei Spenden/ Engagement	• Positive Grundhaltung • Kollektive Orientierung	• Negative Grundhaltung • Niedrige Selbstwirksamkeitserwartung

Aktueller Forschungsstand und Diskussion der Spendenmotive

Der Begriff „Spendenmotive" wird in der Diskussion oft sehr unterschiedlich verstanden; daher ist es nötig, diesen vorab zu definieren. Im Rahmen von größeren Erhebungen zum Spendenverhalten der Deutschen wird der Begriff „Spendenmotive" oft synonym mit konkreten Erwartungen bzw. situativen Beweggründen verwendet. Motive werden in der Psychologie als tiefer liegende Sinnstrukturen des Antriebs verstanden, welche mit überdauernden und relativ konstanten Wertungsdispositionen verknüpft sind (Heckhausen 1989). Man könnte auch vereinfachend sagen, Motive sind Werte plus Handlungsorientierung. Diese Definition müsste für die Betrachtung der Spendenmotive eigentlich etwas erweitert werden. Analog zum ehrenamtlichen Engagement kann angenommen werden, dass auch das Spendenverhalten erst vor dem Hintergrund biographischer Ereignisse und Erfahrungen erklärbar wird (vgl. Hacket/Mutz 2002; Jacob 1993). Gerade weil anzunehmen ist, dass diese im Verlauf eines Lebens oder auch je nach Spendenziel durchaus individuell variieren und sich verändern können, ist eine Einbettung in den biographischen Kontext beim Spenden notwendig. Eine ganzheitlichere Definition von „Spendenmotiven" könnte in diesem Sinne sein, diese als Motivbündel zu sehen, die sich aus verschiedenen Motiven zusammensetzen können, und, eingebettet in den jeweiligen biographischen Kontext, eine Spendenhandlung bedingen können.

Die Daten der größeren Spendenstudien lassen nur vage Schlüsse in Bezug auf die Motive zu. Es lassen sich kaum Hypothesen ableiten, die Grundlage für eine empirische Untersuchung der Motive zulassen. Besonders schwierig wird ein Vergleich durch die sehr unterschiedliche Verwendung der Begrifflichkeiten. So werden unter dem Begriff „Spendenmotive" zum einen Erwartungen an die Spendentätigkeit, aber auch direkte, anlassbezogene Beweggründe, bis hin zu tiefer liegenden Sinnstrukturen verstanden. Bei einigen Erhebungen bleibt eine Definition der Begrifflichkeit gar ganz aus. Zusammenfassend kann Folgendes festgehalten werden: Zum einen scheinen Spendenmotive mit den jeweiligen Spendenthemen zu variieren. Es kann insofern vermutet werden, dass bestimmte Spendertypen für bestimmte Themen spenden.

Im Rahmen einer qualitativen Studie befragte Alexander Steiner zwölf Spender zu ihren Motiven (Steiner 2009). Als Motive werden im Rahmen der Ergebnisse der Studie speziell individuelle Gründe für eine Spende wie „ich will anderen helfen" genannt. Die Einordnung in einen weiteren Kontext erfolgt über das im Folgenden noch darzustellende Spendenprozessmodell. Aus seiner Sicht liegt dem Spenden ein „latentes Bewusstsein von ungerechten Lebensbedingungen" zugrunde, welches in Abhängigkeit von individuellen Faktoren Spenden bedingt. Sofern jemand mit einer Problemsituation – z.B. über einen Spendenaufruf – konfrontiert ist, strebt dieser nach einer Art Ausgleich der dadurch hervorgerufenen Emotionen. Eine Spende kann so negative Stimmungen kompensieren bzw. gute Stimmung beim Spender hervorrufen. Die Ursache dieser Emotionen sieht er in genetischen Dispositionen, die beschriebenen Mechanismen werden über das Belohnungszentrum im Gehirn gesteuert. Er erklärt dies aus der Evolutionspsychologie heraus und leitet eine übergeordnete Reziprozitätsnorm ab, die der Aufrechterhaltung der menschlichen Art dient. Die Erwartung, ebenfalls Hilfe zu empfangen – wenn auch in indirekter oder transzendierter Form – führt so zu einer Handlung, die eine „sichere Welt" schaffen soll. Hilfe und Selbsterhalt stehen so für ihn in einem untrennbaren Einklang. Es wurden im Rahmen der Untersuchung von Steiner lediglich 12 Personen interviewt. Sie hat daher nur Hinweischarakter. Aufgrund ihrer mehrdimensionalen Betrachtungsweise und der Einbeziehung unterschiedlichster intra- und extrapersonaler Faktoren im Rahmen eines qualitativ ausdifferenzierten Spendenprozessmodells bietet sie eine Diskussionsgrundlage für weitere Forschungsansätze.

Insbesondere im Rahmen derjenigen Studien, welche einen quantitativen Ansatz verfolgen (vgl. z.B. Woltering/Heermann 2006; Schneider 1996; Fischer 2002), werden die erhobenen Motive in der Regel losgelöst vom Individualkontext systematisiert und lassen daher kaum Schlüsse zu, inwiefern diese die jeweilige Spendenentscheidung bedingen. Die immer wieder verwendete dichotomische Einteilung in „altruistische" und „egoistische" Motive bringt ebenfalls Schwierigkeiten mit sich, da die Begriffe Altruismus und Egoismus nur schwer moralisch wertfrei verwendbar sind. In der Engagementforschung ist man bereits weitesgehend von dieser Einteilung abgekommen. Es wird kaum noch von dem Bild eines rein altruistischen Helfertypus (Schüll 2003; Klages 2001 u.a.) ausgegangen. Besser erscheint – wenn eine solche Einteilung überhaupt sinnvoll sein sollte – analog zur Wertewandeldebatte eine Einteilung in Motive, die entweder auf individualistische oder Pflichtwerte zurückzuführen sind.

Grundlegend wird in der Engagementforschung von einem Wandel des Engagements ausgegangen, der sich sowohl strukturell als auch bei den Motiven zeigt (vgl. Olk 1989; Adloff 2005; BMFSJ 2005 u.a.). Während das „alte Ehrenamt" in bestimmte Sozialmilieus eingebunden und durch gesellschaftliche Zentralwerte legitimiert war – d.h. unter der Aufsicht und Weisung professioneller Mitarbeiter stand – stehen beim „neuen Ehrenamt" persönliche Erfahrungen und deren Bewältigung im Vordergrund. Auf der Motivebene wird ein „Motivwandel" konstatiert (Olk 1989), weg von pflichtbezogenen hin zu stärker selbstbezogenen oder auch individualistischen Motivlagen: Dienst- und Pflichterfüllung rücken hinter Selbstverwirklichung und Mitgestaltungswunsch zurück, oder stehen, je nach Auffassung, gleichwertig neben diesem. Für die Engagementmotive gibt es schon eine deutlich breitere Datenlage, aus der ebenfalls erste Anhaltspunkte für das Spenden herausgezogen werden können, wenn man davon ausgeht, dass auch Engagement als „Zeitspende" von ähnlichen Entwicklungstendenzen gekennzeichnet ist. Vieles, wie beispielsweise die Ergebnisse der Studie von Gisela Jakob (Jakob 1993), weist darauf hin, dass die individuellen Zugänge und die subjektiv zugeschriebene Funktion des Engagements für die Erklärbarkeit individuellen Gebens eine zentrale Schlüsselfunktion einzunehmen scheinen. So konstatieren Hacket und Mutz: „... Bürgerengagement wird heute von den Aktiven überwiegend als eine Entscheidung dargestellt, die mit Verweis auf das soziale Umfeld, die Lebenslage oder biographische Situation begründet werden kann" (Hacket/ Mutz 2002: 44). Schüll zeigte in einer Untersuchung der Motive Ehrenamtlicher auf, dass die Motive nicht nur individuell spezifisch, sondern auch lebensphasenspezifisch und spendenzielspezifisch variieren (Schüll 2006). Er konnte feststellen, dass sowohl fremd- und selbstbezogene Motivbündel existieren, die nicht isoliert von einander betrachtet werden können (Schüll 2003).

Ohne diese Aspekte ist eine Rekonstruktion subjektiver Handlungsmuster und Motivstrukturen kaum möglich, da diese – so ist auch fürs Spenden zu vermuten - die Grundlage für die jeweiligen Spendenentscheidungen und Einstellungen sind.

Auch bei der Betrachtung soziologischer Ansätze und Reziprozitätsmodelle, welche eine Spende im übertragenen Sinne als „Gabe" zu erklären versuchen, stößt man in Hinblick auf eine ganzheitliche Definition des Spendenmotivbegriffes an einige Grenzen. Die mangelnde Einheitlichkeit der Definitionen oder Fremddefiniertheit dieser Begrifflichkeiten, die subjektive Phänomene zu beschreiben versuchen, macht eine Vergleichbarkeit dieser Ansätze schwer. Ökonomische Ansätze gehen in der Regel von einem Nutzen des Spenders an seiner Spendenhandlung aus: Das reine Tauschmodell wird hier insofern erweitert, als der Nutzen des Anderen durch die Spende in den eigenen Nutzen integriert oder diesem ein psychologischer Nutzen („reward") garantiert wird (vgl. z. B. Ostrower 1995, 2002; Andreoni 2001; Otto 2003). Problematisch für die Erklärung subjektiver Herangehensweisen ist bei den ökonomischen Theorien, dass der Erklärungswert dieser Modelle sich auf ein Minimum reduziert, sofern auch nicht-rationale Entscheidungen erklärt werden können sollen (Adloff/Mau 2005: 215).

Bei den jeweiligen Ansätzen wird in der Regel von bestimmten Einzelfaktoren ausgegangen, die eine Gabe bzw. eine reziproke Handlung erklärbar machen sollen. Diese Erklärungsfaktoren, z. B. bestimmte Werteinstellungen, Haltungen (wie beispielsweise „eine grundlegende prosoziale Einstellung bei Spendern") oder allgemeingültige Prinzipien (wie beispielsweise „der Mensch strebt nach Balance") vollziehen sich im jeweiligen individual-biographischen Kontext und können folglich auch nur aus diesem Kontext heraus individuelles Verhalten erklären. Auch hier bieten sich erste Anknüpfungspunkte, es ist aber davon auszugehen, dass sie den Gegenstand Spendenmotive nicht in Gänze erklären können und zum Teil auf normative Grundannahmen zurückgehen (z. B. ein positives/negatives Menschenbild). Darüber hinaus fehlt in den meisten Fällen die empirische Überprüfung der aufgestellten Hypothesen. Inwiefern die Gewichtung auf einen dieser Faktoren oder die spezifische Kombination dieser beim Geben bzw. beim Spenden entscheidend sind, muss folglich zunächst umfassend empirisch überprüft werden. Dies erfordert ein breites und offenes Forschungsdesign, damit die relevanten Faktoren – zumindest aus der subjektiven Perspektive des Gebers – enthalten sein können und das Spektrum der Spendenmotive in Gänze grundlegend herausgearbeitet werden kann. Problematisch ist dann allerdings, dass dies wiederum den Verlust einer gewissen Tiefe impliziert. Dies ist aber im Hinblick auf das Erkenntnisinteresse hinnehmbar, da diese Tiefe zum gegenwärtigen Zeitpunkt nicht erreicht werden bzw. erst durch eine solche Untersuchung ermöglicht werden kann. Daher wurde im Folgenden ein offenes, exploratives Forschungsdesign gewählt.

Vorstellung einer Untersuchung zu den Spendenmotiven

Im Rahmen eines Dissertationsvorhabens wurden 30 Spenderinnen und Spendern mittels qualitativer Interviews zu ihrer (Spenden-)Biographie und ihren Einstellungen zum Spenden befragt. Dies soll ein Versuch sein, sich der Begrifflichkeit aber auch dem Gegenstand auf der empirischen Ebene ganzheitlicher zu nähern.

Auch eine qualitative Untersuchung kann hier nur eine Momentaufnahme sein, aber zumindest Sinnstrukturen in ihrem jeweiligen biographischen Kontext deutlicher erfassen und ggf. erste Anhaltspunkte aufzeigen, wie sich diese im Laufe eines Lebens entwickeln können. Auf eine Hypothesenbildung wurde zugunsten einer möglichst offenen Herangehensweise verzichtet. Für die Erstellung des Leitfadens wurden lediglich einige Forschungsfragen formuliert:

- Welche biographischen Faktoren beeinflussen das individuelle Spendenverhalten?
- Welche Funktion wird der Spendenhandlung zugeschrieben?
- In welchen Kontext wird sie durch den Befragten eingeordnet?
- Wie kam es zur ersten Spende, und wie hat sich die Spendentätigkeit im weiteren Verlauf aus Sicht der Befragten entwickelt?
- Welches Reflexionsniveau spielt für die Spendenentscheidung eine Rolle, d. h. wie „bewusst“ wird die Spende getätigt?

Die praktische Akquise der Interviews nach diesen Kriterien erfolgte im Wesentlichen über spendensammelnde Organisationen aus dem jeweiligen Themenbereich selbst. Die Befragten wurden nach den Kriterien „Spendentätigkeit“, „Alter“ und „Spendenthema/-ziel“ zu möglichst gleichmäßigen Anteilen gewonnen, um ein möglichst breites Spektrum an Einstellungen abdecken zu können (Tatsächliche Verteilung:

17 Frauen/13 Männer; 19 Westdeutschland/11 Ostdeutschland; Alterspanne der Befragten zwischen 24 und 82 Jahre, Einkommen: 8 unter 17.000 Euro brutto jährlich, 14 von 17.000 bis 50.000, 7 mehr als 50.000).

Der Leitfaden enthielt sowohl einen narrativen Teil, wo es den Befragten zunächst in freier Form möglich gemacht werden sollte, ihre Herkunftsgeschichte zu erzählen. Diese wurde zum Ende hin durch einige fokussiertere Nachfragen zum Engagement und Spenden der Herkunftsfamilie ergänzt. Der Bilanzierungsteil sollte dazu dienen, sich einen Eindruck über das Selbstbild des Befragten machen zu können, und neben der biographisch-alltagsweltlichen Betrachtungsebene eine moralische Reflexionsebene zu eröffnen. Die Interviews wurden mit der Methode der rekonstruktiven Interviewanalyse ausgewertet. Alle herausgearbeiteten Merkmale und deren Ausprägungen wurden in einer fallübergreifenden Synopse zusammengetragen und analysiert. Kern der Typologie bildeten die Merkmalsbündel „Spenden und Ehrenamt in der Herkunftsfamilie", „Funktion und Rationalität bzw. Emotionalität bei der Spendenentscheidung", sowie die „Konsistenz des Spendenverhaltens".

Die Motivtypen

29 der 30 Fälle konnten in einen der fünf Typen eingeordnet werden, wobei nicht jeder der zu einem Typ zugeordnete Fall hundertprozentig deckungsgleich mit der hier dargelegten idealtypischen Beschreibung ist (Typ 1: 7 Fälle, Typ 2: 4 Fälle, Typ 3: 6 Fälle, Typ 4: 7 Fälle, Typ 5: 5 Fälle). Lediglich ein Fall ließ sich keinem der fünf Typen zuordnen. Die hier dargestellten Prototypen werden im Rahmen der Dissertation weiter ausdifferenziert und sind als erste Zwischenergebnisse zu sehen. Die fertigen Ergebnisse werden dann im Laufe des kommenden Jahres im Rahmen der Dissertation ausführlich anhand von besonders kennzeichnenden Fällen dargestellt und veröffentlicht.

TYP 1: Der Saturierte

Der saturierte Spender kommt aus der gesellschaftlichen Mitte. Er ist mit seinen Lebensverhältnissen zufrieden, materiell abgesichert und gibt aus dieser Position (selbst-) bewusst Geld für soziale Zwecke. Er „leistet" sich sein Spenden und sieht sich dabei in der Rolle eines „Mäzens" (d.h. „der Starke hilft den Schwachen" verbunden mit dem Selbstbild als „Starker"). Spenden ist für ihn eine Selbstverständlichkeit, wenn man es sich leisten kann.

TYP 2: Der pragmatische Aktivist

Der pragmatische Aktivist sieht seine Spende als Investition in die Zukunft und als Mittel der politischen Einflussnahme, indem er damit eine bestimmte Person oder Gruppe, der er sich zugehörig fühlt oder mit der er sich identifizieren kann, damit gezielt unterstützt. Im Gegensatz zum saturierten Spender spielt die eigene materielle Absicherung eine untergeordnetere Rolle. Ausgangspunkt ist eher die wahrgenommene Notwendigkeit des eigenen Handelns. Er ist in der Regel auch ehrenamtlich engagiert, und setzt sich auch mit Zeit und Arbeit aktiv für seine Ziele ein. Die Spende ist in diesem Rahmen als Zusatz zum direkten Einsatz und nicht getrennt zu sehen.

TYP 3: Der Kompensierende

Der Kompensierende kompensiert mit seiner Spendenhandlung (bzw. seinem Engagement) eine negative bzw. pessimistische Haltung. Er hat ein eher pessimistisches oder ambivalentes Welt- und Menschenbild, schreibt seiner Spende aber eine hohe Wirksamkeit und sich selbst eine hohe Einflussmöglichkeit zu. Sein Motto könnte sein: „Wenn ich nichts tue, tut keiner was“. Um etwas verändern zu können, empfiehlt sich aus seiner Sicht ein strategischer und zielgerichteter Einsatz der eigenen Ressourcen. Neben dem Spenden versucht er auch im Berufsleben ideale Ziele zu verwirklichen.

TYP 4: Der Emotionale

Der emotionale Situationsspender spendet, einfach gesagt, „aus dem Bauch heraus“: Spenden gehört zwar grundsätzlich für ihn dazu, d.h. er spendet, weil es aus seiner Sicht „alle“ machen, aber entwickelt kein eigenes, bewusstes Konzept, wo er sein Geld einsetzen möchte. Er spendet, wenn sich in der für ihn zeitlich und thematisch passenden Situation etwas ergibt – als Reaktion auf emotionale Anreize (z.B. Schreckensbilder) und befriedigt so sein Bedürfnis, etwas abzugeben. Dabei spielen aktuelle, persönliche Ereignisse, die in seinem Privatleben relevant sind und ihn emotional berühren, als Auslöser und Verstärker eine wichtige Rolle.

TYP 5: Der Enttäuschte

Der Enttäuschte hat wie der Kompensierende ein pessimistisches Welt- und Menschenbild, formuliert aber deutlich schwächere bzw. negativere Erwartungen an seine eigene Selbstwirksamkeit, was Spenden oder auch ehrenamtliches Engagement anbetrifft. Dies wird einhergehend mit erlebten Enttäuschungen und negativen Erfahrungen geschildert. Er ringt immer wieder mit sich um die Frage, inwiefern es überhaupt individuell möglich ist, etwas zu verändern. Die Spende wird eher mit Vorsicht getätigt und die Spendentätigkeit ist insgesamt eher diskontinuierlich.

Diese fünf Typen stellen den Versuch dar, sich dem Gegenstand Spendenmotive in der in den vergangenen Abschnitten beschriebenen notwendigen Multidimensionalität zu nähern. Grundsätzlich wurden für alle Typen dieselben Merkmale berücksichtigt, allerdings erfolgte die Gewichtung unterschiedlich. Dies sollte der Tatsache Rechnung tragen, dass zwar gegebenenfalls ein großer Teil der Spender ein jeweiliges Merkmal oder eine bestimmte Dimension im Interview angesprochen hat, die Gewichtung durch die Befragten und das jeweilige Reflektions- und Vertiefungsniveau dennoch sehr schwankten. Dieser subjektiven Schwerpunktsetzung sollte die Typologie Rechnung tragen, so dass die jeweilige subjektive Gesamthaltung bzw. Strategie sich in der Typologie auch möglichst mehrdimensional abbilden konnte. Die verschiedenen Entwicklungsprozesse der befragten Spender legen nahe, dass auch die Zuordnung zu einer der Typen in verschiedenen Lebensphasen variieren kann. So ist zu vermuten, dass beispielsweise mit steigendem Lebensalter und Verbesserung der materiellen Situation sich aus einem pragmatischen Aktivisten ein Saturierter entwickeln kann. Eine direkte Ableitung von Schlussfolgerungen für die Fundraisingpraxis alleine aus der Typologie selbst ist aus dem Ergebnis heraus allerdings kaum möglich: Ein Anteil einzelner Typen an der Gesamtheit der Spender oder eine Zuordnung einzelner Typen beispielsweise zu bestimmten Spendenthemen – d.h. ob z.B. Typ 2 eher für Umwelt- oder Kinder- und Jugendprojekte spenden würde – können durch die Daten nicht belegt werden. Vielmehr wird ein breites Spektrum subjektiver Faktoren ausgemacht, um möglichst umfassend zu dokumentieren, welche Motivbündel, Dimensionen und Herangehensweisen eine Spendenentscheidung bedingen könnte.

Ausblick und Schlussfolgerungen

Insgesamt lässt sich festhalten, dass die einzelnen Motivbündel so individuell, d.h. durch die jeweiligen Lebensumstände und -geschichten bedingt sind, dass eine Kategorisierung einzelner Motive keine wissenschaftliche Erkenntnis bringen würde. Einzelmotive wie Dankbarkeit können im jeweiligen individuellen Kontext eine so unterschiedliche Bedeutung haben, dass sie untereinander kaum vergleichbar sind, ohne dass das Wesentliche bei der Betrachtung verloren ginge. Die Individualität spiegelt sich auf mehreren Ebenen wider, sowohl, was die subjektive Bedeutung und Gewichtung von Einzelmotiven anbetrifft, als auch in der Kombination verschiedener Motive, die im Kontext der jeweiligen Biographie letztlich immer einzigartig ist. Ohne Frage ist eine weitere, speziell qualitative Erforschung der Spendenmotive notwendig, um die einzelnen Faktoren weiter zu vertiefen und ggf. Spendenthemen- oder organisationsspezifisch aufzuarbeiten.

Eine quantitative Betrachtung dekontextualisierter Einzelmotive macht insofern nur begrenzt Sinn. Man könnte höchstens die Anteile verschiedener Typen, welche die Komplexität der Motivstrukturen im Kontext biographischer Faktoren berücksichtigt, an der Gesamtheit der Spender erheben. Bei der Entwicklung von Spendenkampagnen wären vor Allem weitere qualitative Daten zum Spenden notwendig, da davon auszugehen ist, dass möglicherweise gerade die Ansprache dieser komplexeren, biographisch bedingten Faktoren und spezifischer Motivbündel für die langfristige Bindung an eine Organisation eine entscheidende Rolle spielen (Schüll 2003). Eine Entwicklung und Vereinheitlichung einer funktionalen und mehrdimensionalen Definition des Spendenmotivbegriffes ist darüber hinaus notwendig, um eine Vergleichbarkeit künftiger Daten zu ermöglichen. Im Hinblick auf praxisorientierte Untersuchungen empfiehlt sich eine stärkere Fokussierung auf die subjektive Spenderperspektive: In der Diskussion wird bislang auch bei den Motiven zu stark aus der Organisationsperspektive gedacht. Orientierungspunkte sind hier oft der Spendenanlass und der Bedarf einer Organisation nach Mitteln und weniger die Frage, wie der Zugang des Spenders zu einem bestimmten Thema oder wie es zu seiner Spendenentscheidung gekommen ist. Auch der Spendenanlass ist ohne den individuellen Kontext nur begrenzt verstehbar. Passende Spender kann man nicht „herstellen", aber man kann erforschen, warum und in welchem Kontext wer für eine bestimmte Organisation spendet und potenzielle Spendergruppen zielgerichtet ansprechen. Die Ergebnisse der Studie zeigen zudem, dass die Einteilung in „altruistisches" und „egoistisches" Handeln beim Spenden aus der subjektiven Spenderperspektive kaum eine Rolle spielt. Vielmehr wird von den Spendern implizit davon ausgegangen, dass eine Spendenhandlung grundsätzlich immer „gut" bzw. „altruistisch" ist. Die der Spende darüber hinaus zugeschriebene Funktion bietet hier viel mehr Erklärungskraft, ohne dass die Gefahr besteht, nur in „gute" oder „schlechte" Spender einteilen zu können.

Literatur

Adloff, Frank/Mau, Steffen (Hg.) (2005): Vom Geben und Nehmen: Zur Soziologie der Reziprozität. Frankfurt a.M.: Campus.

Andreoni, James (2001): The Economics of Philantrophy, Wisconsin: Social Systems Research Institute.

BMFSFJ (2005): Freiwilliges Engagement in Deutschland 1999 – 2004. München: TNS Infratest.

Fischer, Dirk (2002): Beim Fundraising Spendenmotive berücksichtigen. Dresden: TU Dresden.

Hacket, Anett/Mutz, Gerd (2002): Empirische Befunde zum bürgerschaftlichen Engagement. In: Aus Politik und Zeitgeschichte. Band 9.

Heckhausen, Heinz (1989): Motivation und Handeln. Berlin: Springer Verlag.

Jakob, Gisela (1993): Zwischen Dienst und Selbstbezug. Opladen: Leske+Budrich.

Klages, Helmut (2001): Brauchen wir eine Rückkehr zu traditionellen Werten? In: Aus Politik und Zeitgeschichte. Band 29.

Olk, Thomas (1989): Vom „alten" zum „neuen" Ehrenamt. Ehrenamtliches soziales Engagement außerhalb etablierter Träger. In: Blätter der Wohlfahrtspflege. Jg. 136.

Ostrower, Francie (1995): Why the Wealthy Give – The Culture of Elite Philantrophy. Princeton: Princeton University Press.

Ostrower, Francie (2002): Trustees of Culture : Power, Wealth, and Status on Elite Arts Boards. Chicago: The University of Chicago Press.

.Otto, Ulrich (2003): Der Stellenwert von Reziprozität - Anmerkungen zu Austauschkalkülen in zwischenmenschlicher Hilfe. Tübingen. (http://tobias-lib.uni-tuebingen.de/volltexte/2003/689 – Zugriff am 8. September 2010).

Schneider, Willy (1996): Die Akquisition von Spenden als eine Herausforderung für das Marketing. Berlin: Duncker & Humblot.

Schüll, Peter (2003): Motive Ehrenamtlicher: eine soziologische Studie zum freiwilligen Engagement in ausgewählten Ehrenamtsbereichen. Berlin: wvb Wissenschaftl. Verlag.

Schüll, Peter (2006): Motive und Erwartungen von Ehrenamtlichen. Eine Ernüchterung für Monetarisierungsbefürworter? In: Farago, Peter; Ammann, Herbert (Hg.): Monetarisierung der Freiwilligkeit. Luzern/ Zürich: Seismo.

Steiner, Alexander (2009): Die Analyse der Spendenmotive anhand einer psychologischen Studie. In: Soziale Arbeit Spezial – Schriftenreihe zur Theorie und Praxis - Helfersyndrom, Prestigeverlangen oder Gemeinsinn? Untersuchungen zum Spendenverhalten. Berlin: DZI.

Woltering, Michael/Heermann, Wilhelm/Janssen, Manfred (2006): Spendermotive und Spendenpotenziale im Jahr 2005: Eine empirische Bestandsaufnahme zur Spendentätigkeit und Spendenbereitschaft in Deutschland. Osnabrück: LIT Verlag.

Zum Spendenverhalten von Migranten - Theoretische Ansätze und empirische Analyse soziokultureller Einflussfaktoren

von Sara Schmidt

Einleitung

Für das deutsche Spendenwesen und die wissenschaftliche Betrachtung der Spendenthematik gewinnen Migranten einen wachsenden Stellenwert. Nicht zuletzt gehört zu einem effizienten Fundraising, sich einen Überblick über die Struktur und den jeweiligen Lebensstil der Bevölkerung zu verschaffen, um diese Daten dann in Bezug auf das Spendenverhalten auszuwerten (vgl. Fabisch 2006: 25–28). Von daher dürfte das Spendenverhalten von Migranten auch für Fundraiser äußerst interessant sein. Im Gegensatz zu den USA oder Kanada ist das Spendenverhalten von Migranten in Deutschland noch kaum erforscht. Auch in anderen europäischen Ländern, z.B. in den Niederlanden (vgl. Carabain 2007) oder der Schweiz (vgl. Ammann 2009), gibt es seit kurzem Ansätze oder Vorhaben, dieses Thema wissenschaftlich näher zu untersuchen. Als sicher kann für Deutschland nach bisheriger Forschung angenommen werden, dass es sozialstrukturell bedingte Unterschiede im Spendenverhalten gibt. Ebenso wie die Zeitspende könnte man aber auch die Geldspende als Integrationsmaß benutzen. In einer Zeit der Globalisierung und angesichts der wachsenden Zahl von Menschen mit Migrationshintergrund erhält der Umgang von Migranten mit ihren finanziellen Ressourcen immer größere gesellschaftliche Bedeutung. Dies gilt insbesondere für Rücküberweisungen der Migranten in ihre Herkunftsländer.

Im Folgenden werden theoretische Faktoren, die auf das Spendenverhalten von Menschen mit Migrationshintergrund einwirken könnten, zusammen mit empirischen Ergebnissen aus einer Untersuchung des ESS (European Social Survey) 2002/2003 präsentiert. Insbesondere soll analysiert werden, welche Faktoren das Spendenverhalten von Menschen mit Migrationshintergrund beeinflussen. Dabei wird auch zu untersuchen sein, inwieweit sich deren Spendenverhalten von dem von Menschen ohne Migrationshintergrund unterscheidet. Unter Spenden werden finanzielle Leistungen von Privatpersonen an Hilfsorganisationen oder ähnliche Vereinigungen verstanden, die von ihnen für wohltätige Zwecke eingesetzt werden und die ohne Gegenleistung erfolgen. Im Gegensatz zu „Spenden“ soll der Begriff „Wohltätigkeit“ in einem allgemeineren Sinne verwendet werden, nämlich als Definition für eine finanzielle Unterstützung hilfsbedürftiger Personen oder Organisationen. Diese Differenzierung ist notwendig, weil Wohltätigkeit kulturell bedingt ist und unterschiedliche kulturelle Konzepte in die Betrachtungen mit einbezogen werden, die über den Rahmen von Spenden hinausreichen.

Für Menschen mit Migrationshintergrund existieren unterschiedliche Definitionen. Nach der weit verbreiteten Abgrenzung des Mikrozensus sind dies „alle nach [...] Deutschland Zugewanderten sowie alle in Deutschland geborenen Ausländer und alle in Deutschland als Deutsche Geborenen mit zumindest einem zugewanderten oder als Ausländer in Deutschland geborenen Elternteil“ (Statistisches Bundesamt 2008: 6). Dabei wird nach Generationen von Zuwanderern differenziert: Die „Immigranten“ sind die erste Generation, die im Gegensatz zu den ihnen folgenden Generationen die Einwanderung selbst vollzogen haben. Deren Kinder wiederum stellen die zweite Generation dar – und gleichzeitig die erste Generation, die im Ankunftsland geboren wurde. (vgl. Statistisches Bundesamt 2008: 5f.). Um dem Thema Spendenverhalten von Migranten gerecht zu werden, erfolgt eine theoretische Annäherung aus unterschiedlichen Blickwinkeln.

Theoretischer Rahmen

Sozialkapital

Robert D. Putnam verbindet soziales Kapital und Spenden. Unter sozialem Kapital versteht er „connections among individuals – social networks and the norms of reciprocity and trustworthiness that arise from them“ (Putnam 2001: 19). Dabei differenziert er zwischen spezifischer Reziprozität bei auf Gegenseitigkeit beruhendem Austausch und generalisierter Reziprozität beim Geben ohne erwartete Gegenleistung. Insbesondere Letztere ist für die Funktionalität einer Gesellschaft entscheidend. Deshalb gibt es sowohl ein privates als auch ein öffentliches Interesse am Sozialkapital (vgl. ebd.: 20f.). Spenden und bürgerschaftliches Engagement verbindet Putnam mit sozialem Kapital, das seiner Auffassung nach sowohl auf die Zeit- als auch die Geldspende einen positiven Einfluss hat. Als weitere Einflussfaktoren für Geldspenden nennt Putnam Vermögen, Bildung, Alter und Gemeindegröße. Bis auf Letztere wirken sich alle positiv aus (vgl. ebd.: 116ff.). Spendenbereitschaft wird Putnam zufolge stärker durch soziales Kapital als durch finanzielles Kapital determiniert. Sie hängt demnach vom Engagement in der Gemeinde und von der Intensität familiärer, freundschaftlicher und nachbarschaftlicher Beziehungen ab. Putnam folgert daraus: „Fundraising means friend-raising.“ (ebd.: 121) Denn entscheidend dafür, selbst zu geben, ist, dass man im eigenen sozialen Umfeld darum gebeten wird.

Integration

Wie sich Migranten in eine Gesellschaft einfügen kann anhand von Essers Assimilationstheorie nachvollzogen werden. Die *Sozialintegration* umfasst nach Esser (2001: 8) vier *Ausprägungen:*

1. *Kulturation* bezieht sich auf „das für ein sinnhaftes, verständiges und erfolgreiches Agieren und Interagieren nötige Wissen“ (ebd.) in einer Kultur. Es handelt sich dabei um die bei der Sozialisation vermittelten Kompetenzen.
2. *Platzierung* definiert Esser als „die Besetzung einer bestimmten gesellschaftlichen Position durch einen Akteur“ (ebd.: 9). Da mit der Position der gesellschaftliche Handlungsrahmen in Form von Rechten und Benachteiligungen, Bevorzugungen

und Diskriminierungen abgesteckt wird, ist eine längerfristig erfolgreiche Sozialintegration von Migranten von allem an deren gesellschaftliche Platzierung geknüpft (vgl. ebd.: 9f.).

3. Mit *Interaktion* meint Esser „soziales Handeln [...], bei dem sich die Akteure wechselseitig über Wissen und Symbole aneinander orientieren" (ebd.: 10), wodurch Beziehungen zwischen den Akteuren entstehen. Das heißt, die Interaktion entspricht der Bildung von und Inklusion in sozialen Netzwerken.
4. Die *Identifikation* entspricht der Übernahme gewisser Loyalitäten zum jeweiligen sozialen System aufgrund eines Zugehörigkeitsgefühls (vgl. ebd.: 12).

Bei der Sozialintegration benennt Esser (2006: 91; 2001: 20) für Migranten vier Handlungsoptionen:

1. *Marginalität,* nämlich das Fehlen jeglicher sozialer Integration.
2. *Multiple Inklusion,* d.h. die gleichzeitige soziale Integration in beide soziale Systeme, also sowohl in die ethnische Gruppe als auch in die Aufnahmegesellschaft.
3. *Individuelle Segmentation,* die die soziale Integration (nur) in die ethnische Gruppe kennzeichnet. Vor allem bei großen institutionell stark entwickelten ethnischen Communities ist die Segmentation eine ernsthafte Konkurrenz für die Assimilation.
4. *Individuelle Assimilation,* d.h. soziale Integration (ausschließlich) in die Aufnahmegesellschaft.

Normalerweise stellt für Esser insbesondere die multiple Inklusion in beide soziale Systeme eine kognitive Überforderung dar, die im Extremfall den Migranten aufgrund mangelnder kultureller Kenntnisse marginalisiert. Deshalb hält er die Assimilation für das aussichtsreichste anzupeilende Ziel, denn Assimilierung bedeutet die gegenseitige Anpassung der gesellschaftlichen Gruppen (vgl. Esser 2006: 93; 2001: 18ff.) – was wiederum anhand der oben beschriebenen vier Ausprägungen von Sozialintegration erfolgt. Die Assimilierung ist ein langwieriger, über mehrere Generationen verlaufender Prozess, der oft erst in der zweiten Generation beginnt, während die erste Generation noch die Segmentation bevorzugt (vgl. Esser 2001: 24ff.). Gestört bzw. verhindert werden kann die Assimilierung gemäß dem Rational-Choice-Prinzip durch für Migranten näher liegende Alternativen wie eine geplante Rückkehr in das Ursprungsland oder die Segmentation (vgl. ebd.: 25f.).

In Theorien zur Transmigration wird im Gegensatz zu Essers Theorie eine multiple Inklusion als eine typische moderne Form der Integration betrachtet. Sozioökonomisch ist Transnationalismus an einem hohen zwischen den Ländern erfolgenden Austausch und Handel zu erkennen. Multikulturelle Identität und/oder die doppelte Staatsbürgerschaft werden von solchen Transmigranten generell bevorzugt.

Faist definiert transnationale Sozialräume wie folgt:

> „combinations of social and symbolic ties, positions in networks and organizations, and networks of organizations that can be found in at least two geographically and internationally distinct places" (Faist 1998: 8).

Im Gegensatz zur Assimilation oder Segration sind transnationale Sozialräume durch ein triadisches Beziehungsmuster gekennzeichnet, bestehend aus der ethnischen Minderheit plus Gruppen und Institutionen der Aufnahme- wie auch der Sendegesellschaft (vgl. ebd.: 9). Daraus kann gefolgert werden, dass die Stärke der Identifizierung eines Migranten mit seinem Ursprungsland, dem Einwanderungsland und eventuell der ethnischen Enklave darüber entscheidet, wohin tendenziell gespendet wird. Die sozialen Netzwerke und der Zugang zu den Institutionen der Aufnahme- wie auch der Sendegesellschaft sollten diese Identifikation mit prägen. Die gesellschaftliche Platzierung wirkt sich in vielerlei Hinsicht auf das Spenden aus, denn sie bildet einen Rahmen der Möglichkeiten. Das heißt, nicht nur die Identifizierung mit der Aufnahmegesellschaft ist für die Ausprägung des Spendenverhaltens entscheidend, sondern auch das gesellschaftliche Milieu, an dem man sich orientiert. Denn innerhalb einer Gesellschaft gibt es diesbezüglich keine einheitliche Kultur – und dies gilt für das Aufenthalts- ebenso wie für das Herkunftsland.

Kommt es zu keiner Integration in die Aufnahmegesellschaft, enden die Migranten entweder in der Marginalität oder integrieren sich in die jeweilige ethnische Community (Stichwort: Segmentation). Die erste Möglichkeit entspricht einer sozialen Isolierung. Inwieweit dabei soziales Kapital eine Rolle beim Spenden spielt, wird, wie oben ausgeführt, bei Putnam deutlich. Dementsprechend kann davon ausgegangen werden, dass marginalisierte Migranten gar nicht oder zumindest weniger spenden. Die Segmentation beschränkt den Aktionsradius für das Spenden fast ausschließlich auf die eigene Community. Damit müssten die Spendenbereiche spezifisch sein; die Spendenbereitschaft kann dadurch, muss aber nicht beeinträchtigt sein. Entscheidend sollte vor allem die gruppenspezifische Spendenmoral sein.

Diaspora-Philanthropie

Erst am Anfang steht eine neue Forschungsrichtung, die „Diaspora-Philanthropie". Trotz fehlender eindeutiger Definition handelt es sich bei Diaspora-Philanthropie um eine Fusion der Themenkomplexe Rücküberweisungen, Transnationalismus und Wohltätigkeit. Doherty Johnson (2007: 5) definiert Diaspora-Philanthropie als Spenden von Menschen, die sich außerhalb ihres Herkunftslandes aufhalten, sich aber trotzdem noch mit ihrem „Heimatland" identifizieren und deshalb Geld für Zwecke oder Organisationen mit öffentlichem Nutzen in diesem Land geben. In ähnlichen Kontexten wird statt von Diaspora-Philanthropie auch von „homeland philanthropy", „migrant philanthropy" oder „transnational giving" (ebd.) gesprochen.

Nach Johnsons Auffassung sind die meisten Definitionen von Spenden viel zu eng gefasst, um Diaspora-Philanthropie in der Gänze zu erfassen. Da es sich bei Philanthropie um ein sozialkulturelles Phänomen handelt, das durch Religion, Geschichte und kulturelle Traditionen geprägt und gleichzeitig einem ständigen Wandel durch die politischen und wirtschaftlichen Geschehnisse unterworfen wird, gibt es, global gesehen, zahlreiche kulturelle Definitionen, die mehr oder weniger institutionelle Ausprägungen von Wohltätigkeit beschreiben (ebd.: 6).

Das Spendenverhalten von Migranten in ihre Heimat wird gemäß Doherty Johnson durch folgende Faktoren bestimmt (ebd.: 38):

- die politischen Richtlinien zum Umgang und Kontakterhalt mit ethnischen Enklaven im Herkunftsland;
- die Politik und Einstellungen im Ankunftsland, insbesondere in Bezug auf die Einschränkung oder Erleichterung internationaler Spenden;
- die Motivation für die Migration und die Einbindung der ethnischen Enklave in die Aufnahmegesellschaft;
- die mitgebrachten philanthropischen Motivationen und Traditionen vor allem bei der Bevorzugung individueller oder organisatorischer Empfänger.

Bezogen auf Rücküberweisungen stellt Johnson fest, dass zwar ein Großteil in die Familie für deren Zwecke investiert wird, gleichzeitig aber ein nicht bekannter Anteil auch dem öffentlichen Wohl zugute kommt. Für die Tatsache, dass statt Diaspora-Philanthropie von vielen Migranten Rücküberweisungen in die Familie präferiert werden, gibt es zwei Erklärungsvorschläge: erstens „a profound faith-based or spiritual tradition" und zweitens „a distrust in NGOs" sowie mangelndes Vertrauen in die formalen und staatlichen Institutions- und Organisationsstrukturen (ebd.: 42). Die Empfänger lassen nicht immer Rückschlüsse auf den Verwendungszweck zu, denn teilweise fungiert die Familie lediglich als lokaler Vermittler zu Wohltätigkeitsorganisationen. Das heißt, nicht alle Rücküberweisungen in die Familie sind für deren Zwecke bestimmt (ebd.: 7).

Assimilative Theorie zum Spendenverhalten von Migranten

Mata und McRae (2000) stützen sich mit ihrer eigenen Theorie zum Spendenverhalten auf Joseph (1995). Demnach bringen die Migranten eigene Wohltätigkeitstraditionen aus ihren Herkunftsländern mit, die sich von der philanthropischen Kultur im Aufnahmeland unterscheiden. Obwohl sich das Spendenverhalten mit der Zeit an die gesellschaftlichen Gewohnheiten des Immigrationslandes angleicht, werden nach wie vor manche Traditionen gepflegt und an folgende Generationen weitergereicht. Sie können sogar bis zu einem gewissen Grad Eingang in die Wohltätigkeitskultur des Aufnahmelandes finden (vgl. Mata/McRae 2000: 207f.). Das heißt, die Theorie beschreibt das Spendenverhalten von Migranten angelehnt an die Assimilationstheorien. Laut Mata und McRae durchlaufen Migranten im Aufnahmeland drei unterschiedliche Phasen der Wohltätigkeit. In der ersten Phase, also bei der Ankunft, besitzen Migranten in der Regel im Vergleich zur autochthonen Bevölkerung weniger Geldmittel, Möglichkeiten und Verbindungen. Gleichzeitig sind die sozialen Kontakte zum Herkunftsland noch stark ausgeprägt (ebd.: 208). Im Ankunftsland werden zunächst die Bedürfnisse der Familie befriedigt. Die Bedeutung von Gemeinschaft beginnt daher für die Migranten in der Familie, erweitert sich dann auf andere Menschen mit gleichem Migrationshintergrund oder auch Organisationen mit Verbindung zur ethnokulturellen Herkunft. Dementsprechend erweitert sich in der zweiten Phase die wohltätige Unterstützung auf nahestehende Organisationen. Dabei handelt es sich meistens um religiöse Gemeinschaften. Aber auch kulturelle Zentren oder nachbarschaftliche Organisationen, die Migranten bei der Eingewöhnung in das Aufnahmeland unterstützen, können eine Rolle spielen. Entscheidend ist, dass die Organisationen sensibel für die migrantenspezifischen Bedürfnisse sind. Wenn Migranten mit ihren speziellen Problemen von wohltätigen Organisationen nicht beachtet oder gar ausgeschlossen werden, verbleiben diese in ihrer eigenen ethnischen Community. Die Aufnahmegesellschaft wertet ein solches Verhalten dann häufig als bewusste Abgrenzung (vgl. Joseph 1995: 9ff.; Mata/McRae 2000: 208f.).

Die dritte Phase ist durch gestiegene Ressourcen an sozialem und finanziellem Kapital gekennzeichnet. Dadurch wächst auch das Bewusstsein für die Aufnahmegesellschaft und ihre Bedürfnisse: Das Engagement und Spenden für nichtmigrantenspezifische Zwecke nehmen zu, wobei säkulare Organisationen an Bedeutung gewinnen, während religiöse Verbindungen abnehmen. Insgesamt haben sowohl die Aufenthaltsdauer als auch der sozioökonomische Status der Migranten einen bedeutenden Einfluss darauf, ob und in welcher Höhe gespendet wird (vgl. ebd.: 209f.).

Spenden und Religiosität

Johnson (2007: 42) weist darauf hin, dass fast überall auf der Welt „moral traditions embrace a principle of helping those who suffer or are in need". Es kann festgehalten werden, dass religiös motivierte Wohltätigkeit dem Christentum und Islam gemeinsam und damit gesellschaftlich stark verankert ist (vgl. hierzu u.a. Müller 2005; Singer 2008). Allerdings gibt es in diesen Glaubenssystemen jeweils spezifische institutionelle Ausprägungen religiös fundierter Wohltätigkeit, die im Folgenden mit einem Fokus auf das Spenden vergleichend dargestellt werden.

Im Christentum wird die religiös motivierte wohltätige Spende als „Almosen" bezeichnet. Oliver Müller (2005: 16) betont, dass dieser Begriff zweierlei Bedeutungen umfasst:

1. Im ursprünglichen Sinn ist Almosen eine religiös motivierte Spende an Arme und Bedürftige. Dementsprechend bedeutet dessen griechische Wurzel ἐλεημοσῦνη *(eleemosyne)* auch „Mitleid, Barmherzigkeit und Erbarmen", steht aber im Neuen Testament nur noch für Wohltätigkeit zugunsten armer Menschen (vgl. hierzu auch Müller 1999: 427ff.).
2. Heutzutage impliziert der Begriff Almosen eher eine negative Konnotation: Man versteht darunter im Allgemeinen eine spontan gegebene geringfügige Geldspende, die die unmittelbare Bedürfnisäußerung eines armen Menschen befriedigen

bzw. unterdrücken soll. Dieses meist herablassend überreichte Geldgeschenk dient somit nicht der Aufhebung sozialer Ungerechtigkeit.

Im Matthäus-Evangelium des Neuen Testaments wird ebenso wie in der jüdischen Tradition die diskrete anonyme Hilfe idealisiert (vgl. Mt 6,1–4). Der Wert des Almosens bemisst sich hierbei in Relation zum Eigentum des Spenders (vgl. Müller 2005: 61). Die Regeln zum Sammeln der Kirchenkollekte hat der Apostel Paulus aufgestellt: Niemand ist verpflichtet, sich zu beteiligen, aber es soll für die Teilnahme geworben werden (vgl. ebd.: 86f.). Um das Spenden zu systematisieren, gibt Paulus unverbindliche Handlungsanweisungen in Form eines Sparmodells:

> „Jeder soll immer am ersten Tag der Woche etwas zurücklegen und so zusammensparen, was er kann." (1 Kor 16,2)

Das orthodoxe Christentum stellt zwar aufgrund sprachlicher und kultureller Vielfalt und wegen mancher ethnischer Konflikte keine Einheit dar, basiert aber auf Wurzeln – u. a. im Neuen Testament –, die den diversen Strömungen gemeinsam sind (vgl. Ružica 1998: 237). Auffallend ist allerdings, dass im Gegensatz zum Katholizismus und Protestantismus in der orthodoxen Kirche kaum eigene schriftliche Statements zur Philanthropie existieren. Dementsprechend gibt es wenig wissenschaftliche Literatur zur orthodoxen Philanthropie.

Ružica stellt zusammenfassend fest, dass orthodoxe Wohltätigkeit sowohl im positiven als auch im negativen Sinn auf eine alles bestimmende Vorannahme reduziert werden kann: „the ultimate equality of all man" (ebd.: 242). Einerseits wird aus diesem Prinzip direkte Hilfe für die Bedürftigen abgeleitet, andererseits wird Armut aber auch auf Glaubensarmut reduziert, wobei die wirklichen Gründe für Armut unterschlagen werden (vgl. ebd.: 243).

Ziel islamischer Wohltätigkeit ist der Ausgleich zwischen Arm und Reich (vgl. Bremer 2004: 6). Islamische Gesellschaften haben im Laufe der Zeit eine Reihe von philanthropischen Institutionen hervorgebracht, deren Fundamente mehr oder weniger freiwillige Spendensysteme bilden. Das religiös motivierte obligatorische Almosen wird im Islam als *Zakat* bezeichnet (vgl. Singer 2008: 20, 68). *Zakat* gehört zu den fünf Säulen des Islams, das heißt, eine Missachtung des *Zakat* stellt eine religiöse Pflichtverletzung dar. Unter *Sadaqa* wird im Arabischen eine freiwillige Spende verstanden. Die Gabe von *Sadaqa* soll vor der Hölle schützen. Generell sind dabei die Familie und dann die Nachbarn einem fremden Empfänger vorzuziehen. Die Spende soll diskret ohne öffentliches Aufsehen geleistet werden. *Sadaqa* ist aber mehr als Geld zu spenden, vielmehr leistet jemand *Sadaqa,* der sich um sich selbst und sein soziales Umfeld kümmert (vgl. Weir 1995: 708ff.). Im Gegensatz zum *Zakat* soll *Sadaqa* ausdrücklich nur den Bedürftigen zugute kommen, und zwar unabhängig von deren Religion. Außerdem muss *Sadaqa* keinen Marktwert besitzen (ebd.: 712f.).

Hypothesen

Es gibt viele Perspektiven, aus denen man das Spendenverhalten von Personen mit Migrationshintergrund betrachten kann. Die Struktur potenzieller Prädiktoren erweist sich deshalb als sehr komplex. Nicht für jeden theoretisch hergeleiteten Einflussfaktor lässt sich eine eindeutige Wirkungsrichtung begründen.

Tabelle 1 im Anhang fasst die aus der Theorie generierten Variablen einschließlich – soweit möglich – ihrer Wirkungsrichtung zusammen. Dabei ist auch berücksichtigt, welche Spendenfelder (Herkunftsgesellschaft, Ankunftsgesellschaft und ethnische Enklave) potenziell unter dem Einfluss einer Variablen bevorzugt werden. Die allgemeine spendenbezogene Datenlage lässt allerdings keine Aufteilung der Spendenfelder zu.

Gesellschaftliche Integration hängt demnach (vgl. Tabelle 1 im Anhang) von der politischen Förderung des sozialen und ökonomischen Austauschs ab. Auch die Länge des Aufenthalts und Rückkehrpläne wirken sich auf Form und Grad der gesellschaftlichen Integration aus, wobei die Aufenthaltsdauer die Bildung von ökonomischem und sozialem Kapital positiv beeinflussen dürfte. Es ist anzunehmen, dass sich die gesellschaftliche Integration in die ethnische Enklave und/oder die Herkunftsgesellschaft sowohl negativ als auch positiv auf das Spendenverhalten auswirken kann. Nur eine Marginalisierung von Menschen mit Migrationshintergrund sollte einen eindeutig negativen Einfluss auf die Tendenz zu spenden haben. Dabei ist Marginalisierung gleichzusetzen mit der Abwesenheit von sozialem Kapital. Rückkehrintentionen können ein Hemmnis darstellen; zumindest verringern sie wahrscheinlich das Bedürfnis, neues Sozialkapital im Ankunftsland aufzubauen. Das ökonomische Kapital wird durch finanzielle Verpflichtungen, z.B. Rücküberweisungen in das Herkunftsland, beeinträchtigt.

Zusammenfassend lässt sich festhalten, dass die Aufenthaltsdauer und damit teilweise einhergehend das ökonomische und das soziale Kapital eines Migranten einen positiven Einfluss auf die Spendenbeteiligung haben dürften. Tendenziell werden immer mehr spendenkulturelle Charakteristika der Aufnahmekultur mit der Zeit übernommen.

Diese Ergebnisse können in empirisch überprüfbare Hypothesen übertragen werden.

Hypothese 1

Je länger Menschen mit Migrationshintergrund in Deutschland sind, desto höher ist die Wahrscheinlichkeit, dass sie spenden.

Generell sollte die zweite Generation von Migranten im Vergleich zur ersten Generation eher spenden, da sie laut Esser die Assimilation bevorzugt.

Hypothese 2

Die zweite Generation spendet eher als die erste Generation.

Entscheidend für das Spendenverhalten ist das soziale Umfeld, das gemäß Putnam zum Spenden animieren muss (vgl. oben S. 12).

Hypothese 3

Je höher das soziale Kapital von Migranten, desto eher spenden sie.

Die Definition und Bewertung von Spenden ist kulturell abhängig und kann sich sowohl positiv als auch negativ auf das Spendenverhalten auswirken. Insbesondere die Religionszugehörigkeit bzw. religiöse Prägung als Teil der Kultur beeinflusst entscheidend das Spendenverhalten. Die meisten Religionen unterstützen ein Konzept von Wohltätigkeit, aber oft wird die Hilfe im eigenen sozialen Umfeld dabei bevorzugt. Im Christentum ist mit der Abkehr vom Almosen hin zum modernen Spendenmarkt eine umfassende Anonymisierung und Institutionalisierung der Wohltätigkeit eingetreten. Dagegen wird in anderen Religionen, so im Islam, teilweise die Unterstützung von nahestehenden Personen bevorzugt.

Es kann somit festgehalten werden, dass Religiosität zwar als Antrieb zu Wohltätigkeit dient, aber nicht unbedingt ein Katalysator für Spenden sein muss. Die vorgestellten theoretischen Konzepte deuten also darauf hin, dass bei Migranten Religiosität, im Gegensatz zu autochthonen Deutschen, keinen ausgeprägten Einfluss auf das Spendenverhalten hat. Die religiösen Prägungen sollten abhängend vom jeweiligen Kontext zum Spenden animieren oder davon abhalten. Insgesamt ist festzustellen, dass der Einfluss von Religiosität auf das Spendenverhalten von der Herkunft abhängen sollte. Das heißt, es handelt sich um einen Interaktionseffekt, bei dem der Einfluss der unabhängigen Variablen „Religiosität" auf die abhängige Variable „Spenden" von der Moderatorvariable „Herkunft" determiniert wird (vgl. Jaccard 2001: 12f.):

Hypothese 4

Es gibt einen Interaktionseffekt zwischen Herkunft und Religiosität: Der Einfluss von Religiosität auf das Spendenverhalten hängt von der Herkunftskultur ab.

Daten und Methoden

Datenbasis

Bei der ersten Welle des European Social Survey (ESS)[1] handelt es sich um eine in 23 europäischen Ländern durchgeführte repräsentative Bevölkerungsumfrage. Die

1 Der European Social Survey (ESS) ist eine auf Anregung der European Science Foundation (ESF) entstandene repräsentative Bevölkerungsumfrage, deren erste Welle 2002/2003 durchgeführt wurde. Das Projekt wird von der Europäischen Kommission, der EFS sowie nationalen Forschungsförderorganisationen finanziert. Langfristiges Ziel des ESS ist es, die Interaktion zwischen den sich wandelnden politischen und ökonomischen Institutionen und den Einstellungen, Überzeugungen und Verhaltensmustern der Bevölkerung der jeweiligen Länder zu untersuchen. Die repräsentativen Bevölkerungsbefragungen in den beteiligten Ländern basieren auf einem einheitlichen Fragebogen zu verschiedenen Aspekten des politischen und gesellschaftlichen Zusammenlebens, der durch länderspezifische Fragen sowie wechselnde Schwerpunktthemen ergänzt wird. In der ersten Welle gehörte zu den Schwerpunkten „Citizenship, Involvement, Democracy". In diesem Kontext bildeten Fragen zur Mitgliedschaft, zur

Datenerfassung in Deutschland erfolgte durch das Institut für angewandte Sozialwissenschaft (infas) im Zeitraum vom 23. November 2002 bis 16. Mai 2003 (vgl. Neller 2003: 1f.). Die Untersuchungseinheit bildeten alle Personen ab 15 Jahren, die in einem privaten Haushalt innerhalb Deutschlands leben. Im Endeffekt ergab sich eine Stichprobenausschöpfungsquote aller gültigen Interviews von 58,1 %, das heißt, der Datensatz umfasst insgesamt 2.919 Fälle (vgl. ebd.: 2; ESS 2002/2003: 4).

Operationalisierung und deskriptive Analyse

Die abhängige Variable „Spenden" wurde im ESS innerhalb des Kontexts „soziale Beteiligung" erfasst. Diese wurde anhand der folgenden Frage[2] erhoben: „Ich nenne Ihnen nun einige Vereine, Verbände und andere Organisationen. Bitte benutzen Sie die Liste und sagen Sie mir für jede einzelne Organisation, ob einer oder mehrere der Punkte auf der Liste auf Sie in den letzten 12 Monaten zutreffen:

- Mitglied
- Teilgenommen
- Geld gespendet
- Ehrenamtliche Tätigkeit
- Antwort verweigert
- Weiß nicht
- Nichts trifft zu" (ESS, Endfassung des Fragebogens: 33).

Die Antwortmöglichkeiten und Häufigkeiten für die Bereiche sozialer Beteiligung sind in Tabelle 2 im Anhang zusammengefasst. Am häufigsten wird bei Personen ohne Migrationshintergrund, Personen der ersten Generation und der zweiten Migrantengeneration die humanitäre Hilfe genannt. Insbesondere die zweite Generation scheint diesen Bereich zu bevorzugen. Außerdem fällt auf, dass bei der ersten Generation religiöse Spenden tendenziell eine große Rolle spielen, während die zweite Generation anderen Bereichen mehr Beachtung schenkt. Dies könnte mit der Hypothese von Mata und McRae übereinstimmen, dass Menschen mit Migrationshintergrund zunächst in religiöse Organisationen Eingang finden und dann ihr Spektrum von Spendenorganisationen im Laufe der Integration verändern und erweitern. Es zeigt sich, dass sich die Spenderquote von Menschen mit und ohne Migrationshintergrund kaum unterscheidet, jedoch die zweite Generation eindeutig mehr spendet als die erste. Dies lässt vermuten, dass die zweite Generation besser in den Spendenmarkt integriert ist als die erste – und könnte meiner Hypothese 2 entsprechen. Es erscheint insofern sinnvoll, Menschen mit Migrationshintergrund differenzierter zu betrachten, um ihr Spendenverhalten exakter beschreiben zu können. Im Folgenden werden die

Beteiligung und zum zivilgesellschaftlichen Engagement sowie zum Spendenverhalten einen besonderen Schwerpunkt.

2 Bei der empirischen Auswertung wurden alle Antwortkategorien, die nicht eindeutig einer Spende entsprechen (Antwort verweigert, Weiß nicht, Nichts trifft zu), als keine Beteiligung gewertet.

erste und die zweite Generation zu einer Stichprobe zusammengefasst, anhand derer die logistische Regression durchgeführt werden soll. Die Generationszugehörigkeit dient dann als erklärende Variable.

Weitere erklärende Variablen sind in Tabelle 3 im Anhang zu finden. Beim Sozialkapital handelt es sich um eine latente Variable, die nicht direkt messbar ist. Brown und Ferries (2007: 87f.) unterteilen die Indikatoren von Sozialkapital in Messinstrumente für Vertrauen und für soziale Einbindung bzw. Beteiligung. Während das Ausmaß von Vertrauen Rückschlüsse auf die Existenz von Sozialkapital zulässt, misst die Beteiligung darüber hinausgehend noch den Prozess ihrer Bildung. Im theoretischen Teil hat sich gezeigt, dass die Migration mit einem Verlust von Sozialkapital einhergeht. Die Kompensation dieses Verlustes könnte im Laufe des Integrationsprozesses dazu führen, dass zunächst das potenzielle und erst im späteren Verlauf das vorhandene Sozialkapital das Spendenverhalten jeweils stärker beeinflussen. Deshalb ist es sinnvoll, sowohl den Prozess der Bildung von als auch das vorhandene Sozialkapital zu erfassen. Anhand verschiedener Items zu sozialem Vertrauen wurde ein Index gebildet.

Einerseits sollte herausgefunden werden, ob bei Menschen mit Migrationshintergrund tatsächlich Religiosität Einfluss auf das Spendenverhalten hat. Andererseits sollte die Herkunftsregion bezüglich des Spendenverhaltens kontrolliert werden. Die Stärke der Religiosität wird auf einer Skala von 1 bis 9 gemessen (vgl. ESS, Endfassung des Fragebogens: 19). Gemeinsam ermöglichen die Variablen für Herkunft und für Religiosität eine Kontrolle des Interaktionseffektes. Ausgehend von der Annahme, dass bestimmte Herkunftsregionen durch kulturelle und politische Faktoren spezifisches Spendenverhalten induzieren, wurden die Herkunftsländer in Kategorien unterteilt. Insbesondere jene Länder, aus denen die meisten nach Deutschland eingewanderten Personen stammen, sollten dabei für eine ausreichende Fallzahl sinnvoll zusammengefasst werden. Basierend auf Svetliks (1992) Untersuchung des Freiwilligensektors in postkommunistischen Ländern wurde eine Kombination religiöser und politischer Prägungen als adäquat zur Erklärung von Spendenverhalten erachtet. Es wurden dementsprechend Migranten aus vorwiegend katholischen postkommunistischen Ländern, vorwiegend orthodoxen postkommunistischen Ländern und vorwiegend islamischen Ländern zusammengefasst. Die Bereitschaft, überhaupt zu spenden, sollte von der individuellen Einschätzung der persönlichen finanziellen Situation abhängen. Als weitere Kontrollvariablen fungieren die Variablen Alter, Geschlecht, Bildung in Jahren und Berufstätigkeit in dem Modell.

Ergebnisse

Die Berechnung des Einflusses der Prädiktorvariablen auf die abhängige Variable erfolgt durch logistische Regressionsanalysen (vgl. Tabelle 4 im Anhang). Zur Überprüfung der vier Hypothesen wurden insgesamt sechs Modelle mit unterschiedlichen Kombinationen der Prädiktoren anhand der binären logistischen Regressionsanalyse berechnet:

- Modell 1 mit insgesamt sieben unabhängigen Variablen soll klären, welchen Effekt die Aufenthaltslänge und die Generationszugehörigkeit auf das Spendenverhalten haben. Deshalb besteht Modell 1 lediglich aus diesen Prädiktoren zusammen mit den Kontrollvariablen.
- Modell 2 vereint alle Variablen außer den Interaktionseffekten. Es soll die Wirkung von Herkunft und Religiosität ohne Interaktionseffekt messen und dient zusammen mit Modell 1 auch dazu, Kontrollvariablen mit nichtsignifikantem Einfluss für die folgenden Modelle auszusortieren.
- In Modell 3 bis 5 wird der Interaktionseffekt von Religiosität bei Migranten aus jeweils verschiedenen Herkunftsländern im Vergleich zu dem Rest der Stichprobe beschrieben.
- Modell 6 dient zur Verifizierung des Interaktionseffektes in Modell 5. Daher vereint es die gleichen Variablen wie Modell 5, allerdings reduziert um den Interaktionseffekt.

Der Anteil der Varianzerklärung der abhängigen Variablen durch die Prädiktoren ist in Modell 1 sehr bescheiden. In den anderen Modellen ist die Güte akzeptabel und es liegt der erklärte Varianzanteil etwa zwischen 32 und 36%. Den höchsten Anteil besitzt demnach Modell 5 (Nagelkerke = 0,359).

Die in Tabelle 4 dargestellten Ergebnisse der logistischen Regression spezifizieren die bisherigen Erkenntnisse über die Güte des Modells. Die Kontrollvariablen Einkommenszufriedenheit, Vollzeitausbildung und Geschlecht wurden aufgrund ihres nicht eindeutig signifikanten Einflusses nicht in die Modelle 3 bis 6 übernommen.

Entsprechend den Befunden zum allgemeinen Spendenverhalten in Deutschland verweist der in allen Modellen durchgehend positive Koeffizient des Alters auf eine Zunahme der Spendenbereitschaft mit den Lebensjahren. Die Spendenbereitschaft nimmt mit dem Alter zu, und Berufstätige spenden eher als Menschen, die nicht im Berufsleben stehen.

Aufgrund der Daten kann *Hypothese 1* nicht bestätigt werden. Es lässt sich kein Einfluss der Aufenthaltslänge auf das Spendenverhalten nachweisen.

Entsprechend *Hypothese 2* hat die Generationszugehörigkeit einen signifikanten Einfluss auf das Spenden, und es wird von der zweiten Generation eher gespendet als von der ersten.

Die Ergebnisse legen nahe, dass sowohl das Vertrauen als auch das Engagement als Operationalisierungen von Sozialkapital jeweils einen positiven Einfluss besitzen. Je höher das Sozialkapital ist, desto eher spenden also Menschen mit Migrationshintergrund. *Hypothese 3* trifft damit zu.

Um den Zusammenhang von Sozialkapital und Spenden zu verdeutlichen, wird in den Abbildungen 1 und 2 die Spendenwahrscheinlichkeit in Abhängigkeit des Vertrauens und des Engagements dargestellt. Dafür werden die Werte eines durchschnittlichen Menschen mit Migrationshintergrund untersucht: Es handelt sich dabei um einen

42-jährigen Angehörigen der ersten Generation, der nicht aus einem muslimischen Herkunftsland stammt und seit 10 bis 20 Jahren in Deutschland wohnt, berufstätig, aber nicht engagiert ist und ein durchschnittliches Vertrauen (= 5) hat. Es handelt sich also bei den Diagrammen zur Spendenwahrscheinlichkeit nicht um die Darstellung realer Fälle, vielmehr soll lediglich bei konstanten Mittelwerten der anderen Prädiktoren die Wirkung bestimmter Effekte auf das Spendenverhalten demonstriert werden. Aus Abbildung 2 ist ersichtlich, dass sich die Spendenwahrscheinlichkeit bei dem betrachteten Fall um über 40% unter der Annahme eines Engagements erhöht.

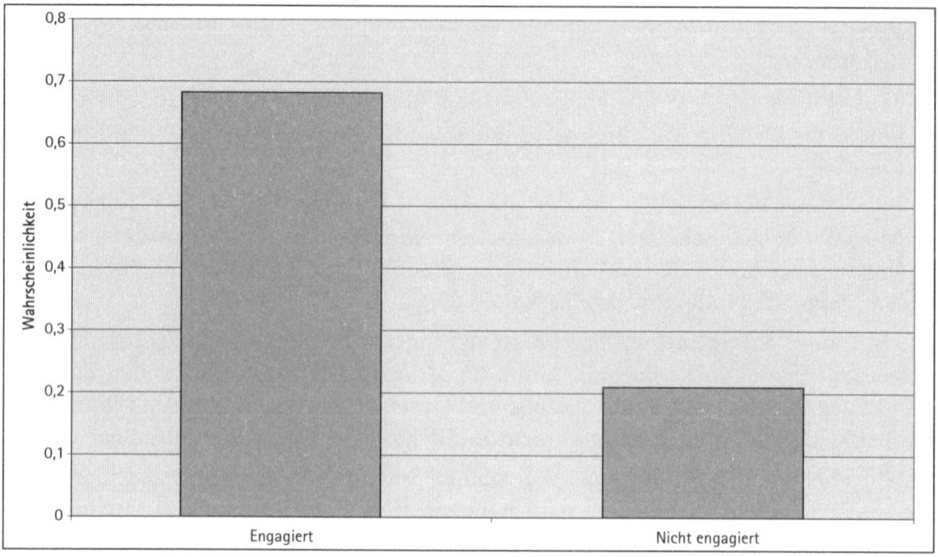

Abbildung 1: Engagement und Spendenwahrscheinlichkeit (in Prozent)
Quelle: ESS 2002/2003; eigene Berechnungen.

Abbildung 3 verdeutlicht, dass die Spendenwahrscheinlichkeit mit wachsendem Vertrauen von 10% bei keinem Vertrauen auf etwa 39% bei hohem Vertrauen steigt.

Obwohl in den Modellen 3 und 4 kein Interaktionseffekt nachgewiesen werden kann, zeigt Modell 5, dass ein muslimisches Herkunftsland ein Moderator für den Einfluss der Religiosität auf das Spendenverhalten ist. *Hypothese 4* wird also durch die Ergebnisse bestätigt. Um lediglich den Effekt der Interaktion zwischen Religiosität und muslimischer Herkunft zu verdeutlichen, werden in Abbildung 3 wieder alle anderen Variablen konstant auf ihrem ungefähren Durchschnittswert gehalten. Dabei sinkt die Spendenwahrscheinlichkeit beim Durchschnittsmigranten unter dem Einfluss muslimischer Herkunft stark mit steigender Religiosität von über 50% bei nicht religiösen auf unter 10% bei sehr religiösen Migranten. Ohne den muslimischen Herkunftseffekt nimmt die Wahrscheinlichkeit zu spenden mit der Religiosität leicht zu.

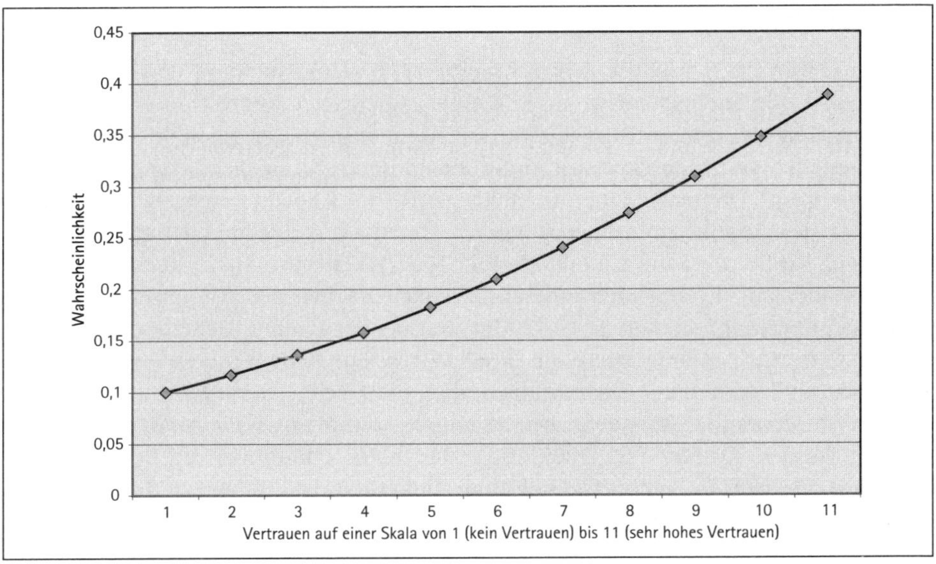

Abbildung 2: Spenden und Vertrauen (in Prozent)
Quelle: ESS 2002/2003; eigene Berechnungen.

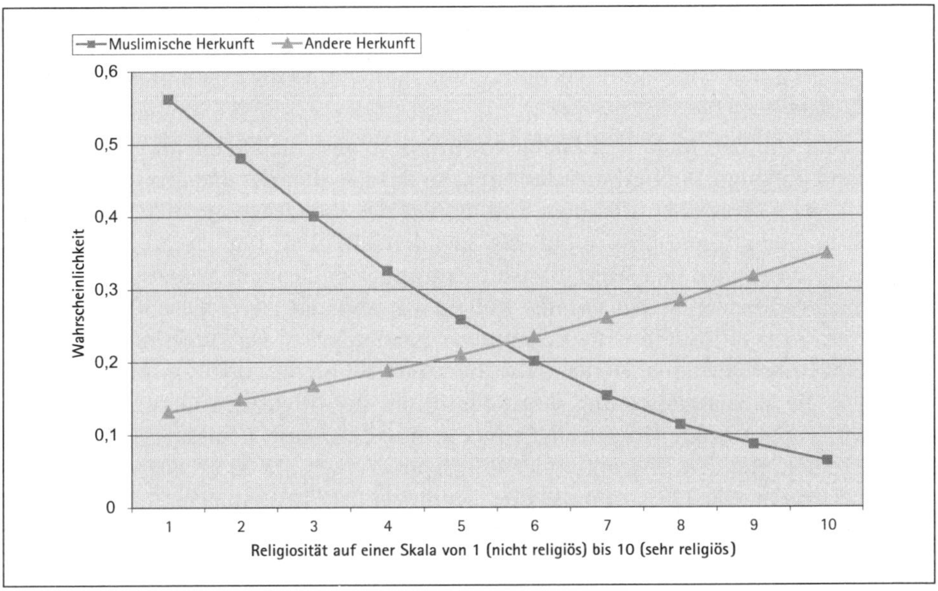

Abbildung 3: Spendenwahrscheinlichkeit und Herkunft (in Prozent)
Quelle: ESS 2002/2003; eigene Berechnungen.

Zusammenfassung

Ziel der empirischen Analyse dieser Arbeit war die Untersuchung von Merkmalen, um Spender von Nichtspendern anhand einer logistischen Regression differenzieren zu können. Neben dem Einfluss von Sozialkapital wurden vor allem die spezifischen Charakteristika von Menschen mit Migrationshintergrund in sechs empirischen Modellen überprüft. Obgleich Mata und McRae (2000) für Kanada aufgezeigt haben, dass die Länge des Aufenthaltes einen positiven Einfluss auf das Spendenverhalten hat, ließen sich für Deutschland anhand des ESS 2002/2003 keine Auswirkungen der Aufenthaltsdauer auf die Spendenwahrscheinlichkeit nachweisen; Hypothese 1 konnte somit nicht bestätigt werden. Esser (2001) setzt bei der zweiten Generation eine stärkere Neigung zur Assimilation in die Gesellschaft voraus. Dem folgend wurde in dieser Arbeit als Hypothese 2 angenommen, dass die zweite Migrantengeneration eher als die erste Generation spendet. Diese Annahme konnte durch die Analyse der Daten erhärtet werden. Da der ESS 2002/2003 aber nicht erlaubt, in die Spendenfelder Herkunftsgesellschaft, Ankunftsgesellschaft und ethnische Enklave zu differenzieren, konnte nicht herausgefunden werden, ob es zwischen der ersten und der zweiten Generation Unterschiede innerhalb dieser Spendenfelder gibt. Deshalb war es auch nicht möglich herauszufinden, ob sich bei der zweiten Generation eher der Anteil von Spenden in die Herkunftsgesellschaft oder in die Ankunftsgesellschaft erhöht.

Der Einfluss der latenten Variable Sozialkapital wurde anhand von Vertrauen und Engagement gemessen. Für beide Prädiktoren konnte ein positiver Einfluss auf das Spendenverhalten (Hypothese 3) nachgewiesen werden. Insbesondere am Engagement zeigt sich, wie wichtig soziales Kapital auch im Ankunftsland ist, denn marginalisierte Personen mit Migrationshintergrund besitzen, so die Erkenntnis der Analyse, keine große Spendenbereitschaft.

Für Kanada konnten Mata und McRae nachweisen, dass die Spendenhöhe vom Herkunftsland abhängt. Die Herkunftskulturen, so das Resultat der empirischen Analyse, hatten für sich keinen signifikanten Einfluss auf die Spenderquote. Religiosität wirkt generell in Deutschland positiv auf das Spendenverhalten. Wie eingangs vermutet, konnte für Menschen mit Migrationshintergrund jedoch nicht festgestellt werden, dass die Spendenbereitschaft von der Religiosität abhängt (Hypothese 4). Allerdings konnte ein Interaktionseffekt zwischen einer muslimischen Herkunftskultur und der Religiosität nachgewiesen werden. Die Herkunft fungierte dabei als Moderatorvariable für die Wirkungsrichtung von Religiosität. Bei Migranten aus muslimischen Herkunftsländern zeigte sich ein negativer Einfluss auf das Spendenverhalten, während bei allen anderen Migranten der Effekt positiv war. Da es im Islam ein ausgeprägtes Konzept von Philanthropie gibt, ist dieses Ergebnis zunächst überraschend. In künftigen Untersuchungen wäre deshalb zu klären, ob stark gläubige Muslime in Deutschland ihre Hilfe eher im eigenen sozialen Umfeld leisten und inwieweit sie Zakat und Sadaqa als Spenden definieren. Für Migranten aus postkommunistischen Herkunftsländern konnte keinerlei Interaktionseffekt festgestellt werden.

Literatur

Ammann, Herbert (2009): Spenden, eine Form von Freiwilligkeit. Das Beispiel Schweiz. In: Deutsches Zentralinstitut für soziale Fragen (Hg.): Helfersyndrom, Prestigeverlangen oder Gemeinsinn? Untersuchungen zum Spendenverhalten. Soziale Arbeit Spezial. Berlin: DZI, S. 19-26.

Bremer, Jennifer (2004): Islamic Philanthropy: Reviving Traditional Forms for Building Social Justice. Konferenzpapier zur Fifth Annual Conference of the Center for the Study of Islam and Democracy: Defining and Establishing Justice in Muslim Societies. Washington, DC, 28. Mai 2004.

Brown, Eleanor/ Ferries, James M. (2007): Social Capital and Philanthropy: An Analysis of the Capital on Individual Giving and Volunteering. Nonprofit and Voluntary Sector Quarterly, 36 (1), S. 85-99.

Carabain, Christine L. (2007): Measuring philanthropy amongst immigrants in the Netherlands. Konferenzpapier zur 36th Annual Conference of the Association for Research and Nonprofit Organizations and Voluntary Action, Atlanta, GA, 15.-17. November 2007.

Doherty Johnson, Paula (2007): Diaspora Philanthropy: Influences, Initiatives, and Issues. Boston, MA. (www.tpi.org/downloads/pdfs/Diaspora_Philanthropy_ Final.pdf - Zugriff am 30. Juni 2010).

ESS - European Social Survey (2002/2003): Endfassung des Fragebogens. (www.europeansocialsurvey.de/dokumentation/erste.fragebogen.pdf. - Zugriff am 30. Juni 2010).

Esser, Hartmut (2001): Integration und ethnische Schichtung. Arbeitspapier des Mannheimer Zentrum für Europäische Sozialforschung Nr. 40. Mannheim: MZES.

Esser, Hartmut (2006): Strukturelle Assimilation und ethnische Schichtung. In: Ittel, Angela/ Merkens, Hans (Hg.): Interdisziplinäre Jugendforschung: Jugendliche zwischen Familie, Freunden und Feinden. Wiesbaden: VS Verlag für Sozialwissenschaften, S.89-104.

Fabisch, Nicole (2006): Fundraising. Spenden, Sponsoring und mehr.... München: C.H. Beck.

Faist, Thomas (1998): International Migration and Transnational Social Spaces: Their Evolution, Significance and Future Prospects. Arbeitspapier. Bremen: Institut für Interkulturelle und Internationale Studien (InIIS).

Jaccard, James (2001): Interaction Effects in Logistic Regression. Series Quantitative Applications in the Social Sciences, 135. Thousand Oaks, CA: Sage.

Joseph, James A. (1995): Remaking America: How the Benevolent Traditions of Many Cultures Are Transforming Our National Life. San Francisco: Jossey-Bass.

Mata, Fernando, und Don McRae (2000): Charitable giving among the foreign born in Canada. Journal of International Migration and Integration, 1 (2), S. 205-232.

Müller, Klaus (1999): Diakonie im Dialog mit dem Judentum: Eine Studie zu den Grundlagen sozialer Verantwortung im jüdisch-christlichen Gespräch. Veröffentlichungen des Diakoniewissenschaftlichen Instituts an der Universität Heidelberg, Bd. 11. Heidelberg: HVA.

Müller, Oliver (2005): Vom Almosen zum Spendenmarkt: Sozialethische Aspekte christlicher Spendenkultur. Freiburg: Lambertus.

Neller, Katja (2003): European Social Survey: Informationen zur ersten Welle der deutschen Teilstudie. Deutsche Teilstudie im Projekt „European Social Survey." Stuttgart. (www.europeansocialsurvey.de/dokumentation/erste.ueberblick.pdf – Zugriff am 30. Juni 2010)

Putnam, Robert D. (Hg.) (2001): Gesellschaft und Gemeinsinn: Sozialkapital im internationalen Vergleich. Gütersloh: Bertelsmann Stiftung.

Ružica, Miroslav (1998): Orthodox Christianity, the Nation-State, and Philanthropy: Focus on the Serbian Orthodox Church. In: Ilchman, Warren F. (Hg.): Philanthropy in the World's Traditions. Bloomington, In: Indiana University Press, S. 236-262.

Schendera, Christian F.G. (2005): Datenmanagement mit SPSS. Berlin: Springer.

Singer, Amy (2008): Charity in Islamic Societies. Cambridge: Cambridge University Press.

Statistisches Bundesamt (2008): Bevölkerung mit Migrationshintergrund – Ergebnisse des Mikrozensus. Fachserie 1, Reihe 2.2, korrigierte Version. Wiesbaden.

Svetlik, Ivan (1992): The voluntary sector in post-communist country: The case of Slovenia. In: Kuhnle, Stein/Selle, Per (Hg.): Government and Voluntary Organizations. Aldershot: Avebury, S. 198-210.

Van Deth, Jan W. (2004): Soziale Partizipation. In: Jan W. van Deth (Hg.): Deutschland in Europa. Wiesbaden: VS Verlag für Sozialwissenschaften, S. 295-316.

Weir, T.H. (1995): Sadaka. In: Bosworth, C.E./van Donzel, E./Heinrichs, W.P./Lecomte, G. (Hg.): Encyclopaedia of Islam, Vol. 8.2. Leiden: Brill, S. 708-716.

Anhang

Tabelle 1: Einflussfaktoren auf das Spendenverhalten*

	Spendenfelder			
Einflussfaktoren	Aufnahme-gesellschaft	Herkunfts-gesellschaft	Ethnische Enklave	Allgemein
Gesellschaftliche Integration				
Marginalisierung	–	–	–	–
Segmentation	–	±	+	±
Transnationalität	±	±	±	±
Stand der Migration				
Länge des Aufenthaltes	+	–	±	+
Rückkehrintention	–	±	–	±
Migrantengeneration	+	+	±	+
Kapital				
Ökonomisches Kapital	+	+	+	+
Soziales Kapital	±	±	±	+
Kulturelle Faktoren				
Kulturelle Prägung	±	±	±	±
Religiosität	±	±	±	±
Weiteres				
Spendenauslösende Ereignisse	+	+	+	+
Finanzielle Verpflichtungen	–	–	–	–
Politische Förderung des sozialen u. ökonomischen Austausches		+		

* Die Wirkung der Variablen ist jeweils gekennzeichnet mit einem
- + (für einen positiven Einfluss auf das Spendenverhalten)
- – (für einen negativen Einfluss auf das Spendenverhalten)
- ± (es gibt keine eindeutige Wirkungsrichtung; der Einflussfaktor könnte sich sowohl positiv als auch negativ auswirken).

Quelle: Eigene Zusammenstellung.

Die Tabelle berücksichtigt auch, welche Spendenfelder (Herkunftsgesellschaft, Ankunftsgesellschaft und ethnische Enklave) potenziell unter dem Einfluss einer Variablen bevorzugt werden. Die allgemeine spendenbezogene Datenlage lässt allerdings keine Aufteilung der Spendenfelder zu.

Tabelle 2: Spendenbereiche differenziert nach Migrationshintergrund (in Prozent)*

Spendenbereiche	Ohne Migration	Zweite Generation	Erste Generation	Insgesamt
Sportverein oder ein Verein für Aktivitäten im Freien	10,8	10,1	7,8	10,6
Organisation für kulturelle oder Freizeitaktivitäten	10,4	8,1	10,0	10,3
Gewerkschaften	1,1	1,4	2,6	1,2
Wirtschafts-, Berufs- oder Bauernverband	1,6	0,0	0,0	1,4
Verbraucherschutzorganisation oder Automobilklub	0,9	1,0	1,3	0,9
Organisation für humanitäre Hilfe, Menschenrechte, Minderheiten oder Immigranten	26,8	31,6	23,9	27,0
Umweltschutz- oder Friedensorganisation, oder Tierschutzverein	17,4	17,2	12,9	17,2
Religiöse oder kirchliche Organisation	16,9	12,9	21,3	16,9
Politische Partei	2,5	1,4	1,3	2,4
Organisation zur Förderung von Wissenschaft/Bildung oder Lehrer- oder Elternorganisation	4,5	5,2	11,6	5,0
Hobby- und Freizeitverein, Jugendklub, Seniorenverein, Frauenorganisation oder Serviceclub	4,1	5,9	0,0	4,0
Anderer Verein, Verband oder Organisation	2,9	5,2	6,5	3,3
Spenden insgesamt	34,2	39,6	24,8	33,7

* N-ohne Migrationshintergrund = 2.456; N-zweite Generation = 202; N-erste Generation = 250. Bei der empirischen Auswertung wurden alle Antwortkategorien, die nicht eindeutig einer Spende entsprechen (Antwort verweigert, Weiß nicht, Nichts trifft zu), als keine Beteiligung gewertet.

Quelle: ESS 2002/2003; eigene Berechnungen.

Bei Tabelle 2 handelt es sich um eine Analyse von Mehrfachantworten als Kreuztabelle, zu den Fragen konnten also mehrere Angaben gemacht werden. Die Datenbasis beruht somit nicht auf den Fällen, sondern den Antworten (vgl. Schendera 2005: 95ff.). Da aber das Spendenpotenzial allgemein betrachtet werden soll, wurde aus den jeweiligen Spendenbereichen eine neue Variable operationalisiert, die erfasst, ob gespendet wurde oder nicht. Die Ergebnisse dieser Umkodierung sind ebenfalls in Tabelle 2 unter „Spenden insgesamt“ zu finden. Im Gegensatz zu den Spendenbereichen basiert dieser prozentuale Anteil auf den Fällen.

Tabelle 3: Übersicht zu den Hypothesen und zur Operationalisierung zusammen mit den Mittel- bzw. Anteilswerten und Standardabweichungen der Variablen

Variablen	Ausprägungen	Statistische Verteilung
Länge des Aufenthaltes (N=451) *Hypothese 1*	0–10 Jahre 11–20 Jahre Über 20 Jahre Trifft nicht zu	18,6 12,9 24,0 44,5
Generationszugehörigkeit *Hypothese 2*	Erste Generation Zweite Generation	55,5 44,5
Vertrauensindex *Hypothese 3*	Auf einer Skala von 0 (kein Vertrauen) bis 10 (hohes Vertrauen)	5,02 (1,78)
Engagement *Hypothese 3*	Engagiert Nicht engagiert	21,5 78,5
Religiosität *Hypothese 4*	Auf einer Skala von 0 (gar nicht religiös) bis 9 (sehr religiös)	4,86 (2,94)
Herkunft (Dummies) *Hypothese 4*	Vorwiegend orthodoxe postkommunistische Länder Vorwiegend katholische postkommunistische Länder Vorwiegend muslimische Länder Trifft nicht zu	16,3 11,3 13,0 59,6
Einschätzung der finanziellen Situation	Zufrieden mit der Einkommenslage Unzufrieden mit der Einkommenslage	79,4 20,6
Alter	Alter in Jahren	41,81 (16,13)
Geschlecht	Männlich Weiblich	47,2 52,8
Bildung	Metrisch in Jahren	12,36 (3,75)
Berufstätigkeit	Ja Nein	53,7 46,3

Quelle: ESS 2002/2003; eigene Berechnungen.

Tabelle 4: Logistische Regressionsmodelle zum Spendenverhalten (robuste Standardfehler in Klammern)

Variable	Modell 1 (N = 443)	Modell 2 (N = 437)	Modell 3 (N = 443)	Modell 4 (N = 443)	Modell 5 (N = 443)	Modell 6 (N = 443)
0–10 Jahre Aufenthalt	-0,353 (0,411)	0,528 (0,518)	-0,0013 (0,443)	0,202 (0,493)	0,053 (0,447)	-0,104 (0,434)
10–20 Jahre Aufenthalt	0,090 (0,416)	0,397 (0,470)	0,169 (0,454)	0,285 (0,454)	0,271 (0,462)	0,194 (,449)
Zweite Generation	0,494 (0,278)	0,745 (0,401)	0,870 (0,324)**	0,721 (0,303)*	0,843 (0,335)*	0,719 (0,325)*
Engagement		1,982 (0,285)**	2,048 (0,279)**	2,037 (0,278)**	2,089 (0,283)**	2,061 (0,277)**
Vertrauen		0,163 (0,073)*	0,162 (0,071)*	0,174 (0,071)*	0,174 (0,073)	0,160 (0,071)*
Orthodoxe Herkunft		0,687 (0,544)		-0,536 (0,837)		
Katholische Herkunft		0,094 (0,484)	0,097 (0,841)			
Muslimische Herkunft		-0,170 (0,502)			2,136 (0,752)**	-0,170 (0,425)
Religiosität		0,087 (0,044)*	0,072 (0,045)	0,076 (0,045)	0,140 (0,046)**	0,080 (0,042)
Katholisch - Religiosität			0,057 (0,127)			
Orthodox - Religiosität				-0,006 (0,137)		
Muslimisch - Religiosität					-0,466 (0,752)**	
Zufrieden mit Einkommen	0,616 (0,316)*	0,587 (0,352)				
Alter	0,030 (0,008)**	0,038 (0,009**	0,036 (0,008)**	0,038 (0,009)**	0,036 (0,009)**	0,036 (0,008)**
Bildung	0,084 (0,032)**	0,059 (0,036)				
Geschlecht	0,163 (0,230)	0,404 (0,260)				
Berufstätigkeit	0,615 (0,248)*	0,761 (0,276)*	0,918 (0,262)**	0,932 (0,262)**	0,891 (0,268)**	0,930 (0,262)**
Konstante	-4,328 (0,702)**	-6,490 (1,011)**	-5,107 (0,770)**	-5,140 (0,770)**	-5,429 (0,826)**	-4,995 (0,789)**
Devianz (-2LL)	485,514**	414,931**	429,551**	429,327**	417,642**	430,623**
Nagelkerke-R^2	0,164	0,350	0,330	0,331	0,359	0,327

* p< 0,05; ** p < 0,01.
Quelle: ESS 2002/2003; eigene Berechnungen.

Die medienvermittelte Teilhabe an Katastrophen

von Harald Wenzel und Tobias Scholz

Die Rolle der Massenmedien in Prozessen der Mobilisierung von Spendenbereitschaft im Anschluss an Katastrophen ist notorisch unterforscht, obgleich diese Funktion in der allgemeinen Wahrnehmung viel diskutiert ist und starke Meinungen erzeugt. Ähnliches lässt sich über die Rolle der Bilder sagen – die Bilder distanzierten Leidens. Generell wird medialen Emotionen als Produkt massenmedial und in Echtzeit zirkulierender Bilder mit Skepsis begegnet, ihrem Potenzial für die Herstellung und Lenkung altruistischer Impulse misstraut. Der vorliegende Beitrag differenziert das Thema bildlich-medial erzeugten Mitleids und macht am Beispiel der sogenannten „bildlichen Katastrophenerzählung" nachvollziehbar, wie die medienvermittelte Teilhabe an entfernten Leidensereignissen wie dem Tsunami im Indischen Ozean (2004) oder dem Erdbeben in Haiti (2010) in Verbindung mit der Motivation zum individuellen prosozialen Handeln gebracht werden kann.

I. Grundlage unserer Überlegungen zur bildlich-medialen Teilhabe an Katastrophenereignissen ist das nach der Tsunamikatastrophe Ende 2004 zu beobachtende hohe private Spendenaufkommen in Deutschland, das in ein zuvor so nicht gekanntes, globales Solidarisierungsgeschehen eingebettet war. In einer Pilotstudie über die Medienwirkung von Katastrophenbildern wurden im März 2005 Interviews durchgeführt, in welchen die Teilnehmer gebeten wurden, aus einer Gruppe von 40 Bildern und 25 Bildunterschriften eine Auswahl bzw. Abfolge von acht Bildern zu erstellen und mit Bildunterschriften zu einem Tsunami-Bericht zu vervollständigen. Die einzige Maßgabe bestand darin, mit diesem Bericht die Bereitschaft zur Hilfeleistung (Spenden) zu fördern. Anschließend wurden die Teilnehmer der Studie zu den von ihnen zusammengestellten Berichten befragt. In diesen Interviews zeigte sich deutlich die positive Funktion der entstandenen Ablaufstruktur für die emotionale Teilhabe am Schicksal der Katastrophenopfer, den Aufbau einer Mitleids-Beziehung.[1] Zugleich zeigte sich, dass die entstandenen Bilderfolgen sich nicht nur deutlich in ihrer Struktur ähneln, sondern dass diese im Aufbau der narrativen Ordnung der bildlichen Katastrophenberichte in Magazinen wie Stern oder Newsweek entsprechen (vgl. Abb. 0.1 u. 0.2).

Bei der Tsunamikatastrophe kam in Deutschland eine (Privat-) Spendensumme von 670 Millionen Euro zusammen (Rau 2005) – eine im Vergleich mit anderen Spenderländern aber auch mit anderen Katastrophenereignissen ungewöhnlich hohe Summe.

1 Dasselbe Design wurde im Rahmen von Interviews angewandt, die nach der Überschwemmungskatastrophe in New Orleans im August 2005 sowie nach dem Erdbeben in Kashmir im Oktober 2005 durchgeführt wurden. Die dabei entstandenen Bilderfolgen weisen dieselbe narrativ-emotionale Struktur auf und bestätigen die Ergebnisse der nach dem Tsunami geführten Interviews.

Auch ein großer Teil unserer Interviewpartner hatte in Reaktion auf Bildberichte im Fernsehen, in Magazinen oder Online-Portalen für die Opfer der Katastrophe gespendet. Darunter war z.B. eine 28-jährige Mutter, die in einem Fernsehbericht das Leid einer Mutter über ihr verlorenes Kind gesehen hatte („Das hätte ich sein können!") und daraufhin einen Betrag von 100 Euro spendete. An ihrem Fall wird deutlich, wie unwahrscheinlich Spenden sind – eine ganze Reihe von Aspekten spricht gegen die Spendenaktivität von Menschen, sofern sie nicht dem üblichen Spenderprofil entsprechen und ohnehin regelmäßig Geld aus freiem Einkommen an Hilfsorganisationen überweisen: a) Die Entscheidung zu spenden muss spontan fallen; b) Geld stellt eine knappe Ressource dar, die dann für andere – notwendige – Verwendungen fehlt; c) eine unmittelbare Anerkennung aus dem sozialen Umfeld kommt aufgrund der Anonymität der Spendenhandlung (Geldüberweisung) nicht zustande; d) es besteht auch kein sozialer Druck zum Hilfehandeln auf der Basis von Loyalitäten oder Solidaritäten zum fremden Opfer der Katastrophe; e) die geografische Distanz zu den Unglücken ist im Vergleich zu regionalen und nationalen Katastrophen (wie bei der Elbe- und Oderflut 2002) meist erheblich. Die Möglichkeit, sich vom Katastrophenereignis *zu distanzieren* und es zu ignorieren, liegt in Fällen wie dem Tsunami oder dem Beben in Haiti deshalb durchaus nahe. Wie ist es dann zu erklären, dass trotz der genannten entgegenwirkenden Aspekte Hilfe für die fremden, fernen Opfer der Katastrophe geleistet wird?

Eine Antwort auf diese Frage möchten wir in diesem Aufsatz in folgenden Schritten geben: In einem ersten Schritt wird die Frage des Zustandekommens (und der Unwahrscheinlichkeit) von Hilfsbereitschaft im individuellen Fall generalisiert und deutlich gemacht, dass hier modellhaft das Problem der sozialen Integration unter der Bedingung von Unsicherheit, von doppelter Kontingenz vorliegt. Zwei Möglichkeiten des Umgangs mit dieser Bedingung werden zunächst diskutiert: zum einen sogenannte Medienrituale der Re-Integration, zum anderen die Theorie parasozialer Teilhabe (II). In einem weiteren Abschnitt wird in historischer Perspektive das Erdbeben von Lissabon als erstes „Medienereignis" der Moderne beschrieben und dargelegt, wie in den Bildern der Katastrophe nicht nur die Grundstruktur eines integrativen Medienrituals angelegt ist, sondern auch die emotionale Sozialisation des Betrachters von Leidensbildern (III). Über den Aspekt des Visuellen in diesem historischen Beispiel gelangen wir zurück zur bildlichen Katastrophenerzählung in unserer Fallstudie und erörtern die spezifischen Qualitäten von Leidensbildern im Hinblick auf emotionssoziologische Aspekte (IV). Diese Überlegungen zusammenfassend formulieren wir eine Antwort auf die Ausgangsfrage, die auch Aufschluss über die Spendenbereitschaft im Falle von medienvermittelten Katastrophen gibt (V).

II. Das Zustandekommen einer eigentlich unwahrscheinlichen Kooperation von Akteuren und auch ihr unsicherer Ausgang werden in der Sozialtheorie als Frage nach sozialer Integration unter der Bedingung doppelter Kontingenz problematisiert. Es geht um eine Situation, in der zwei Interaktionspartner (ego und alter) nichts gemein haben – etwa Ziele, Normen, Werte oder auch nur Kenntnisse –, das als Basis für erfolgreiche Kooperationen dienen könnte. Sie sind sich fremd. Doppelte Kontingenz bezeichnet hier den Umstand, dass beide Akteure „so, aber auch anders“ handeln können.[2] Sobald ego sein Verhalten auf der Voraussage gründet, wie sich alter verhalten wird, und damit die Absicht signalisiert, alter zu kontrollieren, kann alter – gerade weil er diese Absicht erkennt – sich entgegen der Prognose egos verhalten. Dieselben Erwägungen gelten natürlich auch umgekehrt für alter und dessen Versuche, egos Verhalten durch eine Antizipation zu kontrollieren – aus diesem Grund ist von *doppelter* Kontingenz die Rede.[3] Das elementare Problem dieser Situation ist also die Unvorhersagbarkeit bzw. Unsicherheit eines Kooperationserfolgs mit einem fremden Anderen.

Dieses Modell unwahrscheinlicher Kooperation kennzeichnet nun gerade auch das Verhältnis zwischen (möglichen) Spendern hier und leidenden Anderen in der Ferne, von dem wir medienvermittelt erfahren. Begreift man Kooperation (Spenden) als eine Episode gelingender sozialer Integration, dann lautet die entscheidende Frage, wie diese unter Bedingungen doppelter Kontingenz dennoch (und immer wieder) zustande kommt. Tatsächlich hindert uns nämlich die doppelte Kontingenz keineswegs daran, immer wieder erfolgreich mit anderen zu kooperieren, soziale Integration auf der Basis gemeinsamer Situationsdefinitionen herzustellen. Das heißt auch: wir spenden, leisten Hilfe zum Wiederaufbau und leisten Beistand. Wie kommt Kooperation also trotzdem zustande? Interaktionsanalysen zeigen, dass doppelte Kontingenz prinzipiell dadurch überwunden und „beruhigt“ wird, dass wir Vertrauen investieren, uns auf prekäre Kooperationsprojekte einlassen, deren Erfolg dann unser weiteres Handelns strukturell verstetigen kann, indem dauerhafte wechselseitige Erwartungen gebildet werden (vgl. Wenzel 2001: 321ff.).

Für den Fall der Interaktion unter Anwesenden ist dieses Modell gut nachvollziehbar – nur paranoide Persönlichkeiten machen keine entsprechenden Erfahrungen. Sobald aber ein Teil der Akteure abwesend ist, muss eine räumliche (und oft auch zeitliche) Distanz kommunikativ überwunden werden – das ist die primäre Aufgabe der Medien, die über Katastrophen berichten. Darüber hinaus übernehmen die Medien eine wichtige Rolle bei der Initiierung und Durchführung von Kooperationsprojekten und bei der Kommunikation von Vertrauen unter den beteiligten Akteuren. In der Praxis von Hilfsorganisationen ist diese Vertrauenskommunikation eine unerlässliche Voraussetzung für kontinuierliche Arbeit. Institutionelle Arrangements wie das in Deutschland vom Deutschen Zentralinstitut für soziale Fragen vergebene Spendensiegel oder die Reputation einer an Objektivität orientierten (öffentlich-rechtlichen) Medienberichterstattung sichern die Akquise von Spendengeldern zusätzlich ab.

2 Damit wird eine Bestimmung von Kontingenz aufgenommen, wie sie sich bei Niklas Luhmann findet: „Kontingent ist etwas, was weder notwendig ist noch unmöglich ist; was also so, wie es ist (war, sein wird), sein kann, aber auch anders möglich ist.“ (Luhmann 1984: 152)

3 Vgl. zum Begriff der doppelten Kontingenz einführend Vanderstraeten (2002).

Medien – das ist unsere zentrale These – können im Fall von Katastrophen erfolgreich soziale Integration betreiben, indem sie zwischen uns Zuschauern hier und den fremden Opfern von Katastrophen in der Ferne ein Band der Solidarität knüpfen, das in Spenden und damit in Aufbauhilfe und Kooperationsprojekten seinen Ausdruck findet – auch und gerade dann, wenn der Erfolg einer solchen Solidarisierung eigentlich unwahrscheinlich, d. h. kontingent ist. Es sind zwei mediale Strategien der Kontingenzreduktion, die wir als Erklärung dafür anbieten, dass eine solche Solidarisierung und (Re-)Integration dennoch erfolgt: Zum einen die *rituelle* Form der Medienkommunikation im Fall von Katastrophen (A) und zum anderen die *Theorie der parasozialen Teilhabe* (B).

A) Medien gestalten Katastrophen und andere Medienereignisse als Ritualgeschehen. Was bedeutet das? Die Funktion der Medien geht – so die These – bei solchen Anlässen weit über die Rolle des schlichten Katastrophenberichterstatters oder Spendenvermittlers hinaus. Zwar können die Massenmedien selbst den Opfern nicht direkt helfen, doch wächst ihnen bei der (Wieder-)Herstellung von Normalität und geordneten Lebensverhältnissen nach dem Schreckensereignis eine konstitutive, gestaltende Funktion zu: Im rituellen Prozess der sozialen Reintegration nach der Katastrophe übernehmen sie eine *Managementfunktion.* Mit „Management der Katastrophe" ist Folgendes gemeint: Medienereignisse[4] wie der Tsunami, die an Nachrichtenwert alles andere, was zur selben Zeit in der Welt passiert, übertreffen, sind translokal, zumeist sogar global, halten die Alltagszeit an und monopolisieren unsere Aufmerksamkeit. In der Kommunikation des Medienereignisses ist jedoch auch bereits die Rückführung aus dieser außeralltäglichen Situation in die Normalität angelegt. Zu ihrer Narration gehört nicht nur der Bericht vom Katastrophengeschehen, sondern auch von dessen Bewältigung, an der sie aktiv – und nicht nur berichtend – mitwirken. „Die Medien machen uns als Rezipienten zu Betroffenen, wenn auch nicht zu unmittelbar Betroffenen. Als Rezipienten nehmen wir aus der Ferne an den Ereignissen teil, vollziehen wir den Verlauf der Katastrophe und ihre Bewältigung auf eine emotionale Weise mit. Die Distanz zwischen uns Rezipienten hier und den Betroffenen dort wird aufgelöst." (Scholz 2010: 184) Unsere Teilhabe ist ein integrativer Effekt des Medienereignisses. Im rituellen Prozess dieses Medienereignisses (vgl. Rothenbuhler 1998; Couldry 2003) wird diese Beteiligung im Sinn von Hilfe und Kooperation organisiert, koordiniert, gemanagt – mit dem Ziel der kollektiven Bestärkung einer „heiligen" sozialen Ordnung, ganz im Sinne des Begründers des Integrationsparadigmas, Émile Durkheim.[5] Für die Dauer des Medienereignisses konstituiert und erfährt sich die Medienöffentlichkeit als Kommunikationsgemeinschaft, die kollektiv intensive Emotionen teilt

4 Vgl. zum Begriff des Medienereignisses einführend Dayan und Katz (1992).

5 Ein solche Durkheimsche Auffassung des Medienrituals formuliert Couldry (2003: 60): „Media events are large-scale public events ... .The link to ‚media rituals' comes in the organization of that overall action-frame: what makes a mass of actions in many places come together as ‚media events' is the fact, or the construction of the fact (...), that through the narrative frame of that media event a social collectivity is affirmed, reinforced or maintained."

(vgl. Boltanski 1999). Sie bildet somit eine rituelle *communitas* (vgl. Turner 2005), eine *imagined community* (vgl. Anderson 1988 [1983]).

Als Ritualmanager in Katastrophenereignissen erbringen die Massenmedien eine reintegrative Leistung, indem sie verlorene Handlungs- und Gestaltungsspielräume wiederherstellen und neue schaffen. Sie verleihen der Katastrophe erst den Charakter des Realen – ohne Berichterstattung findet die Katastrophe nicht statt, zumindest haben wir dann keine Teilnahmechance. Die Medien machen die Katastrophe erst zum allseits beachteten Ereignis, sie markieren symbolisch Beginn und Ende des Rituals, indem sie etwa den Abschluss der Rettungs- oder Wiederaufbauphase melden und wieder zur Tagesordnung übergehen; sie sortieren Ereigniselemente teilweise aus, verändern sie oder fügen neue, auch fiktive Elemente hinzu. Diese sollen nicht nur die Aufmerksamkeit des Publikums steigern, seine Teilhabemöglichkeiten erweitern und vertiefen; in diesen neuen fiktiven Elementen kann auch die Erneuerung – im Gegensatz zu einer bloßen Wiederherstellung – sozialer Ordnung entworfen sein.

Der Ritualbegriff weist auch eine besondere Nähe auf zu Prozessen des Leidens und seiner Bewältigung. In der Katastrophe *zu leiden* bedeutet formal – d.h. befreit von moralischen und ethischen Konnotationen – zunächst einen (mehr oder weniger plötzlichen, schockartigen) Verlust von Sicherheiten bzw. von sonst selbstverständlich gegebenen Handlungsmöglichkeiten. Um diese verlorenen Handlungsmöglichkeiten zurückzugewinnen oder zu kompensieren, sind Katastrophenopfer auf die Hilfe Anderer angewiesen. Leiden mindert deshalb Kontingenz; die Möglichkeiten des Opfers, ganz anders zu reagieren, sind beschränkt.[6] Hilfe muss das Opfer in die Rolle eines gleichwertigen Kooperationspartners zurückversetzen, seine Autonomie erneuern. Anselm Strauss und Barney Glaser beschreiben den Prozess des Verlusts und des Rückgewinns von Handlungsmöglichkeiten mit dem Begriff des *Trajectory*, d.h. als Statuspassage der Opfer bzw. Leidenden (vgl. Glaser/Strauss 1968, 1971; Strauss/Glaser 1975; Schütze 1995). Diese Passage ist rituell organisiert, auf der Ebene des medialen Managements von Katastrophen ebenso wie in der personalen Interaktion. Die sozialen Kontrollmechanismen des Rituals reduzieren die Kontingenz der Interaktion (von Opfer und – wie auch immer entferntem – Helfer) auf ein handhabbares Maß. Ziel des Rituals ist aber gerade die Wiederherstellung des in der Katastrophe zerstörten Kontingenz- und Initiativspielraums des Opfers, seiner Autonomie. Doch der Erfolg dieser Transformation ist keineswegs gewiss, das Reintegrationsritual kann scheitern – man denke nur daran, dass es viele Katastrophen gibt, bei denen Spenden nur in sehr geringem Ausmaß akquiriert werden können oder Spendengelder ohne größeren Effekt „versickern". Die Medien übernehmen eine Mitverantwortung als Ritualmanager, indem sie durch ihre Berichterstattung die Rezipienten erfolgreich zu einer Teilhabe am Geschehen motivieren, diese emotional involvieren.[7]

6 In der Konsequenz heißt das: Hilfe kann erdrückend sein und die Bedürfnisse des Opfers gleichsam straflos ignorieren.

7 Nicht immer können die Medien eine klare Vision des Wiederaufbaus und der Reintegration vermitteln: Im Falle von „Katrina", der Überflutungskatastrophe von New Orleans (2005), vermittelten

B) Eine zweite Perspektive auf die Reintegration nach der Katastrophe bietet das Konzept der parasozialen Interaktion. Diesem Ansatz liegt die Überzeugung zugrunde, die *Teilhabe an der Erfahrung (dem Leiden) des entfernten Anderen* könne über spezifische Qualitäten der Berichterstattung ermöglicht werden. Was bedeutet parasoziale Interaktion? Der Ansatz stammt aus der frühen Fernsehrezeptionsforschung und führt die Zuschaueraktivität auf ein Modell sozialer Interaktion zurück (Horton/Wohl 1979; Horton/Strauss 1957, Wenzel 2001: 422ff.). Eine der wichtigsten Eigenschaften der Massenmedien sei, so die These von Horton und Wohl, die Erzeugung einer Illusion von face-to-face-Beziehungen zwischen Zuschauern und (distanzierten) Darstellern oder Gastgebern von Fernsehshows – die Autoren sprechen von *Intimacy at a distance*. Auf diesem Wege erklären sich Phänomene wie *Fandom* und persönliche Bindungen an fiktionale Charaktere in literarischen oder filmischen Darstellungen sowie zu Fernsehpersönlichkeiten. Über die massenmediale Distanz hinweg könne, so Horton, Wohl und Strauss, die Intimität der Kommunikation aufrechterhalten werden, so „als ob" tatsächlich eine soziale Interaktion face-to-face stattfinden würde. Am Beispiel der sogenannten *audience participation shows* aus der Frühzeit des Fernsehens wird aufgezeigt, wie in einer Fernsehshow das entfernte Publikum zu Hause vor den Fernsehschirmen in seinen Reaktionen auf das Bühnengeschehen durch das Studiopublikum sozialisiert wird: Es lernt vom Studiopublikum die angemessene Reaktion auf die Darstellungsleistungen der Fernsehpersönlichkeiten. Dieser Mechanismus ist heute vor allem im Kontext von Comedy-Formaten im Fernsehen bekannt,[8] das Studiopublikum bei Harald Schmidt und Stefan Raab weist den Zuschauer vor dem Fernseher auf jede Pointe hin. Neben der langfristigen Bindung an Fernsehpersönlichkeiten und der Etablierung einer „intimen" Beziehung zu ihnen will die Theorie der Parasozialität erklären, wie von der Produzenten- bzw. Medienseite her die emotionalen Reaktionen der Rezipienten beeinflusst oder gar gesteuert werden können.

Um eine „Intimität über Distanz hinweg" geht es auch im Verhältnis von Katastrophenopfern und Zuschauern. Im Mittelpunkt des *coaching of attitudes* der Rezipienten durch die Medien steht hier freilich das Gefühl des Mitleids, der Anteilnahme am fernen Leid. Vermittelt werden soll allerdings nicht die tatsächliche Erfahrung des Leidenden selbst, sondern die angemessene Reaktion derer, die ihnen „beistehen". Der Teilhabende versetzt sich gerade nicht in die Leiden des Opfers, er fühlt dessen Gefühle nicht nach, sondern er entwickelt ein originäres Gefühl des Mitleids, in dem er sich in die Situation versetzt, die beim Opfer das Leiden ausgelöst hat.

Im Mittelpunkt der beiden hier aufgezeigten Wege der Bewältigung von Katastrophen bzw. Leidensereignissen, die wir theoretisch zunächst mit dem Problem der doppelten Kontingenz beschrieben hatten, steht nun einerseits die Erzeugung einer

schon während der Katastrophe entstandene Bilder des Geschehens die Botschaft, dass bestimmte Opfergruppen vom Reintegrationsprozess ausgeschlossen wurden, Reintegration also höchstens partiell erfolgreich sein würde.

8 Und findet mit den Lachern aus der Konserve seine zugespitzte, d.h. maximal simplifizierte Form.

emotionalen Teilhabe des distanzierten Betrachters, andererseits der Versuch, diesen in einen Prozess mit rituellem Charakter zu involvieren, in dem die Opfer ihre verlorene Handlungsautonomie zurückgewinnen. Diese beiden Ansätze sowie die Art und Weise ihres Zusammenwirkens lassen sich sehr gut verständlich machen, wenn wir eine historische Perspektive einnehmen und den Blick auf das erste moderne Leidensereignis *als Medienereignis* richten: das Erdbeben von Lissabon 1755.

III. Am Vormittag des 1. November 1755, dem Fest Allerheiligen, bebte in Lissabon, einer der wichtigsten Handelsstädte Europas, die Erde. Ein fast fünfminütiges Beben, dessen Epizentrum nur wenige Kilometer vor der Küste lag, erschütterte die Stadt. Aus den einstürzenden Gebäuden und engen Straßen fliehende Menschen suchten Schutz im Hafen, der verhängnisvollerweise von einer durch das Beben ausgelösten Flutwelle getroffen wurde. Entstandene Brände konnten erst nach Tagen und Wochen gelöscht werden. Von den knapp 275.000 Einwohnern, die Lissabon 1755 zu einer der größten europäischen Metropolen machten, kamen bei der Katastrophe etwa 30.000 ums Leben.[9] Nicht nur wegen der engen Handelsbeziehungen Lissabons zu europäischen Städten wie London, Genf, Hamburg und Venedig wurde die Tragödie zur Nachricht (vgl. Günther 2005: 13ff.), sondern insbesondere aufgrund der Tatsache, dass sie am Vormittag des Fest- und Sonntags geschah, als viele Menschen in den Kirchen waren. Deswegen lautete die große Frage nach dem Beben: Wie kann Gott, wenn er den Menschen Gutes will, ausgerechnet dann die Kirchen zum Einsturz bringen, wenn die Gläubigen Gottesdienst feiern?

Zwei Aspekte sind es, die die Katastrophe von Lissabon für unser Argument bedeutend machen: Einerseits die dadurch ausgelösten philosophischen Debatten, die sich mit der Frage des distanzierten Mitleids befassen. An das Erdbeben von Lissabon schließt der Katastrophendiskurs der europäischen Aufklärung an, in dem einerseits das Verhältnis von Gott und Natur, andererseits erstmals das Verhältnis zum entfernten, leidenden Anderen neu bestimmt wird. Ausgehend von der 1710 veröffentlichten Theodizee-Schrift von Wilhelm Gottfried Leibniz (2005), in der ein Begründungsversuch für die Behauptung angestrengt wird, der Mensch lebe in der besten der möglichen Welten, und von der von Alexander Pope 1734 in seinem „An Essay on Man“ (1969) entwickelten Auffassung: „whatever is right, is right“, führt dieser Diskurs in eine beißende Kritik des Aufklärungsoptimismus: Hier ragt vor allem Voltaires Auseinandersetzung mit Jean-Jacques Rousseau in seinem Lehrgedicht „Poème sur le désastre de Lisbonne“ und sein Plädoyer für den Pessimismus im Lissabon-Kapitel seines philosophischen Romans „Candide“ heraus. Dieser Diskurs weitet sich in eine breite Debatte in der Literatur aus, in der u. a. Goethe, Lessing und Kleist Position beziehen. Zu den diskutierten Fragen gehörte insbesondere, warum die Kathedrale

9 Die Angaben über die Opferzahlen in der Literatur zur Katastrophe weisen erhebliche Diskrepanzen auf. Die verlässlichsten Quellen aber sprechen von einer Opferzahl von ca. 30.000 Menschen. Vgl. Günther (2005: 16) und Lauer/Unger (2008: 13).

und viele Kirchen beim Erdbeben zerstört wurden und damit der Tod vieler Menschen einherging, die Alfama aber, das Stadtviertel, in dem auch die Huren beheimatet waren, dagegen nahezu unversehrt blieb.

Andererseits stellt das Erdbeben nicht nur ein gesellschaftlich-philosophisches, sondern zugleich ein kommunikationstheoretisches Schlüsselereignis des 18. Jahrhunderts dar. „Durch seine Tragweite wird das Erdbeben zum ersten europäischen Medienereignis. Das Erdbeben von Lissabon markiert den Nullpunkt moderner, mediatisierter Leidenskommunikation und distanzierten Mitleidens“ (Scholz 2010: 22). Die heftigen, überall in Europa zu beobachtenden Reaktionen auf das Erdbeben von Lissabon fanden nicht wie heute in Echtzeit statt. Die verzögerungslose Verbreitung von Katastrophenbildern über das Internet und das Fernsehen war noch nicht einmal denkbar. So musste die Vermittlung der Nachricht vom Beben in Lissabon auf den in Europa etablierten Handelswegen mit erheblicher Verzögerung erfolgen. Dennoch setzte diese Katastrophe einen Mechanismus der Erzählung und Bewältigung der Katastrophe in Gang, der als Frühform eines Reintegrationsrituals beschrieben werden kann. Denn überall in Europa kursierten – mit einem gewissen zeitlichen Abstand – zunehmend Bilder der Katastrophe. Diesen kommt im Hinblick auf die Auseinandersetzung mit Formen der distanzierten Teilhabe eine besondere Rolle zu (vgl. Wilke 1995, 2008). Ungeachtet der emotionalen Betroffenheit, mit der man in Frankreich oder anderswo in Europa auf die Katastrophe in Portugal reagiert, wird eines deutlich: Man hat sich nun mit einer Mitleidspraxis zu arrangieren, die im Regelfall bedeutet, sich mit einem entfernten Nächsten (und dessen Schicksal) in Beziehung zu setzen. Bilder beginnen ab Mitte des 18. Jahrhunderts die Art und Weise des Sich-in-Beziehung-Setzens zum fernen Anderen maßgeblich zu prägen.

Nicht von ungefähr versucht Voltaire schon in „Candide“ (vgl. Voltaire 2004 [1759]), anhand zahlreicher Illustrationen dem Leser die Katastrophe (noch) näher zu bringen (vgl. Seifert 2008). Das Erdbeben von Lissabon bringt eine Fülle bildlicher Darstellungen hervor, in erster Linie Kupferstiche, die als Flugblätter vervielfältigt und verteilt wurden.[10] Viele dieser Darstellungen entstanden ohne Kenntnis der tatsächlichen Katastrophenszenerie; bei ihnen handelt es sich um reine Illustrationen der Berichte aus Lissabon – um Imaginationshilfen. Die Katastrophe drängte dazu, *bebildert, imaginiert* zu werden. In der Tat stellen Bilder auf eine besondere Art Teilhabe her, nähren eine Imagination auf Distanz. Luc Boltanski betont die Notwendigkeit einer „common ability to imagine the suffering of the unfortunate“ der entfernten Betrachter des Leidens, die diese mit den Leidenden vereint (Boltanski 1999: 50). Eine subjektive Imagination distanzierter Ereignisse und distanzierten Leidens musste sich im 18. Jahrhundert jedoch erst allmählich entwickeln.[11] Bilder dienten als (eine) Quelle

10 Mitte des 18. Jahrhunderts ist es erstmals möglich, Kupferstiche, Holzschnitte oder Gravuren dank drucktechnischer Entwicklungen in höheren Auflagen als bis dahin gewohnt herzustellen (vgl. Ivins 1969 [1953]; Kozak 2005).

11 In dieser Funktion nehmen beispielsweise die moralischen Wochenschriften sowie Romane im 18. Jahrhundert eine zentrale Stellung ein, ebenso wie das Theater Lessings und Diderots.

der Imagination, in großer Zahl vervielfältigt waren sie eine wichtige Voraussetzung für eine Teilhabe über große Distanzen hinweg.

Vier Grundformate der Bilder des Erdbebens von Lissabon lassen sich ausmachen: 1) Bilder, die einen unversehrten Zustand zeigen, den Zustand vor der Zerstörung. Diese Bildmotive zeigen eine Normalität, die dann zerstört wird. 2) Bilder der Zerstörung. Hierunter sind einerseits Darstellungen des Zerstörungsablaufs zu fassen, andererseits Bilder vom Endzustand dieses Prozesses, vom Ausmaß der Zerstörung. Oft werden diese Bildmotive mit Darstellungen des Zustands vor der Zerstörung kombiniert. 3) Bilder von Menschen, die leiden; tendenziell ein Blick auf Leidensmienen, auf verletzte Körper, auf verzweifelte oder trauernde Seelen. Fast im gleichen Augenblick werden aber auch die Dabeistehenden abgebildet, die dieses Leiden Anderer unmittelbar vor Ort sehen, darauf reagieren und so dem entfernten Bildbetrachter vorführen bzw. normativ zumuten, wie dieser zu fühlen und zu reagieren hat. Auf dieses Format wird detaillierter einzugehen sein. 4) Die vierte Motivkategorie zeigt Bilder der Hilfeleistung, der Kooperation und des Wieder- bzw. Neuaufbaus (vgl. Abb. 0.3-0.6). Diese Grundformate repräsentieren zugleich eine typische Sequenz des Reintegrationsrituals, wobei insbesondere das dritte Format – die Bilder leidender Menschen – als ein „parasoziales Format" begriffen und unter dem Gesichtspunkt der Herstellung von Teilhabe analysiert werden kann. Offensichtlich sind die abgebildeten Menschen nämlich nicht alle in gleichem Maße Opfer, obwohl sie doch alle vor Ort die Katastrophe durchleben. Tatsächlich zeigen diese Bilder eine oft sehr feine Differenzierung von stärker betroffenen, etwa verletzten oder mit dem Tod ringenden Menschen einerseits, sowie von weniger betroffenen Katastrophenopfern andererseits, wobei letztere „dabeistehen", aber natürlich auch im übertragenen Sinn Beistand leisten. Es handelt sich hier gleichsam um Opfer zweiter Ordnung, die zugleich aber schon die Rolle der Helfenden verkörpern können. Die Gruppe der ersten Opfer – Verletzte, Geschädigte, Trauernde, d.h. Menschen, die mit dem Leben davongekommen sind – eignet sich tatsächlich weniger dazu, Mitleid zu erzeugen: Ihre körperliche Beeinträchtigung hindert sie etwa daran, den Betrachter direkt zu adressieren, ihn „aus dem Bild heraus" anzusehen. Da es nicht möglich ist, den tatsächlichen Schmerz des Anderen selbst zu empfinden, bleibt diese Gruppe uns fern.

Opfer zweiter Ordnung mögen Schock, Schrecken, Ratlosigkeit, Trauer und manche andere Gefühlsnuance in Gesichtsausdruck, Gestik und Körperhaltung zeigen – oft in überstilisierter Form. Sie haben die Aufgabe, dem Betrachter des Bildes zu signalisieren, wie auf diese Situation der Katastrophe angemessen zu reagieren ist. Sie sind für die emotionale Reaktion der Betrachter ausschlaggebend. Da sie aber nicht nur Opfer, sondern selbst auch Zuschauer des Leids und Beistand leistende sind, können wir sie als *primäre Zuschauer* bezeichnen (die Rezipienten des Bildes in der Ferne sind dann die sekundären Zuschauer). In dieser Funktion gleichen sie dem Studiopublikum der *audience participation shows*, das Horton, Wohl und Strauss für ein *coaching of attitudes* der Rezipienten in der Ferne, d.h. an den Bildschirmen verantwortlich machen.

Die kommunikative Konstellation, in der hier ein Mitleidseffekt erzeugt wird, beschränkt sich nicht auf nur ein Opfer und einen Betrachter, sondern bezieht eine dritte Partei mit ein. Adam Smiths Denkfigur eines „unparteiischen Beobachters", der uns bei moralischen Urteilen unterstützt, kann diese These plausibilisieren (vgl. Smith 1756 [2004]). Dieser *impartial spectator* muss nicht vollkommen distanziert bleiben, seine Funktion besteht vor allem darin, zu einer angemessenen Reaktion, einer vertretbaren Einschätzung der bezeugten Situation zu gelangen. Der unparteiische Beobachter ist also ein Korrektiv für beide Reaktionsweisen: Er widersetzt sich einerseits den egoistischen Strebungen des Individuums, andererseits aber auch einer blinden Parteinahme für die Opfer. So verkörpert er die gesellschaftlichen Erwartungen des generalisierten Anderen und ist der Partner in einem inneren Dialog, den das Individuum führt. Nicht die Verwirklichung universaler Moralprinzipien, sondern ein situationsbezogenes Urteil ist seine Leistung. Der primäre Zuschauer im Bild ist in diesem Sinne als jemand zu verstehen, dessen Reaktion authentisch und angemessen ist. „Nicht der erlittene Schmerz des Opfers erster Ordnung ruft bei uns die Mitleidsreaktion hervor; viel eher sind dies die Reaktionen jener sekundären Opfer, an deren Mitleiden wir teilhaben können, weil in diesem Falle eine Rollenübernahme möglich ist." (Scholz 2010: 198) Bereits die Lissabon-Bilder kommunizierten einer europäischen Öffentlichkeit, dass eine mitfühlende Reaktion angemessen ist. Diese mitfühlende Reaktion des entfernt Lebenden auf das Erdbeben von Lissabon ist bei weitem keine Selbstverständlichkeit. Wie ein Vergleich mit Illustrationen früherer Katastrophen aus dem 16. und 17. Jahrhundert, sogenannten „Ereignisgraphiken" (Wilke 2008: 87) zeigt, fehlt dort die sozialisierende Instanz (vgl. Abb. 0.7).[12] Das Mitleiden mit entfernten Anderen tritt in der Weise, in der wir dem Phänomen heute begegnen, erst mit der europäischen Aufklärung auf. Eine empfindsame Einfühlung des Betrachters rückt erst im 18. Jahrhundert in den Fokus ästhetischer und bildnerischer Überlegungen.[13] Durch den primären Zuschauer soll der sekundäre Betrachter des Bildes emotional und empathisch sozialisiert werden, er wird in distanzierter Teilhabe geschult.

12 Abb. 0.7 zeigt einen zeitgenössischen Kupferstich des Ausbruchs des Vesuvs im Jahre 1631. Auch hier sehen wir im Vordergrund primäre Zuschauer. Doch haben sie uns, den sekundären Betrachtern des Bildes den Rücken zugewandt und unternehmen keinen Versuch, uns ins Geschehen mit einzubeziehen, eine Reaktionsweise auf das Ereignis zu empfehlen.

13 Dieses Mitleiden mit dem entfernten, fremden Anderen zu lernen, ist zu diesem Zeitpunkt eine Innovation des Fühlens wie des Denkens. Vor dem Erdbeben von Lissabon tauchen bildliche Darstellungen von Katastrophen nur in relativ kleiner Zahl auf – es fehlt ihnen ganz der Bezug auf ein Mitleiden mit dem Opfer durch die Abbildung von primären, emotional betroffenen Zuschauern. Es entwickelt sich im 18. Jahrhundert in Europa eine ganze Reihe von sogenannten Kulturtechniken der Teilhabe, unter welchen die bildliche (wie hier beschrieben) nur eine Möglichkeit darstellt. Zu nennen sind hier vor allem der Roman und das Drama der Aufklärung. Eine weiterführende Verhandlung dieser Aspekte würde die ethischen und ästhetischen Aspekte dieser Kulturtechniken etwa bei Lessing, Diderot, Smith und Hume diskutieren. Zusammenfassend kann man hier konstatieren: „Die Präsenz von Emotionen und Empfindsamkeit in (nun neuen) kulturellen und sozialen Praktiken und Wahrnehmungsformen spricht für deren zentrale Funktion in Prozessen gesellschaftlichen Wandels, als *Medien der Solidarität und Sozialintegration.* Die in den Kulturtechniken der Teilhabe erfolgende Herstellung einer emotionalen und imaginativen Disposition des Subjekts ist für den sozialen Prozess eine unerlässliche Bedingung." (Scholz 2010: 32)

IV. Wir können die Abfolge der oben beschriebenen Motivkategorien der Bilder vom Erdbeben in Lissabon 1755 mit jenen Bildern vergleichen, die nach der Tsunami-Katastrophe 2004 die distanzierten Beobachter in aller Welt erreichten. Unter Zuhilfenahme emotionssoziologischer Überlegungen zu den sogenannten „Gefühlsregeln des Mitleids" (vgl. Clark 1987, 1997) gelingt es, in der „bildlichen Katastrophenerzählung" die Struktur eines Rituals der Reintegration aufzudecken. Es soll gezeigt werden, dass die in unserer Fallstudie entstandenen „bildlichen Katastrophenerzählungen" ihrem narrativen Muster nach die Struktur des Medienereignisses selbst widerspiegeln.

Auch bei den Bildern der Tsunami-Katastrophe lassen sich die oben genannten vier Gruppen von Motiven ausmachen: 1) Bilder des Normalzustands vor dem Unglück, kontrastiert oft mit dem Moment der Katastrophe, also ein Vorher-Nachher-Szenario (vgl. Abb. 0.8). 2) Bilder der Zerstörung und des Ablaufs der Katastrophe selbst, des Hereinbrechens der Flutwelle sowie Bilder der Zerstörungsleistung, z.B. durcheinander geworfene Autos oder Boote, verwüstete oder weggespülte Häuser.[14] Von dieser zweiten Gruppe geht eine besondere Faszination aus, weil sie die Unmittelbarkeit und Plötzlichkeit des Schreckensereignisses visualisiert und damit unsere Imagination des Szenarios stützt. Katastrophen, die solche Bilder aufweisen, qualifizieren sich leichter als Medienereignis (vgl. Abb. 0.9). 3) Bilder leidender Menschen, von deren Leidensmienen und -gesten: verletzte Körper, verzweifelt Suchende. In einigen Fällen sind diese Menschen nicht allein auf den Bildern, sondern von anderen umgeben, die – stellvertretend für den Bildbetrachter – ebenfalls das Leiden beobachten und letzteren im Hinblick auf seine Reaktion emotional anleiten. Wir erkennen hier wieder die Opfer erster und zweiter Ordnung (vgl. Abb. 1.0). Etwas genauer dazu: Der Vergleich zwischen den Katastrophenbildern des 18. und des frühen 21. Jahrhunderts offenbart eine übereinstimmende narrative Struktur, doch ist der primäre Zuschauer im aktuellen Beispiel „ins Bild hinein verschwunden", er adressiert nicht mehr (wie in den Lissabon-Bildern) den Betrachter. Nach wie vor übernimmt er in Bezug auf die emotionale Reaktion eine wichtige Rolle, inzwischen ist jedoch die Kompetenz beim Betrachter vorauszusetzen, seine emotionale Reaktion (und moralisches Urteil) aus einer subtileren Beobachterrelation im Bild abzuleiten. Der Betrachter bewertet imaginativ das Verhalten der abgebildeten Menschen und erwägt so seine Parteinahme bzw. sein Mitgefühl. Der unparteiische Beobachter, der generalisierte Andere leitet ihn an. Bezüglich des Mitleids ist auf dieser Grundlage festzustellen, dass es sich nicht um ein „Nachleiden" oder „Nachfühlen" des Leidens Anderer handelt, sondern um einen primären Affekt, der aus einer kommunikativen Konstellation hervorgeht (vgl. Abb. 1.1).

4) Mit dem vierten Motiv schließt sich auch hier die Erzählung, mit Bildern, auf denen Hilfeleistung und Kooperation zu erkennen sind. Die Motive reichen hier vom Einsetzen der Hilfsaktionen (Bereitstellung von Hilfsgütern, landende Transportflug-

14 Auch diese Motive ermöglichen einen Überblick in Form von Totalen, sie richten den Blick aber auch auf die Details der Zerstörung.

zeuge) über Bergungs- und Aufräumarbeiten sowie erste medizinische Versorgung (Verteilung von Decken, Trinkwasser und Nahrungsmitteln) bis zum Wiederaufbau von Häusern und der Wiederaufnahme der gewohnten Tätigkeiten (vgl. Abb. 1.2).

Die bildliche Katastrophenerzählung gibt das *trajectory* des Leidens wieder, das Strauss und Glaser beschreiben: Auf den plötzlichen Verlust von Handlungsmöglichkeiten der Menschen am Ort der Katastrophe wird durch helfendes Eingreifen (entfernter) Beteiligter reagiert. Der Leidensprozess der betroffenen Opfer mündet in eine Wiederherstellung oder Kompensation der verlorenen Handlungsmöglichkeiten in Kooperation mit Helfenden – Helfenden vor Ort aber auch in der Distanz. Die Medien „managen" das Reintegrationsritual, überbrücken die Distanz, geben die Katastrophenerzählung als Ablaufmuster vor, kontrollieren diesen Ablauf und begleiten die anderen Akteure dabei. Strauss' Begriff des *trajectory* ist eine Weiterentwicklung des von Dewey und Mead verwendeten pragmatistischen Modells problemlösenden Handelns. Die Struktur der Bewältigung der Katastrophe im medialen Ritual der Reintegration kann deshalb als eine Makroversion dieses Handlungsmodells begriffen werden. Am Beginn steht die plötzliche Blockierung weiteren Handelns, der Verlust an Handlungsoptionen, das Leiden. Um einen Ausweg aus dieser Lage zu finden, ist der Akteur (das Opfer) auf den Beistand bzw. die Kooperation Anderer angewiesen. Finden sich diese Kooperationspartner, kann die Handlungsautonomie zurückgewonnen werden, wird die Blockierung aufgelöst.

Um in dieses Modell aber nun die im Medienereignis ausgelösten *Gefühle* zu integrieren und die Bedeutung der bildlichen Katastrophenerzählung zu erläutern, soll auf die Soziologie der Emotionen und auf die dort vertretene Auffassung zurückgegriffen werden, dass Gefühle nach gesellschaftlichen Regeln erzeugt werden. Orientiert an den Arbeiten von Candace Clark (vgl. Clark 1987, 1997) zum Mitgefühl *(Sympathy)* lassen sich „Gefühlsregeln des Mitleids" formulieren, anhand derer die Bedingungen der emotionalen Teilhabe in der Katastrophenberichterstattung verständlich werden (vgl. Clark 1997: 158ff.):

1) Es muss eine Situation des Leidens Anderer vorliegen, Menschen müssen einen (drastischen) Verlust ihrer Handlungsmöglichkeiten erfahren haben.

2) Das Leiden der Anderen muss von den Betroffenen oder in ihrem Namen sprechenden Vertretern an eine breite Öffentlichkeit kommuniziert werden. Typischerweise erfahren wir davon durch die Medienberichterstattung zur Katastrophe.

3) Das Leiden der Anderen darf *nicht von diesen selbst verschuldet* oder teilverschuldet sein. Diese Bedingung ist in den meisten Fällen von Naturkatastrophen gegeben. Die Medien unterziehen die Ursachen einer Katastrophe früh in der Berichterstattung einer genauen Prüfung und entscheiden entsprechend, ob Leidende einen legitimen Anspruch auf den Opferstatus erheben. Sie übernehmen in diesem Sinne die Funktion des Smithschen unparteiischen Beobachters, der äußerst genau darauf achtet, ob der Anspruch auf Mitleid gerechtfertigt ist. Opferstatus kann besonders gut von denjenigen Menschen eingefordert werden, die sich nicht dem Verdacht ausgesetzt sehen

müssen, ein Unglück selbst mit verursacht zu haben. Birgitta Höijer spricht deswegen von Kindern, alten Menschen und Frauen als „idealen Opfern“ (Höijer 2004: 517). In der bildlichen Katastrophenerzählung besitzen Bilder von Kindern deshalb einen besonderen Status. Das ikonische Motiv der bewältigten Katastrophe zeigt Kinder, denen geholfen wird (vgl. Abb. 1.3 u. 1.4).

4) Die vierte Gefühlsregel des Mitleids setzt voraus, dass das Leiden der Anderen nicht von diesen allein bewältigt werden kann, sie also besonders auf die Kooperation mit Dritten angewiesen sind. Wieder ist der unparteiische Beobachter im Spiel, der über die Angemessenheit des Anspruchs auf Mitleid hinaus beurteilt, ob dieser Anspruch auch angemessen vorgebracht wird. Wiederum sind Kinder die besten Mittler dieser Bitte.

5) Opfer brauchen im Prozess der Wieder- und Neugewinnung von Handlungsfreiheit eigene Gestaltungsspielräume. Sie dürfen nicht bevormundet werden und sich auch nicht bevormunden lassen; die Hilfeleistung muss stets den Charakter der Reziprozität haben oder zumindest fingieren. Bildberichte aus Katastrophengebieten zeigen deshalb auch immer an Wiederaufbau und Versorgung beteiligte Einheimische. Fernsehberichte zeigen oft Beispiele von Selbsthilfe.

6) Sind schließlich die verlorenen Handlungsmöglichkeiten wieder hergestellt (oder neue erlangt), so verlangen die Regeln des Mitleids eine Bestätigung der Kooperation, etwa eine rituelle Dankesbezeugung der Opfer. Dieser symbolische Dank bedeutet gleichsam den regulären Abschluss des Reintegrationsrituals, bildlich wird dieser meistens in Motiven der Gegenüberstellung des Zerstörungsszenarios mit einer wiedergewonnenen Normalität dargestellt. Der Rezipient bzw. Helfer in der Ferne braucht dieses Feedback für die von ihm geleistete Hilfe bzw. allgemein die Bestätigung des erfolgreichen Reintegrationsrituals. Auch am Ende der bildlichen Katastrophenerzählung steht also ein Vorher-Nachher-Kontrast, nur wird damit nun die Rückkehr in die Handlungsfähigkeit erzählt. Da der Kooperationsprozess nicht so abrupt endet wie er beginnt, sind übliche Zeitpunkte für die Vermittlung dieser Bilder die Jahrestage von Katastrophen (vgl. Abb. 1.5). Die Gefühlsregeln des Mitleids detaillieren die Ablaufstruktur eines Reintegrationsrituals, wie es von den Massenmedien in Katastrophen gemanagt wird.

Mitleid ist keine einfache Emotion. Es hat komplexe, kommunikative Voraussetzungen; es handelt sich dabei keineswegs um eine einfache Interaktion zwischen Opfern und Mitleidenden. Beide werden in vielfacher Weise im Kommunikationsprozess „vertreten“. Im Management des Reintegrationsrituals übernehmen die Massenmedien zeitweise sowohl die Vertretung der Opfer wie auch die der Mitleidenden und Helfenden. Sie kommunizieren das Leid der Opfer und setzen die emotionale Teilhabe erst in Gang, gleichzeitig aber prüfen sie auch den Anspruch der Opfer auf Mitleid und damit auf Hilfe. Schließlich beobachten und kontrollieren sie den Ablauf des Rituals und sorgen für sein Gelingen.

V. Keineswegs alle Leidensereignisse und Prozesse sind kompatibel mit dem hier beschriebenen Muster. Viele Katastrophen überschreiten die Schwelle globaler Aufmerksamkeit nicht; sie erweisen sich als nicht ausreichend medientauglich. Es stellt sich also die Frage nach dem Nachrichtenwert von Katastrophen, d.h. nach den Kriterien, die erfüllt sein müssen, damit das Leiden von Menschen es in die abendliche Hauptnachrichtensendung schafft. Wie das Beispiel des Tsunami zeigte, sind Plötzlichkeit und Dramatik entscheidend, letztlich ist aber auch die Visualisierbarkeit von Leidensereignissen maßgeblich. Sich langsam entwickelnde Katastrophen wie ökologisch bedingte Unglücke, Hunger oder etwa die Ausbreitung von AIDS besitzen demnach erhebliche Nachteile im Kampf um Aufmerksamkeit. Ohne eine unterstützende Dramatik der Darstellung treten in diesen Fällen bald Gewöhnungs- und Ermüdungseffekte auf, d.h. Katastrophen werden zu einem Normalphänomen der Risikogesellschaft (Keller 2003; Moeller 1999). Die Flutwellenkatastrophe vom 26. Dezember 2004 war vom Umfang der Zerstörung und von der Zahl der Opfer her betrachtet insofern eine „normale" Ausnahmeerscheinung, deren Anspruch auf globale Aufmerksamkeit spontan nachvollziehbar war. Die daraus erwachsene Spendenflut muss dennoch als ein komplexes Vergemeinschaftungs- und Solidarisierungsgeschehen reflektiert werden. Die parasoziale Teilhabe am Leben, insbesondere am Leid des fremden, fernen Anderen, wie es uns in außeralltäglichen, globalen Medienereignissen, speziell bei der Berichterstattung von Katastrophen, nahe gebracht wird, hat besondere Erfolgsbedingungen, die keineswegs immer erfüllbar sind. Wir können die durch Medienereignisse konstituierte Integration als „episodische Solidarität" bezeichnen, einen nach Boris Holzer den Voraussetzungen der Weltgesellschaft besonders „angemessenen Modus der Sozialintegration" (Holzer 2008: 142). Die durch die Massenmedien in der dargestellten Weise gebotene Möglichkeit, uns zu den Erfahrungen entfernter Anderer in Beziehung zu setzen, an der Lösung ihrer Probleme teilzuhaben, ist für hochmoderne Sozialität – und Solidarität – paradigmatisch.

Wir können nun zu unserer Ausgangsfrage zurückkehren: Unsere Beschreibung des medialen Reintegrationsrituals als kontingentem Phänomen besagt, dass für ein tatsächliches Zustandekommen von Teilhabe, Solidarität und Spendenaktivität verschiedene Faktoren zusammenwirken müssen. Denn die bildlich-mediale Vermittlung von Leidensereignissen birgt, wie sich regelmäßig beobachten lässt, die Gefahr des Scheiterns, der Blockierung distanzierter Teilhabe. Organisationen und Akteuren auf dem Gebiet der Katastrophenhilfe (und allgemein der Entwicklungszusammenarbeit) stellt sich deshalb die Aufgabe, in Zusammenarbeit mit den Medien herauszufinden, mit welchen Bildstrategien Teilhabemöglichkeiten geschaffen werden können und welche Bilder diese umgekehrt verhindern. Die Frage ist, wo diese Organisationen ansetzen können, um das Spendenaufkommen für global sichtbare Leidensereignisse und Prozesse zu erhöhen und gleichzeitig festzustellen, welche Kardinalfehler in der medialen Berichterstattung vermieden werden können, die zur Indifferenz des Publikums und potenzieller Spender führen.

Ein typisches Beispiel für die Unterbindung von Teilhabe anlässlich eines eigentlich sehr gut visualisierbaren Ereignisses sind die Bilder von Flutkatastrophen wie zuletzt in Brasilien im Juni 2010. In der Regel werden hier aus Hubschraubern aufgenommene Bilder (Totalen) vor allem des räumlichen Ausmaßes der Katastrophe gezeigt. Aufnahmen von Wassermassen stellen jedoch keine Brücke zum Zuschauer bzw. dessen Emotionen her. Unsere Betonung der Rolle des primären Zuschauers in der bildlichen Katastrophenerzählung macht deutlich, dass es eben nicht nur einer Narrativisierung des Ereignisses bedarf, sondern genauso einer Instanz der persönlichen Vermittlung – einer Mittlerrolle, die das Leid für uns bezeugt, aber auch für uns beisteht, hilft und kooperiert. Wie sich etwa aus dem Bericht von Christina Rau zur Flutwellenkatastrophe (vgl. Rau 2005) ergibt, war die Rolle der (deutschen) Touristen als Stellvertreter des Medienpublikums vor Ort ausschlaggebend für die starken emotionalen Reaktionen in Deutschland. Diese primären Zuschauer fungieren im Prozess der Reintegration nicht nur als Beobachter, sondern auch Beteiligte, die beistehen und uns an diesem Beistand teilhaben lassen. Eine erfolgversprechende Strategie, mit Bildberichten von Katastrophenereignissen ein hohes Maß an Solidarität zu produzieren, ist die Integration und „Vorführung" einer Mittlerperson, die auf der Schwelle zwischen Betrachtern und Opfern steht und uns nicht nur Beobachter, sondern auch Beteiligte im Prozess der Reintegration sein lässt. Die am Prozess der medialen Berichterstattung beteiligten Akteure – Hilfsorganisationen, Fotografen, Nachrichtenmedien – können in der Praxis der Aktivierung von Spendenbereitschaft durch geplante und organisierte Interaktion diese Bereitschaft optimieren.

Literatur

Anderson, Benedict (1988): Die Erfindung der Nation. Frankfurt a.M.: Campus.

Boltanski, Luc (1999): Distant Suffering. Morality, Media and Politics. Cambridge: Cambridge University Press.

Carey, James W. (1989): Communication as Culture. London: Routledge.

Clark, Candace (1987): Sympathy Biography and Sympathy Margin. In: American Journal of Sociology, Vol. 93/No. 2, S. 290-321.

Clark, Candace (1997): Misery and Company. Sympathy in Everyday Life. Chicago: University of Chicago Press.

Couldry, Nick (2003): Media Rituals: A Critical Approach. London: Routledge.

Dayan, Daniel/Katz, Elihu (1992): Media Events. The Live Broadcasting of History. Cambridge/ Massachusetts: Harvard University Press.

Glaser, Barney/Strauss, Anselm L. (1968): Time for Dying. Chicago: Aldine.

Glaser, Barney/Strauss, Anselm L. (1971): Status Passage. Chicago: Aldine.

Höijer, Birgitta (2004): The discourse of global compassion: the audience and media reporting of human suffering. In: Media, Culture and Society. Vol. 26/Nr. 4, S. 513-531.

Holzer, Boris (2008): Das Leiden der Anderen: Episodische Solidarität in der Weltgesellschaft. In: Soziale Welt, Nr. 59, S. 141-156.

Horton, Donald/Strauss, Anselm L. (1957): Interaction in Audience-Participation Shows. In: American Journal of Sociology, Vol. 62/Nr. 6, S. 579-587.

Horton, Donald/Wohl, Richard R. (1979): Mass Communication and Para-Social Interaction: Observations on Intimacy at a Distance. In: Gumpert, Gary/Cathcart, Robert (Hg.): Inter/media: Interpersonal Communication in a Media World. New York: Oxford University Press, S. 32-55.

Keller, Reiner (2003): Distanziertes Mitleiden. Katastrophische Ereignisse, Massenmedien und kulturelle Transformation. In: Berliner Journal für Soziologie. Jg. 13/H. 3, S. 395-414.

Kozak, Jan T./Moreira, Victor S./Oldroyd, David R. (2005): Iconography of the 1755 Lisbon Earthquake. Prague: Academia.

Moeller, Susan D. (1999): Compassion Fatigue. How the Media Sell Disease, Famine, War and Death. New York: Routledge.

Rau, Christina (2005): Ein Jahr nach dem Tsunami. Jahresbilanz der Partnerschaftsinitiative Fluthilfe. Berlin. (http://www.bundesregierung.de/Content/DE/Archiv16/Pressemitteilungen/BPA/2005/12/__Anlagen/jahresbilanz-der-partnerschaftsinitiative930294,property=publicationFile.pdf – Zugriff am 8. September 2010).

Rothenbuhler, Eric W. (1998): Ritual Communication: From Everyday Conversation to Mediated Ceremony. Thousand Oaks: Sage.

Scholz, Tobias (2010): Bildrituale – hochmoderne Sozialintegration und die Kontingenzen des Mitleids. Dissertationsschrift. FU Berlin.

Schütze, Fritz (1995): Verlaufskurven des Erleidens als Forschungsgegenstand der interpretativen Soziologie. In: Krüger, Heinz-Herrmann/Marotzki, Winfried (Hg.): Erziehungswissenschaftliche Biographieforschung. Opladen: Leske + Budrich, S. 116-157.

Seifert, Hans-Ulrich (2008): Das Erdbeben von Lissabon in illustrierten Ausgaben von Voltaires Candide. In: Lauer, Gerhard/Unger, Thorsten (Hg.): Das Erdbeben von Lissabon und der Katastrophendiskurs im 18. Jahrhundert. Göttingen, S. 110-133.

Smith, Adam (2004): Theorie der ethischen Gefühle (1756). Hamburg: Felix Meiner.

Strauss, Anselm L./Glaser, Barney G. (1975): Chronic Illness and the Quality of Life. St. Louis: C.V. Mosby.

Turner, Victor (2005): Das Ritual. Struktur und Anti-Struktur. Frankfurt a.M.: Campus.

Vanderstraeten, Raf (2002): Parsons, Luhmann and the Theorem of Double Contingency. In: Journal of Classical Sociology, 2 (1), S. 77-92.

Voltaire (2004): Candide oder der Optimismus (1759). Stuttgart: Klett.

Wenzel, Harald (2001): Die Abenteuer der Kommunikation. Echtzeitmassenmedien und der Handlungsraum der Hochmoderne. Weilerswist: Velbrück.

Wenzel, Harald (2002): Vertrauen und die Integration moderner Gesellschaften. In: Schmals-Bruns, Rainer/ Zintl, Reinhard (Hg.): Politisches Vertrauen. Baden-Baden: Nomos, S. 61-76.

Wilke, Jürgen (1995): Das Erdbeben von Lissabon 1755 als Schlüsselereignis in der Presseberichterstattung. In: Relation: Medien – Gesellschaft – Geschichte. Jg. 3/H. 1, S. 59-71.

Wilke, Jürgen (2008): Das Erdbeben von Lissabon als Medienereignis. In: Lauer, Gerhard/ Unger, Thorsten (Hg.): Das Erdbeben von Lissabon und der Katastrophendiskurs im 18. Jahrhundert. Göttingen: Wallstein, S. 75-95.

Abbildung 0.1: Modell der bildlichen Katastrophenerzählung, Anordnung aus Pilotstudie, März 2005

Abbildung 0.2: Modellder bildlichen Katastrophenerzählung, Anordnung aus der Zeitschrift Newsweek, 10. Januar 2005

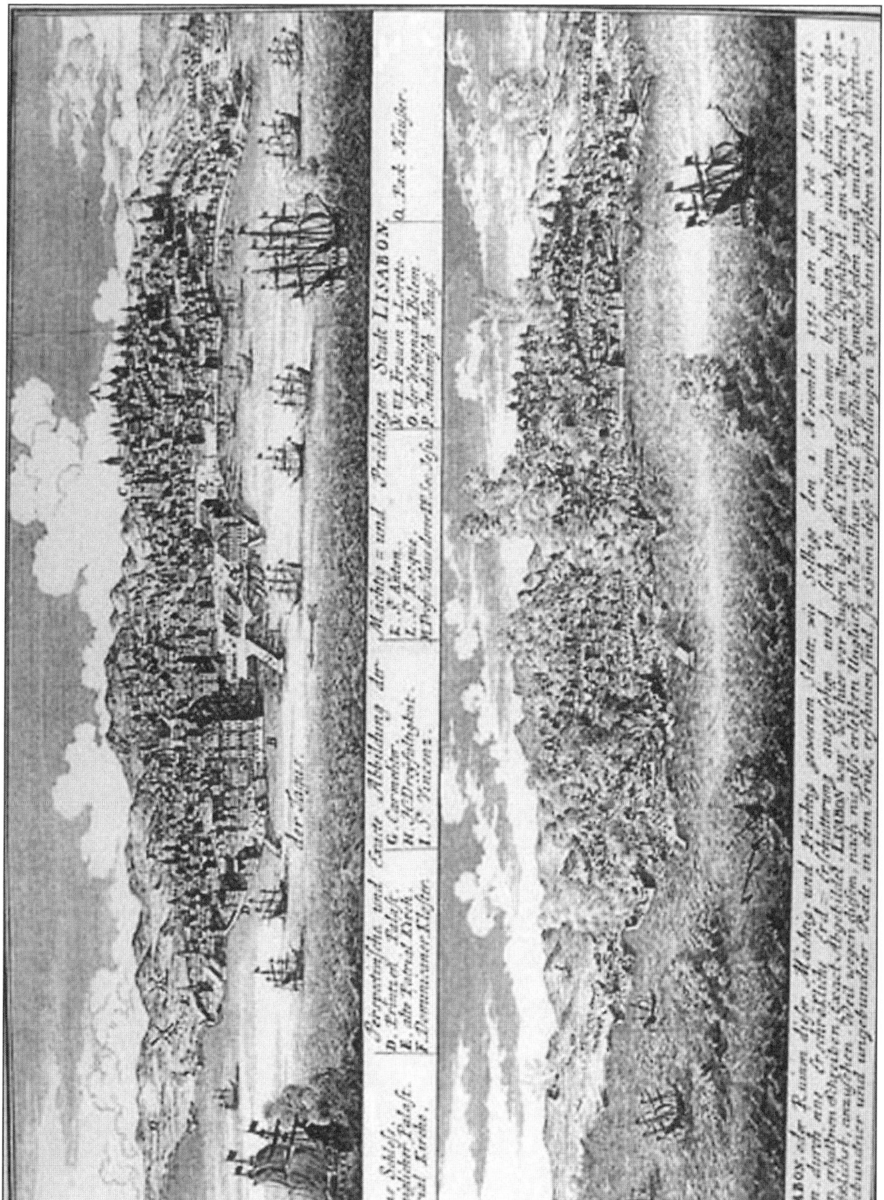

Abbildung 0.3: Format1: Der Vorher-Nachher-Vergleich, Kupferstich von David Herrliberger, 1756, Zürich, *Quelle: Jan Kozak Collection: KZ71*

Abbildung 0.4: Format 2: Bilder der Zerstörung, Kupferstich aus Frankreich, verm. 1755, *Quelle: Jan Kozak Collection: KZ64*

Abbildung 0.5: Format 4: Bilder der Hilfe, der Kooperation, des Wieder- und Neuaufbaus, Kupferstich aus Portugal verm. 1755, *Quelle: Jan Kozak Collection: KZ118*

Abbildung 0.6: Format 3: Bilder leidender Menschen, Kupferstich aus Deutschland, spät. 18Jhd., *Quelle: Jan Kozak Collection: KZ130*

Abbildung 0.7: Ausbruch des Vesuv 1631, Kupferstich aus Deutschland, spät. 17. Jhd., *Quelle: Jan Kozak Collection: KZ40*

Abbildung 0.8: Beispielmotiv 1, Vorher-Nachher-Szenario, Insel an der indonesischen Küste, *Quelle: AFP 29. Dez. 2004*

Abbildung 0.9: Beispielmotiv 2, Bilder der Zerstörung und des Ablaufs der Katastrophe, *Quelle: Stern, 05. Jan. 2005*

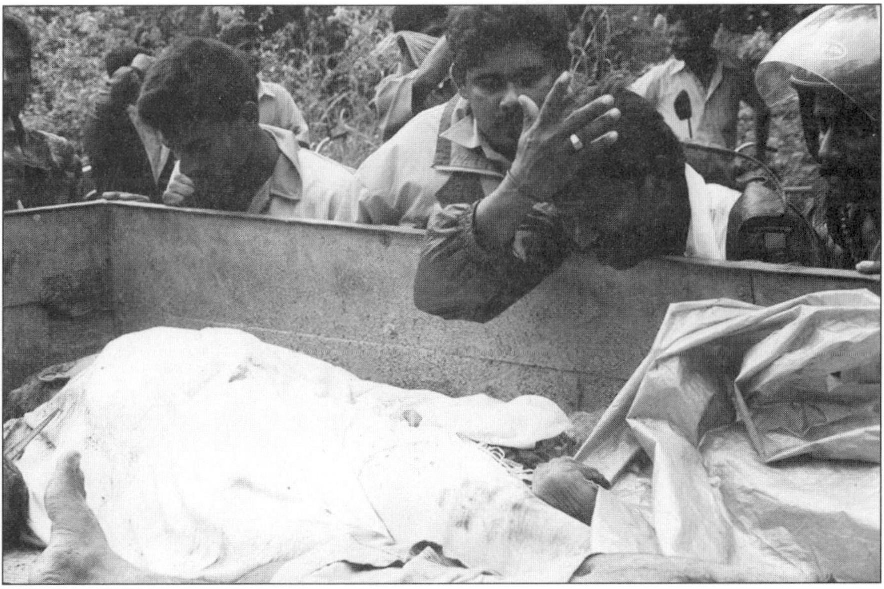

Abbildung 1.0: Beispielmotiv 3, Bilder leidender Menschen, *Quelle: AFP, 29. Dez. 2004*

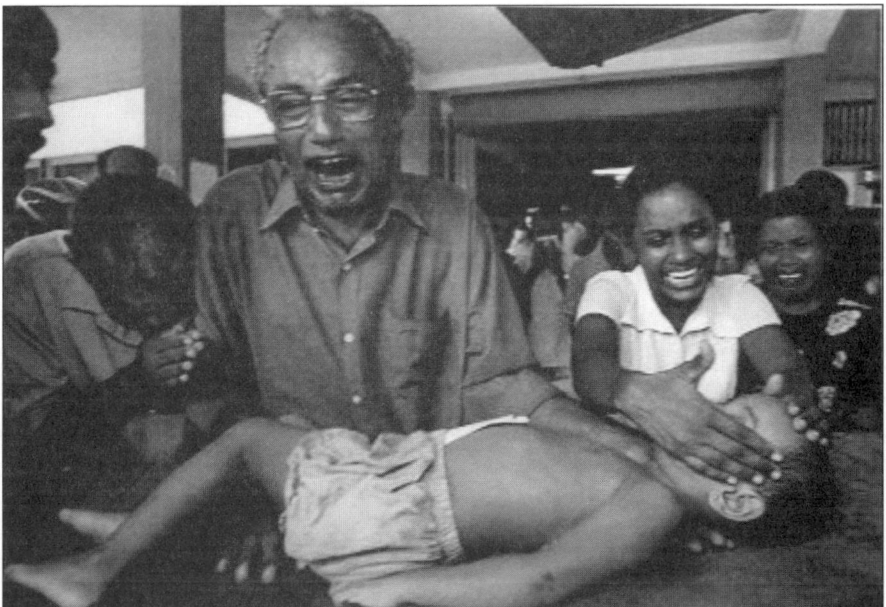

Abbildung 1.1: Format 3: Bilder leidender Menschen, Eltern trauern um ihren Sohn, Galle, Sri Lanka, *Quelle: AFP*

Abbildung 1.2: Beispielmotiv 4, Bilder der Hilfeleistung und Kooperation, *Quelle: www.nytimes.com, 30. Dez. 2004*

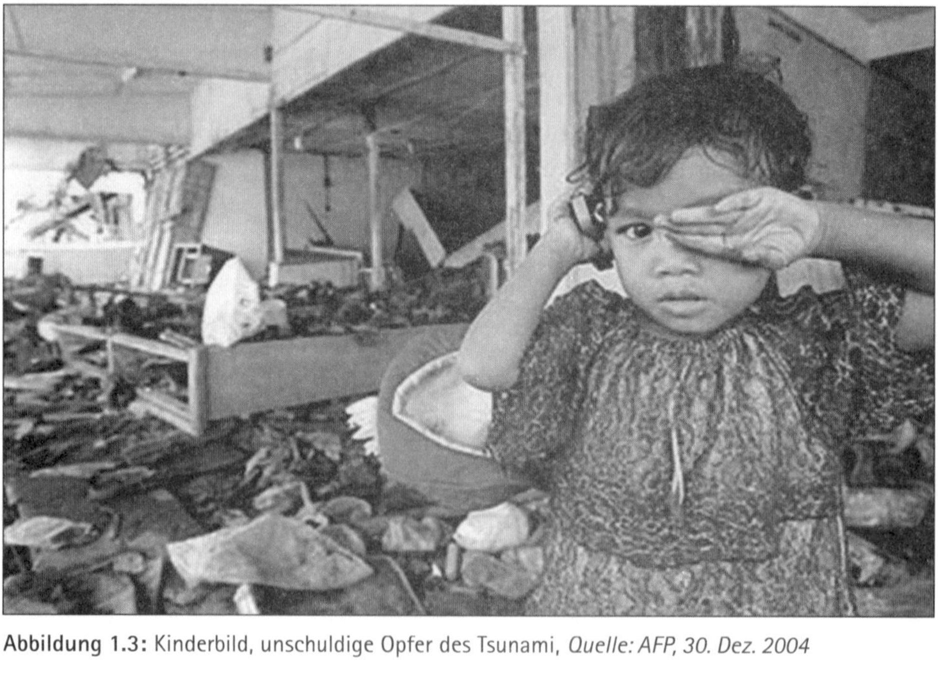

Abbildung 1.3: Kinderbild, unschuldige Opfer des Tsunami, *Quelle: AFP, 30. Dez. 2004*

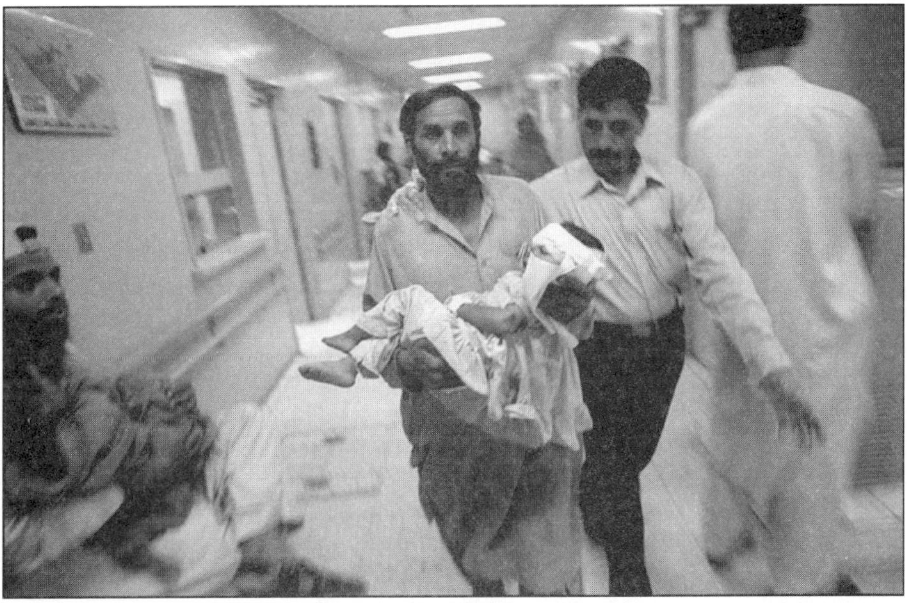

Abbildung 1.4: Gerettetes Kind nach Erdbeben in Kashmir, Okt. 2005,
Quelle: New York Times, 09. Okt. 2005

Abbildung 1.5: Plakatkampagne der Welthungerhilfe,
Quelle: Niko Schmid-Burk/ Welthungerhilfe 2005

Prosoziales Verhalten beim Lebensmitteleinkauf: Einflussfaktoren auf den Kauf fair gehandelter Lebensmittel

von Georg Sunderer

1. Einleitung

Die Gabe in den Klingelbeutel oder Geldüberweisungen an Hilfsorganisationen sind wohl klassische Assoziationen, die beim zentralen Thema dieses Sammelbandes, dem Spendenverhalten, in den Sinn kommen. An den Kauf von fair gehandelten Produkten dürften dagegen spontan die Wenigsten denken. Eine Betrachtung der Eigenschaften von fair gehandelten Produkten zeigt jedoch, dass mit dem Kauf solcher Produkte auch immer eine Art Spende verbunden ist und somit solche Kaufentscheidungen zumindest in einem erweiterten Sinne dem Bereich des Spendenverhaltens zugeordnet werden können. Darüber hinaus lassen sich sowohl das Spendenverhalten im Allgemeinen als auch der bewusste Kauf fair gehandelter Produkte als prosoziale Verhaltensweisen klassifizieren. Aufgrund dieser Parallelen ist anzunehmen, dass bei der Suche nach Einflussfaktoren auf Verhaltensentscheidungen in beiden Fällen jeweils ähnliche (oder sogar gleiche) Erklärungsansätze nützlich sein könnten. Eine Untersuchung, die sich mit Einflussfaktoren auf den Kauf fair gehandelter Produkte beschäftigt, stellt daher auch einen Beitrag zur Erforschung der allgemeinen Bedingungen des Spendens dar. Sie liefert Anhaltspunkte, welche Einflussfaktoren generell im Rahmen des Spendenverhaltens von Bedeutung sein könnten.

Sich mit den Bedingungen für den Kauf fair gehandelter Produkte zu beschäftigen, ist im Hinblick auf die Forschung zum Spendenverhalten oder allgemeiner zum prosozialen Verhalten allerdings noch aus einem weiteren Grund von besonderem Interesse. Der Kauf fair gehandelter Produkte stellt nämlich ein Beispiel für eine prosoziale Verhaltensweise dar, die in den letzten Jahren mehr und mehr an gesellschaftlicher Bedeutung gewann und dementsprechend näher untersucht werden sollte. Gemeint ist der Kauf von Produkten, die sich unter ethischen Gesichtspunkten gegenüber konventionellen Konkurrenzprodukten hervortun. In Anbetracht dieser Entwicklung könnte man auch in Anlehnung an Stehr (2007) von einer Moralisierung der Konsumgütermärkte sprechen. Mit Blick auf die fair gehandelten Produkte lässt sich die gewachsene gesellschaftliche Bedeutung solcher Produkte zum einen an der wachsenden Marktpräsenz von fair gehandelten Produkten ablesen. Bis Ende der 80er Jahre konnten fair gehandelte Produkte in Deutschland fast ausschließlich in ein paar hundert Weltläden gekauft werden. Mittlerweile sind solche Produkte auf dem deutschen Konsumgütermarkt in über 30000 Supermärkten, Naturkost- und Weltläden erhältlich. Zum anderen stiegen die Absatzzahlen der fair gehandelten Produkte in den letzten Jahren erheblich an. So wuchs von 2004 bis 2008 in Deutschland der Gesamtabsatz von fair gehandelten Produkten um fast 170 Prozent von 99 Mio. Euro auf 266 Mio. Euro (Forum Fairer Handel 2010).

Eine Untersuchung, die sich mit Einflussfaktoren auf den Kauf von fair gehandelten Produkten beschäftigt, wird im Rahmen dieses Beitrags vorgestellt. Der Beitrag besitzt zwei zentrale Ziele: Zum einen sollen Faktoren identifiziert werden, die beeinflussen, dass Konsumenten fair gehandelte Produkte kaufen. Zum anderen soll untersucht werden, von welchen der ermittelten Einflussfaktoren die größten Effekte ausgehen. Die Analysen erfolgen mithilfe quantitativer Umfragedaten beispielhaft am Kauf fair gehandelter Lebensmittel. Die zu erklärende Variable, die in der Untersuchung verwendet wird, hat zwei Ausprägungen: „Der Befragte kauft keine fair gehandelten Lebensmittel" und „Der Befragte kauft fair gehandelte Lebensmittel". Die Erklärungskraft der einzelnen Faktoren wird somit im Hinblick auf die grundsätzliche Frage hin überprüft, ob ein Konsument fair gehandelte Lebensmittel kauft oder nicht. Die Intensität des Einkaufs von fair gehandelten Lebensmitteln bleibt bei den Analysen dagegen unberücksichtigt.

Der Beitrag ist folgendermaßen gegliedert: Zuerst wird darauf eingegangen, welche Eigenschaften fair gehandelte Produkte kennzeichnen (Abschnitt 2). Darauf aufbauend wird im gleichen Abschnitt näher erläutert, warum der Kauf fair gehandelter Produkte wie oben behauptet zum einen als prosoziales Verhalten und zum anderen zumindest in einem erweiterten Sinne als Spendenverhalten klassifiziert werden kann. In Abschnitt 3 werden die Faktoren vorgestellt, die auf ihren Einfluss hin empirisch überprüft werden. Die Auswahl dieser Faktoren wird mit Blick auf Ergebnisse der Forschung zum prosozialen Verhalten im Allgemeinen stattfinden. Anschließend folgen die empirischen Analysen (Abschnitt 4). Mithilfe von multivariaten Analyseverfahren wird der Einfluss der unterschiedlichen Faktoren überprüft und miteinander verglichen. Dabei wird auf Befragungsdaten zurückgegriffen, die im Rahmen des von der Fritz Thyssen Stiftung geförderten Projekts *„Warum kaufen Konsumenten fair gehandelte Produkte? Ein Vergleich handlungstheoretischer Ansätze zur Erklärung des Fair Trade Konsums"* erhoben wurden. Der Beitrag endet mit einem Fazit (Abschnitt 5).

2. Was sind fair gehandelte Produkte?

In Deutschland haben die Konsumenten mittlerweile bei zahlreichen Konsumgütern die Möglichkeit, fair gehandelte Produkte zu erwerben. Zum einen handelt es sich dabei um Nahrungsmittel wie beispielsweise Kaffee, Tee, Bananen, Honig, Schokolade, Reis, Zucker, Gewürze oder Orangensaft. Zum anderen werden auch im Nicht-Lebensmittelbereich verschiedene fair gehandelte Produkte angeboten (z. B. Fußbälle, Blumen, Teppiche, Kleidung oder traditionelles Kunsthandwerk). Im Allgemeinen handelt es sich bei fair gehandelten Produkten um Importwaren aus Entwicklungs- oder Schwellenländern, die besondere ethische Eigenschaften besitzen. Mit Ethik ist in diesem Zusammenhang gemeint, dass bei der Produktion oder dem Handel der Waren bestimmte Prinzipien eingehalten werden, die sich explizit auf das Wohlergehen anderer oder das Gemeinwohl beziehen (Beckert 2006). Diese besonderen ethischen Eigenschaften sollen sicherstellen, dass mit jedem Kauf von fair gehandelten Produkten ein Beitrag zur Verbesserung der Lebens- und Arbeitsbedingungen von Kleinproduzenten und Arbeitern in der Dritten Welt geleistet wird (Bundesverband „Die Verbraucherinitiative e. V." 2006). Nach Ansicht der Initiatoren des Fairen Handels[1] ist eine solche Unterstützung der Kleinproduzenten und Arbeiter in der Dritten Welt notwendig, weil diese im Rahmen des internationalen Welthandels besonders benachteiligt sind.

Welche konkreten ethischen Eigenschaften ein fair gehandeltes Produkt haben sollte, ist bislang nicht einheitlich geregelt. Mit Fairtrade Labelling Organizations International (FLO) und World Fair Trade Organization (WFTO) gibt es allerdings zwei internationale Organisationen, die im Hinblick auf die ethischen Standards derzeit als die Hauptregulierungsinstanzen innerhalb des Fairen Handels angesehen werden können (Schaber und van Dok 2008: 81ff). Das heißt, die konkreten ethischen Eigenschaften der fair gehandelten Produkte befinden sich in der Regel im Einklang mit den Fair-Handels-Normen von zumindest einer dieser beiden Organisationen. Im Folgenden wird daher mit Blick auf die Fair-Handels-Normen dieser beiden Organisationen aufgezeigt, welche besonderen ethischen Eigenschaften fair gehandelte Produkte typischerweise besitzen:

- Es wird garantiert, dass die Produzenten für ihre Waren einen so genannten „fairen Preis" erhalten.
- Die Einkäufer aus den Industrieländern sind verpflichtet, langfristige Handelsbeziehungen mit den Produzenten in der Dritten Welt einzugehen und (falls die Produzenten es wünschen) eine teilweise Vorauszahlung der Produktlieferung zu leisten.
- Bei vielen fair gehandelten Produkten bekommen die Produzenten zusätzlich zum „fairen" Preis eine „Fairhandels-Prämie", die für Entwicklungsmaßnahmen zur Verbesserung der Arbeits- und Lebensbedingungen bestimmt ist.
- Bei der Herstellung der Produkte werden die Einhaltung der Kernarbeitsnormen der International Labour Organization (z. B. keine Diskriminierung am Arbeitsplatz), faire Löhne und ein sicheres und gesundheitsverträgliches Arbeitsumfeld garantiert.
- Ein biologischer Anbau ist im Rahmen des Fair-Trade-Konzeptes nicht zwingend vorgeschrieben. Die Produktion der Produkte unterliegt aber trotzdem einigen besonderen Umweltnormen. Bei solchen Normen kann es sich beispielsweise um das Verbot bestimmter chemischer Substanzen und Pestizide handeln oder um die generelle Vorschrift, umweltverträgliche Produktionsverfahren zu fördern (siehe zu den Standards Schaber und van Dok 2008: 21f; FLO 2010; WFTO 2010).

1 Der Faire Handel wird von drei großen internationalen Dachorganisationen getragen: European Fair Trade Association (EFTA), Fairtrade Labelling Organizations International (FLO) und World Fair Trade Organization (WFTO).

Neben diesen ethischen Eigenschaften haben fair gehandelte Produkte aber auch zwei spezielle ökonomische Merkmale: Zum einen muss für fair gehandelter Produkte im Vergleich zu konventionellen Konkurrenzprodukten in der Regel ein Aufpreis bezahlt werden (Nicholls und Opal 2004: 11ff). Zum anderen sind fair gehandelte Produkte weiterhin nicht in jedem Supermarkt erhältlich (bzw. das Angebot von fair gehandelten Produkten variiert von Supermarkt zu Supermarkt), so dass mit dem Kauf fair gehandelter Produkte ein zeitlicher Mehraufwand verbunden sein kann. Es kann somit festgehalten werden: Fair gehandelte Produkte haben aus ethischer Sicht Vorzüge gegenüber konventionellen Produkten, aus materieller Sicht sind sie aber für die Käufer mit Nachteilen verbunden[2]. Mit Blick auf diese Eigenschaften wird zum einen deutlich, warum der Kauf fair gehandelter Produkte als prosoziales Verhalten bezeichnet werden kann. Prosoziales Verhalten kann als ein Verhalten verstanden werden, das anderen Personen ökonomische Vorteile im erweiterten Sinne bringt, für den Handelnden selbst aber mit ökonomischen Kosten verbunden ist (Fehr und Fischbacher 2003; Rössel in diesem Band). Im Falle des Kaufs fair gehandelter Produkte sind diese Bedingungen erfüllt (Natürlich nur unter der Voraussetzung, dass die besonderen ethischen Standards auch wirklich eingehalten werden): Durch den Kauf fair gehandelter Produkte erhalten die Produzenten und Arbeiter in der Dritten Welt ökonomische Vorteile (z. B. höhere Erlöse bzw. Löhne oder Geld für Entwicklungsmaßnahmen), der Konsument selbst aber hat ökonomische Kosten (Aufpreis und zusätzlicher Aufwand).

Der Blick auf die Eigenschaften der fair gehandelten Produkte macht zum anderen deutlich, inwieweit Parallelen zwischen dem Kauf solcher Produkte und dem Spenden im Allgemeinen bestehen. Wie bereits erwähnt stellt das Spenden eine spezielle Form des prosozialen Verhaltens dar. Man kann darunter einen freiwilligen Transfer von Geld, Sachen und Leistungen für gemeinwohlorientierte Zwecke verstehen, bei dem der Geber keine äquivalente materielle Gegenleistung erhält (Priller und Sommerfeld 2005: 8). Beim Kauf von fair gehandelten Produkten findet ein solcher Transfer anders als bei üblichen Spenden indirekt über den Kauf der Produkte statt. Dementsprechend ist es wohl gerechtfertigt, den Kauf von fair gehandelten Produkten zumindest in einem erweiterten Sinne als Spendenverhalten zu bezeichnen. Verstanden als Spende besitzt der Kauf fair gehandelter Produkten allerdings noch eine spezifische Eigenschaft, die erwähnt werden sollte: Weil normalerweise die Aufpreise für fair gehandelte Produkte und der zusätzliche Aufwand relativ gering sind, beinhaltet der Kauf fair gehandelter Produkte in der Regel lediglich eine relativ kleine Spende.

2 Materielle Vorteile könnten höchstens in bestimmten Umweltnormen (z. B. Verbot bestimmter chemischer Substanzen und Pestizide) gesehen werden. Es ist allerdings anzunehmen, dass solche spezifischen Eigenschaften den Konsumenten in der Regel nicht bekannt sind.

3. Mögliche Einflussfaktoren auf den Kauf fair gehandelter Produkte

Im Folgenden werden diejenigen Faktoren vorgestellt, die im Rahmen der empirischen Analysen auf ihren Einfluss hin überprüft und verglichen werden. Die Auswahl der Faktoren wird wie bereits erwähnt mit Blick auf Ergebnisse der Forschung zum prosozialen Verhalten im Allgemeinen stattfinden. Darüber hinaus wird, sofern vorhanden, bei den einzelnen Faktoren auf bereits vorliegende Erkenntnisse aus der Forschung zum Kauf fair gehandelter Produkte eingegangen.[3]

3.1 Moralische Orientierungen

Spenden oder prosoziales Verhalten im Allgemeinen beinhaltet, jemand anderem eine Wohltat zukommen zu lassen (siehe dazu Abschnitt 2). Folglich liegt die Vermutung auf der Hand, dass prosoziales Verhalten durch moralische Orientierungen gesteuert wird. Gestärkt wird diese These beispielsweise durch die Forschung zum umweltverantwortlichen bzw. ökologischen Handeln – einem Forschungszweig, der dem Forschungsfeld des prosozialen Verhaltens zugeordnet werden kann. Die Umweltverhaltensforschung zeigt, dass umweltverantwortliches Verhalten tatsächlich durch moralische Orientierungen (in diesem Fall Umwelteinstellungen) beeinflusst wird (Diekmann und Preisendörfer 2001).

Moralische Orientierungen stellen somit einen ersten Faktor dar, der den Kauf von fair gehandelten Produkten beeinflussen könnte. Dass moralische Orientierungen beim Kauf von fair gehandelten Lebensmitteln eine Rolle spielen, erscheint auch mit Blick auf die in Abschnitt 2 beschriebenen Eigenschaften der fair gehandelten Produkte offensichtlich. Die besonderen ethischen Eigenschaften der fair gehandelten Produkte stellen das entscheidende Merkmal dar, welches sie von konventionellen Produkten unterscheidet. Darüber hinaus sind mit dem Kauf fair gehandelter Produkte materielle Nachteile verbunden. Folglich dürften moralische Orientierungen, die in Zusammenhang mit den besonderen ethischen Eigenschaften dieser Produkte stehen, wesentliche Anreize für den Kauf fair gehandelter Produkte darstellen. Hinweise für die Richtigkeit dieser Überlegung liefert eine Studie von Von Ziehlberg und Von Alvensleben (1998). In dieser Studie wird gezeigt, dass Einstellungsitems, die moralische Orientierungen mit Bezug zu den besonderen ethischen Eigenschaften der fair gehandelten Produkte erfassen (z. B. „Der internationale Handel führt zu Ungerechtigkeiten und beutet die Bauern in der Dritten Welt aus"), einen positiven Einfluss auf die zukünftige Kaufbereitschaft für fair gehandelten Kaffee haben.

3 Im Allgemeinen ist zur Forschung zum Kauf fair gehandelter Produkte zu sagen, dass es bislang nur wenige Studien gibt, in denen Einflussfaktoren auf den Kauf fair gehandelter Produkte untersucht werden. Außerdem existieren kaum Studien, in denen systematisch die Einflussstärken verschiedener Einflussfaktoren miteinander verglichen werden (Studien, in denen unterschiedliche Einflussfaktoren verglichen werden, sind zum Beispiel: Shaw 2005 oder De Pelsmacker und Janssens 2007). Die vorliegende Untersuchung kann somit auch als ein Beitrag zur Behebung dieser Mängel verstanden werden.

Die Überprüfung des Einflusses moralischer Orientierungen erfolgt im Rahmen dieses Beitrages in Anlehnung an die Forschung zum umweltverantwortlichen Handeln. In diesem Forschungszweig hat es sich bewährt, als Indikator für moralische Orientierungen das so genannte allgemeine Umweltbewusstsein zu verwenden (Diekmann und Preisendörfer 2001; Preisendörfer 1999). Das allgemeine Umweltbewusstsein stellt ein allgemeines Einstellungskonstrukt gegenüber der Umwelt bzw. dem Umweltschutz dar, das in Anlehnung an das Einstellungsmodell von Rosenberg und Hovland (1960) aus einer kognitiven, affektiven und konativen Einstellungskomponente besteht. Die kognitive Komponente des Umweltbewusstseins steht für die Einsicht in die Gefährdung der natürlichen Lebensgrundlage durch menschliche Verhaltensweisen. Die konative Komponente bezeichnet die Bereitschaft zur Abhilfe, was in erster Linie eine umweltorientierte Handlungsbereitschaft im persönlichen Alltag meint. Die gefühlsmäßige Betroffenheit gegenüber Umweltproblemen (z. B. Angst, Wut oder Empörung) entspricht der affektiven Komponente (Diekmann und Preisendörfer 2001: 102). Analog zum Umweltbewusstseinskonzept wird in diesem Beitrag ein allgemeines Einstellungskonstrukt als Indikator für moralische Orientierungen verwendet, das eine allgemeine Einstellung gegenüber der Fairness des Handels mit der Dritten Welt zum Ausdruck bringt. Im Folgenden wird dieses Konstrukt als Fair-Trade-Bewusstsein bezeichnet. Die Items zu diesem Konstrukt wurden wie beim Umweltbewusstsein entsprechend den drei Einstellungskomponenten formuliert. Im Falle des Fair-Trade-Bewusstseins stellt die kognitive Komponente die Überzeugung dar, dass die Produzenten und Arbeiter in der Dritten Welt im Rahmen des internationalen Handels unfair behandelt werden. Die affektive Komponente bezeichnet die gefühlsmäßige Betroffenheit, die mit dieser Ansicht einhergeht, und die konative Komponente die persönliche Bereitschaft, etwas gegen diese Benachteiligung zu tun.

Insgesamt wurden zur Ermittlung des Fair-Trade-Bewusstsein 8 Items herangezogen. Eine Auflistung der einzelnen Items befindet sich in Tabelle 1. Die Items weisen eine deutliche eindimensionale Faktorenstruktur auf und haben darüber hinaus mit einem Wert für Cronbachs Alpha von 0,83 eine hohe interne Konsistenz. Es ist somit anzunehmen, dass mit den Items tatsächlich ein gemeinsamer Faktor gemessen wird. Die 8 Items können daher für die folgenden Zusammenhangsanalysen zu einem Indikator zusammengefasst werden, der die Ausprägung des Fair-Trade-Bewusstseins messen soll. Hierzu wurde aus den Antworten zu den 8 Items ein additiver Index gebildet, der Werte von 8 bis 40 aufweisen kann. Höhere Indexwerte zeigen ein höheres Fair-Trade-Bewusstsein bzw. ausgeprägtere moralische Orientierungen an.

Tabelle 1: Die Items des Fair-Trade-Bewusstseins und des Beitragsbewusstseins

Fair-Trade-Bewusstsein:
(1) Die Kleinbauern und Arbeiter in der Dritten Welt werden im internationalen Handel ausgebeutet.
(2) Die Arbeitsbedingungen in der Dritten Welt sollten wir nicht mit unseren Maßstäben bewerten. Die Menschen dort können doch froh sein, überhaupt Arbeit zu haben.
(3) Ich bin dazu bereit, etwas gegen die Ausbeutung der Bauern und Arbeiter in der Dritten Welt zu tun.
(4) Auf der Welt gibt es so viele Probleme. Da können mich Berichte über die Ausbeutung von Bauern in der Dritten Welt nicht mehr erschüttern.
(5) Es regt mich auf, dass immer noch zu wenig gegen die Benachteiligung der Kleinbauern und Arbeiter in der Dritten Welt getan wird.
(6) Wenn Bauern oder Arbeiter in der Dritten Welt tatsächlich ausgebeutet werden, würde ich dies zwar bedauern, aber wohl nichts dagegen tun.
(7) Wenn ich erfahre, dass Produkte aus der Dritten Welt unter menschenunwürdigen Bedingungen hergestellt werden, bin ich empört.
(8) Ich möchte dazu beitragen, dass der Handel mit der Dritten Welt gerechter wird.
Beitragsbewusstsein:
(1) Jeder Kauf von fair gehandelten Produkten trägt dazu bei, dass der Handel mit der Dritten Welt gerechter wird.
(2) Ich bezweifle, dass die Versprechungen rund um die fair gehandelten Produkte auch wirklich eingehalten werden.
(3) Der Kauf fair gehandelter Produkte stellt keine sinnvolle Handlung dar, um die Situation der Bauern und Arbeiter in der Dritten Welt zu verbessern.
(4) Durch den Kauf von fair gehandelten Produkten kann ich mithelfen, die Armut in der Dritten Welt zu lindern.

3.2 Beitragsbewusstsein

Wie erwähnt, bestärkt die Forschung zum umweltverantwortlichen Verhalten die Vermutung, dass prosoziales Verhalten durch moralische Orientierungen beeinflusst wird. Ein Blick auf die Umweltverhaltensforschung offenbart jedoch auch, dass der gemessene Einfluss von moralischen Orientierungen häufig eher gering ist (Eckes und Six 1994). Die Ursache für diese schwachen Zusammenhänge ist nach vielen Umweltverhaltensstudien in spezifischen Verhaltensrestriktionen zu sehen, die der handlungsleitenden Wirkung moralischer Orientierungen entgegenstehen. Entsprechend dieser Forschungsergebnisse sollten bei den empirischen Analysen auch spezifische Verhaltensrestriktionen berücksichtigt werden, die den Kauf fair gehandelter Produkte verhindern könnten.

Eine solche Restriktion könnte ein mangelndes Beitragsbewusstsein darstellen. Im Hinblick auf prosoziale Verhaltensweisen im Allgemeinen bezeichnet das Beitragsbewusstsein die Überzeugung, durch den eigenen Beitrag tatsächlich helfen zu können.

Studien weisen darauf hin, dass die Ausübungswahrscheinlichkeit von prosozialen Verhaltensweisen tatsächlich je nach Ausprägung eines solchen Beitragsbewusstseins variiert (z. B. Vining und Ebreo 1992; Guagnano et al. 1995). Die bereits erwähnte Studie von Von Ziehlberg und Von Alvensleben sowie eine Studie von De Pelsmacker und Janssens (2007) liefern Hinweise, dass ein mangelndes Beitragsbewusstsein auch im Falle des Kaufs fair gehandelter Produkte eine Barriere darstellen könnte.

Angewendet auf den Kauf fair gehandelter Produkte steht das Beitragsbewusstsein für die Überzeugung, durch den Kauf solcher Produkte einen Beitrag zur Verbesserung der Situation der Bauern und Arbeiter in der Dritten Welt zu leisten. Um den Einfluss einer solchen mehr oder weniger vorhandenen Überzeugung zu messen, kann im verwendeten Datensatz auf vier Items zurückgegriffen werden (siehe Tabelle 1). Die 4 Items zeigen bei einer Hauptkomponentenanalyse eine klare eindimensionale Struktur. Darüber hinaus ist die interne Konsistenz der Items recht gut (Cronbachs Alpha = 0,78). Die Items können daher wie im Falle des Fair-Trade-Bewusstseins für die Zusammenhangsanalysen zu einem Gesamtindikator zusammengefasst werden. Hierfür wurde ein additiver Index gebildet, der Werte zwischen 4 und 20 aufweisen kann. Höhere Werte dieses Indikators entsprechen einem höheren Beitragsbewusstsein.

3.3 Materielle Handlungsbarrieren

Weitere Restriktionen könnten materielle Handlungsbarrieren darstellen. Der Einfluss solcher Barrieren wird sowohl in der Forschung zum prosozialen Verhalten im Allgemeinen als auch in der Forschung zum Spendenverhalten im Speziellen immer wieder diskutiert (z. B. Meulemann und Beckers 2003; Diekmann und Preisendörfer 1998; Liebe 2007). Mit Blick auf die in Abschnitt zwei beschriebenen Eigenschaften von fair gehandelten Produkten ist anzunehmen, dass auch der Kauf fair gehandelter Produkte durch materielle Barrieren beeinflusst wird. Wie zuvor erwähnt, sind fair gehandelte Produkte in der Regel teurer als konventionelle Produkte und sie können weiterhin nicht in jedem Supermarkt erworben werden. Folglich könnten zum einen finanzielle Restriktionen und zum anderen mangelnde Gelegenheitsstrukturen (Kein Angebot an fair gehandelten Lebensmitteln in den Geschäften, in denen normalerweise Lebensmittel eingekauft werden) relevante materielle Barrieren darstellen. In der bisherigen Forschung zum Kauf fair gehandelter Produkte lassen sich zu beiden Faktorentypen Hinweise finden, die auf einen tatsächlichen Einfluss solcher Faktoren hindeuten (siehe hierzu z. B. Schnedlitz und Haller 2003; Lübke 2007; De Pelsmacker et al. 2006).

Der mögliche Effekt von Gelegenheitsstrukturen wird in diesem Beitrag mithilfe des folgenden Items ermittelt: „Fair gehandelte Lebensmittel sind in den Läden, in denen ich Lebensmittel einkaufe, nicht verfügbar (5-stufige Skala von „trifft überhaupt nicht zu" bis „trifft voll und ganz zu"). Als Indikator für die Wirkung von Gelegenheitsstrukturen wird in der Untersuchung somit die subjektive Einschätzung der

Gelegenheitsstruktur für fair gehandelte Lebensmittel verwendet. Im Folgenden wird dieser Faktor als „subjektive Gelegenheitsstrukturen“ bezeichnet. Für die empirischen Analysen wurde die Skala des Items so umkodiert, dass höhere Werte einer besseren subjektiven Gelegenheitsstruktur entsprechen.

Der Einfluss von finanziellen Restriktionen wird auf zweierlei Weise untersucht: Erstens wird mit dem Einkommen eine objektive finanzielle Restriktion berücksichtigt. Um den Einfluss des Einkommens zu messen, wird das Haushaltsäquivalenzeinkommen[4] verwendet. Zweitens wird der Einfluss der subjektiven Zahlungsfähigkeit überprüft. Diese Variable steht für die subjektive Beurteilung der Befragten, inwieweit man sich fair gehandelte Lebensmittel leisten kann. Es ist anzunehmen, dass mit einer höheren subjektiven Zahlungsfähigkeit eher fair gehandelte Lebensmittel gekauft werden. Die subjektive Zahlungsfähigkeit wurde mit dem folgenden Item erhoben: „Ich kann mir fair gehandelte Lebensmittel nicht leisten“ (5-stufige Antwortskala von „trifft überhaupt nicht zu“ bis „trifft voll und ganz zu“). Für die empirischen Analysen wurde die Skala des Items so umkodiert, dass höhere Werte eine höhere subjektive Zahlungsfähigkeit anzeigen.

3.4 Soziale Anreize

Vor allem aus einer soziologischen Perspektive ist zu vermuten, dass prosoziales Verhalten auch durch soziale Anreize beeinflusst wird. Wie moralische Orientierungen könnten soziale Anreize dazu motivieren, sich prosozial zu verhalten. Das heißt, die Akteure üben eine prosoziale Verhaltensweise aus, um soziale Anerkennung zu erhalten, und/oder um negative soziale Sanktionen zu vermeiden. In einigen Studien wurde schon gezeigt, dass soziale Anreize prosoziales Verhalten beeinflussen können (z. B. Steinheider et al. 1999; Liebe 2007; Urban und Mayerl 2007). Hinweise für einen Einfluss speziell auf den Kauf von fair gehandelten Produkten finden sich in einer britischen (Shaw 2005) und in einer französischen Studie (Ozcaglar-Toulouse et al. 2006). In beiden Studien wird allerdings nicht die „allgemeine Bevölkerung“ sondern lediglich eine Spezialpopulation (z. B. die Abonnenten einer Verbraucherzeitschrift) befragt. Es ist daher fraglich, ob sich die Ergebnisse dieser Studien auf die „allgemeine Bevölkerung“ übertragen lassen. Um den Einfluss von sozialen Anreizen zu überprüfen, wird im Rahmen dieser Untersuchung eine Variable verwendet, die zwei Ausprägungen besitzt: „Es liegen keine sozialen Anreize für den Kauf von fair gehandelten Produkten vor“ (Wert „0“) und „Es liegen soziale Anreize für den Kauf von fair gehandelten Produkten vor“ (Wert „1“). Die Variable wurde mithilfe der Antworten zu der folgenden Frage gebildet: „Denken Sie mal an die Leute, auf deren

4 Um das Haushaltsnettoeinkommen zu erfassen, wurden den Befragten Einkommenskategorien vorgegeben, anhand derer sie ihren Haushalt einordnen sollten. Die Mittelwerte dieser Kategorien wurden zur Berechnung des Haushaltsäquivalenzeinkommens verwendet. Die Berechnung erfolgte, indem das Haushaltsnettoeinkommen durch die Quadratwurzel der Anzahl aller Haushaltsmitglieder dividiert wurde.

Meinung Sie am meisten Wert legen, z. B. Familienmitglieder, Freunde oder Berufskollegen, finden oder fänden es diese Leute gut, wenn Sie fair gehandelte Produkte kaufen?"[5]

3.5 Informationsdefizite

Eine relativ triviale, aber in der Forschung häufig ignorierte, Handlungsbarriere für prosoziales Verhalten stellen Informationsdefizite dar. Es ist anzunehmen, dass solche Defizite auch beim Kauf von fair gehandelten Produkten eine Rolle spielen. Erstens könnten Informationsdefizite darin liegen, dass Konsumenten nicht oder nur unzureichend wissen, wo es fair gehandelte Produkte zu kaufen gibt. So begründen beispielsweise in einer für Deutschland repräsentativen Umfrage 22 Prozent der Nicht-Käufer von fair gehandelten Produkten ihr Kaufverhalten unter anderem mit solchen Informationsdefiziten (Lübke 2002). Um die Einflusskraft von solchen Informationsdefiziten zu prüfen, wird in diesem Beitrag auf das folgende Item zurückgegriffen: „Ich weiß nicht, wo es fair gehandelte Lebensmittel zu kaufen gibt" (5er-Skala von „trifft überhaupt nicht zu" bis „trifft voll und ganz zu"). Das Item misst, inwieweit die Befragten über Verkaufsorte von fair gehandelten Lebensmitteln informiert sind. Es ist anzunehmen, dass die Wahrscheinlichkeit für den Kauf von fair gehandelten Lebensmitteln mit besseren Kenntnissen zunimmt. Der mit dem Item gemessene Faktor wird im Folgenden „Kenntnis von Verkaufsorten" genannt ist. Für die empirischen Analysen wurde die Skala des Items so umkodiert, dass höhere Werte besseren Kenntnissen von Verkaufsorten entsprechen.

Zweitens ist zu vermuten, dass ein nicht unwesentlicher Anteil der Konsumenten fair gehandelte Produkte überhaupt nicht kennt und aufgrund dieser Tatsache auch keine fair gehandelten Produkte kauft. Eine Bestärkung erfährt diese Annahme durch eine für alle deutschen Internetnutzer repräsentative Onlineumfrage (The Nielsen Company 2008), in der 37 Prozent der Befragten angaben, noch nie von fair gehandelten Produkten gehört zu haben. Analog zu dieser Umfrage, wurde daher auch in der Befragung, die diesem Beitrag zugrundeliegt, erhoben, ob die Option „fair gehandelte Produkte" den Teilnehmern überhaupt bekannt ist. Mit den erhobenen Daten kann somit ebenfalls abgeschätzt werden, in welchem Umfang die Barriere, dass Konsumenten fair gehandelte Produkte nicht kennen, existiert.

5 Die Antworten zu der Frage wurden mit der folgenden 5er-Skala erfasst: (1) „Sie würden das überhaupt nicht gut finden", (2) „Sie würden das eher nicht gut finden", (3) „Es wäre Ihnen egal", (4) „Sie würden das eher gut finden" und (5) „Sie würden das sehr gut finden". Zur Bildung der oben beschriebenen Variable wurden zum einen die ersten drei Kategorien (Wert „0") und zum anderen die letzten beiden Kategorien (Wert „1") zusammengefasst. Die Zusammenfügung der ersten drei Kategorien erfolgte, weil die ersten beiden Antwortkategorien fast keine Fälle enthalten. Auf eine getrennte Betrachtung der vierten und fünften Antwortkategorie wurde in dieser Untersuchung der Einfachheit halber verzichtet. Die Verwendung einer Variable mit drei Ausprägungen (also bei der die vierte und fünfte Antwortkategorie getrennt betrachtet werden) würde mit Blick auf die verfolgten Untersuchungsfragen lediglich zu vernachlässigbaren Modellverbesserungen in den empirischen Analysen (Abschnitt 4) führen.

3.6 Soziodemographische Faktoren

Schlussendlich werden im Rahmen der empirischen Analysen soziodemographische Variablen berücksichtigt. Zum einen werden diese Variablen als sogenannte Kontrollvariablen eingesetzt. Das heißt, der Einfluss der anderen Einflussfaktoren wird unter Kontrolle dieser Variablen gemessen und verglichen. Zum anderen wird im Rahmen der empirischen Analysen aber auch betrachtet, inwieweit Zusammenhänge mit diesen Variablen bestehen. Bei den soziodemographischen Variablen, die berücksichtigt werden, handelt es sich im Einzelnen um das Geschlecht der Befragten, die Schulbildung und das Alter. Im Allgemeinen ist für diese Variablen anzunehmen, dass ihr Effekt je nach prosozialer Verhaltensweise variiert, weil ihr Einfluss von Randbedingungen abhängt, die mit den entsprechenden Verhaltensweisen verbunden sind. Wie solche Randbedingungen für unterschiedliche Effekte sorgen können, zeigt beispielsweise Bierhoff (1990: 84ff.) ausführlich für den Zusammenhang mit der Variable Geschlecht auf. Im Falle des Kaufs fair gehandelter Produkte im Speziellen deuten Forschungsergebnisse für die soziodemographischen Variablen „Geschlecht“ und „Schulbildung“ auf die folgenden Zusammenhänge hin: Frauen und Personen mit höherem Schulabschluss kaufen eher fair gehandelte Produkte. Für das Alter lassen sich unterschiedliche Befunde finden, die allerdings meistens in einem Punkt übereinstimmen: Erwachsene, die 30 Jahre und älter sind, kaufen eher fair gehandelte Produkte als Erwachsene unter 30 Jahren (Lübke 2007, Nicholls und Opal 2004: 188; Tallontire et al. 2001: 17; De Pelsmacker et al. 2006). Auf mögliche Erklärungen für diese Effekte wird in diesem Beitrag nicht ausführlich eingegangen. Im Rahmen der empirischen Analysen wird aber überprüft, ob mögliche Effekte der soziodemographischen Variablen auch unter Kontrolle der anderen Einflussvariablen bestehen bleiben. Ist dies nicht der Fall, wäre dies ein Indiz dafür, dass die gemessenen Effekte aufgrund von Zusammenhängen mit den anderen Einflussvariablen zustande kamen.

4. Empirische Analysen

Im Folgenden wird kurz auf die Erhebung der in diesem Beitrag verwendeten Daten eingegangen. Anschließend folgen die empirischen Analysen, mit denen die Einflusskraft der einzelnen Faktoren aufgezeigt und verglichen wird. Die logistischen Regressionen, die dazu verwendet werden, erfolgen allerdings nur auf der Basis derjenigen Befragten, die schon mal von der Option „fair gehandelte Produkte“ gehört hatten. Der Grund hierfür ist, dass die Abfrage einiger Items, die in diesem Beitrag als Indikatoren verwendet werden, keinen Sinn macht, wenn man noch nie von der Option „fair gehandelte Produkte“ gehört hat (z. B. „Ich kann mir fair gehandelte Lebensmittel nicht leisten“) und diese Items dementsprechend auch nicht bei diesen Befragten erhoben wurden. Für die empirischen Analysen hat dies außerdem zur Folge, dass die Kenntnis der Option „fair gehandelte Produkte“ im Rahmen der Regressionsanalysen als erklärende Variable keine Berücksichtigung findet. Diese Variable wird lediglich deskriptiv untersucht.

4.1 Die Datengrundlage

Wie bereits in der Einleitung erwähnt, stammen die Daten, die für die empirischen Analysen verwendet werden, aus dem von der Fritz Thyssen Stiftung geförderten Projekt „*Warum kaufen Konsumenten fair gehandelte Produkte? Ein Vergleich handlungstheoretischer Ansätze zur Erklärung des Fair Trade Konsums*". Die Daten wurden im Mai und Juni 2009 im Rahmen einer schriftlichen Bevölkerungsumfrage erhoben. Das Erhebungsgebiet stellt die Stadt Köln dar, wobei nur Personen ab 18 Jahren und mit Besitz einer deutschen Staatsbürgerschaft zur Grundgesamtheit gehören. Die Auswahl der zu befragenden Personen erfolgte mit einer Zufallsstichprobe aus dem Adressregister des Einwohnermeldeamtes der Stadt Köln. Insgesamt wurden 5400 Kölner Bürgerinnen und Bürger angeschrieben und um ihre Teilnahme an der Befragung gebeten. In Anlehnung an die Tailored-Design-Methode von Dillman (2000) wurden nach zwei und nach fünf Wochen Erinnerungsschreiben an diejenigen versandt, die noch nicht geantwortet hatten. Von den angeschriebenen Personen schickten letztendlich 1911 einen ausgefüllten Fragebogen zurück. Unter Berücksichtigung von 271 stichprobenneutralen Ausfällen ergibt sich somit eine Ausschöpfungsquote von 37,3 Prozent. Die Struktur der Stichprobe sieht folgendermaßen aus: Geschlecht: 42 % der Befragten sind Männer. Alter: 18 bis 29 Jahre: 16 %, 30 bis 39 Jahre: 19 %, 40 bis 49 Jahre: 20 %, 50 bis 59 Jahre: 16 %, 60 Jahre und älter: 29 %. Schulbildung: 60 % der Befragten haben Abitur, 22 % einen Realschulabschluss und 18 % einen Hauptschulabschluss Mit Blick auf die Variable Schulbildung ist anzunehmen, dass überproportional viele Personen mit Abitur teilgenommen haben. Eine solche Verzerrung dürfte bei den empirischen Analysen allerdings nicht ins Gewicht fallen, weil bei den Zusammenhangsmessungen die Schulbildung als Kontrollvariable integriert ist.

4.2 Empirische Analysen

Im Rahmen der empirischen Analysen wird zuerst kurz auf das deskriptive Ergebnis zur Kenntnis der Option „fair gehandelte Produkte" eingegangen: Die Häufigkeitsauszählung zu dieser Variable zeigt, dass 20 Prozent der Befragten noch nie von fair gehandelten Produkten gehört hatten. Die in Abschnitt 3.5 geäußerte Vermutung, dass ein nicht unwesentlicher Anteil der Konsumenten fair gehandelte Produkte nicht kennt, erhält somit auch durch diese Untersuchung eine Bekräftigung.[6] Es ist davon

6 Natürlich sind deskriptive Werte bei einer Ausschöpfungsquote von 37,3 Prozent vorsichtig zu interpretieren. Es ist allerdings anzunehmen, dass der Wert eher nach unten verzerrt ist, weil Personen mit Abitur, wie in Abschnitt 4.1 erwähnt, überproportional an der Umfrage teilgenommen haben dürften.

Tabelle 2: Logistische Regressionen zum Kauf fair gehandelter Lebensmittel

	Modell 1	Modell 2	Modell 3	Modell 4	Modell 5	Modell 6	Modell 7	Modell 8	Modell 9	
	e^b	e^b	e^b	e^b	e^b	e^b	e^b	e^b	e^b	stand. e^b
Geschlecht (Refkat.: Mann)	1,61***	1,35**	1,44***	1,61***	1,70***	1,55***	1,64***	1,50***	1,37**	1,17
Schulbildung (Refkat.: kein Abitur)	1,96***	1,65***	1,58***	1,96***	1,84***	1,92***	1,78***	1,95***	1,42*	1,18
Alter	1,010**	1,011**	1,012**	1,010**	1,007	1,012**	1,013***	1,016***	1,014***	1,25
Fair-Trade-Bewusstsein		1,18***							1,12***	1,82
Beitragsbewusstsein			1,27***						1,11***	1,36
Einkommen				1,00						
Subjektive Zahlungsfähigkeit					1,21***				1,17**	1,18
Subjektive Gelegenheitsstrukturen						2,19***			1,58***	1,62
Soziale Anreize (Refkat.: keine Anreize)							2,87***		1,44**	1,20
Kenntnis von Verkaufsorten								2,24***	1,85***	2,08
McFaddens Pseudo R^2	0,023	0,122	0,091	0,023	0,029	0,112	0,065	0,150	0,263	

Signifikanzniveaus: * $p < 0,1$; ** $p < 0,05$; *** $p < 0,01$; Abhängige Variable: Wert 0 = „Der Befragte kauft keine fair gehandelten Lebensmittel", Wert 1 = „Der Befragte kauft fair gehandelte Lebensmittel". Unabhängige Variablen: Geschlecht: 0 = Mann, 1 = Frau; Schulbildung: 0 = kein Abitur; 1 = Abitur, Alter: Werte von 18 bis 89, Einkommen: 9 Ausprägungen in 500er-Schritten von „unter 500 Euro" bis „4000 Euro und mehr". Die Kodierung aller weiteren Variablen erfolgte wie zuvor beschrieben.

auszugehen, dass die Nicht-Kenntnis von fair gehandelten Produkten weiterhin eine nicht zu vernachlässigende Barriere für den Kauf solcher Produkte darstellt.

Im Folgenden wird nun der Einfluss der übrigen Faktoren untersucht und verglichen. Zu diesem Zweck wurden, wie bereits erwähnt, logistische Regressionen berechnet. Für die Regressionsanalysen wurde die abhängige Variable so kodiert, dass die Kategorie „Der Befragte kauft keine fair gehandelten Lebensmittel" den Wert „0" und die Kategorie „Der Befragte kauft fair gehandelte Lebensmittel" den Wert „1" einnimmt.[7] Die abhängige Variable besitzt zudem die folgende Häufigkeitsverteilung: Der Anteil derjenigen, die fair gehandelte Produkte kaufen, beträgt im Hinblick auf alle Befragten knapp 59 Prozent. Bezogen auf diejenigen, die die Option „fair gehandelte Produkte" kannten, beträgt der Anteil der Käufer von fair gehandelten Lebensmitteln knapp 75 Prozent.

Die Ergebnisse der einzelnen Regressionsmodelle sind in Tabelle 2 abgebildet. Alle Modelle umfassen die gleiche Fallzahl (n = 1288). Auf diese Weise ist eine Vergleichbarkeit der Modelle gewährleistet. Bei allen Modellen sind jeweils die unstandardisierten Effektkoeffizienten (e^b) für die einzelnen erklärenden Variablen abgebildet. Besitzt ein Effektkoeffizient einen Wert größer als 1, dann liegt ein positiver Effekt vor. Ein negativer Effekt existiert, wenn der Wert kleiner als 1 ist. Überhaupt kein Effekt besteht, wenn der Wert des Effektkoeffizienten gleich 1 ist. Ob die ermittelten Zusammenhänge statistisch signifikant sind, ist mit „Sternchen" gekennzeichnet. Im Folgenden wird zuerst auf Modell 1 eingegangen, welches im Rahmen der Regressionsanalysen das so genannte Basismodell darstellt. Es umfasst die drei Kontrollvariablen „Geschlecht", „Schulbildung" und „Alter". Danach werden die Ergebnisse zu den Modellen 2 bis 8 besprochen. In diesen Modellen wurde zum Basismodell jeweils einer der zu überprüfenden Faktoren hinzugefügt. Die Modelle 2 bis 8 erlauben somit, den Einfluss der einzelnen Faktoren unter Kontrolle der soziodemographischen Variablen zu überprüfen und zu vergleichen. Als Maß für die Erklärungskraft der einzelnen Modelle wird der Wert für McFaddens Pseudo-R^2 verwendet. Abschließend wird auf das Modell 9 eingegangen – das sogenannte Gesamtmodell. Neben den Kontrollvariablen enthält das Gesamtmodell alle in den Modellen 2 bis 8 auf ihren Einfluss hin getesteten Faktoren. Das Gesamtmodell wird aus drei Gründen berechnet: Erstens wird mit ihm überprüft, ob die in den Modellen 1 bis 8 ermittelten Effekte auch unter Kontrolle aller Variablen bestehen bleiben. Zweitens zeigt das Gesamtmodell, welche Erklärungskraft alle Faktoren zusammen haben. Drittens kann mithilfe des Gesamtmodells ein zweiter Vergleich der Einflussstärke der einzelnen Faktoren durchgeführt werden (Dieses Mal allerdings unter Kontrolle aller berücksichtigten

Zusammenhangsmessungen zeigen, dass Personen mit Abitur fair gehandelte Produkte mit einer deutlich höheren Wahrscheinlichkeit kennen.

7 Die abhängige Variable wurde mit der folgenden Frage gemessen: „Wie oft kaufen Sie im Allgemeinen fair gehandelte Lebensmittel?" (7 Antwortkategorien von „nie" bis „häufiger als einmal in der Woche"). Alle Befragten, die mit „nie" geantwortet haben, wurde der Wert „0" zugewiesen. Wählten die Befragten eine der anderen Antwortkategorien, erhielten sie den Wert „1".

Einflussfaktoren). Zu diesem Zweck sind beim Gesamtmodell zusätzlich zu den unstandardisierten auch standardisierte Effektkoeffizienten abgebildet.[8] Im Gegensatz zu den unstandardisierten Effektkoeffizienten erlauben die standardisierten, die Effektstärke der einzelnen Faktoren zu vergleichen.

Das Basismodell:

Wie das Basismodell zeigt, haben alle soziodemographischen Kontrollvariablen einen Einfluss auf die zu erklärende Variable. Frauen kaufen eher fair gehandelte Lebensmittel als Männer und Personen mit Abitur eher als Personen ohne Abitur. Für das Alter zeigen zusätzliche (nicht abgebildete) Analysen, dass der Effekt des Alters nicht vollständig linear ist.[9] Die jüngste Alterskohorte stellt die Kohorte dar, die im Vergleich zu allen anderen den geringsten Anteil an Käufern von fair gehandelten Lebensmitteln enthält. Die 50 bis 59-Jährigen sind die Kohorte, die die meisten Käufer von fair gehandelten Lebensmitteln vorweisen kann. Die drei anderen Kohorten („30-39-Jahre", „40-49-Jahre" und „60 Jahre und älter") liegen mit in etwa gleichen Werten dazwischen.[10] Insgesamt entspricht das Ergebnis zu den soziodemographischen Variablen somit den in Abschnitt 3.6 erwähnten Studienergebnissen. Abschließend bleibt zum Grundmodell noch zu sagen, dass trotz der vorliegenden signifikanten Einflüsse die Erklärungskraft der drei soziodemographischen Variablen relativ gering ist. Dies verdeutlicht der Wert für Pseudo-R^2.[11]

Die Modelle 2 bis 8:

In Modell 2 wurde zum Basismodell das Fair-Trade-Bewusstsein hinzugefügt. Es zeigt sich, dass vom Fair-Trade-Bewusstsein ein hochsignifikanter positiver Einfluss ausgeht. Dies deutet darauf hin, dass das Kaufverhalten tatsächlich von ethischen Orientierungen beeinflusst wird. Im Vergleich zum Grundmodell kann in Modell 2 eine deutliche Steigerung der Erklärungskraft erreicht werden (Pseudo-R^2 = 0,122). Das Fair-Trade-Bewusstsein hat somit eine weitaus stärkere Erklärungskraft als die soziodemographischen Variablen. Entsprechend Modell 3 verfügt das Beitragsbewusstsein ebenfalls über einen hochsignifikanten positiven Einfluss. Darüber hinaus erfolgt auch in diesem Modell im Vergleich zum Basismodell eine deutliche Steigerung der

8 Bei den berechneten standardisierten Effektkoeffizienten wird die Effektstärke in Standardabweichungen der unabhängigen Variablen gemessen (siehe hierzu Andreß et al. 1997: 271).

9 Trotz des nicht vollständigen linearen Zusammenhangs wird das Alter der Einfachheit halber in allen Modellen als metrische Variable eingesetzt. Integriert man das Alter aufgrund des nicht vollständigen linearen Zusammenhangs als kategoriale Variable (Dummyvariablen für jede Alterskohorte), würde dies lediglich zu einer vernachlässigbaren Verbesserung der Erklärungskraft führen.

10 Die genauen Anteile der Käufer von fair gehandelten Lebensmitteln je nach Alterskohorte lauten folgendermaßen: 18-29 Jahre: 68,5 %, 30 bis 39 Jahre: 75,6 %, 40 bis 49 Jahre: 75,2 %, 50 bis 59 Jahre: 80,9 %, 60 Jahre und älter: 73,5 %. Die Angaben beziehen sich auf diejenigen, die fair gehandelte Produkte kennen.

11 Bei McFaddens Pseudo-R^2 weisen Werte unter 0,05 auf eine schlechte Erklärungskraft und Werten ab 0,2 auf eine gute Erklärungskraft hin (Andreß et al. 1997: 288).

Erklärungskraft (Pseudo-R^2 = 0,091). Die Steigerung der Erklärungskraft ist allerdings nicht so stark wie im Falle des Fair-Trade-Bewusstseins (Modell 2). Dies weist darauf hin, dass der Einfluss des Beitragsbewusstseins geringer ist als der des Fair-Trade-Bewusstseins.

Überhaupt keine Steigerung der Erklärungskraft ist für Modell 4 festzustellen. Dies liegt daran, dass das Einkommen, welches in diesem Modell als zusätzliche Variable zum Grundmodell hinzugefügt wird, keinen signifikanten Effekt hat. Die grundsätzliche Entscheidung, ob jemand fair gehandelte Lebensmittel kauft oder nicht, scheint somit vom Einkommen nicht beeinflusst zu werden. Dagegen ist für die subjektive Zahlungsfähigkeit ein Effekt anzunehmen. Dies zeigt der signifikante Zusammenhang in Modell 5 auf. Aufgrund des geringen Werts für Pseudo-R^2 ist die Einflusskraft der subjektiven Zahlungsfähigkeit allerdings als gering anzusehen (Pseudo-R^2 = 0,029). Modell 6 weist darauf hin, dass von der Ausgestaltung der Gelegenheitsstrukturen tatsächlich ein Einfluss ausgeht. Je besser die Befragten ihre Einkaufsmöglichkeiten für fair gehandelte Lebensmittel einschätzen, desto größer ist die Wahrscheinlichkeit, dass solche Lebensmittel gekauft werden. Die Steigerung der Erklärungskraft durch die Variable „subjektive Gelegenheitsstruktur“ ist fast so groß wie diejenige, die durch das Fair-Trade-Bewusstsein erreicht wird (Modell 2).

In Modell 7 wurden die sozialen Anreize dem Grundmodell hinzugefügt. Wie vermutet, liegt ein positiver signifikanter Effekt der sozialen Anreize vor. Dementsprechend ist davon auszugehen, dass auch soziale Anreize einen Einfluss haben. Durch die Hinzufügung der sozialen Anreize wird eine nicht unwesentliche Steigerung der Erklärungskraft erreicht (Pseudo-R^2 = 0,065). Die Steigerung reicht aber nicht an die Steigerungen heran, die durch das Fair-Trade-Bewusstsein, die subjektiven Gelegenheitsstrukturen oder das Beitragsbewusstsein erzielt werden. In Modell 8 wird der Einfluss der Variable „Kenntnis von Verkaufsorten“ überprüft. Mit Blick auf den hochsignifikanten Effekt ist anzunehmen, dass von solchen Kenntnissen wie erwartet ein positiver Effekt ausgeht. Der Wert für Pseudo R^2 zeigt, dass durch das Hinzufügen dieses Faktors eine große Steigerung der Erklärungskraft erreicht wird (Pseudo-R^2 = 0,150). Im Vergleich zu allen anderen Modellen kann in Modell 8 sogar die größte Steigerung der Erklärungskraft erzielt werden. Dies deutet darauf hin, dass die Kenntnisse von Verkaufsorten den einflussreichsten Faktor darstellen.

Das Gesamtmodell:

Die Modelle 1 bis 8 weisen darauf hin, dass bis auf eine Ausnahme (Einkommen) alle Faktoren einen Einfluss haben. Im Gesamtmodell (Modell 9) wird überprüft, ob diese Effekte auch unter Kontrolle aller Einflussfaktoren Bestand haben. Ein Faktor wurde im Grundmodell allerdings nicht berücksichtigt. Es handelt sich um das Einkommen. Der Grund hierfür ist die hohe Korrelation zwischen dem Einkommen und der subjektiven Zahlungsfähigkeit, was im Gesamtmodell zu Multikollinearitätsproblemen geführt hätte. Es sei allerdings angemerkt, dass auch dann für das Einkommen kein signifikanter Effekt vorliegt, wenn es anstelle der subjektiven Zahlungsfähigkeit in das Gesamtmodell eingefügt wird.[12] Das berechnete Gesamtmodell zeigt, dass auch unter Kontrolle der anderen Einflussfaktoren die in den Modellen 1 bis 8 ermittelten Effekte weitgehend bestehen bleiben. Alle Effekte sind weiterhin signifikant. Die Zusammenhänge für die Variablen „Geschlecht", „Bildung", „subjektive Zahlungsfähigkeit" und „soziale Anreize" sind allerdings nicht mehr hochsignifikant ($p < 0{,}01$). Darüber hinaus werden bei fast allen Variablen die Effekte abgeschwächt. Insgesamt kann jedoch festgehalten werden, dass die in den Modellen 1 bis 8 festgestellten Effekte durch das Gesamtmodell bestätigt werden.

Im Hinblick auf die soziodemographischen Variablen weist das Gesamtmodell zudem darauf hin, dass die Effekte dieser Variablen nicht vollständig durch Zusammenhänge mit den anderen berücksichtigten Faktoren erklärt werden können.[13] Dies zeigen die weiterhin signifikanten Effekte der soziodemographischen Kontrollvariablen im Gesamtmodell. Mit Blick auf die Modelle 2 bis 8 ist allerdings anzunehmen, dass die Effekte der soziodemographischen Variablen sich zumindest teilweise durch solche Zusammenhänge erklären lassen. Für das Geschlecht und die Schulbildung dürften das Fair-Trade-Bewusstsein und das Beitragsbewusstsein zu den vorliegenden Zusammenhängen beitragen. Das heißt, Frauen und Personen mit Abitur kaufen unter anderem deshalb eher fair gehandelte Lebensmittel, weil sie ein höheres Fair-Trade-Bewusstsein und ein höheren Beitragsbewusstsein haben. Dies ist daran zu erkennen, dass sowohl das Fair-Trade-Bewusstsein als auch das Beitragsbewusstsein zu einer deutlichen Abschwächung des Effekts der Schulbildung und des Geschlechts führen (siehe Modell 2 bzw. Modell 3). Darüber hinaus werden die Zusammenhänge mit dem Fair-Trade-Bewusstsein und dem Beitragsbewusstsein durch zusätzliche (nicht abgebildete) bivariate Analysen bestätigt. Beim Alter ist anzunehmen, dass der Effekt teilweise durch die subjektive Zahlungsverpflichtung erzeugt wird. Darauf verweisen die Effektreduktion in Modell 5 und zusätzliche (nicht abgebildete) bivariate Analysen. Letztere zeigen auf, dass die subjektive Zahlungsfähigkeit mit dem Alter ansteigt.

Am Gesamtmodell lässt sich desweiteren die Erklärungskraft aller berücksichtigten Variablen beurteilen. Mit einem Pseudo-R^2-Wert von 0,263 ist sie als gut zu bezeichnen. Es ist somit gelungen, wichtige Einflussfaktoren auf den Kauf fair gehandelter Lebensmittel zu identifizieren. Schlussendlich sind noch die standardisierten Effektkoeffizienten zu interpretieren, die im Gesamtmodell zusätzlich angegeben wurden. Die standardisierten Effektkoeffizienten zeigen, dass unter Kontrolle aller Faktoren die Variable „Kenntnis von Verkaufsorten" die größte Einflusskraft besitzt. Darauf folgen das Fair-Trade-Bewusstsein und die subjektive Einschätzung von Gelegenheitsstrukturen. Die standardisierten Effektkoeffizienten bestätigen somit, worauf die Modelle 2 bis 8 schon hingedeutet haben: Die Variablen „Kenntnis von Verkaufsor-

12 Darüber hinaus hat dies auch keinen Einfluss auf die Effekte der anderen Variablen.

13 Hinter der Wirkung der soziodemographischen Variablen stehen somit teilweise Faktoren, die in dieser Untersuchung nicht berücksichtigt werden.

ten", „Fair-Trade-Bewusstsein" und „subjektive Gelegenheitsstrukturen" stellen von den berücksichtigten Variablen diejenigen dar, von denen die größten Effekte ausgehen.

5. Fazit

In diesem Beitrag sollten zum einen Faktoren identifiziert werden, die beeinflussen, dass Konsumenten fair gehandelte Lebensmittel kaufen. Zum anderen sollte überprüft werden, von welchen der ermittelten Einflussfaktoren die größten Effekte ausgehen. Die zu erklärende Variable, die in der Untersuchung verwendet wurde, hat zwei Ausprägungen: „Der Befragte kauft keine fair gehandelten Lebensmittel" und „Der Befragte kauft fair gehandelte Lebensmittel". Im Hinblick auf diese abhängige Variable konnten mit einer Ausnahme (Einkommen) für alle überprüften Faktoren Zusammenhänge ermittelt werden. Entsprechend dem Vergleich der Effektstärke der einzelnen Faktoren stellen Kenntnisse von Verkaufsorten den einflussreichsten Faktor dar. Informationen bzw. Informationsdefizite sind somit als bedeutende Einflussfaktoren auf den Kauf fair gehandelter Produkte anzusehen. Diese Schlussfolgerung wird durch ein weiteres Ergebnis der Studie zusätzlich bestärkt. Einem nicht unwesentlichen Anteil der Konsumenten sind fair gehandelte Produkte nicht bekannt. Weitere besonders bedeutende Einflussfaktoren sind nach dieser Untersuchung moralische Orientierungen (Fair-Trade-Bewusstsein) und die vorhandenen Gelegenheitsstrukturen. Bezüglich der Gelegenheitsstrukturen ist anzumerken, dass diese auf der Basis von subjektiven Beurteilungen gemessen wurden. Der Einfluss der Indikatorvariable könnte somit teilweise auch ein Ergebnis von weiteren Informationsdefiziten darstellen. Besonders hervorzuheben ist sicherlich auch, dass finanzielle Restriktionen kaum einen Einfluss auf die untersuchte abhängige Variable haben. Lediglich für die subjektive Zahlungsfähigkeit konnte ein Effekt ermittelt werden, der allerdings relativ schwach ist. Gerade mit Blick auf dieses Ergebnis muss allerdings festgehalten werden, dass die verwendete zu erklärende Variable eine relativ „grobe" Verhaltensvariable darstellt. Sie steht für die grundsätzliche Kaufentscheidung – kaufe ich solche Produkte oder nicht? Die Kaufintensität findet bei dieser Variable keine Berücksichtigung. Auf der Grundlage der vorliegenden Analysen kann somit nicht gesagt werden, inwieweit die Kaufintensität durch die einzelnen Faktoren beeinflusst wird. Es ist durchaus möglich, dass die berücksichtigten Variablen bezüglich der Kaufintensität eine stärkere oder schwächere Einflusskraft besitzen. Diese Einschränkung sollte aber nicht darüber hinwegtäuschen, dass der Beitrag wichtige Fingerzeige dafür liefert, welche Faktoren den Kauf fair gehandelter Produkte beeinflussen. Darüber hinaus lässt sich diesem Beitrag im Hinblick auf die Forschung zum Spendenverhalten im Allgemeinen eine klare Botschaft entnehmen: Alle untersuchten Faktorentypen (Moralische Orientierungen, materielle Handlungsbarrieren, Informationsdefizite, etc.) sollten bei der Erforschung der allgemeinen Bedingungen des Spendens Berücksichtigung finden.

6. Literatur

Andreß, Hans-Jürge, Jacques A. Hagenaars und Steffen Kühnel (1997): Analyse von Tabellen und kategorialen Daten. Berlin und Heidelberg: Springer Verlag.

Beckert, Jens (2006): The Moral Embeddedness of Markets, in: Jane Clary, Wilfred Dolfsma und Deborah M. Figart (Hrsg.), Ethics and the Market: Insights from Social Economics. London: Routledge, 11–25.

Bierhoff, Hans Werner (1990): Psychologie hilfreichen Verhaltens. Stuttgart: Kohlhammer.

Bundesverband „Die Verbraucherinitiative e. V." (2006): Fairer Handel, Themenheft der Zeitschrift „Verbraucher Konkret". Download unter: http://www.fair-feels-good.de/pdf/whois-who.pdf, 17.1.2010.

De Pelsmacker, Patrick und Wim Janssens (2007): A Model for Fair Trade Buying Behaviour: The Role of Perceived Quantity and Quality of Information and of Product-Specific Attitudes, in: Journal of Business Ethics, 75, 361-380.

De Pelsmacker, Patrick, Wim Janssens, Ellen Sterckx, und CarolineMielants (2006): Fair Trade Beliefs, Attitudes and Buying Behaviour of Belgian Consumers, in: International Journal of Nonprofit and Voluntary Sector Marketing, 11, 125-138.

Diekmann, Andreas und Peter Preisendörfer (2001): Umweltsoziologie: Eine Einführung. Reinbek: Rowohlt.

Diekmann, Andreas und Peter Preisendörfer (1998): Umweltbewusstsein und Umweltverhalten in Low- und High-Cost-Situationen. Eine empirische Überprüfung der Low-Cost-Hypothese, in: Zeitschrift für Soziologie, 27, 438-453.

Dillman, Don A. (2000): Mail and Internet Surveys. The Tailored Design Method, New York: J. Wiley.

Eckes, Thomas und Bernd Six (1994): Fakten und Fiktionen in der Einstellungs-Verhaltens-Forschung: Eine Meta-Analyse, in: Zeitschrift für Sozialpsychologie, 25, S.253-271.

Fehr, Ernst und Urs Fischbacher (2003): The Nature of Human Altruism, in: Nature, 425, 785-791.

Fairtrade Labelling Organizations International (FLO) (2010): Fairtrade Standards, Download unter: http://www.fairtrade.net, 17.1.2010.

Forum Fairer Handel (2010): Zahlen und Fakten, Download unter http://www.forum-fairer-handel.de, 17.1.2010.

Guagnano, Gregory A., Paul C. Stern, Thomas Dietz (1995): Influences on Attitudes-Behavior Relationships: A Natural Experiment with Curbside Recycling, in: Environment and Behavior, 27, 699-718.

Liebe, Ulf (2007): Zahlungsbereitschaft für kollektive Umweltgüter. Soziologische und ökonomische Analysen. Wiesbaden: VS Verlag für Sozialwissenschaften.

Lübke, Volkmar (2007): Fairer Handel: Stetiges Wachstum, in: Verbraucher Konkret, Heft 2, 20-23.

Lübke, Volkmar (2002): Marketing für den Fairen Handel, in: Verbraucher Konkret, Heft 3, 24-30.

Meulemann, Heiner und Tilo Beckers (2003): Hat die Flut vom August 2002 die Spendenaktivität gesteigert? Ein Vergleich der Häufigkeit und der Hintergründe habitueller und spontaner Spenden, in: Zentralarchiv-Information, 52, 37-57.

Nicholls, Alex und Charlotte Opal (2004): Fair Trade: Market-Driven Ethical Consumption, London: Sage Publications.

The Nielsen Company (2008): Nielsen Global Online Survey. Bekanntheit von Fair Trade Produkten. Download unter: http://at.nielsen.com/news/documents/Fairtrade_Pressecharts_Okt2008.pdf, 17.1.2010.

Ozcaglar-Toulouse, Nil, Edward Shiu und Deirdre Shaw (2006): In Search of Fair Trade: Ethical Consumer Decision Making in France, in: International Journal of Consumer Studies, 30, 502-514.

Preisendörfer, Peter (1999): Umwelteinstellungen und Umweltverhalten in Deutschland, Opladen: Leske + Budrich.

Priller, Eckard und Jana Sommerfeld (2005): Wer spendet in Deutschland? Eine sozialstrukturelle Analyse. Berlin: WZB Discussion Paper.

Rosenberg, Morris J. und Carl I. Hovland (1960): Cognitive, Affective, and

Behavioural Components of Attitudes, in: Carl I. Hovland und Morris J. Rosenberg (Hrsg.), Attitude Organisation and Change: An Analysis of Consistency Among Attitude Components, New Haven: Yale University Press, 1-14.

Schaber, Carole und Geert van Dok (2008): Die Zukunft des Fairen Handels. Luzern: Caritas-Verlag.

Schnedlitz, Peter und Thomas Haller (2003): Ethik im Handel - empirische Befunde zu Fair Trade, in: Transfer Werbeforschung & Praxis, 8, 18-20.

Shaw, Deirdre (2005): Modelling Ethical Consumer Decision Making: the Case of Fair Trade, in: Rob Harrison, Deirdre Shaw und Terry Newholm (Hrsg.), The Ethical Consumer, London: Sage, 137-153.

Steinheider, Brigitte, Doris Fay, Tanja Hilburger, Isabell Hust, Lilli Prinz, Frank Vogelgesang und Stefan E. Hormuth (1999): Soziale Normen als Prädiktoren von umweltbezogenem Verhalten, in: Zeitschrift für Sozialpsychologie, 30, 40-56.

Stehr, Nico (2007): Die Moralisierung der Märkte - eine Gesellschaftstheorie, Frankfurt am Main: Suhrkamp Verlag.

Tallontire, Anne, Erdenechimeg Rentsendorj und Mick Blowfield (2001): Ethical Consumers and Ethical Trade: A Review of Current Literature. Policy Series 12. Chatham: Natural Resources Institute.

Urban, Dieter und Jochen Mayerl (2007): Antwortlatenzzeiten in TRA-Modellen: Zur statistischen Erklärung von (Geld-)Spendenverhalten. Schriftenreihe des Instituts für Sozialwissenschaften der Universität Stuttgart, SISS No. 1/2007.

Vining, Joanne und Angela Ebreo (1992): Predicting Recycling Behavior from Global and Specific Environmental Attitudes and Changes in Recycling Opportunities, in: Journal of Applied Social Psychology, 22, 1580-1607.

Von Ziehlberg, Roland und Reimar von Alvensleben (1998): Die Bedeutung ethischer Motive beim Kauf von Lebensmitteln am Beispiel fair gehandelten Kaffees, in: Jahrbuch der Absatz- und Verbrauchsforschung, 44, 201-216.

World Fair Trade Organization (WFTO) (2010): Ten Standards of Fair Trade, Download unter: http://www.wfto.com, 17.1.2010.

Die Praxis der Organisation

Fundraising: Spendergewinnung mit System und Planung

von Marita Haibach

Immer mehr Kommunikationsbotschaften ringen um einen Platz im Gedächtnis von potenziellen Spendern und Spenderinnen. Aufgrund der allgegenwärtigen Informationsüberflutung müssen Botschaften mehrfach wiederholt und bestärkt werden, bevor sie überhaupt ankommen und möglicherweise zu einer Handlung führen. Private Fördermittel fließen meist nicht von selbst gemeinnützigen Zwecken zu. Vielmehr ist es notwendig, aktives Fundraising zu betreiben, auf Spender/innen, Stifter/innen, Stiftungen und Wirtschaftsunternehmen zuzugehen und diese auf die jeweils angemessene Art und Weise um Unterstützung zu bitten. Mit dem Begriff Fundraising wird die umfassende Mittelbeschaffung einer Organisation (Finanz- und Sachmittel, Rechte und Informationen, Arbeits- und Dienstleistungen) bezeichnet, wobei der Schwerpunkt auf Nonprofit-Organisationen und der Einwerbung finanzieller Mittel liegt. Beim Fundraising geht es um die Erstellung einer Marketingkonzeption für die Beschaffung von Finanzmitteln, und zwar vor allen Dingen für Mittel, die nicht nach klaren Förderkriterien vergeben werden und nicht regelmäßig fließen. Ziel meiner zehn folgenden Thesen ist es aufzuzeigen, dass Fundraising-Erfolge auf einem komplexen Zusammenspiel unterschiedlicher Faktoren beruhen.

> **These 1:** Zwar sind „Zufallstreffer" bei der Gewinnung von privaten Förderern weit verbreitet, doch in der Regel führt systematisches und kontinuierliches Fundraising zu besseren Ergebnissen.

Die Erfahrungen von zahlreichen gemeinnützigen Organisationen, die hierzulande Fundraising betreiben, belegen, dass die Fundraising-Einnahmen durch systematisches Vorgehen, Planung und Kontinuität zunehmen. Allerdings gibt es keinen statistischen Überblick hierüber. Alle potenziellen Geldgeber von Nonprofit-Organisationen – ob öffentlich oder privat – stellen Märkte dar, auf denen eine Vielfalt von Ideen und Anliegen um Fördermittel konkurrieren. Bei der Bereitstellung von Finanzmitteln durch private Geldgeber besitzen Marktgesetze eine besondere Bedeutung. Fundraising verlangt konkret das Erstellen einer Marketingkonzeption für die Einwerbung von Fördermitteln. Es geht darum, das Konzept der Kundenorientierung auf die Förderer anzuwenden, und sich zu bemühen, deren Fördermotive und Kommunikationswünsche zu ermitteln und diese wirksamer als die Wettbewerber (andere gemeinnützige Organisationen bzw. im Falle von Privatpersonen auch Konsum- oder Investitionsangebote) zu befriedigen.

Der Organisationszweck, Ansehen und Profil, Förderbedarf, Fördergründe und Förderzielgruppen bilden die Basis für die Entwicklung einer Fundraisingstrategie. Eine solche Strategie muss möglichst langfristig angelegt sein (drei bis fünf Jahre), doch sie beinhaltet unterschiedliche Formen von kürzeren Kampagnen und Aktionen. Ihr sollte eine systematische Vorgehensweise zugrunde liegen (Analyse, Planung, Umsetzung, Controlling, Evaluation). Die Strategie ist nicht nur auf die möglichen Förderer ausgerichtet, sondern auf sämtliche, für die Organisation relevanten Zielgruppen.

These 2: Zielgerichtetes Fundraising ist nicht ohne Menschen möglich, die die damit verbundenen Tätigkeiten beständig ausüben. Die größten Fundraising-Erfolge stellen sich meist dann ein, wenn angestellte Fundraiser/innen und Ehrenamtliche, die das Fundraising mittragen, Hand in Hand arbeiten.

Die besten Fundraising-Konzepte und -Ideen sind sinnlos, wenn es nicht Menschen gibt, die sich fortgesetzt um deren Umsetzung kümmern. Das Fundraising sollte integraler Bestandteil der Alltagsarbeit von Nonprofit-Organisationen sein. Eine wichtige Voraussetzung dafür ist die Professionalisierung des Fundraisings, die Einrichtung von Stellen für Fundraiser und Fundraiserinnen, die diesem Bereich regelmäßig Zeit widmen, am besten ihr ganzes Arbeitszeitbudget, und sich so tagtäglich um die Förderergewinnung und -bindung kümmern können. Allerdings darf die Einrichtung von Personalstellen im Fundraising-Bereich nicht bedeuten, dass sich alle anderen vom Thema Geldbeschaffung entlastet fühlen. Fundraising ist eine Querschnittsaufgabe, die alle in einer Organisation Tätigen tangiert. Fundraising gehört zu denjenigen Dienstleistungsbranchen in den USA, die seit den 1960er Jahren ein enormes Wachstum erfahren haben. Nahezu allen amerikanischen Nonprofit-Organisationen ist gemeinsam, dass Fundraising professionell betrieben wird und einen wesentlichen Teil der Arbeit darstellt. Größere Organisationen – ob Nonprofit-Organisationen jeglicher Couleur, Hochschulen, Museen oder Krankenhäuser – haben ganze Abteilungen, deren alleinige Zuständigkeit Fundraising ist. Auch kleinere Organisationen verfügen meist über mindestens eine Person, die ausschließlich für das Fundraising verantwortlich ist.

Seit Anfang der 1990er Jahre hat in Deutschland wie in ganz Europa die Erkenntnis an Boden gewonnen, dass Fundraising eine Managementaufgabe ist. Die Zahl der hauptberuflich mit der Mitteleinwerbung befassten Personen in gemeinnützigen Organisationen nimmt ständig zu. Dies belegt auch die Mitgliedszahl des Deutschen Fundraising Verbandes, des Berufsverbandes der Fundraiser und Fundraiserinnen. Dieser 1993 von 35 Gründungsmitgliedern errichtete Verband ist auf nunmehr fast 1.350 Mitglieder gewachsen (Stand: 2009). Der Bedarf an qualifizierten Fundraisern und Fundraiserinnen wächst ständig. Die im Herbst 1999 gegründete Fundraising Akademie in Frankfurt am Main kommt dieser Nachfrage entgegen und bietet eine zweijährige berufsbegleitende Ausbildung an. Vorreiter bei der Professionalisierung des Fundraisings in Deutschland waren neben Greenpeace und anderen Umweltorganisationen wie der WWF, NABU oder der B.U.N.D. die großen Hilfsorganisationen wie Brot für die Welt, Misereor und die Deutsche Welthungerhilfe. Seit Ende der 1990er Jahre hat auch in kleineren Organisationen – ob Jugendverband oder Frauenhaus – die Professionalisierung des Fundraisings Einzug gehalten, wobei es sich allerdings selten um Stellen handelt, die ganz der Gewinnung von Spendern und Sponsoren gewidmet sind.

Die Professionalisierung des Fundraisings ist ein Trend, der sich nicht nur in Deutschland bemerkbar macht, sondern in ganz Westeuropa und auch in anderen Teilen der Welt. Dem Dachverband der europäischen Fundraising-Verbände, der European Fundraising Association (EFA), gehören inzwischen Fundraising-Verbände aus 16 Ländern an. Trotz der starken Professionalisierung des Fundraisings in den USA gibt es dort eine weit verbreitete Kultur des Fundraisings durch ehrenamtliche Freiwillige. Gerade für kleinere Organisationen in den USA ist es ein wichtiger Teil ihrer Überlebensstrategie, Ehrenamtliche in ihr Fundraising einzubeziehen. Hierzulande nutzen bislang nur wenige Organisationen Ehrenamtliche als eine wichtige Ressource bei der Einwerbung von privaten Fördermitteln. Dabei kann das Fundraising für Freiwillige durchaus attraktiv sein, denn die Aufgaben lassen sich relativ gut abgrenzen und bringen zudem direkte Erfolgserlebnisse mit sich.

These 3: Die Professionalisierung des Fundraisings ist ein wichtiger Faktor für die Stimulierung von philanthropischem Engagement. Sie trägt zur Vergrößerung des Philanthropie-Volumens bei. Voraussetzung dafür ist allerdings, dass ethische Grundprinzipien gelebte Alltagspraxis im Fundraising sind.

Mit dem Wachstum der Fundraising-Branche in den USA ging eine enorme Steigerung des Spendenaufkommens einher. Für 2008 wird das philanthropische Fördervolumen auf 307,65 Milliarden Dollar beziffert, 1966 lag dieses bei 98,26 Milliarden Dollar. Inflationsbereinigt beträgt das Wachstum mehr als 200 Prozent in gut 40 Jahren (Giving USA 2009: 32). Trotz der Tatsache, dass die Fundraising-Branche in Deutschland in den vergangenen beiden Jahrzehnten kontinuierlich gewachsen ist, gibt es hierzulande bislang noch keinen wissenschaftlichen Nachweis für das parallele Wachstum des privaten Förderaufkommens. Die Zahlen, die veröffentlicht werden, gehen meist von einem relativ gleichbleibenden Volumen aus. Gleichwohl untermauern die Erfahrungen einzelner Organisationen, die ihr Fundraising professionalisiert haben, die These der Zunahme ihrer Einnahmen. Zudem ist anzumerken, dass Ausbreitung und Umfang der Professionalisierung des Fundraisings noch weit hinter den Gegebenheiten in den USA hinterherhinkt. Außerdem ist die hiesige Fundraising-Branche hierzulande doch noch relativ jung. Es kommt hinzu, dass das Großspenden-Fundraising und die persönliche Spenderansprache – beides besitzt in den USA einen hohen Stellenwert – bei uns noch unterentwickelte Fundraising-Instrumente sind. Es ist daher anzunehmen, dass die Früchte der Investitionen in das Fundraising erst auf längere Sicht reichlicher geerntet werden können.

Der Deutsche Fundraising Verband hat im Jahr 2001 ethische Grundsätze verabschiedet. Diese wurden im Jahr 2008 zwar ausgebaut, doch sind sie längst nicht so umfassend und aussagekräftig wie die Ethikprinzipien der Fundraising-Verbände in den USA und Großbritannien. Grundsätzlich zeigt sich im internationalen Vergleich: Je differenzierter die Formulierungen in den jeweiligen Ländern desto ausgeprägter ist die Relevanz der Regeln für den Alltag von Fundraisern und desto mehr wird in der Praxis auf diese rekurriert. Die Tatsache, dass die Ethikregeln im Fundraising-Alltag insbesondere in den USA eine weitaus größere Rolle spielen als hierzulande, liegt darin begründet, dass die Größe des Berufsfelds und der Umfang der Mittel, die eingeworben werden, dazu geführt haben, dass auch staatliche Stellen mitreden und einem Wildwuchs vorbeugen wollen. Regeln, die von der Branche selbst aufgestellt und kontrolliert werden, sind nicht nur eine Form der Selbstregulierung, sondern sie leisten zugleich einen wesentlichen Beitrag zur Wahrung und Stärken des öffentlichen Ansehens des Fundraisings.

Ein Grund, warum viele Menschen in Deutschland nicht spenden, ist das Misstrauen in spendensammelnde Organisationen, das durch Spendenskandale immer wieder neue Nahrung erhält. Aus diesem Grunde ist es unverzichtbar, dass ethische Grundprinzipien auch bei uns gelebte Alltagspraxis im Fundraising werden.

> **These 4:** Die Zahl der Menschen, die hauptberuflich im Fundraising tätig sind, hat in Deutschland wie in den meisten europäischen Ländern in den vergangenen beiden Jahrzehnten enorm zugenommen. Dennoch konnte dieser Bereich trotz gradueller Fortschritte bislang kein anerkannt positives Berufsprestige erlangen.

Der Beruf „Fundraiser" rangiert in der Zeitschrift US-News & World Reports seit mehreren Jahren in der alljährlich veröffentlichten Rubrik „Best Career" (die 30 besten Berufe mit guten Perspektiven und hoher Arbeitszufriedenheit) ganz vorne. Paulette Maehara, die Präsidentin der Association of Fundraising Professionals, des größten US-Fundraising-Verbands, gehört seit zehn Jahren zu den Top 50, was Macht und Einfluss im Nonprofit-Bereich in den USA angeht. Hierzulande wissen die meisten Menschen nach wie vor nicht, was ein Fundraiser ist und was dieser konkret tut – trotz der Tatsache, dass sich das Image des Fundraisings in Fachkreisen nicht zuletzt auf dem Hintergrund der Gründung der Fundraising Akademie im Jahr 1999 zunehmend verbessert hat. Professionelles Spendensammeln besitzt in der breiten Öffentlichkeit noch immer den Touch des Bettelns. Spenden, so das Idealbild, das in den Köpfen herumgeistert, sollten am besten möglichst spontan als direkte Reaktion auf die Hilfsbedürftigkeit anderer erfolgen.

Selbst innerhalb vieler Spenden sammelnder Organisationen genießen Fundraiser, sofern überhaupt welche vorhanden sind, oft nicht das beste Ansehen. In vielen Nonprofit-Organisationen in Deutschland gilt der Grundsatz: Die inhaltliche Arbeit ist die eigentliche Arbeit, Organisations- und Managementfragen werden als unangenehme Nebensächlichkeiten betrachtet. Auch wenn eine ganze Reihe von Organisationen ihr Fundraising professionalisiert haben, so sind Stellen oder gar Abteilungen, die offiziell der Finanzmittelbeschaffung dienen, nach wie vor rar. Ein Grund dafür ist, dass die Basisfinanzierung vieler – meist etablierter – Nonprofit-Organisationen auf einer institutionellen Förderung oder aber einer gesetzlichen Grundlage beruht und daher die direkte Einwerbung von Unterstützung in der Vergangenheit nicht notwendig war.

> **These 5:** Fundraiser/innen werden vielfach mit unrealistischen Erwartungen überfrachtet. Fundraising ist ein komplexer Managementprozesss. Das Zusammenwirkungen von einer ganzen Reihe von Faktoren, insbesondere die *institutional readiness,* auch und gerade auf der Führungsebene von Organisationen, wird häufig vernachlässigt.

Regelmäßige Einnahmen aus privaten Förderquellen fließen nur dann, wenn Fundraising als ein strategisch angelegter Managementprozess verstanden wird, dessen einzelne Schritte gründlich geplant und systematisch umgesetzt werden. Alle hauptberuflich und ehrenamtlich in einer Organisation Tätigen sollten ein Grundverständnis für den Fundraising-Prozess und ihre Anteile am Gelingen entwickeln.

Eine wesentliche Voraussetzung für den Erfolg von Fundraising-Aktivitäten ist das Zusammenwirken von fünf Elementen:

- ein überzeugendes und motivierendes Fundraising-Zielbild *(case for support)*, das auf einer strategischen Vision für die Organisation fußt,
- realistischer Förderbedarf und plausible Förderprojekte,
- potenzielle Förderer,
- engagierte Führungspersönlichkeiten innerhalb der Institution sowie ehrenamtliche externe Führungspersönlichkeiten,
- Institutional Readiness – professionelles Fundraising-Management.

Das *Fundraising-Zielbild* einer Institution setzt sich aus allen Faktoren zusammen, für die diese steht: ihren Traditionen und Erfolgen in der Vergangenheit, in ihrem Nutzen heute, ihren gegenwärtigen Leistungen und, was am wichtigsten ist, ihren Plänen, Ambitionen und ihrer Zukunftsvision. Die Formulierung des Zielbildes bildet die Grundlage und das argumentative Dach, um die potenziellen Förderer vom Finanzbedarf der Institution und der Notwendigkeit von größeren Zuwendungen zu überzeugen.

Förderbedarf und Förderprojekte: Erfolgreiches Fundraising setzt voraus, dass die Bedarfe einer Organisation und die in diesem Zusammenhang genannten finanziellen Erfordernisse Nachfragen standhalten können. Sie müssen plausibel sein und auf anschauliche Weise erklärt werden.

Potenzielle Förderer: Im Zusammenhang mit der erfolgreichen Durchführung von Fundraising-Aktivitäten muss eine ausreichende Zahl an potenziellen Förderern identifiziert werden: Individuen, Unternehmen, Stiftungen. Die Höhe dessen, was diese in der Lage wären zu geben, muss mit dem Finanzziel in Einklang stehen. Zudem muss die Hoffnung gerechtfertigt erscheinen, dieses Potenzial in eine tatsächliche Förderbereitschaft umwandeln zu können. Das Zusammentragen von Namen und Anschriften von potenziellen Förderern muss jede Organisation selbst leisten. Das Führen einer Fördererdatei mit Namen und Adressen ist keineswegs eine rein schematische Angelegenheit, vielmehr geht es um die Entwicklung einer *constituency,* welche die Organisation sowie ihren gesellschaftlichen Auftrag akzeptiert und ihre Aktionen mitträgt, also Beteiligte, Anteilhabende, dem Organisationsziel Verpflichtete. Eine Fördererbasis *(donor base)* lässt sich nicht von heute auf morgen aufbauen, sondern ist das Produkt langjährigen Sammelns und Betreuens. Die Gewinnung von Kontakten für das Fundraising ist eine Aufgabe, die kontinuierlich betrieben werden sollte, zumal Jahr für Jahr mit Schwund an Förderern gerechnet werden muss.

Engagierte Führungskräfte in der Organisation sowie ehrenamtliche externe Führungspersönlichkeiten: Fundraising braucht Leadership, Repräsentanten der Organisation, die intern und in der Öffentlichkeit als Vorbilder in Sachen Fundraising wirken. Sie sind es, die andere Menschen in Führungspositionen oder mit Vermögen persönlich für die Organisation ansprechen und begeistern sollten. Auch ihrem eigenen Spendenverhalten kommt Vorbildcharakter zu. Während Führungskräfte von US-Nonprofits oft gezielt unter Fundraising-Aspekten ausgesucht werden, ist es hierzulande meist ein Problem, diese für das Fundraising zu gewinnen. Zweifellos ist jede/r für mehr Spendengelder, doch oft fehlt es an der Bereitschaft, den notwendigen personellen Erfordernissen zuzustimmen, oder aber von der Fundraising-Abteilung eingebrachte Ideen für neue Fundraising-Aktivitäten, etwa Telefon-Fundraising oder Erbschaftsmarketing, werden behindert. Vielfach ist weder konkretes Know-how in Sachen Fundraising noch eine realistische Einschätzung der Fundraising-Chancen vorhanden. Ehrenamtliche Führungskräfte von außen, Persönlichkeiten, die hinter der Fundraising-Zielsetzung stehen, die der Arbeit Prestige und Ansehen verleihen, die Kontaktarbeit mit tragen und unterstützen sowie Türen zu Großspendern und Stiftern öffnen, bilden in den USA den Schlüssel für alle groß angelegten Fundraising-Aktivitäten.

Trotz des hohen Professionalisierungsgrades des Fundraisings gibt es dort nach wie vor eine breite Kultur des Fundraisings durch *volunteers,* Freiwillige. Megaspenden in den USA kommen meist durch das gelungene Zusammenspiel von drei Schlüsselpersonen zustande: des Geschäftführers der Organisation, des ehrenamtlichen Vorsitzenden des Fundraising-Komitees und des Leiters der Fundraising-Abteilung. Hierzulande spielen Ehrenamtliche in vielen Nonprofit-Organisationen eine recht aktive und einflussreiche Rolle, doch es gibt nur wenige Beispiele dafür, dass Ehrenamtliche ein aktiver Teil der Fundraising-Strategien von Organisationen sind. Auch eigene Spenden sind keine Selbstverständlichkeit. Dies ist einerseits darauf zurückzuführen, dass ihnen weder bei der Gewinnung noch bei der Aufgabenbeschreibung das Thema Fundraising deutlich gemacht wurde, andererseits gibt es jedoch auch viele Menschen, die sich zwar mit ihrer Mitgliedschaft in hochrangig besetzten Gremien gerne schmücken, dies aber nicht automatisch mit der Verpflichtung einer Spende verbinden. Ein weiterer Unterschied zu den USA ist, dass das persönliche Bitten anderer potenzieller Förderer um eine Spende hierzulande schwerer fällt, weil es nicht zu den gesellschaftlichen Gepflogenheiten gehört.

Interne Fundraising-Bereitschaft: Ein weiterer Faktor für Fundraising-Erfolge ist die interne Bereitschaft innerhalb einer Organisation oder Institution, tatsächlich Fundraising zu betreiben. Voraussetzung dafür ist das Vorhandensein von klaren Vorstellungen über die Prioritäten der Organisation, eine breite Unterstützung der Kampagne innerhalb der Organisation und eine enge Verbindung zwischen den Zielen der Kampagne und der langfristigen Entwicklung der Institution insgesamt. Hinzu kommt die Notwendigkeit einer klaren, konsequenten und inspirierenden Führung innerhalb der Institution und von Menschen, die dem Fundraising kontinuierlich

Zeit widmen (Fundraising-Personal). Ein Budget für Fundraising-Aktivitäten ist dabei ebenso unabdingbar wie eine mittels einer Fundraising-Software geführte Förderer-datenbank.

These 6: Fundraising bedeutet das gezielte Kommunizieren mit aktuellen und potenziellen Förderern. Daher ist es erforderlich, eine Segmentierung nach möglichst homogenen Gruppen vorzunehmen.

Zunächst sollten die Förderer in Obergruppen (wie Privatpersonen, Stiftungen, Unternehmen) aufgeteilt werden. Im Anschluss daran geht es darum, innerhalb der einzelnen Obergruppen Teilgruppen zu identifizieren. Dies gilt insbesondere für die Gruppe der Individuen. Im kommerziellen Direktmarketing ist das erste Segmentierungskriterium die Stufe der Loyalitätsleiter, auf der eine Zielperson einzuordnen ist. Diese Kategorien sind auch auf Spender übertragbar. Die Loyalitätsleiter wird im Fundraising meist in Form einer Pyramide dargestellt.

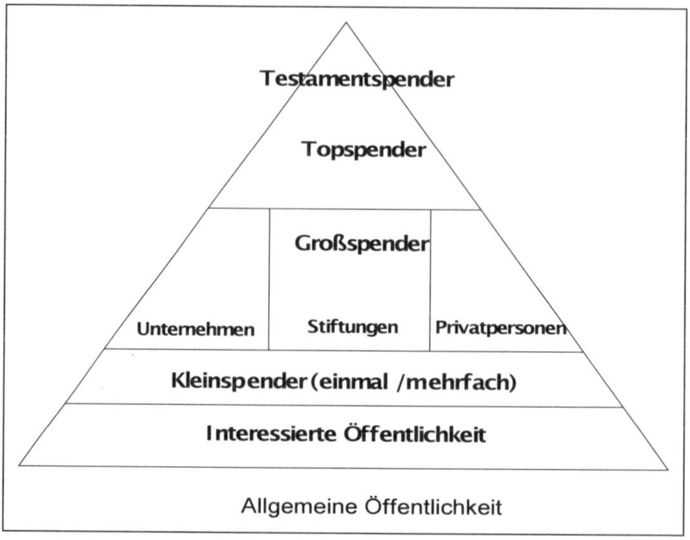

Je nach der Platzierung auf der Spendenpyramide sollte auf unterschiedliche Weise mit den Interessenten bzw. Spendern kommuniziert werden.

These 7: Der Prozess der Gewinnung von Spendern besteht aus mehreren Stufen, wobei insbesondere unterschieden werden sollte, ob es sich um Neuspender oder um Spender handelt, die sich bereits für die Organisation engagieren.

Die Gewinnung von Förderern – ob Individuen, Unternehmen oder Stiftungen – setzt trotz gelegentlicher Zufallstreffer in der Regel einen strategisch geplanten Prozess voraus, der sich in Form eines aus sieben Stufen bestehenden Zyklus darstellen lässt. Dieser Kreis ist von besonderer Bedeutung bei der Gewinnung von Groß- und Megaförderern, doch auch bei der Gewinnung von Kleinspendern ist diese Systematisierung eine Strukturierungshilfe.

Identifikation potenzieller Förderer: Es gilt Personen, Unternehmen und Stiftungen auszumachen, bei denen die begründete Annahme besteht, dass sie Interesse daran haben, die Organisation als Förderer finanziell zu unterstützen. Es gibt viele Formen der Identifikation von potenziellen Förderern, die zunächst entlang der Förderergruppen Privatpersonen, Unternehmen und Stiftungen differenziert werden sollten. Bei Privatpersonen muss zudem zwischen der Identifikation von potenziellen Kleinspendern und Großspendern unterschieden werden. Eine gängige Methode zur Kleinspendergewinnung ist der Kauf von Adressen potenzieller Spender. Beim Arbeiten mit Miet-/Kaufadressen werden potenzielle Spender mit personalisierten Spendenbriefen angeschrieben in der Hoffnung, dass eine Spende erfolgt. Dies ist auch regelmäßig der Fall, allerdings sind die Reaktionsquoten bei Fremdadressen meist sehr gering (zwischen 0,1 bis 0,5%, höchstens 1 bis 1,5%). Neue Großspender lassen sich am ehesten über Beziehungsnetzwerke erschließen. Hierbei gilt es unter anderem, eine Art Schneeballsystem zu initiieren und die persönlichen Netzwerke der Führungsspitze der Organisation und anderer relevanter Personen durch gezielte Befragungen zusammenzutragen. Großspenden kommen aber oft auch von Spender/innen, welche die Organisation vorher bereits mit kleinen Spenden unterstützt haben.

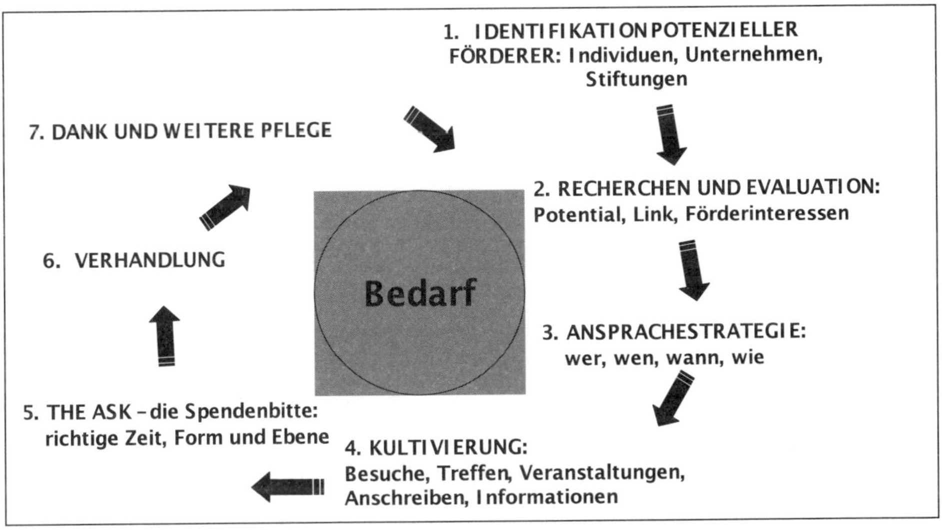

Recherche und Evaluation: Fördererrecherchen beinhalten das systematische Sammeln und Festhalten von Informationen über potenzielle und aktuelle Förderer, um herauszufinden, was diese mit einer Institution verbindet, was ihre Interessen sind und wie es um ihr Förderpotenzial bestellt ist. Sie werden insbesondere dazu eingesetzt, die Ansprache von ausgewählten Personen, meist potenziellen Großspendern, vorzubereiten. Diese einfachste Methode des Kennenlernens der Förderer, regelmäßige Begegnungen mit Einzelnen oder in Gruppen zu organisieren, sollten zum Standardrepertoire von Fundraisern gehören: Verabredungen mit Förderern zum Mittagessen oder Gespräche mit Spendern auf Veranstaltungen sind hervorragende Möglichkeiten, Rückmeldungen und Anregungen für das Fundraising zu sammeln. Auch bei der Einwerbung von Kleinspenden sind Spenderrecherchen von Bedeutung. Dabei geht es hier nicht darum, ausführliche individuelle Spenderprofile zu erstellen, vielmehr dienen die Recherchen dazu, die Fundraising-Aktivitäten einer Organisation besser zu strukturieren und effizienter zu gestalten. Die gängigsten Instrumente sind Fragebogen und Telefonbefragungen.

Ansprachestrategie: Voraussetzung für Planung und Umsetzung einer wirkungsvollen Ansprachestrategie ist die Segmentierung der potenziellen und aktuellen Förderer. Darauf aufbauend werden unterschiedliche Formen von Kommunikationsstrategien gewählt. Der personelle Aufwand, jedem potenziellen Kleinspender einen persönlichen Besuch abzustatten, steht in der Regel nicht im adäquaten Verhältnis zur Spendenhöhe. Ebenso wenig ist der Versuch Erfolg versprechend, einen vermögenden Philanthropen mit einem Standard-Spendenmailing zu einer Großspende zu bewegen.

Kultivierung und Involvierung des potenziellen Spenders: Ziel der Kultivierungsphase ist es, eine engere Beziehung des potenziellen Förderers zu einer Organisation und ihren Förderprojekten herzustellen und sein Interesse zu wecken, sich als Spender zu engagieren. Der Begriff der Kultivierung findet in erster Linie im Großspenden-Fundraising Anwendung, doch auch bei der Einwerbung von kleineren Spenden ist es sinnvoll, diese zunächst an die Institution heranzuführen, ohne sie als Erstes um eine Spende zu bitten. Eine große Herausforderung bei der Kultivierung einzelner potenzieller Spender im Großspenden-Fundraising ist, dass ein Schritt systematisch auf den anderen folgen muss und kein einzelner potenzieller Spender aus dem Blickfeld verschwindet. In einigen Fällen, besonders wenn es sich um Riesensummen handelt, müssen für die Kultivierung mehrere Jahre angesetzt werden.

Spendenbitte: Die Spendenbitte erfolgt bei Fundraising-Methoden, die in erster Linie auf die Einwerbung von Kleinspenden ausgerichtet sind, oft bereits in Kombination mit dem Erstkontakt oder zumindest in relativer zeitlicher Nähe dazu. Eine Spendenbitte, auch wenn es sich um kleinere Beträge handelt, sollte erst ausgesprochen werden, wenn es gelungen ist, eine emotionale Nähe zur Organisation zu erzeugen.

Verhandlung: Die Person, die um die Spende gebeten hat, muss mit dem möglichen Spender in Kontakt bleiben und zu gegebener Zeit nachfassen. Welche Würdigung ein Spender erhalten sollte und die Art und Weise, in der die Spende öffentlich gemacht wird, ist Teil des Gesprächs mit dem potenziellen Spender. Dies setzt ein gewisses Verhandlungsgeschick voraus. Es ist ratsam, im Voraus hier eine klare, aber flexible Haltung zu formulieren, um sicher zu stellen, dass die Art der Anerkennung einer Spende zu dem Spender passt.

Dank und weitere Pflege: Es ist unbedingt wichtig, den Spender auch nach seiner Zusage involviert zu halten. Der Spender wird/wäre enttäuscht, wenn die Organisation nicht Schritte unternähme, um ständige Wertschätzung für die Spende auszudrücken, ihn bei wichtigen Entscheidungen zu konsultieren und ihn als jemanden zu behandeln, der künftig durchaus weitere Spenden tätigen könnte.

> These 8: Die Palette der Fundraising-Methoden ist vielfältig. Die Wahl der Ansprachestrategie ist abhängig von der Fördererzielgruppe und dem Förderbedarf.

Fundraising-Erfolge basieren letztlich auf den folgenden sechs *Richtigen:*

- der richtigen *Person,*
- den richtigen potenziellen *Förderer,*
- für das richtige *Förderprojekt,*
- mit dem richtigen *Betrag,*
- zum richtigen *Zeitpunkt,*
- auf die richtige *Weise* bittet.

Bei der Kleinspendenwerbung kommen eher Fundraising-Methoden mit einer breiten Streuung in Frage, wie etwa Spendenbriefe oder Veranstaltungen. In der Regel empfiehlt sich die Kombination verschiedener Ansprachеformen. Bei Topspendern hingegen ist eine persönliche Ansprache unumgänglich. Die am häufigsten eingesetzte Fundraising-Methode ist der Spendenbrief. Dies hat mittlerweile dazu geführt, dass sich mehr und mehr Menschen negativ darüber äußern, so viel unerwünschte Post zu bekommen und die Rücklaufquoten besonders bei „Kaltmailings" (an Fremde, deren Adressen bei Adresshändlern gemietet wurden) stark abgenommen haben. Dennoch wird der Spendenbrief auch künftig eine wichtige Fundraising-Methode bleiben, weil man damit auf relativ preisgünstige Weise einer großen Zahl von Menschen direkt und ungefiltert Informationen zukommen lassen kann. Abgesehen von Mailings gibt eine breite Palette unterschiedlicher Fundraising-Methoden, ob Fundraising-Gespräche, Benefizveranstaltungen, Merchandising, Telefon-Fundraising, Testamentspenden-Fundraising, Online-Fundraising und andere mehr. In der Regel empfiehlt es sich, mehrere dieser Instrumente parallel einzusetzen.

> These 9: Das Thema der Fundraising-Kosten und der Bezahlung von Fundraiser/innen wird bei uns oft mit einem Nebel des Schweigens und falschen Annahmen umhüllt. Viele Organisationen hoffen auf einen Weg, mit dem die Notwendigkeit von Investitionen in das Fundraising umgangen werden kann.

Zum Thema Fundraising-Kosten sind die Diskussionen und Festlegungen hierzulande noch nicht weit gediehen. Zwar werden in den Richtlinien des Deutschen Zentralinstituts für soziale Fragen (DZI) Aussagen zum Thema Werbe- und Verwaltungskosten getroffen, aber eine genaue Abgrenzung zu den Fundraising-Kosten erfolgt nicht. Unter Werbe- und Verwaltungskosten werden dabei grundsätzlich alle Ausgaben verstanden, die den in der Satzung genannten steuerbegünstigten Zwecken nicht unmittelbar inhaltlich zuzuordnen sind. Auch alle Ausgaben, die der Spendenakquisition und -verwaltung dienen, zählen hiernach als Werbekosten. Das DZI hält Werbe- und Verwaltungsausgaben von mehr als 35% der Gesamtausgaben für nicht vertretbar, Anteile bis zu 10% gelten als niedrig, bis zu 20% als angemessen. In den USA gelten *national benchmarks* (bundesweite Eckwerte), die sowohl von den Spendenwächterorganisationen als auch vom *Attorney General*, den staatlichen Prüfbehörden, akzeptiert sind. Generell sollen für die Einwerbung eines Spendendollars nicht mehr als 35 Cents *(Council of Better Business Bureaus)* bzw. 40 Cents *(National Charities Information Bureau)* aufgewendet werden, die Fundraising-Kosten insgesamt also 35% bzw. 40% der Fundraising-Einnahmen nicht überschreiten, dabei wird von einer Startphase von bis zu drei Jahren ausgegangen. Erfahrene Fundraiser/innen treten allerdings für eine Kostengrenze von 20% bis 30% ein. Für verschiedenartige Fundraising-Aktivitäten gelten unterschiedliche Kosten als akzeptabel, zumal die jeweiligen Zielsetzungen dabei eine wichtige Rolle spielen. Bei der Neuspendergewinnung werden Kosten von 1,50 Dollar pro eingenommenem Dollar anerkannt, bei Wiederholungsspenden 20 bis 30 Cents. Für Fundraising-Events, die ja auch der Öffentlichkeitsarbeit dienen, liegt die Kostengrenze bei 50% der Einnahmen. Für Großspenden und Erbschaftsmarketing werden 10% bis höchstens 20% Kosten angesetzt. Beim Fundraising von Stiftungen und Unternehmen werden Kosten von 20% der Einnahmen zugrunde gelegt.

Ein weiteres Thema im Zusammenhang mit den Fundraising-Kosten ist die Bezahlung von Fundraisern und Fundraiserinnen. In den USA gelten die Vergütung auf prozentualer Basis oder die Zahlung von Erfolgshonoraren als ethisch verpönt, weil dann die Arbeit auf den persönlichen Gewinn und nicht den Vorteil der Organisation abgestellt werde. Außerdem, so die Argumentation, erhöhe sich dadurch der Erfolgsdruck auf den einzelnen Fundraiser, was oft dazu führt, dass Menschen unter Druck gesetzt werden, eine Spende zu leisten. Es kommt hinzu, dass Fundraising-Erfolge auf Teamwork basieren, also in der Regel das gelungene Zusammenspiel zahlreicher Personen beinhalten. Auch in Deutschland wird die Vergütung von Fundraisern auf der Basis von Prozentanteilen an den Spendeneinnahmen zunehmend kritisch bewertet.

These 10: Fundraising ist Erziehungssache – Fundraising is the gentle art of teaching the joy of giving (Henry Rosso).

Fundraising, die sanfte Kunst des Lehrens der Freude am Spenden, ist in den USA nicht nur weit verbreitet, sondern wird bereits im Kindesalter gelehrt und aktiv praktiziert. Auch in den Schulen ist das Thema allgegenwärtig. Gruppen von Kindern und Jugendlichen führen beispielsweise das sogenannte „Candy Fundraising“ durch: Sie ziehen von Haus und zu Haus und verkaufen Süßigkeiten für gute Zwecke. Auch das eigene Spenden wird in vielen Familien gelehrt. Dies belegt das Beispiel von Tracy Gary, die Initiatorin der Erbinnen-Bewegung in den USA. Ein Teil der Erziehung, die sie genoss, bezog sich auf den Umgang mit Geld. Im Alter von sechs Jahren erhielt sie 25 Cents Taschengeld pro Woche. Dieses war mit Auflagen versehen: Fünf Cents fürs Ausgeben, fünf zum Sparen, fünf zum Ausleihen oder Verschenken an Freundinnen, fünf zum Investieren und fünf zum Spenden. Auch hierzulande gibt es inzwischen Charity-Läufe und andere Fundraising-Aktivitäten, auch in Schulen, in denen Kinder aktiv involviert sind, doch von eine solch systematischen und allgegenwärtigen Befassung mit Fundraising und eigenen Spenden sind wir noch weit entfernt.

Literatur

Giving USA Foundation (Hg.) (2008): Giving USA 2009. The Annual Report on Philanthropy for the Year 2008. Indianapolis: Giving Institute Press Releases.

Haibach, Marita (2001): Frauen erben anders: Mutig mit Vermögen umgehen. Königstein/Taunus: Ulrike Helmer.

Haibach, Marita (2006): Handbuch Fundraising: Spenden, Sponsoring, Stiftungen in der Praxis. 3. überarb. Auflage. Frankfurt a.M./New York: Campus.

Haibach, Marita (2008): Hochschul-Fundraising: Ein Handbuch für die Praxis. Frankfurt a.M./New York: Campus.

Fundraising Web 2.0

von Joana Breidenbach

Im Vorfeld des G8-Gipfels im Jahre 2008 in Deutschland nahm ich an einer Pressekonferenz teil, auf der Ex-Rockstar Sir Bob Geldof und Michael Camdessus, Ex-Geschäftsführer des Internationalen Währungsfonds, die Politiker beschworen, mehr Geld für die Entwicklungshilfe in Afrika bereitzustellen. Ich hatte mich gerade mit der desaströsen Bilanz von fünf Dekaden Entwicklungshilfe beschäftigt und verfolgte die hitzige Debatte zwischen Jeffrey Sachs, dem Initiator der UN Millenniumsziele und seinem Kritiker, dem Entwicklungsökonom William Easterly. Easterly argumentierte, dass die bisherige Form der Entwicklungshilfe nicht nur ineffektiv, sondern kontraproduktiv ist, da sie Eigeninitiative lähmt und Korruption stärkt. In diesem Sinne erwartete ich von den auf der Pressekonferenz anwesenden Journalisten auch kritische Fragen, wie die Hilfsgelder für Afrika verwendet werden würden und ob denn „mehr Geld" automatisch „mehr Entwicklung" bedeute. Doch ich wurde enttäuscht: In den Gesprächen ging es ausschließlich darum, wie viel Geld einzusammeln sei und niemand verlor auch nur ein Wort darüber, was mit dem Geld gemacht werden sollte. Im gemeinnützigen Sektor wird der Einnahmeseite mehr Aufmerksamkeit zuteil als der Verwendung der eingesammelten Spenden – mit weit reichenden negativen Folgen für den sozialen Fortschritt. Diese Schieflage steht im Zentrum von Alexander Glücks „Die verkaufte Verantwortung" (2009), in dem er anhand von anschaulichen Beispielen und teilweise erschreckenden Zahlen die Dynamiken des Spendenmarktes im deutschsprachigen Raum beleuchtet. Dabei benennt er eine Reihe der großen Herausforderungen, mit denen der Sektor konfrontiert ist.

Hohe Kapitalbeschaffungskosten

Die Betreuungskosten für Spender, so zitiert Glück den Fundraisingexperten Michael Urselmann, sind bei etwa einem Drittel seines Spendenertrags anzusiedeln. Werden € 100 gespendet, gehen von diesem Betrag € 33 ins Fundraising und Marketing der Organisation. Umgerechnet auf das jährliche Gesamtvolumen des deutschen Privatspendenmarktes von ca. 4 Milliarden Euro fließen also 1,3 Milliarden in die Spendenbeschaffung und -verwaltung. Nur die wenigsten Menschen würden in Frage stellen, dass Geldbeschaffung auch Geld kostet. Die Frage ist nur, ob diese Kosten transparent offen gelegt werden, ob sie angemessen sind und ob sie nicht reduziert werden könnten. Dafür, dass die Kosten so hoch sind, nennt Glück eine Reihe von Gründen. So ist die Spendenakquise extrem ineffizient. Zwar stammen 90% der Spendeneinnahmen einer Organisation aus ihrem bestehenden Spenderstamm, aber die meisten Gelder (zwischen 60-80% des Fundraisingbudgets) werden für die Gewinnung von Neuspendern ausgegeben. Diese Akquise verbrennt Geld: Nur die wenigsten Spendenaufrufe per Direct Mailing erreichen die für die Kostendeckung notwendige Hürde von 5,5%. Vielmehr ist es üblich, dass von 100 verschickten Briefen 99 direkt im Papierkorb landen und nur ein einziger zu einer Spende führt. Bei solch niedrigen Rücklaufquoten verdienen nur die diversen, am Fundraising beteiligten Dienstleister – in die Projekte geht kein Cent.

Die Kapitalbeschaffungskosten nehmen zudem noch ständig zu. Dies liegt vor allem daran, dass eine neue Klasse von Mittelsmännern und -frauen auf die Bühne getreten sind: die professionellen Fundraiser. Sie operieren in einer Landschaft, in der bei gleich bleibendem Spendenvolumen immer mehr gemeinnützige Organisationen auf den Markt drängen. Im Konkurrenzkampf der Organisationen hilft da vermeintlich nur eins: Man muss sein Fundraising professionalisieren. Und so entwickelt sich die Spendenbeschaffung zu einer blühenden Industrie mit eigenen Aus- und Fortbildungsinstitutionen, Workshops und Seminaren, Handbüchern und Newslettern, Experten und Eventmanagern. Dabei gerät die Verhältnismäßigkeit von Aufwand und Ergebnis oft außer Kontrolle, wie Glück am Beispiel vom Eventmarketing beschreibt. Immer häufiger werden Spenden mit vermeintlich unterhaltsamen Aktionen – wie Entenrennen oder Galadiners – verbunden. Analysiert man jedoch, welche Gelder bei diesen Veranstaltungen für was und wen ausgegeben werden, kann man nicht umhin, an deren Sinnhaftigkeit zu zweifeln – sie sind in erster Linie Umsatzbringer für die eingebundenen Wirtschaftsunternehmen.

Henne oder Ei?

Sind die rückläufigen Einnahmen vieler Organisationen, so die provokante Frage von Alexander Glück, also vielleicht weniger eine Folge unprofessionellen Fundraisings (wie die Geldbeschaffungsindustrie uns weismachen will), sondern vielmehr durch eben diese Fundraiser verursacht? Denn natürlich werden Fundraiser aus demselben Topf bezahlt wie die Empfänger der Entwicklungs- und Katastrophenhilfe. Und je mehr die Geldbeschaffung kostet, desto weniger kommt beim Projekt an.

Professionelles Fundraising kann aber auch noch indirektere und weniger messbare Kosten verursachen. Aus vielen Umfragen wissen wir, dass ein hoher Anteil von Bürgern mit Hilfsorganisationen unzufrieden ist. Zur Spendenmüdigkeit tragen auch die vielen Mailings bei, die unaufgefordert ins Haus flattern. Man kann sich leicht vorstellen, dass die meisten von denen, die Spendenaufrufen nicht nachkommen, diese genervt in den Mülleimer werfen. Jedes Mailing bestärkt den Spender in seinem Misstrauen, wirft es doch die Frage auf: „Wofür wird mein Spendeneuro eigentlich eingesetzt?“. Der dabei entstehende Reputationsschaden könnte Hilfsorganisationen teurer zu stehen kommen als die aus Mailings resultierenden Einnahmen.

Glück wirft der Fundraisingindustrie zudem vor, dass sie dem Spender auf billige und nicht nachhaltige Weise die Verantwortung für die Not der Welt abnimmt. Der Fundraiser entbindet den Spender von dem moralischen Dilemma, selbst im Wohlstand zu leben, während andere leiden und hungern. Spenden wird zum Tauschgeschäft, nach dem Motto: Ich gebe Dir Geld, damit Du in meinem Namen etwas gegen das Elend der Welt unternimmst. Diese Haltung ist kontraproduktiv, empfinden doch Bürger, die durch den Spendenakt ihre „kognitive Dissonanz“ weitgehend aufgelöst haben, weniger Druck sich selbst aktiv für die politischen Veränderungen einzusetzen, die der weltweiten Armutskluft zugrunde liegen, z.B. die Beseitigung unfairer globaler Handelsbeziehungen. Der Spender bedient also unwissentlich einen falschen Hebel: Er meint, dass sich durch seine Gabe die weltweite Not lindern ließe. Doch da das Elend zu groß und die Arbeit der Hilfsorganisationen nicht effektiv genug ist, wird die Lage in vielen Bereichen nicht besser, sondern schlechter.

Darüber hinaus kritisiert Glück, dass Spender ihre Wohltätigkeit zunehmend als Konsumform ansehen und ihr Tun von Gegenleistungen abhängig machen. Zumindest wollen sie ein gesteigertes Selbstwertgefühl erhalten. Aber ist das an sich schon problematisch? Ich finde nicht. Kontraproduktiv wird diese Haltung nur, wenn das alles ist, was der Spender erwartet. Denn derart leicht zufrieden zu stellende Konsumenten kümmern sich nicht weiter darum, welche Wirkung mit ihrem Geld erzeugt wird. Sie fragen nicht, wohin ihr Geld geht, was damit gemacht wird und ob das Leben der Projektteilnehmer sich wirklich verbessert hat. Und *das* ist ein echtes Problem.

Mangelnde Transparenz und falsche Anreize

Der gemeinnützige Sektor ist in Deutschland hochgradig intransparent. Es bestehen weit weniger Offenlegungspflichten als z.B. in den USA, wo not-for-profit Organisationen gesetzlich verpflichtet sind, Informationen zu ihrer Arbeitsweise, ihren Finanzen und personellen Verflechtungen zu veröffentlichen. Um noch einmal auf die hohen Fundraisingskosten zurück zu kommen: Welcher Spender weiß schon, dass im Durchschnitt ein Drittel seiner Spende gar nicht beim Projekt landet oder die Organisation in ihrer Kapazität stärkt, sondern der Mittelbeschaffung dient? Darüber hinausgehende Informationen über die Qualität der Projektarbeit sind fast nicht verfügbar. Ist der Spendeneuro bei World Vision besser angelegt als bei den Johannitern oder dem South Coast Hospice in Südafrika? Spender und Leistungsempfänger haben in den meisten Fällen keinen direkten Kontakt. Spender sind darauf angewiesen, dass die Organisationen ihnen realistische Angaben über ihre Arbeit geben. Doch welche Anreize bestehen für Organisationen, differenziert über die Projektarbeit Rechenschaft abzulegen? Ihr Hauptinteresse liegt – bei allem Engagement für die soziale Sache – darin, das eigene Überleben zu sichern, das heißt die Beziehung zu den Geldgebern zu pflegen. Und diese werden beim nächsten Spendenaufruf nur dann ihr Portemonnaie zücken, wenn ihnen die Projektarbeit vorher als Erfolg verkauft wurde. Das schafft ein Dilemma. Denn gute Projektarbeit ist nur möglich, wenn Organisationen sich hauptsächlich ihren „primären Kunden“, das heißt den Armen und sozial Benachteiligten, gegenüber verantwortlich fühlen, ihnen Rechenschaft ablegen und mögliche Kritik konstruktiv für die Verbesserung ihrer Arbeit verwenden. Da die Anreize jedoch anders verteilt sind und die Armen keine Stimme haben, um zu protestieren, fühlen sich Organisationen einseitig ihren Geldgebern zur Rechenschaft verpflichtet. Bei dieser Rechenschaft geht es jedoch zum Großteil um sehr formalistische, leicht messbare Themen. Vereine weisen nach, dass sie formaljuristisch ihren Satzungszweck erfüllen oder eine solide Buchhaltung haben. Diese Form der Qualitätssicherung wird zum Beispiel vom deutschen Finanzamt übernommen, wenn es eine Organisation als gemeinnützig anerkennt. Ebenso überprüft das DZI mit seinem Spendensiegel die Managementprozesse einer Organisation und ob die Gelder ordnungsgemäß eingesammelt und verwaltet werden oder ob in der öffentlichen Selbstdarstellung bestimmte ethische Grundsätze eingehalten werden.

So wichtig diese Form der Rechenschaft ist, so wenig sagt sie über die wirkliche Effektivität der geleisteten Arbeit aus. Spendern, schreibt Alexander Glück in seinem Kapitel über die Zertifizierungsinstitutionen DZI, ZEWO und Spendenrat, fehlen meist objektive Kriterien zur Evaluierung der Leistung einer Organisation. Impulse für die Evaluation und Verbesserung der Projektarbeit können nur aus dem Feld kommen. Im offiziellen Diskurs ist zwar viel die Rede von der engen Zusammenarbeit zwischen internationalen NGOs und lokalen Gemeinschaften, den so genannten Partnern. Die Realität sieht oft anders aus. Die Partner werden nur in den wenigsten Fällen wirklich von Anfang an in die Arbeit miteinbezogen und mit ihrem Feedback ernst genommen. So meint Burkhard Gnärig, ehemaliger Geschäftsführer von Save the Children und Direktor des Berlin Civil Society Center, viele zivilgesellschaftliche Organisationen redeten von Partnerschaft, von Menschenrechten, Kinderrechten und Selbstbestimmung. Aber nur sehr wenige gäben ihren lokalen Partnern und „Beneficiaries“ handfeste Mitspracherechte, vergleichbar zu denen, die sie ihren Geldgebern einräumen. Zum gleichen Schluss kommt der Jahresreport 2008 von HAP (Humanitarian Accountability Partnership), einer international renommierten Zertifizierungsorganisation.

Wer seine Partner wenig ernst nimmt, darf sich nicht wundern, wenn Hilfsorganisationen außerhalb des Westens oft einen schlechten Ruf haben. In dem Edelman Trust Barometer 2007 kam heraus, dass in Asien und Südamerika Nichtregierungsorganisationen weniger Vertrauen entgegengebracht wird als Wirtschaftsunternehmen. Und dies, obwohl Hilfsorganisationen Hunderte von Millionen Euro ausgeben mit dem erklärten Ziel, der lokalen Bevölkerung zu helfen!

Die Diskrepanz zwischen guten Intentionen und verwendeten Ressourcen auf der einen und gewonnenem Vertrauen auf der anderen Seite weist auf mangelnde Rechenschaftspflichten hin, die wiederum in inadäquate Projekte münden. Erst wenn Spender von Organisationen wirkliche Rechenschaft über die Projektqualität verlangen, entstehen Anreize, die Armen ernst zu nehmen und gemeinsam mit ihnen die Projektarbeit zu verbessern. Ein Vergleich aus der Wirtschaftswelt hilft: Welches Unternehmen könnte es sich leisten, nicht die Kritik und die Anregungen der Kunden mit einzubeziehen? Produktfortschritt und Verbesserungen sind nur durch direktes Feedback möglich. Was für ein Anreiz hätte ein Waschmaschinenproduzent, eine gute Waschmaschine herzustellen, wenn er keine Beschwerden aufnehmen würde? Welchen Anreiz hätte ein Restaurant, gut zu kochen, wenn die Kunden ihm nicht durch Fernbleiben signalisieren würden, was sie von seinen Kochkünsten halten? Doch genau diese Art von Kommunikation und Rechenschaft kommt im gemeinnützigen Sektor zu kurz. Daraus folgt: Viele Projekte scheitern oder werden suboptimal durchgeführt. Solange Spender keine kritischen Konsumenten sind und Transparenz nicht nur bezüglich der Finanzen und Managementprozesse einfordern, sondern auch darauf achten, wie effektiv ihre Gelder eingesetzt werden, wird sich an dieser Situation wenig ändern.

Die Organisationen haben Angst, sich zu öffnen und ihren Stakeholdern eine Stimme zu geben, da sie befürchten, dadurch angreifbar zu werden und ihren guten Markennamen zu gefährden. „Was machen wir", fragte ein Mitarbeiter einer großen internationalen Organisation auf einem Workshop zum Thema Rechenschaft, „wenn wir in einer Befragung von Projektnutznießern herausfinden, dass 85% der Teilnehmer mit unserer Arbeit unzufrieden sind?"

Die disruptive Kraft des Internets

Alexander Glück versteht sein Buch als Beitrag zu einem mündigeren Spenderwesen: Er möchte das kritische Urteilsvermögen der Spender stärken und ihn hinter die Fassade der permanenten Selbstinszenierung, zu der der gesamte Dritte Sektor geworden ist, sehen lassen. Ein solcher Bewusstseinsprozess ist wichtig und gut. Glück stellt zudem die Frage, ob das System ohne eine aufgeblähte Fundraisingindustrie nicht besser und effizienter funktionieren könnte. In diesem Sinne möchte ich Glücks Szenario weiterdenken und behaupten: Der geforderte Wandel im gemeinnützigen Sektor wird zu einem großen Teil durch Technik vorangetrieben werden. Die neuen Kommunikationstechnologien haben einen gigantischen Transformationsprozess ins Rollen gebracht, während dessen alte Gewissheiten auf den Kopf gestellt werden. Eine Branche nach der anderen wird durch das Internet verändert, die Filmbranche durch Youtube, der Einzelhandel durch Ebay, die politische Meinungsbildung durch Wahlkampfmethoden à la Obama und die Wissensgesellschaft durch Google. Diese Entwicklung ist von Jeff Jarvis in „What Would Google Do?" prägnant dargestellt worden. Auf vergleichbare Art und Weise wird auch der gemeinnützige Sektor revolutioniert werden. Noch macht Internetfundraising nur 1-5% des gesamten Fundraisings aus. Doch dies wird sich schnell ändern. Die nächste Spendergeneration lebt im Netz und wird erwarten, dass sie sich dort auch sozial engagieren kann. Hinzu kommt eine neue Gesetzgebung in Deutschland, die den Adressenkauf für gemeinnützige Organisationen behindert[1] und soziale Organisationen dazu zwingt, sich neue Fundraisingkanäle zu erschließen. Zudem können wir realistisch davon ausgehen, dass in der nahen Zukunft ein Großteil der Weltbevölkerung nicht nur Zugang zu schnellen Verbindungen hat, sondern auch über die nötigen Kenntnisse verfügt, um über Com-

1 Dadurch, dass der Adressenverkauf an Wirtschaftsunternehmen verboten worden ist, entfällt für die Anbieter dieser Dienstleistung der kommerzielle Reiz die Karteien weiter zu pflegen.

puter oder Mobiltelefone das Internet zu nutzen. Die Internetökonomie zeichnet sich durch eine Reihe von Besonderheiten aus: Das Netz bietet eine extrem kosteneffiziente Form der Kommunikation, die mühelos Zeit und Raum überwindet. Menschen treten miteinander in Kontakt, die dies bislang nicht konnten, beziehungsweise auf (unproduktive) Mittelsmänner angewiesen waren. Es bricht alte Hierarchien auf und untergräbt Herrschaftswissen, indem viele Menschen eine Stimme bekommen. Das Netz löst den Massenmarkt auf und ermöglicht es stattdessen einer Masse von Nischen zu florieren. Es ermächtigt Menschen gemeinsam Neues zu erschaffen. Was bedeutet das für den gemeinnützigen Sektor?

Reduzierte Fundraisingkosten

Im Netz können sich Initiativen und Organisationen auf eigenen Websites direkt einer weltweiten Öffentlichkeit vorstellen. Plattformen, die Spender und Empfänger zusammenbringen, können Skalierungseffekte nutzen und viele Dienstleistungen, die bislang teures Geld gekostet haben (z.B. Selbstdarstellung oder Payment Prozesse) billig oder sogar kostenlos anbieten. Dadurch werden Mittelsmänner eingespart, Bäume gerettet und die Kosten für die Akquise von Neuspendern und die Pflege des bestehenden Spenderstamms gesenkt.

Größere Vielfalt und mehr Nischen – Der Long Tail der Hilfe

Durch die schier unendliche Kapazität des Netzes, verbunden mit den geringen Transaktionskosten, ist es einer beispielslosen Vielfalt von Organisationen möglich, sich zu präsentieren. Der amerikanische Journalist Chris Anderson entwickelte 2004 am Beispiel der Musikindustrie die These vom „Long Tail", die davon ausgeht, dass mit dem Internet Nischenprodukte enorm an Bedeutung gewinnen und in ihrer Gesamtheit mehr Volumen ausmachen und mehr Profite generieren, als konventionelle Massenprodukte. Übertragen auf den sozialen Sektor bedeutet das, dass neben den „üblichen Verdächtigen", den großen Hilfsorganisationen, auch viele kleine NGOs und soziale Initiativen aus der ganzen Welt von Menschen, die spezielle Interessen haben, gefunden und unterstützt werden können. Wer im Urlaub in Tansania mitbekommen hat, dass dort Homosexuelle verfolgt werden und sich in der Vor-Internetzeit in diesem Bereich hätte engagieren wollen, hätte einen großer Rechercheaufwand gehabt. Heute bringt eine Anfrage bei Google oder auf einer Spendenplattform wie Global Giving oder betterplace.org in Sekundenschnelle eine Reihe von Organisationen und konkrete Unterstützungsmöglichkeiten hervor. Dieser punktgenaue Matching-Mechanismus, der über das Netz möglich ist, wird mehr Menschen als bisher dazu bringen, sich zu engagieren. Dadurch kann das Spendenvolumen an sich vergrößert werden.

Größere Transparenz

Das Spendenvolumen wird sich auch durch die zunehmende Transparenz vergrößern, die durch das Internet erzeugt wird. Dadurch, dass mit einem Klick unterschiedliche Organisationen vergleichbar und die Wechselkosten von einer zur anderen niedrig sind, entsteht ein Konkurrenzdruck unter Organisationen, der nur dadurch gewonnen werden kann, dass die Spender das bekommen, was sie wollen. Folgt man Meinungsumfragen, dann wollen Spender vor allem Transparenz: Sie möchten wissen, wohin ihr Geld geht und welcher Unterschied damit gemacht wird. Bislang sind viele Spender faul. Ihr Engagement beschränkt sich meist auf das Ausfüllen eines Überweisungsträgers. Doch in dem Moment, in dem eine einfache und unterhaltsame Beschäftigung mit der Arbeit einer Organisation möglich ist, werden viele Spender eine neue Art von Rechenschaft erwarten. Wenn sie diese bekommen, werden nicht nur neue Spender dazukommen, sondern auch unzufriedene alte Spender zurück gewonnen werden können.

Mehr Partizipation und Verantwortungsübernahme

Im Netz wird der direkte Kontakt zwischen Spendern und den Endempfängern ihrer Hilfe möglich. Spender können aus erster Hand hören, ob eine Maßnahme greift oder nicht. Zugleich können sie sich selbst auf einfache Weise – vom heimischen Schreibtisch aus – mit ihrem Know How einbringen. Aus Spendern werden Dialogpartner und Mitgestalter.

Ein kleines Beispiel aus dem eigenen Haus: Vor einiger Zeit stieß ich auf ein Malaria-Präventionsprojekt auf betterplace.org, welches mir gut gefiel und das ich bespendete. Allerdings ging aus der Projektbeschreibung nicht hervor, woher die Mückennetze stammten, die die Hilfsorganisation in einem westafrikanischen Land verteilen wollte. Ich wusste von einer hoch effizienten, sozial engagierten Firma in Tansania (A-Z Textiles), die in großem Maßstab insektizidimprägnierte Netze vertreibt. Da eines der Hauptkriterien für nachhaltige Entwicklung die Stärkung lokaler Unternehmen und die Schaffung lokaler Arbeitsplätze ist, empfand ich es als sinnvoll, dass die Hilfsorganisation ihre Netze bei einem lokalen, afrikanischen Unternehmen kauft und nicht etwa in Europa. In der Offline-Welt wäre es mir zu mühsam gewesen, diesem Thema nachzugehen. Ich hätte einen Brief schreiben, den richtigen Adressaten in der Hilfsorganisation ausfindig machen, einen Briefumschlag frankieren und zum Briefkasten bringen müssen. Doch auf der Internetplattform war die Projektverantwortliche nur einen Klick entfernt und ich konnte meine Frage – verbunden mit einem Vorschlag – ganz einfach stellen. Nach nur wenigen Tagen hatte ich von der Organisation eine Antwort bekommen, die mich zwar nicht vollständig in meiner Spende bestätigte (die Netze werden nicht in Afrika produziert), jedoch den Eindruck erweckte, ich sei gehört worden und man werde meinem Vorschlag nachgehen. Man stelle sich vor, die Organisation würde das Thema wirklich ernsthaft verfolgen und die Spenderin darüber auf dem Laufenden halten! Sie hätte nicht nur eine völlig begeisterte Spenderin gewonnen, die auch weitere Projekte der Organisation unterstützt und in ihrem Bekanntenkreis für diese wirbt. Es wäre auch gemeinschaftlich eine entwicklungspolitisch bessere Lösung zustande gekommen. Diejenigen Organisationen, die ihre Spender nicht auf Geld reduzieren, sondern davon ausgehen, dass viele von ihnen gute Ideen und Zugang zu sehr spezifischen Informationen haben, die es sich lohnt zu integrieren, werden im Internetzeitalter überleben und florieren.

Bessere Qualitätssicherung der Projektarbeit

Im Web 2.0 können nicht nur mehr Menschen ihr Wissen beisteuern, sondern eine ganze Reihe von Projektstakeholdern erhält eine Stimme. Beneficiaries können bloggen, ob die Arbeit einer Organisation ihr Leben positiv verändert hat. Besucher können sich Projekte ansehen und über ihre Erfahrungen berichten. Experten können sich in den Dialog einschalten und Hilfsorganisationen wichtige Hinweise geben. Dadurch werden wir viel darüber herauskriegen, welche Art von Armutsbekämpfung funktioniert und welche nicht. Verbinden wir diese Aussagen über Projekteffektivität mit den herkömmlichen Qualitätssicherungsmethoden, wie der Gemeinnützigkeitsprüfung oder einem Spendensiegel, wird es möglich, realistisch zu bewerten, welche Organisationen effiziente und effektive Arbeit leisten und welche nicht.

Die Zukunft der Fundraiser

Die skizzierten Entwicklungen machen Fundraiser nicht überflüssig. Doch ihr Aufgabenbereich wird sich verlagern. Sie werden ihren Kunden erklären, wie sie sich optimal im Netz darstellen und das Wachstum von Projekten ankurbeln können. Doch dieses Wissen wird nicht mehr einzelnen Experten alleine gehören. Andere Experten und Laien können das gleiche Know-how kostenlos der ganzen Internetgemeinschaft zur Verfügung stellen oder auf Wikipedia-Art kollaborativ generieren. Im Idealfall wird nur der überleben, der wirklich etwas zur Wertschöpfungskette gemeinnützigen Engagements beiträgt, indem er sich als kommunikativer Knotenpunkt zwischen den verschiedenen Stakeholdern bewährt. Fundraiser werden in Zukunft gezielt Informationen über ein Projekt aufbereiten und an die Spender weiterleiten. Sie können auch brauchbare Ideen und Know-how der Spender aufgreifen und dafür sorgen, dass die Organisation diese verwerten kann.

Das Internet ist disruptiv, es bricht bestehende Prozesse und Systeme auf und verkürzt Wertschöpfungsketten. Es wird eine Reihe der von Alexander Glück beschriebenen Widersprüche und Dilemmata auflösen. Das heißt noch lange nicht: „Alles wird gut". Viele Webseiten, so wird Alexander Glück zu Recht entgegnen, auf denen per Mausklick eine Lebensmittelspende oder Ähnliches ausgelöst werden kann, verändern gar nichts, außer dass sie Traffic generieren und das Gewissen ihrer Besucher beruhigen. Dennoch bin ich der festen Überzeugung, dass wir einen Metawandel erleben und mit dem Internet den gemeinnützigen Sektor transparenter, effizienter und effektiver gestalten können. Die Erfahrung zeigt, dass das zwar nicht allen Beteiligten Spaß und Freude macht und auch Widerstände erzeugt. Aber viele werden mitmachen. Denn – davon gehen sowohl der Autor dieses Buches als auch ich aus – die meisten Menschen, die sich zum Wohle anderer engagieren, wollen die Welt wirklich verbessern. Wieso sollten sie dann die ihnen angebotenen Mittel und Technologien nicht auch in diesem Sinne nutzen?

Literatur

Anderson, Chris (2004): The Long Tail: Why the Future of Business is Selling Less of more. New York: HarperCollins Verlag.

Glück, Alexander (2009): Die verkaufte Verantwortung – Das stille Einvernehmen im Fundraising. Verl: Stiftung&Sponsoring Verlag.

Easterly, William (2006): The White Man´s Burden. London/New York: Penguin.

Gnärig, Burkhard (2009): indirekt zitiert von der Internetseite, (www.berlin-civil-society-center.org) aus einer Ankündigung zum Workshop "Exploring Mutual Accountability" im Mai 2009. Da der Workshop abgeschlossen ist, ist der Originaltext online nicht mehr zu finden.

Jarvis, Jeff (2009): What would Google Do?, New York: HarperBusiness Verlag.

The Edelman Trust Barometer (2007): (http://www.slideshare.net/edelman.milan/edelman-trust-barometer-2007 – Zugriff am 25. August 2010); (http://www.edelman.com/news/ShowOne.asp?ID=146 – Zugriff am 25. August 2010).

The Humanitarian Accountability Partnership International (2008): The 2008 Humanitarian Accountability Report. Genf. (http://www.hapinternational.org/projects/publications.aspx – Zugriff am 25. August 2010).

Sachs, Jeffrey D. (2006): The End of Poverty. London/New York: Penguin.

Soziale Dienste im Umbruch – Transparenz als Chance

von Barbara Stolterfoht

Seit knapp 40 Jahren beträgt die Sozialquote in Deutschland immer rund 30%, bezogen auf das Bruttoinlandsprodukt. Die stolze Summe von rund 700 Mrd. Euro wurde in Deutschland 2007 für soziale Zwecke ausgegeben: für Renten und Gesundheitswesen, für Betreuung, Pflege und Rehabilitation von Alten, Kranken und Behinderten, für Kinderbetreuung, für Jugendhilfe und Arbeitsmarktpolitik, für soziale Infrastruktur (BMfAS 2008). Bei der Ausgestaltung des Sozialstaatsgebots des Grundgesetzes hat sich in Deutschland eine Struktur entwickelt, die es so in anderen europäischen Staaten nicht gibt. Die im Dritten Sektor erbrachten sozialen Dienstleistungen, nicht die staatlichen und auch nicht die gewerblichen, knüpfen das dichte Netz unseres Sozialstaats.

Vertrauen: Erfolgsfaktor für die Freie Wohlfahrtspflege

„Freie Wohlfahrtspflege ist die Gesamtheit aller sozialen Hilfen, die auf freigemeinnütziger Grundlage und in organisierter Form in der Bundesrepublik Deutschland geleistet werden" definiert die Bundesarbeitsgemeinschaft der Freien Wohlfahrtspflege (BAGFW), der Zusammenschluss der Spitzenverbände der freien Wohlfahrtspflege (vgl. www.bagfw.de 2010). Die großen sechs[1] – jeder von ihnen mit eigenem Profil und langer Tradition –, ihre Landes- und Mitgliedsverbände und die zu ihnen gehörenden gemeinnützigen Einrichtungen verfügen über den größten Marktanteil, gefolgt von einer Fülle von großen und kleinen Organisationen. Sie alle sind überwiegend in der Rechtsform des Vereins organisiert, in ihrer Ausprägung aber durchaus unterschiedlich.

Unter den großen findet man die Träger von Krankenhäusern, Behinderten- und Altenheimen, Anbieter von Rettungsdiensten und Jugendhilfeeinrichtungen,[2] während die kleinen ihre Mitglieder beraten, begleiten, betreuen, schulen, ihre Interessen gegenüber Sozialbürokratien oder sogar vor Gericht vertreten, Einfluss nehmen auf lokale und regionale Politik. Mischformen dieser idealtypischen Tätigkeitsbereiche sind häufig. So hat sich die Lebenshilfe von der Selbsthilfegruppe der Eltern behinderter Kinder (was sie immer noch ist) zu einem der großen Anbieter von Einrichtungen für Behinderte entwickelt.

1 Der Deutsche Caritasverband e. V. (www.caritas.de); das Diakonische Werk der EKD – Diakonie (www.diakonie.de); Zentralwohlfahrtsstelle der Juden in Deutschland e. V. (www.zwst.org); Deutsches Rotes Kreuz e. V. (www.drk.de); der Paritätische Wohlfahrtsverband e. V. (www.der-paritätische.de); Arbeiterwohlfahrt e. V. (www.awo.de).

2 Sie haben sich trotz der gesetzlichen Aufhebung des Vorrangs der Freien Wohlfahrtspflege bis jetzt im Wettbewerb behaupten können.

Soziale Dienste, insbesondere die Organisationen und Einrichtungen der Freien Wohlfahrtspflege, genießen einen guten Ruf. Ihre Arbeit wird assoziiert mit Fürsorge, Geborgenheit, Schutz. Sie leben vom Vertrauen derjenigen, die ihre Dienste in Anspruch nehmen, vom Vertrauen der Angehörigen, und auch – und nicht zuletzt – vom Vertrauen des politischen Bereichs, die sie im Rahmen der gesetzlichen Vorgaben beauftragen, bestimmte Aufgaben zu erfüllen.

Insbesondere die Organisationen der Freien Wohlfahrtspflege nehmen für sich in Anspruch, Säulen der Zivilgesellschaft zu sein und den zivilgesellschaftlichen Bereich maßgeblich mitzugestalten. Gemeinnützige Organisationen leben von Geldspenden und Zeitspenden ihrer ehrenamtlichen Mitarbeiter, von staatlichen Zuwendungen, von Entgelten aus Kranken- und Pflegeversicherung oder Steuermitteln. Nur wenn diese in hinreichendem Maße vorhanden sind, können sie ihre Aufgaben erfüllen.

Voraussetzung jedoch dafür, dass diese Mittel weiter fließen, ist Vertrauen: Vertrauen, dass die Spenden auch für den angegebenen Zweck verwandt werden, Vertrauen, dass mit den Zuwendungen und Entgelten ein Optimum an sozialem Nutzen geschaffen wird, Vertrauen, dass die Entgelte den Betreuten und nicht dem Luxusleben des Geschäftsführers zugute kommen, Vertrauen, dass in jeder Einrichtung der Freien Wohlfahrtspflege ein wenig von den hehren Zielen verwirklicht werden, die alle in ihren Leitbildern beschwören.

Die Förderung und die Erhaltung dieses Vertrauens ist die Existenzgrundlage der Arbeit im gesamten sozialen Bereich. Die Stärkung und Erhaltung dieser Vertrauensgrundlage ist mithin eine zentrale Aufgabe aller in der Wohlfahrtspflege Tätigen.

Vertrauen: Strukturelle Voraussetzungen

Vertrauen hat jedoch strukturelle Voraussetzungen und gedeiht nur auf der Grundlage von Offenheit und Transparenz. Wie ist es damit in der Freien Wohlfahrtspflege bestellt? Als Vereine mit „mildtätigem" Zweck sind sie von der Umsatzsteuer befreit und dürfen keine Gewinne ausschütten.[3] Nicht zuletzt letztere Tatsache ist ein entscheidender Unterschied zu nicht gemeinnützigen sozialen Diensten: Gewinnstreben hat in der freien Wohlfahrtspflege keinen Platz. Hinzu kommt, dass es in der Regel kein Zufall ist, wenn soziale Dienste als Berufsfeld gewählt werden. Mitarbeiterinnen und Mitarbeiter in diesem Bereich sehen ihre Arbeit in der Regel als Arbeit für das Wohl der Menschen und das Gemeinwohl.

Eine Garantie gegen Missbrauch der Mittel der Allgemeinheit für private Zwecke ist dies jedoch nicht. Hinzukommen müssen klare und transparente Strukturen. Fast alle großen Vereine und Verbände des gemeinnützigen Bereichs haben daher Strukturen entwickelt, die im Prinzip den Strukturen der Corporate Governance entsprechen.[4]

3 Dies ist verkürzt formuliert. Ausführlich vgl. Engler/Goetz/Hesse/Tacke (2009).

4 Vgl. Jahresbericht der BAGFW (2010). Siehe Jahresberichte der jeweiligen Spitzenverbände. Vgl. dazu die Weblinks.

Vorgänge wie bei der Berliner Treberhilfe sind in solchen Vereinen strukturell nur schwer möglich, wenn auch nicht völlig ausgeschlossen. Für die größeren Vereine kommen zusätzliche Kontrollen hinzu: Kontrolle durch den Bundesrechnungshof für die Spitzenverbände, Rechnungslegung und Rechenschaftsberichte gegenüber den Ministerien oder sonstigen Einrichtungen, wenn diese Projekte finanzieren, und für alle größeren Vereine die Prüfungen durch vereidigte Wirtschaftsprüfer. Dennoch ist in der Freien Wohlfahrtspflege in den letzten Jahren die Überzeugung gewachsen, dass all dies nicht ausreicht, und die Debatte um mehr Transparenz gegenüber der Öffentlichkeit ist in vollem Gange. Ein einziger Fall von fehlgeleiteten Spenden oder zweifelhaften Praktiken der Geschäftsführung, so der allgemeine Konsens, ist sehr wohl geeignet, einen beträchtlichen Imageschaden für die gesamte freie Wohlfahrtspflege anzurichten. Das mag innerhalb der BAGFW handlungsleitend bei der Entscheidung gewesen sein, mehr Informationen, die bisher intern waren oder nur den Zuwendungsgebern zur Verfügung standen, auch öffentlich zu machen. Bei den Spitzenverbänden der Freien Wohlfahrtspflege findet man seither von Rechenschaftsberichten bis zu Haushaltsplänen Informationen im Netz – nicht immer nutzerfreundlich aufbereitet, aber vorhanden.[5]

Darüber hinaus werden weitergehende Maßnahmen diskutiert. So arbeiten Caritas und Diakonie seit geraumer Zeit an weitgehenden Transparenzstandards für beide Organisationen.[6] Sie schlagen für alle ihnen angeschlossenen Landesverbände und Mitgliedsorganisationen Selbstverpflichtungen vor, die Strukturdaten, Wirtschaftsbericht, Ehrenamtsbericht, Umweltbericht und Informationen zum sozialrechtlichen und leistungsrechtlichen Rahmen umfassen sowie eine Wissensbilanz und Hinweise zur Vermeidung von Korruption. Im Entwurf heißt es: „Einrichtungen der Caritas und Diakonie sind aus ihrem eigenen Selbstverständnis heraus bestrebt, Rechenschaft über die von ihnen erstellten Leistungen und die dafür eingesetzten Mittel abzulegen (...). (Sie) müssen die gesellschaftlichen Forderungen nach mehr Transparenz und Nachvollziehbarkeit offensiv aufgreifen. Dadurch wird die eigene Glaubwürdigkeit, aber auch Wettbewerbsfähigkeit gestärkt (...)“.[7] Auf eine gesetzliche Regelung setzt hingegen der Paritätische Wohlfahrtsverband. Schon 2008 beschloss der Verbandsrat eine entsprechende Vorlage. Darin wendet er sich gegen „Sonderregelungen zur Offenlegung betriebswirtschaftlicher Daten gemeinnütziger Organisationen“ und fordert „die Anwendung der Rechnungslegungs- und Publizitätsvorschriften des Handelsgesetzbuches auch für Vereine und Stiftungen“, allerdings nur für solche ab einer bestimmten Größenordnung.[8]

5 Unter dem Aspekt Transparenz sind die Internetauftritte der Wohlfahrtsverbände entwicklungsfähig. Vgl. dazu die Weblinks der jeweiligen Verbände.
6 Transparenzstandards, Entwurf (2009).
7 Vgl. ebd., Eingangskapitel Allgemeine Grundlagen.
8 Der Paritätische: Positionierung (2008).

Bürgerschaftliches Engagement in Form von Zeit- und Geldspenden

Seit dem Beginn der 1990er Jahre wurde die Arbeit der sozialen Dienste zunehmend anhand betriebswirtschaftlicher Kriterien reorganisiert.[9] Effektivität und Effizienz, Kennziffern und Benchmarking hielten Einzug im sozialen Bereich. Die Konkurrenz mit gewerblichen Trägern und untereinander sowie die Umstellung auf Entgeltfinanzierung taten ein Übriges. Der Zwang zum Sparen und zur Rationalisierung war im sozialen Bereich angekommen.[10] Die Folge ist ein erheblicher Kostendruck. Mehr noch als zuvor haben daher die Wohlfahrtsverbände und der freigemeinnützige Bereich auf ergänzende Geld- und Zeitspenden gesetzt, um die Lebensqualität in ihren Einrichtungen zu wahren oder zu erhöhen. Zeitspenden von ehrenamtlichen Mitarbeitern für Vorlese- und Besuchsdienste, Bildungsangebote und Feste gibt es fast in jedem Verband und in jeder Einrichtung. Spenden zur Verbesserung der finanziellen Situation werden allgemein oder anlassbezogen für besondere Ereignisse oder Investitionen eingeworben. Die Gewinnung von Zeitspendern (ehrenamtliche Mitarbeiterinnen und Mitarbeiter) und Geldspendern wird inzwischen durchaus professionell betrieben. Allerdings wird das „Kerngeschäft" der Einrichtungen durch Entgelte finanziert. Anders sieht es bei Vereinen wie beispielsweise dem Kinderschutzbund, Unicef, den Rettungsorganisationen sowie zahlreichen Fördervereinen für Frauenhäuser, Kindertagesstätten und Schulen aus. Der Anteil von Spenden und Sponsoring am Gesamtetat mag unterschiedlich sein. Eines haben sie alle gemeinsam: Einbrüche beim Spendenaufkommen würden ihre Arbeit empfindlich beeinträchtigen oder unmöglich machen.

Das gleiche gilt für den gesamten Bereich der Selbsthilfe. Obwohl die gesundheitliche Selbsthilfe inzwischen über das SGB V förderfähig ist, bestreiten dennoch insbesondere die kleineren Selbsthilfeorganisationen ihre Ausgaben weitgehend aus Spenden und Sponsoring. Dies ist hauptsächlich für die krankheitsbezogenen Selbsthilfegruppen nicht ohne Fallstricke. Üppige Zuwendungen pharmazeutischer Unternehmen können das Vertrauen in ihre Objektivität und Unabhängigkeit nachhaltig untergraben.

Man mag die Notwendigkeit und die Abhängigkeit von Spenden für problematisch halten oder als Ausdruck einer lebendigen Bürgergesellschaft betrachten – zu ändern ist sie auf absehbare Zeit nicht. Daher gilt auch hier: Vertrauen ist die Existenzgrundlage der gesamten spendensammelnden Organisationen. Und Vertrauen wird gestärkt durch Transparenz.

Die Schaffung von Transparenz: Spendensammelnde Organisationen

Während für Einrichtungsträger und soziale Dienste, die Entgelte bekommen, Spenden eine hochwillkommene, manchmal auch notwendige Ergänzung ihres Etats sind, sind sie für spendensammelnde Organisationen existentielle Voraussetzung für ihre

9 Vgl. dazu Möhring-Hesse (2008); Sandberg (2007); Roever/Broenner (2010).
10 Vgl. dazu Sprengel (2007); Stolterfoht (2007); Dathe (2009).

Arbeit. Es gibt nach Schätzung der Bundesregierung rund 600.000 Vereine, die (auch) Spenden sammeln.[11] Die genaue Zahl derer, die im sozialen Bereich aktiv sind, ist nicht bekannt, es dürfte etwa ein Drittel sein. Diese spendensammelnden Organisationen sind nach der Rechtslage nur ihren Vereinsgremien und allenfalls dem Finanzamt (falls das denn prüft) rechenschaftspflichtig, nicht jedoch gegenüber der Öffentlichkeit. Gerade beim Spenden ist die Verwendung und die Art ihrer Verwendung von zentralem Interesse. Zudem besteht ein dringendes öffentliches Bedürfnis, über die Solidität der spendensammelnden Organisationen informiert zu werden. Ein Extremfall ging jüngst durch die Presse: Statt üppige Spenden dem Vereinszweck, der Unterstützung misshandelter Migrantinnen zukommen zu lassen, finanziert der Geschäftsführer für sich persönlich ein Luxusleben unter Einschluss von Bordellbesuchen. Die großen Vereine und Zusammenschlüsse von Vereinen sind daher alle bestrebt, bei ihren spendensammelnden Mitgliedsorganisationen ein Mindestmaß an interner Kontrolle und Rechnungslegung sicherzustellen – meist mit Erfolg. Bisweilen jedoch versagen diese Kontrollmechanismen auch – wie bei der „Maserati-Affäre", wo die Lücken des Vereinsrechts in Kombination mit dem GmbH-Recht geschickt genutzt wurden.

Insbesondere zwei Organisationen haben sich mehr Transparenz für spendensammelnde Organisationen auf die Fahnen geschrieben: Das Deutsche Zentralinstitut für soziale Fragen/DZI und der Deutsche Spendenrat.[12] Auf eine ausführliche Darstellung ihrer Tätigkeit kann hier verzichtet werden.[13] Festzustellen ist, dass beide eine erhebliche präventive Wirkung beim Missbrauch von Spendengeldern haben und auf Grund ihres guten Rufs Vertrauen in der Öffentlichkeit schaffen. Beide Organisationen sind jedoch auf Selbstauskünfte der spendensammelnden Organisationen angewiesen. Vorgänge wie bei Unicef sind dadurch nicht erfassbar. Immerhin verfügt das DZI über Sanktionsmöglichkeiten durch die Aberkennung des Spendensiegels. Der Spendenrat kann durch Ausschluss Fehlverhalten sanktionieren. Beide Organisationen sind aber weit davon entfernt, den gesamten Bereich der spendensammelnden Organisationen einzubeziehen: Das Spendensiegel tragen nur 255 Organisationen und Vereine, über weitere 600 gibt das DZI Auskünfte.[14]

Vertrauen: Die Rolle des Staates

Im Jahr 2007 wurde das Gemeinnützigkeitsrecht reformiert u. a. mit dem Ziel, für mehr Transparenz zu sorgen. Die Ergebnisse haben nicht alle befriedigt.[15] Drei Jahre später haben sich die GRÜNEN im deutschen Bundestag dieses Themas angenommen und fordern Auskünfte von der Bundesregierung. Sie stellen fest: „Vermehrt gibt es

11 Deutscher Bundestag, Drs.17/1515 vom ll.5.2010.
12 Vgl. die Internetauftritte der beiden Organisationen.
13 Insbesondere die Beiträge von Busse und Haibach (in diesem Band).
14 Vgl. Internetauftritt des DZI.
15 Vgl. Poerksen (2008).

Berichte darüber, dass Spenden für gemeinnützige Organisationen nicht dem vorgesehen Zweck zukommen. Unter diesen Fällen leiden alle: die Spenderinnen und Spender, deren Gelder nicht in ihrem Sinne verwendet werden und die somit betrogen werden, aber auch die vielen gesetzestreuen und ordentlich wirtschaftenden gemeinnützigen Organisationen, die aufgrund der negativen Schlagzeilen in der Öffentlichkeit weniger Spenden vereinnahmen können." Interessant an der Antwort der Bundesregierung ist die Tatsache, dass sie zwar die Höhe der von Privatpersonen steuerlich geltend gemachten Spenden beziffern kann, nicht jedoch die Anzahl der Vereine, die Spenden sammeln. „Es gibt keine zentrale Erhebung über die Anzahl von so genannten gemeinnützigen – und damit im Sinne der §§ 51 bis 68 der Abgabenordnung (AO) steuerbegünstigten – eingetragenen Vereine, Stiftungen oder Kapitalgesellschaften in Deutschland (...). Es gibt geschätzt ca. 500.000 gemeinnützige Vereine und ca. 15.000 gemeinnützige Stiftungen".[16] Ähnlich unwissend zeigt sich die Bundesregierung bei der Frage, ob die Abschaffung der Sammlungsgesetze in vielen Bundesländern sich bewährt habe. Da dies Landesgesetzgebung sei, habe die Bundesregierung keine Erkenntnisse.[17] Zur Frage weiterer gesetzlicher Regelungen zum Schutz der Spender erklärt die Bundesregierung lapidar: „Gutgläubige Spender dürfen nach geltendem Recht darauf vertrauen, dass ihre Zuwendungen zweckgerecht verwendet werden. Ergänzende Maßnahmen zum Schutz der Spender sind nicht erforderlich". An der Beantwortung der weiteren Fragen wird deutlich, dass der Staat zwar hinsichtlich der gemeinnützigen Organisationen gesetzliche Kontrollaufgaben über seine Finanzverwaltung wahrnimmt, jedoch über keinerlei Instrumente zur Herstellung von Transparenz verfügt.

Schaffung von Transparenz: Aufgabe der Zivilgesellschaft

Transparenz kann angesichts dieser Sachlage nur von der Zivilgesellschaft selbst hergestellt werden. Dazu bedarf es der weiteren erfolgreichen Arbeit von DZI und Spendenrat. Darüber hinaus brauche es jedoch auch neuerer Wege und Initiativen. Einige sollen im Folgenden dargestellt werden.

Insbesondere die spendensammelnden Vereine und Organisationen haben früh erkannt, wie dramatisch sich Vertrauensverluste auf ihre Sammelergebnisse auswirken. Der Paritätische Wohlfahrtsverband hat daher schon im Jahre 2002 eine Selbstverpflichtungserklärung für den Selbsthilfebereich entwickelt und alle unter seinem Dach versammelten Selbsthilfeorganisationen aufgefordert, diese Verpflichtungserklärung zu verabschieden und zu beachten. Hintergrund war die chronische Finanznot dieser Selbsthilfeorganisationen, die – wenngleich eine wichtige Säule des Gesundheitswesens und ein effektives Instrument der Sekundär- und Tertiärprävention – von den Krankenkassen nicht oder völlig unzureichend finanziert wurden. Die Selbstver-

16 Vgl. Deutscher Bundestag, Drs.17/1515 vom 11.5.2010, hier: Beantwortung der Frage zwei.
17 A.a.O., Beantwortung der Frage vier und fünf.

pflichtung sollte die Organisationen vor einer zu starken Abhängigkeit von einzelnen Firmen der Pharmaindustrie bewahren und davor, von Pharmafirmen „gekauft" zu werden.[18] Das Forum chronisch kranker und behinderter Menschen unter dem Dach des Paritätischen verfolgt dieses Transparenzprojekt seither mit Hartnäckigkeit und einigem Erfolg.

Im Jahre 2005 wurden die Leitsätze gemeinsam mit der Bundesarbeitsgemeinschaft Selbsthilfe weiterentwickelt. Es blieb nicht bei den Grundsätzen: Beide Organisationen schufen ein gemeinsames Monitoring System, um die Unabhängigkeit und Transparenz der ihnen angeschlossenen Selbsthilfeorganisationen zu wahren und zu sichern. Der kürzlich vorgelegte Bericht[19] enthält eine Fülle von Anschauungsmaterial über die Bemühungen, Transparenz und Unabhängigkeit zu wahren trotz offener und subtiler Einflussversuche der Pharmafirmen und Gesundheitswirtschaft. Bestechend an diesem durchaus neuen Ansatz ist die prozesshafte Entwicklung und Weiterentwicklung von Transparenz: Nicht das einmalige oder periodische Abfragen von Daten, sondern die ständige Diskussion und Selbstreflexion der Betroffenen führt zu einer veränderten Praxis, zu einer Änderung der Einstellungen und zu mehr Transparenz.

Die Caritas, jedenfalls in ihrer internationalen Variante, die überall auf der Welt Katastrophenhilfe leistet, unterschrieb gemeinsam mit VENRO (Verband Entwicklungspolitik Deutscher Nichtregierungsorganisationen) einen Verhaltenskodex (Venro Verhaltenskodex: Transparenz, Organisationsführung und Kontrolle, Bonn 2008). Die niedergelegten Grundsätze sind umfassend und beziehen sich auf Organisationsführung, Betriebsführung, und Kommunikation. In der Präambel wird die Zielsetzung definiert:

„Ziel dieses Kodexes ist es, durch gemeinsame Prinzipien und Standards eine verbesserte Qualität der zivilgesellschaftlichen Entwicklungszusammenarbeit und der humanitären Hilfe herbeizuführen und die Arbeit der VENRO Mitglieder für die Öffentlichkeit und den Spender transparent zu gestalten. Der Kodex ist ein Instrument des kollegialen Miteinanders mit der Zielsetzung, durch Transparenz und die Verpflichtung auf gemeinsame Prinzipien und Standards das Vertrauen der Spender und der Öffentlichkeit in die NRO-Arbeit zu stärken".[20]

Auch kleinere Einheiten in großen Verbänden suchen nach Lösungen. Das Diakonische Werk Berlin-Brandenburg-Schlesische Oberlausitz verabschiedete im November 2008 verbindliche Richtlinien zur Spendenwerbung der Mitgliedseinrichtungen. Die Richtlinien stützen sich sowohl auf das Spendensiegel des DZI als auch auf die Selbstverpflichtungserklärung der Mitglieder des Deutschen Spendenrats. Angestrebt

18 Vgl. Kommentar im Text: Unterkapitel Schaffung von Transparenz: Aufgabe der Zivilgesellschaft.

19 Vgl. Monitoring-Verfahren zur Anwendung der „Leitsätze der Selbsthilfe für die Zusammenarbeit mit Personen des privaten und öffentlichen Rechts, Oganisationen und Wirtschaftsunternehmen, insbesondere im Gesundheitswesen". Jahresbericht (2009).

20 VENRO Verhaltenskodex (2008).

wird eine Transparenz der Zweckbestimmung von Spenden; ausdrücklich ausgeschlossen werden darüber hinaus „Provisionen, Prämien oder vergleichbare Erfolgsbeteiligungen für die Vermittlung von Spenden, Erbschaften oder sonstigen Zuwendungen".[21]

Die Initiative Transparente Zivilgesellschaft

„Im Korruptionsbarometer 2007, welches die wahrgenommene Korruptionsanfälligkeit einzelner Sektoren bemisst, belegen die Nichtregierungsorganisationen in Deutschland nur noch einen mittleren Platz – hinter beispielsweise der Polizei, dem Bildungswesen und dem Finanzamt", stellt Karenina Schröder, Vorstandsmitglied von Transparency International (TI) in einem Aufsatz fest und beklagt, dass im Gegensatz zu den Berichtspflichten der Kapitalgesellschaften oder etwa der Bundestagsabgeordneten „die 560 000 Vereine in Deutschland lediglich eine nicht näher spezifizierte Berichtspflicht gegenüber ihren Mitgliedern haben. Die Öffentlichkeit bleibt außen vor." Schröder leitet eine Arbeitsgruppe von Transparency International, die Transparenz-Standards für den gesamten freigemeinnützigen Bereich unter Einschluss des sozialen entwickelt hat.

Grundlage zur Verbesserung der Transparenz ist eine freiwillige Selbstverpflichtung der gemeinnützigen Organisationen, Vereine und Verbände sowie Stiftungen. Sie verpflichten sich nicht nur zur Offenlegung von Selbstverständlichkeiten wie Name, Sitz, Satzung, Namen und Funktion wesentlicher Entscheidungsträger. Darüber hinaus sollen sie Angaben zur Personalstruktur, Mittelherkunft und -verwendung sowie zu ihren Verflechtungen mit z. B. ausgegliederten Wirtschaftsbetrieben oder Tochtergesellschaften machen. Überdies wird erwartet, dass sie Großspenden veröffentlichen, die mehr als 10 % ihres Jahresetats ausmachen.

Diese Vorgaben sind nur scheinbar leicht zu erfüllen. Wer im vergleichbaren Fall etwa der Parteienfinanzierung sich die Geschichte der Verschleierungen und Umgehungen vergegenwärtigt, wer um die subtilen Methoden der Einflussnahme bei kleinen Organisationen wie den Selbsthilfegruppen weiß, wer die Kultur der Vereine kennt, sich sowieso möglichst gar nicht in die Karten schauen zu lassen, der ahnt, welch anspruchvolles Vorhaben Transparency International in Angriff genommen hat. Es geht um nicht mehr und nicht weniger als eine kleine Kulturrevolution – oder wie es TI formuliert, um den Aufbau einer Kultur der Transparenz: „Stärke und Vielfalt der Zivilgesellschaft sind gute Indikatoren für den Entfaltungsgrad moderner Bürgergesellschaften. Die Währung dieses Sektors heißt Vertrauen in die Handlungsfähigkeit und Rechtschaffenheit von Organisationen, die für das Gemeinwohl tätig werden. Diese Vertrauensstellung gilt es zu bewahren und weiter auszubauen. Dafür ist Transparenz ein wichtiger Schlüssel (...)".[22] Es steht zu hoffen, dass die Initiative

21 Siehe www.evap.de (November 2008).
22 Vgl. dazu Schröder (2010).

den Erfolg hat, den sie verdient und der notwendig ist. Sonst bleibt nur noch der Weg der Gesetzgebung.[23]

Fazit

„Wo Engagement für die Gemeinschaft stattfindet, sollte Transparenz gegenüber der Gemeinschaft selbstverständlich sein“ (Aufruf Initiative Transparente Zivilgesellschaft).[24] Der rechtliche Rahmen des Vereinsrechts hat mit der stürmischen Entwicklung des Dritten Sektors nicht Schritt halten können. Das gilt auch für den Bereich der sozialen Dienste. Eine Branche, die rund zwei Millionen Menschen Lohn und Brot gibt und für weitere Millionen ehrenamtlich Tätige, für Spenderinnen und Spender sinnstiftend wirkt, eine Branche mit wachsendem Anteil an der gesellschaftlichen Wertschöpfung ist rechenschaftspflichtig gegenüber der Gesellschaft und der Öffentlichkeit. Der Weg der Freiwilligkeit und Selbstorganisation ist dabei zunächst gesetzlichen Regelungen vorzuziehen. Die freie Wohlfahrtspflege mit ihren zahlreichen Vereinen, Stiftungen und Verbänden hat sich aufgemacht, diesen Weg zivilgesellschaftlicher Selbstverpflichtung zu gehen – im wohlverstandenen Eigeninteresse wie auch im Interesse der Gesellschaft.

Literatur

Dathe, Dietmar/Hohendammer, Christian/Priller, Eckhard (2009): Wenig Licht, viel Schatten – der dritte Sektor als arbeitsmarkpolitisches Experimentierfeld. In: WZBrief Arbeit, Nr. 3, Oktober 2009.

Deutscher Bundestag (2010): Antwort der Bundesregierung auf die Kleine Anfrage der Abgeordneten Schick, Paus, Gambke u. a. Drs.17/1515 vom 11. 5. 2010.

Deutscher Caritas Verband e.V. (2009): Diakonie – Diakonisches Werk der Evangelischen Kirche in Deutschland e. V.: Transparenzstandards von Caritas und Diakonie. Entwurf. 2009.

Engler/Goetz/Hesse/Tacke (2009): Praxisratgeber Vereinsrecht. Arbeitshilfe mit kommentierter Mustersatzung. Regensburg 2009.

Evangelischer Pressedienst (2010): Maserati-Affäre: Paritätischer für neues Gemeinnützigkeitsrecht. (www.epd.de – Zugriff am 12. Juni 2010).

Jahresbericht (2009): Monitoring Verfahren zur Anwendung der „Leitsätze der Selbsthilfe für die Zusammenarbeit mit Personen des privaten und öffentlichen Rechts, Organisationen und Wirtschaftsunternehmen, insbesondere im Gesundheitswesen“. In: Bundesarbeitsge-

23 In den wenigen Monaten vor Drucklegung dieses Bandes haben schon rund 70 Organisationen die Initiative Transparente Zivilgesellschaft unterzeichnet, darunter aus dem Bereich der Freien Wohlfahrtspflege die „Aktion Deutschland hilft“, der Deutsche Caritasverband, der Hermann-Gmeiner-Fonds SOS Kinderdörfer, der Deutsche Kinderschutzbund und einige Landesverbände der Spitzenverbände der Freien Wohlfahrtspflege.

24 Transparency International: Initiative Transparente Zivilgesellschaft.

meinschaft SELBSTHILFE von Menschen mit Behinderung und chronischer Erkrankung und ihren Angehörigen im Paritätischen Gesamtverband (Hg.): 27. Juli 2010.

Möhring-Hesse, Mattthias (2008): Verbetriebswirtschaftlichung und Verstaatlichung - Die Entwicklung der Sozialen Dienste und der Freien Wohlfahrtspflege. In: ZSR 54, Heft 2, S. 141-160.

Nährlich, Stefan (1998): Was sind die und was bleibt von den Besonderheiten der Nonprofit-Organisationen? Eine ökonomische Betrachtung. In: Arbeitskreis Nonprofit-Organisationen (Hg.): Nonprofit-Organisationen im Wandel. Frankfurt a.M.: Eigenverlag des Deutschen Vereins für öffentliche und private Fürsorge, S. 225ff.

Der Paritätische Gesamtverband e.V. (2007): Sponsoring in der Selbsthilfe – Möglichkeiten und Grenzen. Berlin Mai 2007.

Paritätischer Wohlfahrtsverband (2008): Positionierung des Paritätischen zur Transparenzdebatte. Vorlage für den Verbandsrat. Berlin 8. 8. 2008.

Poerksen, Michael Ernst (2007): Baustelle Gemeinnützigkeit. Zur aktuellen Diskussion über Änderungen der gesetzlichen Regelungen im Gemeinnützigkeits- und Spendenrecht. Gutachten für den Arbeitskreis Bürgergesellschaft der Friedrich-Ebert-Stiftung. In: Analyse-Reihe der Friedrich-Ebert-Stiftung „Betrifft: Bürgergesellschaft“ Berlin 2007.

Röver, Brönner (2010): „Ehr und Lohn...“Geschäftsführervergütungen im Nonprofit-Bereich. Referat. Berlin 2010.

Sandberg, Berit (2007): Die Bürgergesellschaft – Ein blinder Fleck der Betriebswirtschaftslehre? In: Analyse-Reihe der Friedrich-Ebert-Stiftung „Betrifft: Bürgergesellschaft“, Berlin 2007.

Schroeder, Karenina (2010): Transparenz Parameter für den Nonprofit-Sektor. Vortragsmanuskript 2010.

Sprengel, Rainer (2007): Bürgerschaftliches Engagement und Organisationsentwicklung der Verbände. Gutachten für den Arbeitskreis „Bürgergesellschaft und aktivierender Staat“. Berlin 2007.

Stolterfoht, Barbara (2007): Die soziale Bedingtheit bürgerschaftlicher Teilhabe. In: Analyse-Reihe der Friedrich-Ebert-Stiftung „Betrifft: Bürgergesellschaft“. Berlin.

Transparency International Deutschland e.V. (2010): Initiative Transparente Zivilgesellschaft. Selbstverpflichtungserklärung. Berlin 8. Juni 2010. (http://www.transparency.de/Zehn-Informationen.1613.0.html – Zugriff 4. Oktober 2010; http://www.transparency.de/fileadmin/pdfs/Themen/Nonprofit/Initiative%20Transparente%20Zivilgesellschaft_SV_final.pdf – Zugriff am 4. Oktober 2010).

VENRO Verhaltenskodex (2008): Transparenz, Organisationsführung und Kontrolle. Bonn 10. 12. 2008.

Aspekte zur Rechnungslegung spendensammelnder Organisationen in der Rechtsform des eingetragenen Vereins

von Jan Simon Busse

Hintergrund

Im öffentlichen Leben der Bundesrepublik Deutschland und über ihre Grenzen hinaus spielen spendensammelnde Organisationen wie Brot für die Welt, Kindernothilfe, Greenpeace oder Deutsche Krebshilfe eine wichtige Rolle. Die in Deutschland kursierenden Zahlen zum jährlichen Spendenaufkommen schwanken dabei zwischen 2,6 und 7 Milliarden Euro (DZI 2008: 6).

Überwiegend treten spendensammelnde Organisationen in Deutschland in der Rechtsform des eingetragenen Vereins auf und sind in der Regel aus steuerlicher Sicht gemeinnützig (Busse/Wellbrock 2008: 174f.). Wesentliche Finanzierungsquellen solcher Organisationen können neben der Vereinnahmung von Spenden die Einnahme von Zuwendungen der öffentlichen Hand, Mitgliedsbeiträgen und Bußgeldern sein. Überdies können spendensammelnde Organisationen vor allem durch die Unterhaltung eines wirtschaftlichen Geschäftsbetriebs sowie aus der Vermögensverwaltung Überschüsse erwirtschaften, die zusätzlich zur Erfüllung satzungsmäßiger Zwecke eingesetzt werden (Halfar 1998: 410ff.). Gleichwohl stellt für eine Vielzahl solcher Organisationen die Sammlung von Spenden die Haupteinnahmequelle dar, so dass die Spendenhöhe maßgeblich mit über den Umfang der satzungsmäßigen Arbeit entscheidet (Schneider 1995: 625; Priller/Sommerfeld 2005: 4).

Auf Seiten der Spender besteht ein Informationsbedürfnis gegenüber den spendensammelnden Organisationen (Löwe 2003: 79ff.). Vor diesem Hintergrund wird im Rahmen dieses Beitrags untersucht, inwieweit die Rechnungslegung einer spendensammelnden Organisation den Spendern als Informations- und Kontrollinstrument dienen kann. Überdies wird dargestellt, welche Rechnungsvorschriften spendensammelnde Organisationen in der Rechtsform des eingetragenen Vereins verpflichtend zu beachten haben. Schließlich wird untersucht, ob spendensammelnde Organisationen in der Rechtsform des eingetragenen Vereins über die verpflichtend zu beachtenden Rechnungslegungsvorschriften freiwillig weitere Rechnungslegungsvorschriften beachten.

Rechnungslegung als Informations- und Kontrollinstrument für Spender

Der Bürger wird u. a. über Fernsehsendungen, Zeitungsanzeigen, Plakate, Mailings oder persönlichen Kontakt auf das Erfordernis einer Spende aufmerksam gemacht. Diese Reize lösen bei ihm vielfach einen Entscheidungsprozess aus, im Rahmen dessen er zu entscheiden hat, ob er spendet oder nicht spendet. Darüber hinaus hat er regelmäßig zu entscheiden, an wen, wie viel und wann er spendet. Im Anschluss an seine Spende verlangt der Spender regelmäßig Rechenschaft über die Verwendung der überlassenen Mittel. Da er seine Mittel endgültig und nicht als Anlage gegeben hat, ist insoweit sein unmittelbares Interesse an Rechenschaft im Grunde sogar stärker als bei einem Investor einer Kapitalgesellschaft (Lutter 1988: 492). Im Ergebnis benötigen Spender für ihren Entscheidungsprozess und zur Rechenschaft Informationen über spendensammelnde Organisationen. Als Beispiele für ihre Informationsbedürfnisse können Informationen über die Höhe der Aufwendungen in den Bereichen „satzungsmäßige Arbeit", „Verwaltung" und „Werbung" sowie Informationen über satzungsmäßige Leistungen und die damit erzielten Wirkungen genannt werden. Auch können für Spender Informationen über implementierte Mechanismen zur Verhinderung von Zweckentfremdung und Veruntreuung von Spenden relevant sein.

Als Informationsquellen stehen Spendern verschiedene Möglichkeiten zur Verfügung: Zum einen können sie auf vorhandenes Wissen zurückgreifen. Hierzu zählen der Bekanntheitsgrad einzelner Organisationen sowie die eigene Einstellung zum Spendenwesen, in der sich letztlich ihre Erfahrung im Umgang mit spendensammelnden Organisationen manifestiert. Zum anderen bieten sich ihnen die Möglichkeiten, zusätzliche Informationen von externer Seite aufzunehmen, indem sie entweder aktiv Informationen beschaffen (z.B. Recherche im Internet) oder unbeabsichtigt mit Informationen (z.B. Berichterstattung in den Medien) konfrontiert werden (Schneider 1996: 114).

Unter Rechnungslegung ist die zusammenfassende zahlenmäßige Abbildung des gesamten wirtschaftlichen Geschehens einer Organisation in einer Periode zu verstehen (Pellens 2007: 1546). Auch zählen zur Rechnungslegung ergänzende Angaben und Erläuterungen, die zum Verständnis der zahlenmäßigen Abbildung und zur weitergehenden Rechenschaft notwendig sind (Leffson 1987: 64, 78; Schneider 1997: 6).

Wesentliche Instrumente der Rechnungslegung sind die stichtagsbezogene Bilanz als Gegenüberstellung von Vermögen und Schulden sowie die zeitraumbezogene Gewinn- und Verlustrechnung (GuV) als Gegenüberstellung von Aufwand und Ertrag zur Ermittlung des Erfolgs der Abrechnungsperiode. Darüber hinaus zählen zu den wesentlichen Instrumenten der Rechnungslegung der Anhang, der die Bilanz und GuV erläutern, ergänzen, korrigieren und entlasten soll, sowie der Lagebericht, der die Informationen der Bilanz, der GuV und des Anhangs verdichten sowie sachlich und zeitlich ergänzen soll (Baetge/Kirsch/Thiele 2009: 2f., 36, 568; Pellens 2007: 1546).

Die Zwecke der Rechnungslegung lassen sich grundsätzlich in eine Informationsfunktion und eine Einkommensbemessungsfunktion gliedern (Pellens 2007: 1546; Siegel 2007: 177; Coenenberg/Haller/Schultze 2009: 16ff.; Ballwieser 1996: 7).[1] An-

1 Anstelle der Einkommensbemessungsfunktion wird im Schrifttum auch von der Ausschüttungsbemessungsfunktion oder der Zahlungsbemessungsfunktion gesprochen (vgl. hierzu bspw. Bitz/Schneeloch/

dere im Schrifttum bezeichnete Funktionen wie Gläubigerschutz, Gewinnermittlung und Rechenschaft stellen keine originären Zwecke dar, da sie sich den Zwecken der Informationsvermittlung und Einkommensbemessung subsumieren lassen bzw. die Vorgabe von mindestens einem dieser beiden Zwecke voraussetzen (Krönert 2001: 8).

Entsprechend der Einkommensbemessungsfunktion verfolgt die Rechnungslegung den Zweck, den zur Ausschüttung zur Verfügung stehenden Gewinn zu ermitteln (Krönert 2001: 7). Für die Rechnungslegung spendensammelnder Organisationen in der Rechtsform des eingetragenen Vereins ist dieser Zweck nicht relevant, da solche Organisationen gemeinnützig sind und die steuerliche Gemeinnützigkeit u. a. an die Voraussetzung geknüpft ist, dass Mitglieder oder Gesellschafter einer Spendenorganisation keine Gewinne aus den Mitteln der Organisation erhalten dürfen.[2] Somit wird die Einkommensbemessungsfunktion im Rahmen dieses Beitrags nicht weiter betrachtet.[3] Die Informationsfunktion der Rechnungslegung kann grundsätzlich in die beiden Subfunktionen der Informationsfunktion i. e. S. und der Rechenschaftsfunktion unterteilt werden (Paarz 2007: 10; Busse von Colbe 1993: 13f.). Entsprechend der Informationsfunktion i. e. S. hat die Rechnungslegung die Aufgabe, Dritten Informationen bereitzustellen, die für deren organisationsbezogenen Entscheidungen nützlich sind (Ballwieser 2002: 115; Caspari 1995: 49; Haller 1994: 147). Dabei sollen Rechnungslegungsinformationen dazu beitragen, dass solche Entscheidungen begründet getroffen werden können (Ballwieser 2002: 117). Gemäß der Rechenschaftsfunktion dient die Rechnungslegung der Kontrolle des Erreichungsgrads der Ziele, die Dritte mit der Organisation verfolgen.[4] Die Kontrolle der Zielerreichung erlaubt dabei Dritten eine Beurteilung, ob die Tätigkeit der Entscheidungsträger während der Periode an ihren Interessen ausgerichtet war (ähnlich Mujkonovic 2002: 52). Eine eindeutige Abgrenzung von Informationsfunktion i. e. S. und Rechenschaftsfunktion ist jedoch ohne Weiteres nicht möglich, da beide Subfunktionen grundsätzlich interdependent sind (Paarz 2007: 16; Mujkanovic 2002: 54; Krönert 2001: 31). So ist in der Rechenschaftsfunktion eine Informationsfunktion enthalten, da Rechenschaft ebenfalls dazu beiträgt, Entscheidungen zu begründen und damit letztendlich eine Informationsfunktion erfüllt (Ballwieser 2002: 115; Mujkanovic 2002: 54). Aus diesem Grund kann die Rechenschaftsfunktion der Informationsfunktion i. e. S. subsumiert werden (Paarz 2007: 16). Im Ergebnis kann die Rechnungslegung spendensammelnder Organisationen den Spendern als Informations- und Kontrollinstrument dienen.

Wittstock 2003: 33); zur Kritik an den Begriffen „Ausschüttungsbemessungsfunktion" und „Zahlungsbemessungsfunktion" Schneider 1997: 84ff.

2 Zur steuerlichen Gemeinnützigkeit spendensammelnder Organisationen vgl. im Detail Hüttemann 2008.

3 Zu diesem Ergebnis kommt auch Siegel (2007: 179).

4 Busse von Colbe bezeichnet die Rechenschaft als den „älteste[n] Zweck der Rechnungslegung" (Busse von Colbe 1994: 44).

Verpflichtende Beachtung der Rechnungslegungsvorschriften des Bürgerlichen Gesetzbuches durch spendensammelnde Organisationen

Für spendensammelnde Organisationen in der Rechtsform des eingetragenen Vereins gelten in Deutschland die Vorschriften des Bürgerlichen Gesetzbuches (BGB). Zur Rechnungslegung von solchen Organisationen findet sich lediglich im Bereich des Vereinsrecht in § 27 Abs. 3 BGB ein Verweis auf die für den Auftrag geltenden Vorschriften der §§ 664-670 BGB, wonach der Vorstand des Vereins gemäß § 666 BGB verpflichtet ist, gegenüber den Mitgliedern Rechenschaft über die Geschäftsführung abzulegen (Galli 1998: 263). Hinsichtlich der zeitlichen Abstände, in denen diese Rechenschaft zu erfolgen hat, ergibt sich aus dem Auftragsrecht, dass der Vorstand grundsätzlich erst mit Beendigung seiner Vorstandstätigkeit, also möglicherweise erst nach Ablauf vieler Jahre, Rechenschaft ablegen muss (Ikels 1976: 263). Nur auf Anfrage und nur in einer Mitgliederversammlung hätte der Vorstand die Mitglieder zu informieren; außerhalb der Mitgliederversammlung ist der Vorstand grundsätzlich nicht verpflichtet, Auskünfte über den Stand der Geschäfte und andere Vereinsangelegenheiten zu erteilen (Galli 1998: 263). Allgemein interpretiert das Schrifttum die Pflicht, Rechenschaft abzulegen, jedoch als Pflicht zur periodischen Rechnungslegung, d.h. zu einer am Kalenderjahr orientierten Rechnungslegung (Lutter 1988: 491).

Der Umfang der Rechnungslegung erstreckt sich entsprechend § 259 Abs. 1 BGB auf eine geordnete Zusammenstellung der Einnahmen und Ausgaben. Somit müssen eingetragene Vereine lediglich eine Einnahmen- und Ausgabenrechnung aufstellen. Vorschriften zur Form der Einnahmen- und Ausgabenrechnung bestehen nicht. Sie muss lediglich geordnet sein, d.h. die Einnahmen- und Ausgabenrechnung muss eine Übersicht und den Nachvollzug des Ergebnisses ohne Einbeziehung eines Sachverständigen erlauben (Orth 2009: § 37, Rn. 311). Darüber hinaus ist der Vorstand des Vereins verpflichtet, in gewissen Abständen oder nach Anforderung der Vereinsmitglieder ein Vermögensbestandsverzeichnis gemäß § 260 Abs. 1 BGB vorzulegen (Jahn 2009: 38). Zur Form der Vermögensrechnung finden sich im BGB jedoch keine Vorschriften. Entsprechend der Vorschriften des BGB sind keine weiteren Rechnungslegungsinstrumente wie Bilanz oder GuV, noch ein weitgehender Geschäftsbericht über die Lage der spendensammelnden Organisation in der abgelaufenen Periode aufzustellen. Darüber hinaus kennt das BGB keine Prüfungs- und Publizitätsvorschriften (Lutter 1988: 491). Somit erhalten Spender nur dann Rechnungslegungsinformationen, wenn spendensammelnde Organisationen in der Rechtsform des eingetragenen Vereins die Einnahmen- und Ausgabenrechnung sowie das Vermögensbestandsverzeichnis freiwillig publizieren.

Praktische Relevanz handelsrechtlicher Rechnungslegungsvorschriften für spendensammelnde Organisationen

Für spendensammelnde Organisationen in der Rechtsform des eingetragenen Vereins sind handelsrechtliche Rechnungslegungsvorschriften regelmäßig nicht verpflichtend anzuwenden, da sie grundsätzlich nicht die Kaufmannseigenschaft der §§ 1, 2 und 3 HGB erfüllen (Wallenhorst 2009: Kap. B, Rn 19). Handelsrechtliche Rechnungslegungsvorschriften müssen jedoch dann von solchen Organisationen verpflichtend angewendet werden, wenn

- sie entweder Kaufleute kraft Gewerbebetriebs sind oder durch Eintragung Kaufmannseigenschaft erlangt haben,
- sie aufgrund branchenbezogener Regelungen in Spezialvorschriften dazu verpflichtet sind oder
- sie wegen Überschreitens der Schwellenwerte in § 141 AO dazu verpflichtet sind (Wallenhorst 2009: Kap. B, Rn 19ff.).

Die Verpflichtung zur Anwendung handelsrechtlicher Rechnungslegungsvorschriften besteht dabei nur für den Bereich der wirtschaftlichen Betätigung und nicht für den übrigen Bereich des eingetragenen Vereins bzw. diesen insgesamt (Hoppen 2005: § 18, Rn. 5 und 7).

Kaufmannseigenschaft erlangen spendensammelnde Organisationen in der Rechtsform des eingetragenen Vereins entweder dadurch, dass sie mit ihrer wirtschaftlichen Tätigkeit ein Handelsgewerbe betreiben (§ 1 Abs. 1 HGB)[5] oder wenn sie mit ihrer wirtschaftlichen Tätigkeit in das Handelsregister eingetragen sind (§ 2 Abs. 1 S. 1 HGB).[6] In diesen Fällen haben die spendensammelnden Organisationen für den Bereich der wirtschaftlichen Betätigung die handelsrechtlichen Vorschriften anzuwenden.[7] Eine verpflichtende Beachtung der ergänzenden Vorschriften für Kapitalgesellschaften und haftungsbeschränkte Personenhandelsgesellschaften i. S. d. § 264a HGB ist jedoch nicht gegeben. Auch liegt eine Verpflichtung zur Prüfung und Publizität der Rechnungslegung nicht vor (analog Doppstadt 2004: 151). Handelsrechtliche Rechnungslegungsvorschriften können für spendensammelnde Organisationen in

5 Handelsgewerbe ist nach § 1 Abs. 2 HGB „jeder Gewerbebetrieb, es sei denn, dass das Unternehmen nach Art und Umfang einen in kaufmännischer Weise eingerichteten Geschäftsbetrieb nicht erfordert."

6 Die Eintragung in das Handelsregister kann von einem Verein beantragt werden, wenn der Gewerbebetrieb nicht nach Art oder Umfang einen in kaufmännischer Weise eingerichteten Geschäftsbetrieb erfordert (§ 2 HGB) oder wenn er ein land- und forstwirtschaftliches Unternehmen betreibt, das nach Art oder Umfang einen in kaufmännischer Weise eingerichteten Geschäftsbetrieb erfordert (§ 3 Abs. 2 HGB).

7 Die handelsrechtlichen Vorschriften müssen jedoch nach § 241a HGB dann nicht angewendet werden, falls eine Organisation zwar Kaufmann kraft Gewerbebetriebs ist oder durch Eintragung Kaufmannseigenschaft erlangt hat, aber an den Abschlussstichtagen von zwei aufeinander folgenden Geschäftsjahren nicht mehr als 500.000 Euro Umsatzerlöse und 50.000 Euro Jahresüberschuss aufweist. Im Fall der Neugründung treten die Rechtsfolgen schon ein, wenn die Werte des Satzes 1 am ersten Abschlussstichtag nach der Neugründung nicht überschritten werden.

der Rechtsform des eingetragenen Vereins aufgrund branchenbezogener Regelungen in Spezialvorschriften relevant werden, wenn diese unabhängig von der Rechtsform auf handelsrechtliche Rechnungslegungsvorschriften verweisen. Hier ist vor allem die Verordnung über die Rechnungs- und Buchführungspflichten für Pflegeeinrichtungen (PBV) zu nennen. Ist eine spendensammelnde Organisation in der Rechtsform des eingetragenen Vereins als Nicht-Kaufmann z. B. Träger einer Pflegeeinrichtung im Sinne der PBV, so wird die Organisation durch die Pflege-Buchführungsverordnung zumindest für den Bereich, in dem sie Leistungen als Pflegeeinrichtung nach dem Sozialgesetzbuch, 11. Buch (SGB XI) erbringt (§ 4 Abs. 3 Nr. 1 PBV), zur Anwendung handelsrechtlicher Rechnungslegungsvorschriften gemäß §§ 3 ff. PBV verpflichtet.

Die steuerlichen Regelungen über die Führung von Büchern und Aufzeichnungen sind in den §§ 140–148 AO kodifiziert und erlangen unter bestimmten Voraussetzungen für spendensammelnde Organisationen in der Rechtsform des eingetragenen Vereins Anwendungsbedeutung, sofern die Organisationen in Teilbereichen steuerpflichtig sind (analog Hoppen 2005: § 18, Rn. 8). Grundsätzlich wird dabei zwischen den sog. abgeleiteten und den originären steuerlichen Buchführungs- und Aufzeichnungspflichten unterschieden (Wallenhorst 2009: Kap. B, Rn. 25ff.). Die abgeleiteten Buchführungspflichten ergeben sich aus § 140 AO. Danach hat derjenige, der nach anderen Gesetzen als den Steuergesetzen Bücher und Aufzeichnungen zu führen hat, die für die Besteuerung von Bedeutung sind, die Verpflichtungen, die ihm nach diesen Gesetzen obliegen, auch für die Besteuerung zu erfüllen (z.B. HGB).

Überdies ergeben sich nach § 141 AO originäre steuerliche Buchführungspflichten. Danach sind eingetragene Vereine auch dann verpflichtet, Bücher zu führen und aufgrund jährlicher Bestandsaufnahmen Abschlüsse zu machen, wenn gewisse Voraussetzungen vorliegen und sich nicht bereits eine abgeleitete Buchführungspflicht aus § 140 AO ergibt. So greifen die originären steuerlichen Buchführungspflichten dann ein, wenn sich die Organisationen als gewerbliche Unternehmer oder als Land- und Forstwirte betätigen und die Schwellenwerte in § 141 AO überschreiten. Unterliegt eine Organisation den originären steuerlichen Buchführungspflichten, gelten die §§ 238, 240–242 Abs. 1 HGB und die §§ 243–256 HGB sinngemäß, falls sich nicht aus den Steuergesetzen etwas anderes ergibt.[8] Obwohl handelsrechtliche Rechnungslegungsvorschriften für spendensammelnde Organisationen in der Rechtsform des eingetragenen Vereins regelmäßig nicht gesetzlich verpflichtend zu beachten sind, wendet eine Vielzahl solcher Organisationen freiwillig handelsrechtliche Vorschriften für die Organisation insgesamt an (Schruff/Busse/Hoffmann 2009: 813; Busse/Wellbrock 2008: S. 174f.). So kommt eine empirische Studie zu dem Ergebnis, dass von den untersuchten Organisationen, die in der Rechtsform des eingetragenen Vereins organisiert sind, 77,9 % für die Periode 2008 freiwillig für die Organisation insgesamt nach handelsrechtlichen Vorschriften Rechnung legten. Dagegen beachteten 22,1 %

8 Weiterhin ergeben sich originäre Buchführungspflichten aus § 22 UStG, wenn spendensammelnde Organisationen in der Rechtsform des eingetragenen Vereins unternehmerisch i. S. d. UStG tätig sind.

der Organisationen für die Periode 2008 nur die gesetzlich verpflichtenden Rechnungslegungsvorschriften des BGB.[9]

Von den spendensammelnden Organisationen in der Rechtsform des eingetragenen Vereins, die für die Periode 2008 freiwillig nach handelsrechtlichen Vorschriften Rechnung legten, wendeten 52,8 % nur die für alle Kaufleute geltenden Vorschriften an und erstellten in diesem Zusammenhang eine Bilanz sowie eine GuV (§§ 238–263 HGB). Dagegen wendeten 45,3 % der Organisationen zusätzlich die ergänzenden Vorschriften für Kapitalgesellschaften und haftungsbeschränkte Personenhandelsgesellschaften i. S. d. § 264a HGB an (§§ 264–289 HGB) und erweiterten in diesem Zusammenhang den Jahresabschluss um einen Anhang und erstellten ggf. einen Lagebericht. Eine Organisation machte hierzu keine Angabe.

Ein Motiv für die freiwillige Anwendung handelsrechtlicher Rechnungslegungsvorschriften durch spendensammelnde Organisationen in der Rechtsform des eingetragenen Vereins kann darin liegen, dass sie somit Anforderungen der öffentlichen Hand erfüllen, die die Vergabe von Zuwendungen an die Voraussetzung einer handelsrechtlichen Rechnungslegung knüpfen. Überdies können solche Organisationen mit der freiwilligen Anwendung handelsrechtlicher Rechnungslegungsvorschriften das Ziel verfolgen, ihren Spendern Informationen bereitzustellen, die den Anforderungen der Spender besser genügen als Informationen, die bei Anwendung der gesetzlich verpflichtenden Rechnungslegungsvorschriften bereitgestellt werden. Ein weiteres Motiv für die freiwillige Anwendung handelsrechtlicher Vorschriften kann darin gesehen werden, dass spendensammelnde Organisationen in der Rechtsform des eingetragenen Vereins einen Bestätigungsvermerk nach § 322 HGB anstreben, um damit u. a. den Spendern die Verlässlichkeit ihrer Rechnungslegung aufzuzeigen.

Handelsrechtliche Rechnungslegungsvorschriften sind insbesondere für erwerbswirtschaftliche Unternehmen entwickelt worden. So bestehen für Rechnungslegungsfragen, die vor allem spendensammelnde Organisationen betreffen, keine Einzelvorschriften im HGB. Als Beispiele können hier die Bilanzierung von Spenden und von sonstigen Einnahmearten des ideellen Bereichs sowie die Gliederung der GuV einer spendensammelnden Organisation genannt werden. Auch das Schrifttum hat sich

9 Die empirische Studie wurde im Zeitraum 11. September 2009 bis 15. Oktober 2009 zur Erfassung von Informationen über wesentliche Merkmale spendensammelnder Organisationen sowie zur Erfassung von Informationen zum derzeitigen Stand der Rechnungslegung spendensammelnder Organisationen durchgeführt. Hierzu wurden 355 spendensammelnde Organisationen am 11. September 2009 angeschrieben und gebeten den beigefügten Fragebogen bis zum 15. Oktober 2009 auszufüllen und zurückzusenden. In Deutschland gibt es kein Verzeichnis, in dem sämtliche deutsche spendensammelnde Organisationen verzeichnet sind. Somit wurden im Rahmen der empirischen Studie sämtliche Organisationen angeschrieben, die entweder das DZI Spendensiegel tragen (insgesamt 236 Organisationen, Stand: Anfang November 2008) und/oder Mitglied beim Deutschen Spendenrat e. V. (insgesamt 63 Mitglieder, Stand: 11. September 2009) und/oder Mitglied beim Verband für Entwicklungspolitik deutscher Nichtregierungsorganisationen e.V. (VENRO) (insgesamt 118 Mitglieder, Stand: 11. September 2009) sind. Diese Verzeichnisse wurden ausgewählt, da sie derzeit die umfassensten Verzeichnisse spendensammelnder Organisationen in Deutschland darstellen. Bis zum 15. Oktober 2009 sendeten von den 355 Organisationen 87 Organisationen (24,5 %) den Fragebogen zurück. Diese Fragebögen bilden die Basis für die Ergebnisse der empirischen Studie.

solchen Fragestellungen bisher kaum angenommen. Das Ziel des Lehrstuhls für Rechnungslegung und Wirtschaftsprüfung der Georg-August-Universität Göttingen ist es daher, einen Beitrag zu Klärung dieser Fragestellung zu leisten. In diesem Zusammenhang ist auf die Beiträge „Zur Weiterentwicklung der Rechnungslegung Spenden sammelnder Organisationen – Neufassung des Entwurfs einer IDW Stellungnahme zur Rechnungslegung (IDW ERS HFA 21 n.F.)" (Schruff/Busse/Hoffmann 2009: 812-820) und „Konzept für eine Erfolgsrechnung spendensammelnder Organisationen" (Schruff/Busse/Wellbrock 2008: 591-599) hinzuweisen.

Zwar werden vielfach eine Bilanz, eine GuV, ein Anhang sowie ein Lagebericht durch spendensammelnde Organisationen in der Rechtsform des eingetragenen Vereins nach handelsrechtlichen Rechnungslegungsvorschriften aufgestellt, diese Rechnungslegungsinstrumente jedoch häufig gegenüber den Spendern nicht offengelegt. So kommt die empirische Studie zu dem Ergebnis, dass von den spendensammelnden Organisationen in der Rechtsform des eingetragenen Vereins, die für die Periode 2008 freiwillig nach handelsrechtlichen Vorschriften Rechnung legten, 43,4% ihre Bilanz und 41,5% ihre GuV nicht veröffentlichten. Auch wurde häufig kein Geschäftsbericht veröffentlicht, der neben diesen Rechnungslegungsinstrumenten z.B. Informationen über erbrachte satzungsmäßige Leistungen und damit erzielte Wirkungen beinhaltet. Vor dem Hintergrund einer unzureichenden Veröffentlichung von Rechnungslegungsinformationen zeichnet PricewaterhouseCoopers (PwC) seit 2005 deutsche spendensammelnde Organisationen für eine qualitativ hochwertige Rechnungslegung mit dem Transparenzpreis aus. PwC hat gemeinsam mit dem Lehrstuhl für Rechnungslegung und Wirtschaftsprüfung einen Kriterienkatalog entwickelt, der speziell auf die Beurteilung der Rechnungslegung von spendensammelnden Organisationen zugeschnitten ist. Der Katalog wird jährlich überarbeitet und aktualisiert.[10]

Die Initiative von PwC zeigt Wirkung. So zeigen folgende Grafiken, dass spendensammelnde Organisationen, die bisher jedes Jahr am Transparenzpreis von PwC teilgenommen haben, verstärkt Rechnungslegungsinformationen veröffentlichen.

Entsprechend Abbildung 1 veröffentlichten in den Geschäftsberichten 2004 keine der spendensammelnden Organisationen Informationen zur Vergütung der Organe; dagegen machten in den Geschäftsberichten 2008 bereits 55% der spendensammelnden Organisationen hierzu Angaben.

Hinsichtlich Informationen über implementierte Mechanismen zur Verhinderung von Zweckentfremdung und Veruntreuung von Spenden zeigt Abbildung 2, dass in den Geschäftsberichten 2004 lediglich 14% der spendensammelnden Organisationen solche Informationen veröffentlichten; dagegen veröffentlichten in den Geschäftsberichten 2008 96% der spendensammelnden Organisationen Informationen über implementierte Mechanismen zur Verhinderung von Zweckentfremdung und Veruntreuung von Spenden.

10 Weitere Informationen zum Transparenzpreis von PwC können unter www.pwc.de abgerufen werden.

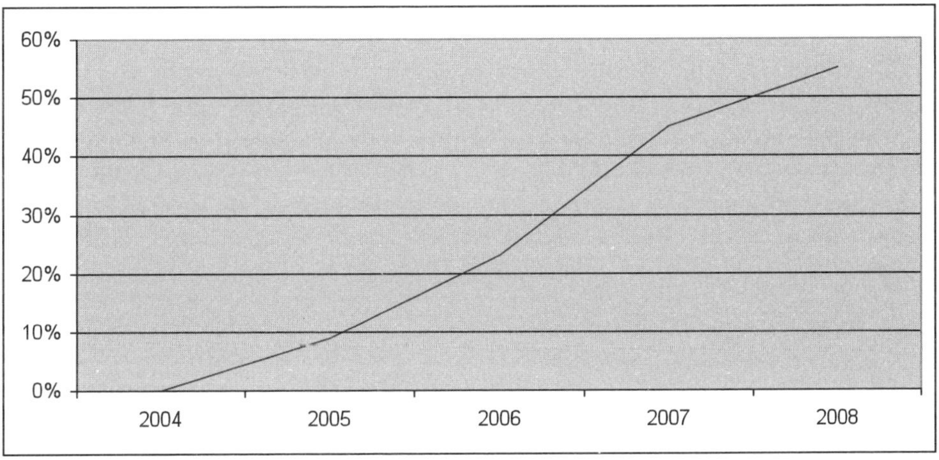

Abbildung 1: Veröffentlichung von Informationen zur Vergütung der Organe

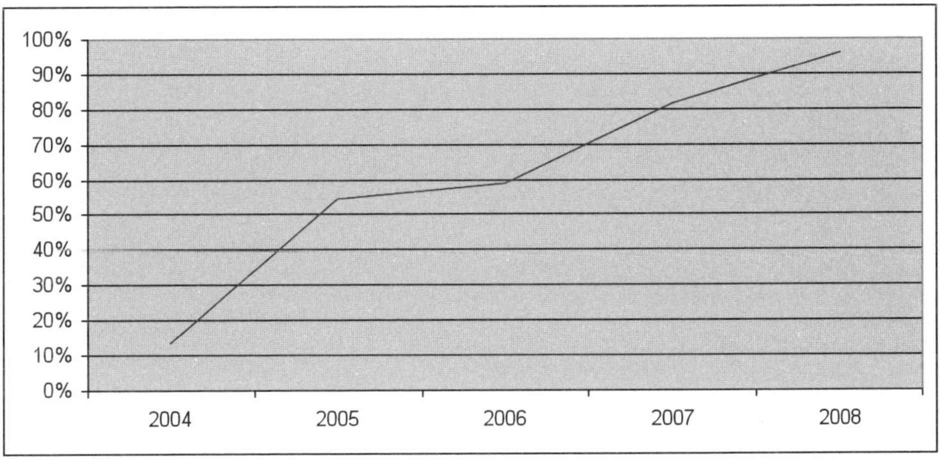

Abbildung 2: Veröffentlichung von Informationen über implementierte Mechanismen zur Verhinderung von Zweckentfremdung und Veruntreuung von Spenden

Entsprechend Abbildung 3 und Abbildung 4 veröffentlichten in den Geschäftsberichten 2004 82% der spendensammelnden Organisationen eine GuV oder Einnahmen- und Ausgabenrechnung sowie 55% der spendensammelnden Organisationen eine Bilanz; dagegen veröffentlichten den Geschäftsberichten 2008 sämtliche spendensammelnden Organisationen eine GuV oder Einnahmen- und Ausgabenrechnung und 91% der spendensammelnden Organisationen eine Bilanz.

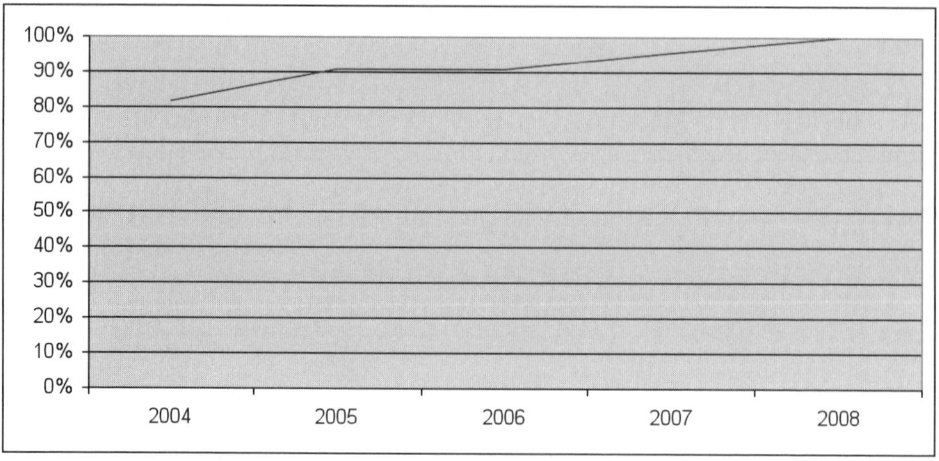

Abbildung 3: Veröffentlichung einer GuV oder Einnahmen- und Ausgabenrechnung

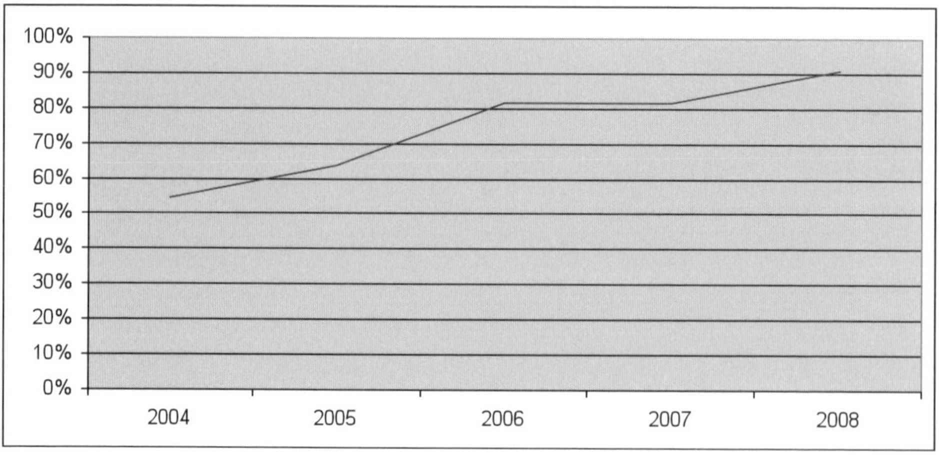

Abbildung 4: Veröffentlichung einer Bilanz

Zusammenfassung

Spender benötigen für ihren Entscheidungsprozess und zur Rechenschaft Informationen über spendensammelnde Organisationen. Die Rechnungslegung spendensammelnder Organisationen kann den Spendern als Informations- und Kontrollinstrument dienen. Unter Rechnungslegung ist die zusammenfassende zahlenmäßige Abbildung des gesamten wirtschaftlichen Geschehens einer Organisation in einer Periode zu verstehen. Auch zählen zur Rechnungslegung ergänzende Angaben und

Erläuterungen, die zum Verständnis der zahlenmäßigen Abbildung und zur weitergehenden Rechenschaft notwendig sind.

Spendensammelnde Organisationen in den Rechtsformen des eingetragenen Vereins haben hinsichtlich der Rechnungslegung in der Regel nur die Vorschriften des BGB verpflichtend zu beachten. Dagegen sind für solche Organisationen handelsrechtliche Rechnungslegungsvorschriften regelmäßig nicht verpflichtend anzuwenden. Dennoch legen eine Vielzahl spendensammelnder Organisationen in der Rechtsform des eingetragenen Vereins freiwillig nach handelsrechtlichen Vorschriften für die Organisation insgesamt Rechnung.

Handelsrechtliche Rechnungslegungsvorschriften sind insbesondere für erwerbswirtschaftliche Unternehmen entwickelt worden. So bestehen für Rechnungslegungsfragen, die vor allem spendensammelnde Organisationen betreffen, keine Einzelvorschriften im HGB. Auch das Schrifttum hat sich solchen Fragestellungen bisher kaum angenommen. Zwar werden vielfach eine Bilanz, eine GuV, ein Anhang sowie ein Lagebericht durch spendensammelnde Organisationen in der Rechtsform des eingetragenen Vereins nach handelsrechtlichen Rechnungslegungsvorschriften aufgestellt, diese Rechnungslegungsinstrumente jedoch häufig gegenüber den Spendern nicht veröffentlicht.

Literatur

Baetge, Jörg/Kirsch, Hans-Jürgen/Thiele, Stefan (2009): Bilanzen, 10. Aufl. Düsseldorf: IDW.

Ballwieser, Wolfgang (1996): Zum Nutzen handelsrechtlicher Rechnungslegung. In: Ballwieser, Wolfgang (Hg.), Rechnungslegung – warum und wie?: Festschrift für Hermann Clemm zum 70. Geburtstag, München: Beck , S. 1-25.

Ballwieser, Wolfgang (2002): Informations-GoB – auch im Lichte von IAS und US-GAAP. Zeitschrift für kapitalmarktorientierte Rechnungslegung, S. 115-121.

Bitz, Michael / Schneeloch, Dieter / Wittstock, Wilfried (2003): Der Jahresabschluss, 4. Aufl. München: Vahlen.

Busse, Jan Simon / Wellbrock, Jens M. (2008): Die Rechnungslegung als Informationsinstrument spendensammelnder Organisationen. Zeitschrift für öffentliche und gemeinwirtschaftliche Unternehmen, S. 174-183.

Busse von Colbe, Walther (1993): Die Entwicklung des Jahresabschlusses als Informationsinstrument. In: Wagner, Franz W. (Hg.), Ökonomische Analyse des Bilanzrechts – Entwicklungslinien und Perspektiven –: Tagung des Ausschusses Unternehmensrechnung im Verein für Socialpolitik am 12. und 13. März 1993 in München: Verlagsgruppe Handelsblatt, Düsseldorf et al., S. 11-29.

Busse von Colbe, Walther (1994): Unternehmenskontrolle durch Rechnungslegung. In: Sandrock, Otto/Jäger, Wilhelm, Internationale Unternehmenskontrolle und Unternehmenskultur: Beiträge zu einem Symposium. Tübingen: Mohr, S. 37-57.

Caspari, Britta (1995): Der Jahresabschluss öffentlicher Unternehmungen – Grundfragen und ausgewählte Einzelprobleme seiner inhaltlichen Ausgestaltung. München: VVF.

Coenenberg, Adolf G./Haller, Axel/Schultze, Wolfgang (2009): Jahresabschluss und Jahresabschlussanalyse: Betriebswirtschaftliche, handelrechtliche, steuerrechtliche und internationale Grundsätze – HGB, IFRS, US-GAAP, 21. Aufl. Stuttgart: Schäffer-Poeschel.

Deutsches Zentralinstitut für soziale Fragen (Hg.) (2008/09): DZI Spenden-Almanach 2008/09. Berlin: Eigenverlag.

Doppstadt, Joachim (2004): Abweichende Grundsätze ordnungsgemäßer Buchführung (GoB) für Stiftungen? In: Walz, W. Rainer (Hg.): Rechnungslegung und Transparenz im Dritten Sektor. Köln et al.: Heymanns, S. 139-155.

Galli, Albert (1998): Die Rechnungslegung nichtwirtschaftlicher gemeinnütziger Vereine. Deutsches Steuerrecht, S. 263-268.

Halfar, Bern (1998): Finanzierung sozialer Dienste. In: Arnold, Ulli/Maelicke, Bern (Hg.), Lehrbuch der Sozialwirtschaft. Baden-Baden: Nomos, S. 402-442.

Haller, Axel (1994): Die Grundlagen der externen Rechnungslegung in den USA, 4. Aufl. Stuttgart: Schäffer-Poeschel.

Hoppen, Christian (2005): § 18 Rechnungslegung. In: Schauhoff, Stephan (Hg.), Handbuch der Gemeinnützigkeit: Verein, Stiftung, GmbH, Recht, Steuern, Personal, 2. Aufl. München: Beck, S. 895-954.

Hüttemann, Rainer (2008): Gemeinnützigkeits- und Spendenrecht. Köln: Schmidt.

Ikels, Dirk (1976): Die Rechnungslegung gemäß § 259 Abs. 1 BGB. Hamburg: Eigenverlag.

Jahn, Ines (2009): Rechnungslegung nichtwirtschaftlicher Vereine bei Anwendung handelsrechtlicher Rechnungslegungsgrundsätze. Aachen: Shaker.

Krönert, Björn (2001): Grundsätze informationsorientierter Rechnungslegung: Eine Untersuchung über die Erfüllung der Informationsfunktion von Jahresabschlüssen durch die US-GAAP. Sternenfels: Wissenschaft und Praxis.

Leffson, Ulrich (1987): Die Grundsätze ordnungsmäßiger Buchführung, 7. Aufl. Düsseldorf: IDW.

Löwe, Marion (2003): Rechnungslegung von Nonprofit-Organisationen: Anforderungen und Ausgestaltungsmöglichkeiten unter Berücksichtigung der Regelungen in Deutschland, USA und Großbritannien. Berlin: Schmidt.

Lutter, Marcus (1988): Zur Rechnungslegung und Publizität gemeinnütziger Spenden-Vereine. Betriebs-Berater. Frankfurt a.M.: Recht und Wirtschaft, S. 489-497.

Mujkanovic, Robin (2002): Fair Value im Financial Statement nach International Accounting Standards. Stuttgart: Schäffer-Poeschel.

Orth, Manfred (2009): § 37 Rechnungslegung. In: Von Campenhausen, Axel Freiherr (Hg.), Stiftungsrechts-Handbuch, 3. Aufl. München: Beck, S. 631-751.

Paarz, Michael (2007): Investororientierte Bankrechnungslegung nach IFRS: Eine Analyse des IFRS 7 unter Berücksichtigung des Konzepts der Marktdisziplin nach Basel II. Düsseldorf: IDW.

Pellens, Bernhard (2007): Rechnungslegungssysteme. In: Köhler, Richard / Küpper, Hans-Ulrich / Pfingsten, Andreas (Hg.), Handwörterbuch der Betriebswirtschaft, 6. Aufl. Stuttgart: Schäffer-Poeschel, S. 1543-1554.

Priller, Eckhard/Sommerfeld, Jana (2005): Wer spendet in Deutschland? Eine sozialstrukturelle Analyse. WZB Discussion Paper SP I 2005-202. Berlin.

Schneider, Dieter (1997): Betriebswirtschaftslehre Band 2: Rechnungswesen, 2. Aufl. München et al.: Oldenburg.

Schneider, Willy (1995): Struktur und wirtschaftliche Bedeutung des Spendenmarktes in Deutschland. WiSt Wirtschaftliches Studium 12, S. 623-628.

Schneider, Willy (1996): Die Akquisition von Spenden als eine Herausforderung für das Marketing. Berlin: Duncker & Humblot.

Schruff, Lothar / Busse, Jan Simon / Wellbrock, Jens M. (2008): Konzept für eine Erfolgsrechnung spendensammelnder Organisationen. Die Wirtschaftsprüfung 2008, S. 591-599.

Schruff, Lothar / Busse, Jan Simon / Hoffmann, Tim (2009): Zur Weiterentwicklung der Rechnungslegung Spenden sammelnder Organisationen – Neufassung des Entwurfs einer IDW Stellungnahme zur Rechnungslegung (IDW ERS HFA 21 n. F.). Die Wirtschaftsprüfung 2009, S. 812-820.

Siegel, Theodor (2007): Rechnungslegung und Transparenzdefizite bei Vereinen und Stiftungen. In: Walz, W. Rainer / Hüttemann, Rainer / Rawert, Peter / Schmidt, Karsten, Non Profit Law Yearbook 2006. Köln et al.: Carl Heymanns, S. 177-207.

Wallenhorst, Rolf (2009): Kapitel B. Rechnungslegung. In: Wallhorst, Rolf/Halaczinsky, Raymond: Die Besteuerung gemeinnütziger Vereine, Stiftungen und der juristischen Person des öffentlichen Rechts: Handbuch für Beratung und Praxis, 6. Aufl. München: Vahlen, S. 35-70.

Theoretische Perspektiven

Do the great apes make donations?

by Josep Call

Introduction

On Jan 12th 2010 a magnitude 7.0 earthquake hit Haiti killing more than 200,000 people and wounding another 300,000. Soon after the disaster struck, donations started to pour in from governments, aid agencies and individuals from all around the world. The donations included not only tangible items such as money, sanitary goods, equipment, food and water, but also less tangible items such as expertise (i.e., professional rescue teams) and countless shows of support and encouragement. Many of these donations were made by anonymous citizens with no connection with Haiti or their people in the absence of overt requests for help.

If the unsolicited and anonymous transfer of goods without an expected return or indirect benefit is the hallmark of a donation, it is clear that our closest living primate relatives, or any other animals for that matter, do not make donations. However, our conclusion may need to be revised if we consider a broader category of behaviors. After all, if one restricts the meaning of donation to unsolicited, anonymous and without donor benefits, most human donations would not meet this golden standard. Many human donations are solicited and have indirect benefits for the donor (e.g., reputation) or her kin.

In this chapter I would like to explore the issue of donations in our closest living relatives from a broader perspective. Comparative analyses of human behavior are important, because all too often scholars have concluded that humans do unique things without bothering to look into what other species do. Tool-using and tool-making is a case in point. Sixty years ago, tool-using and tool-making were considered a human rubicon. However, research has shown that several species use and make tools quite effectively both in their natural habitats and the laboratory (e.g., Tomasello / Call 1997; Chappell / Kacelnik 2002). Comparing humans to other species not only informs us about what may be uniquely human but it also allows scientists to make inferences about the evolution of those skills, especially when our closest living relatives, the nonhuman great apes (henceforth apes), are involved in such comparisons. Such comparisons are particularly informative and necessary when one is interested in the evolution of psychological mechanisms and motives governing donations, which unlike bones, do not fossilize.

Research on psychological mechanisms and their evolution has recently received considerable research attention (e.g., Seed et al. 2009; Haun et al. 2006). Donations in humans are associated with sentiments of empathy and altruistic motives and some scholars have argued that the same may be true, at some level, in other animals (see Preston/de Waal 2002 and the following commentaries). De Waal (1996) has championed the view of "good natured" animals and contrasted it to the traditional conception that animals are solely driven by egoistic motives devoid of any empathic sentiments. At the core of this debate lies the question of how deep are the roots of our egoistic and altruistic tendencies in our primate and mammalian heritage. The goal of this chapter is to contribute to this debate by exploring the issue of whether nonhuman great apes make donations. The reader should not be expecting a simple answer to this question, partly and simply because the answer critically depends on the definition of donation that one chooses to use. Therefore, I will start by presenting two definitions with different scopes, and then search the literature for an answer. Such a review will highlight both the similarities and differences between apes and humans.

In an attempt to enhance comprehension, I will organize the information around three key aspects involved in donations: currency and solicitation, perception of need and fairness. The first of these sections provides a description of the behaviors involved in the transfer of some goods or services from donor to recipients. The next two sections will explore how subjects gauge needs in others and whether they have a sense of fairness. Whereas the first section describes the patterns of transfer of goods between individuals, the last two sections provide more information about the psychological processes that may be involved in donations among apes. I will finish the chapter with a couple of final considerations and a take-home message.

Donation: two enclosing definitions

We have already alluded to the difficulty of answering the question posed by the title of this chapter simply because its answer critically depends on the meaning of the word donation. Two definitions, one broad and one narrow will help us frame the problem. Broadly speaking, donation can be defined as an activity in which the donor incurs a cost that benefits the recipient. Note that this definition corresponds to the definition of altruism in an evolutionary sense, which should come as no surprise because donations are a prime example of altruism, although here it is not used in the sense of ultimate causation as it is understood by evolutionary biologists. A narrower definition of donation includes the core of the broad definition but it is also imposes some restrictions. Thus, donation in the narrow sense entails a cost for the donor and a benefit for the recipient but it also requires the absence of solicitation and more importantly, no possibility of repayment or indirect benefits to the donor in the future as a result of the donation.

What, how and why apes give to others

Currency and solicitation

Numerous studies have documented the transfer of various currencies between donors and recipients in the great apes (see Tomasello/Call 1997; Harcourt/de Waal 1992). These currencies include mainly food, grooming and support in fights. Let me briefly review each one in turn. Several studies have documented that all great ape species share food with their offspring, or at least tolerate their presence around food sources. However, only chimpanzees and bonobos, unlike gorillas and orangutans, share food regularly with unrelated conspecifics. Thus, although sharing with kin may have been present in the common ancestor of all living apes, sharing with unrelated individuals may be a more recent evolutionary development probably present in the common ancestor of chimpanzees, bonobos and humans. Moreover, there are important differences between populations in the willingness of mothers to tolerate their infants taking food acquired by tool-use (e.g., ant dipping or nut cracking). Whereas western chimpanzees tolerate their infants taking many of the kernels of the nuts that the mother cracks open, eastern populations are very reluctant to let their offspring take insect prey (Boesch/Boesch 2000; Goodall 1986).

Most food sharing observed among apes is the result of the so-called *tolerated theft* in which the food possessor lets another individual take some food from her (Boesch/Boesch 1989; de Waal 1989). Much rarer (< 10%) are cases in which the food possessor actively gives (hands over) a piece of food to the recipient who is soliciting it. Virtually inexistent are cases of unsolicited active giving (see also Yamamoto/Tanaka 2009). Experimental results in the laboratory largely reinforce the idea that active spontaneous giving of food is relatively rare although solicitation often results in donors giving access to food to recipients. This access to food, however, does not involve directly handing food to the recipients but giving a tool or an object that the recipient can use to obtain food. In one study orangutans handed or simply brought within reach objects that another orangutan could exchange for food with an experimenter. Orangutans that obtained the food thanks to their partner making the objects accessible to them never received any payback in the shape of a portion of the food obtained from the experimenter. However, a pair of orangutans started to reciprocate exchanges over repeated sessions (Dufour et al. 2009). Yamamoto and Tanaka (in press) also observed mother-offspring chimpanzee pairs inserting tokens in vending machine to deliver food for each other, but this sort of reciprocity disappeared when subjects could insert the token and receive the food themselves.

Releasing a latch so that the recipient can access food whose direct access was otherwise blocked by some obstacle is another way in which individuals help recipients in obtaining food that would otherwise be outside of the recipient's reach. Warneken et al. (2007) found that chimpanzees released a door latch to give access to their partners to food even though they could get to the food. Subjects' helping responses appeared to be a result of the attempts or solicitation made by those that were trying to get access to the food. Recently, Melis et al. (2010) confirmed that solicitation or overt behavior towards the goal was an important determinant triggering helping behavior in bystanders. Chimpanzees were more likely to release a peg that would allow the recipient to receive a reward if the recipients solicited to the donor or were simply engaged with the apparatus while attempting to dislodge it. Chimpanzees also complied with requests to pass objects that the experimenter wanted (Warneken / Tomasello 2006).

Besides food, apes provide other services to their conspecifics. This is important because it shows that transfers are not restricted to food items but also involve other currencies. Most common of all currencies is allo-grooming, which entails searching the fur of another's individuals for parasites or scabs – an activity that is directed both at kin and non-kin, but again chimpanzees and bonobos are more likely to engage in this activity, especially when it entails non-kin, than gorillas and orangutans. Individuals often solicit grooming from others but unlike food transfers, very often grooming is provided apparently without previous solicitation. Traditionally, grooming has been thought to be beneficial to the recipient and costly to the donor, thus being analogous to food transfers mentioned previously. However, recently, it has been found that grooming also provides benefits to the donor (Aureli / Yates 2010). Therefore it is unclear that this qualifies as a donation because the donor also benefits.

Another important service that conspecifics can provide to others is help during agonistic interactions (see Harcourt / de Waal 1992). Unlike grooming or food, providing help in fights can be potentially very costly for the donor since she may receive serious injuries. Unlike the case of grooming, however, helpers may always react to solicitation because the victim's screams may act as a recruitment device. Additionally, just like with grooming, there is always the possibility that helpers may benefit either directly by helping kin or defeating a direct competitor, or indirectly in the form of reputation.

Perception of need

We have already alluded to the fact that *active* transfers of food or help are relatively rare, and virtually inexistent *without* solicitations. However, recent studies have shown that apes can gauge the motives and intentions behind conspecifics' and humans' actions (see Call / Tomasello 2008 for a review). For instance, chimpanzees can discriminate between a human experimenter who is unwilling from one who is unable to give them food even though they do not receive food from any of them (Call et al. 2004). Chimpanzees and orangutans copy the actions of an experimenter selectively based on the situational constraints (Buttelmann et al. 2007, 2008) which shows that apes can discriminate between a human choosing to use some actions as opposed to being forced to use some actions. Finally, chimpanzees are more likely to punish those chimpanzees responsible for stealing and eating their food compared to those who simply ate their food but were not responsible for stealing it (Jensen et al. 2007a).

Although these studies (and others) show that chimpanzees can interpret the behavior of others in terms of their goals, there is little evidence suggesting that they can also anticipate the needs and goals of others in the absence of behavioral cues. This may indicate a potential difference between humans and apes. Whereas we can anticipate needs regardless of the observable manifestations, for instance, we can infer sadness or hunger based on some events even if we do not see observable signs of sadness or hunger, apes may need those signs to infer internal states. This ability in humans seems to be present quite early in development. Vaish et al. (2009) found that 18-month-old human infants helped more an experimenter whose property (e.g., a drawing) was destroyed by another experimenter. Crucially, the increase in helping behavior occurred even in the absence of overt cues of distress or sadness following the destruction of the drawing. Clearly more work is needed in this area to reach a more solid conclusion but the available evidence suggests that humans are much better than apes at inferring the needs of others in the absence of external behavioral manifestations.

Fairness

Fairness attribution is another aspect involved in donations that also seems less prominent in apes compared to humans. In particular, there is little evidence that apes show inequity aversion in the absence of unequal distribution of resources. Most human cultures investigated to date expect equal or near equal distribution of resources between two partners that have contributed the same amount of work (e.g., Henrich et al. 2006). For instance, in the so-called ultimatum game (Güth et al. 1982), two partners can share a quantity given by the experimenter to one of them. The donor can decide how much to share with the recipient and the recipient can either accept or reject the offer. If the recipient accepts the offer, both get to keep their share whereas if the recipient rejects the offer nobody gets anything.

In general, individuals receiving less than 30% of the total quantity reject the offer so that both partners get nothing. Typically, donors offer between 40% and 50% of the total quantity. This means that responders are willing to sacrifice their profits to punish offers that are too low (unfair) and mindful of that, most donors make offers near parity. Chimpanzee recipients playing this same game are not willing to forego their share but accept any quantity that is above zero (Jensen et al. 2007b). Consequently, donors tend to offer the minimum possible quantity, which is invariably accepted by recipients. After playing this game, there is no evidence that there are hard feelings between donors and recipients as shown by the fact that they join the group peacefully after the game has ended.

Other studies in which subjects receive different food have not found any evidence that subjects refuse to the take the food that is given to them or stop participating for receiving food of a lower quality than their partners (Bräuer et al. 2006). However, Brosnan et al (2005) found that when subjects had to exchange a token to receive the food, the results in one group of chimpanzees showed evidence of inequity aversion. In particular, chimpanzees receiving lower quality food than their partners for equal work refused to exchange the token in subsequent trials or even refused to eat the food after the exchange had taken place. The authors argued that requiring subjects to do work to get the reward was crucial to detect the inequity aversion effect. Yet, inequity aversion was only found in one of the two groups of chimpanzees investigated. The authors attributed this between-group difference to the length of time that the members of the two groups had been living together – those subjects who had lived together longer were more likely to tolerate inequality. However, Bräuer et al. (2009) also failed to find any consistent evidence of inequity aversion in chimpanzees in a task that also involved the same work for each partner and unequal pay for individuals that had lived together for many years.

Concluding remarks

If donation is defined as the unsolicited transfer of goods without the possibility of repayment or indirect benefits for the donor, one has to conclude that apes do not make donations. However, if the definition is relaxed to mean a transfer of goods and services that benefits another individual, then the answer is affirmative: apes do make donations. Proximate mechanisms, rather than ultimate ones, are in all likelihood what distinguishes humans from other animals (West et al. 2007). Although we share a great deal of our social cognition with apes (see Call/Tomasello, 2008), this chapter has highlighted two differences that may have a decisive impact on why humans and apes donate in the broad sense, but only human donate in the narrow sense. Leaving aside the issue that one shot interactions are not possible in apes because they interact repeatedly with familiar individuals and therefore the possibility of repayment is always present, we are able to perceive others' needs in more sophisticated ways than apes. And perhaps precisely because of this, we have developed a more acute sense of fairness than our closest relatives.

An intriguing possibility is that apes may have a sense of fairness (not detected by our studies) but apes are stoic in nature – accepting what is given to them including inequalities, yet trying to maximize their own gains but not bothered by the gains (or losses) of others, even if higher (or lower) than their own. Interestingly, such a lack of regard for others may not necessarily be a bad thing from a welfare point of view. Note that the same inclination to ignore inequality with others also prevents them from showing spiteful behavior towards others (Jensen et al. 2007). This is an important lesson for us, humans, who like to take pride on our capacity to care about others to an unprecedented degree in the animal kingdom. One must realize that being sensitive to others' needs also endows us with the ability to create those needs in the first place. Being sensitive to others' pain endows us with the ability to inflict it, provided we choose to do so. Although we have established that chimpanzees do things *that* benefit others, can we also say that they do those things *to* benefit others? Not necessarily. The proximate reasons and motivations for why they do things that benefit other individuals currently remain shrouded in mystery. Take, for instance, the case of food sharing. Food sharing is common among chimpanzees, both kin and non-kin, but do they share because they care about their conspecifics' welfare or simply because they want to eat in peace and avoid their conspecifics' begging behavior? Some authors suggest that chimpanzees share under pressure (Wrangham 1975; Gilby 2006), while other authors suggest that chimpanzees share in the absence of such pressure (Boesch/Boesch 2000). Future research is needed to clarify this point.

Being able to entertain at least two reasons for doing something and being able to choose between them reveals itself as crucial to attribute motives to others. Choosing to do good when evil is also possible, or to return to the topic of the chapter, choosing to donate when not doing so is also an option. Studies are currently underway to find out what is the motivation behind the beneficial acts that chimpanzees and other apes direct towards conspecifics and humans. This information will enable researchers to provide a more informed answer to the question that opened this chapter and map out more precisely the similarities and differences between the minds of humans and apes.

References

Aureli, F./Yates, K. (2010): Distress prevention by grooming others in crested black macaques. Biology Letters, 6, S. 27-29.

Boesch, C./Boesch, H. (1989): Hunting behavior of wild chimpanzees in the Tai Forest National Park. American Journal of Physical Anthropology, 78, S. 547-573.

Boesch, C./Boesch-Achermann, H. (2000): The chimpanzees of the Tai forest. New York: Oxford University Press.

Bräuer, J./Call, J./Tomasello, M. (2006): Are apes really inequity averse? Proceedings of the Royal Society of London, 273, S. 3123-3128.

Bräuer, J./Call, J./Tomasello, M. (2009): Are apes inequity averse? New data on the token-exchange paradigm, American Journal of Primatology. 71, S. 175-181.

Brosnan, S. F./Schiff, H. C./de Waal, F. B. M. (2005): Tolerance for inequity may increase with social closeness in chimpanzees. Proceedings of the Royal Society of London, 272, S. 253-258.

Buttelmann, D./Carpenter, M./Call, J./Tomasello, M. (2007): Enculturated chimpanzees imitate rationally. Developmental Science, 10, F31-F38.

Buttelmann, D./Carpenter, M./Call, J./Tomasello, M. (2008): Rational tool use and tool choice in human infants and great apes. Child Development, 79, S. 609-626.

Call, J./Tomasello, M. (2008): Does the chimpanzee have a theory of mind? 30 years later. Trends in Cognitive Sciences, 12, S. 187-192.

Call, J./Hare, B. H./Carpenter, M./Tomasello, M. (2004): 'Unwilling' versus 'Unable': Chimpanzees' Understanding of Human Intentional Action? Developmental Science, 7, S. 488-498.

Chappell, J./Kacelnik, A. (2002): Tool selectivity in a non-primate, the new caledonian crow (corvus moneduloides). Animal Cognition, 5, S. 71-78.

de Waal, F. B. M. (1989): Food sharing and reciprocal obligations among chimpanzees. Journal of Human Evolution, 18, S. 433-459.

de Waal, F. B. M. (1996): Good natured. The origins of right and wrong in humans and other animals. Cambridge, Massachusetts: Harvard University Press.

Dufour, V./Pelé, M./Neumann, M./ Thierry, B./Call, J. (2009): Calculated reciprocity after all: computation behind token transfers in orangutans. Biology Letters, 5, S. 172-175.

Gilby, I. C. (2006): Meat Sharing Among the Gombe Chimpanzees: Harassment and Reciprocal Exchange. Animal Behaviour, 71, S. 953-963.

Goodall, J. (1986): The Chimpanzees of Gombe. Patterns of Behavior. Cambridge, Massachusetts: Belknap Press of Harvard University Press.

Güth, W./Schmittberger, R./Schwarze, B. (1982): An experimental analysis of ultimatum bargaining. J. Econ. Behav. Organ. 3, S. 367-388.

Harcourt, A. H./de Waal, F. B. M. (1992): Coalitions and alliances in humans and other animals. New York: Oxford University Press.

Haun, D. B. M./Call, J./Janzen, G./Levinson, S. C. (2006): Evolutionary psychology of spatial representations in the Hominidae. Current Biology, 16, S. 1736-1740.

Henrich, J./McElreath, R./Barr, A. et al. (2006): Costly punishment across human societies. Science, 312, S. 1767-1770.

Jensen, K./Call, J./Tomasello, M. (2007a): Chimpanzees are vengeful but not spiteful. Proceedings of the National Academy of Sciences USA, 104, S. 13046-13050.

Jensen, K./Call, J./Tomasello, M. (2007b): Chimpanzees are rational maximizers in an ultimatum game. Science, 318, S. 107-109.

Melis, A. P./Warneken, F./Jensen, K./Schneider, A. C./Call, J./Tomasello, M. (2010): Chimpanzees help conspecifics obtain food and non-food items. Manuscript submitted for publication.

Preston, S. D./de Waal, F. B. M. (2002): Empathy: Its ultimate and proximate bases. Behavioral and Brain Sciences, 25, S. 1-20.

Seed, A./Emery, N./Clayton, N. (2009): Intelligence in corvids and apes: A case of convergent evolution? Ethology, 115, S. 401-420.

Tomasello, M./Call, J. (1997): Primate cognition. New York: Oxford University Press.

Vaish, A./Carpenter, M./Tomasello, M. (2009): Sympathy through affective perspective taking and its relation to prosocial behavior in toddlers. Developmental Psychology, 45, S. 534-543.

Warneken, F./Hare, B./Melis, A. P./Hanus, D./Tomasello, M. (2007): Spontaneous altruism by chimpanzees and young children. PLoS Biology, 5, e184.

Warneken, F./Tomasello, M. (2006): Altruistic helping in human infants and young chimpanzees. Science, 311, S. 1301-1303.

West, S. A./Griffin, A. S./Gardner, A. (2007): Social semantics: altruism, cooperation, mutualism, strong reciprocity and group selection. Journal of Evolutionary Biology, 20, S. 415-432.

Wrangham, R. W. (1975): The Behavioural Ecology of Chimpanzees in Gombe National Park, Tanzania. Ph.D. Thesis. Cambridge University Press.

Yamamoto, S./Tanaka, M. (2009): Do chimpanzees (Pan troglodytes) spontaneously take turns in a reciprocal cooperation task? Journal of Comparative Psychology, 123, S. 242-249.

Yamamoto, S./Tanaka, M. (in press): Selfish strategies develop in social problem situations in chimpanzee (Pan troglodytes) mother–infant pairs. Animal Cognition.

Psychologische Determinanten des Spendenverhaltens

von Kai J. Jonas

Warum spenden wir?

Die Gründe für individuelles Spendenverhalten sind vielschichtig und eine große Anzahl von (sozial)-psychologischen Mechanismen hat auf dieses zunächst recht einfach erscheinende Verhalten einen Einfluss. Zerlegt man die Handlung des Spendens künstlich in Einzelschritte und zieht die Eigenschaften der Akteure und ihrer Beziehungen in Betracht, wird schnell deutlich, wie komplex das Verhalten ist und welche Merkmale eine Rolle spielen. Doch bevor wir diese Merkmale und ihre Zusammenhänge nachfolgend erklären, muss zunächst der Begriff der Spende definiert werden. Aus psychologischer Sicht stellt eine Spende die Übereignung von materiellen oder immateriellen Gütern an einen bedürftigen Dritten dar, mit dem Ziel, eine subjektiv bestehende Notlage zu verbessern. Beispiele für solche materiellen Güter können Geld, Naturalien, Blut und Organe sein; Zeit, Wissen und Kenntnisse oder Kontakte sind Beispiele für immaterielle Güter, die gespendet werden können. Oftmals bestehen Substitutionsbeziehungen zwischen den Gütern in dem Sinne, dass beispielsweise eine Geldspende eine Zeitspende ersetzen soll. Wichtig dabei ist, dass auch Spenden stattfinden können, wenn für den Spendenempfänger subjektiv keine Notlage besteht, der Spender dies aber so wahrnimmt. Spenden ist aus psychologischer Sicht in die größere Kategorie des prosozialen Verhaltens oder als eine Form des Hilfeverhaltens einzuordnen.

Auf den Spendenprozess und seine Analyse können verschiedene Perspektiven angewandet werden. Zunächst besteht eine dyadische Beziehung zwischen dem Spender und dem Spendenempfänger, diese kann unmittelbar (z.B. bei einem Bettler, dem man Geld gibt) bestehen, oder mittelbar (wenn man an eine Institution spendet, die die Spende entweder für die eigene Arbeit verwendet oder sie an bedürftige Dritte weitergibt). Für diese Beziehung können Merkmale des Spenders relevant sein, die seine allgemeine Tendenz zu spenden erklären, sowie Merkmale des Spendenempfängers (mittelbar oder unmittelbar), die darüber entscheiden, ob ein potenzieller Spender seine Verhaltensintention auch umsetzt. Natürlich wirken auch weitere externe Einflüsse, wie gesellschaftliches Geschehen, Normen, Gruppenmitgliedschaften etc., die beispielsweise auf die Spendenhöhe oder -frequenz einen Effekt haben. Auch muss individuelles Spendenverhalten vom Spendenverhalten von Gruppen oder Unternehmen unterschieden werden, da dort noch zusätzliche Mechanismen wirken.

Wendet man die Perspektive ein drittes Mal, diesmal vom Spender auf die des Spendenempfängers, dann geht es weniger darum, warum ein Individuum spenden will, sondern mehr darum, wie ein Individuum zu möglichst hohen, kontinuierlichen Spenden motiviert werden kann. Zuvor haben wir von der dyadischen Beziehung des Spenders und des Spendenempfängers gesprochen. Der Spendenempfänger kann noch weiter differenziert werden, einmal in tatsächlich Bedürftige, d.h. den Bettler, und in Nichtbedürftige, die anderen Bedürftigen helfen. Vermutlich wird sich ein Bettler wenig Gedanken machen, wie er an die meisten Spenden kommt, vielleicht kennt er mit der Zeit gute Plätze und Zeiten, aber er wird dies nicht systematisch untersuchen. Beim Fundraising hingegen, einem englischen Begriff, der das Einwerben von Spendenmitteln für gemeinnützige Zwecke von Organisationen beschreibt, geht es um die Ausnützung einer bestmöglichen Spendenbereitschaft von Spendern für Nichtbedürftige, die wiederum Bedürftige unterstützen. Wir werden am Ende des Beitrags auf das Fundraising kurz eingehen, jedoch liegt der Fokus in diesem Beitrag mehr auf dem individuellen Spendenverhalten.

Eine Spende ist ein breiter Begriff und kann in vielen Kontexten geschehen. Die sozialpsychologische Forschung hat sich mit unterschiedlichen Spendenarten (materiell: Blut-, Organ, und Geldspende; immateriell: Wissens-, Kontakt oder Zeitspende) beschäftigt, mehrheitlich im Kontext von institutionellen Spendenempfängern, weniger aber in dem eingangs erwähnten Kontext von dyadischen Beziehungen, also einer individuellen Spende an einen singulären, anwesenden Spendenempfänger (den typischen Bettler). Die Forschungsergebnisse, die in der Folge berichtet werden, beziehen sich also zumeist nicht auf den Bettler, sondern mehrheitlich auf die Geldspende an Organisationen oder Institutionen.

Spenden können aus Gewohnheit geschehen (alle Jahre wieder zu Weihnachten für eine bestimmte Organisation) oder gerade deswegen, weil der Spendengrund neu und unerwartet ist. Die Analysen des gewaltigen Spendenaufkommens nach dem Tsunami 2004 in Asien lassen diese Hypothese zu. Nah an der Realität lässt sich diese Annahme schwer empirisch testen, weil man unerwartete Naturkatastrophen wie den Tsunami 2004 oder häufiger auftretende Hungerkatastrophen nicht künstlich erzeugen kann, um dann das unterschiedliche Spendenverhalten zu untersuchen. Laborbasierte Vorhersagen zu dieser Frage kranken oft an mangelnder ökologischer Validität (Zagefka 2008), d.h. inwieweit Szenariostudien auf die Realität übertragbar sind.

Nach der eingangs geleisteten Begriffsklärung und Abgrenzung werden nun in immer sozialer werdender Reihenfolge – d.h. immer mehr externale Einflüsse auf das Individuum kommen hinzu – Determinanten und Prozesse dargestellt, die das Spendenverhalten beeinflussen können. Eine Einschränkung muss vorab deutlich gemacht werden: Die Forschungsergebnisse stammen ausschließlich aus Nordamerika, Westeuropa und anderen zumeist westlich orientierten Industrienationen. Inwieweit sie auf Gesellschaften in post-kommunistischen Staaten Osteuropas, Schwellenländer oder andere Kulturkreise übertragbar sind, muss offen bleiben. Dieser Nachteil ist der sozialpsychologischen Forschungsverdichtung in den genannten Räumen geschuldet. Sicher können einige Befunde unproblematisch übertragen werden, gerade aber bei Aussagen, die stark kulturräumlich verankert sind, z.B. Identifikationsprozesse mit Gruppen oder die Wertschätzung der öffentlichen Präsentation, der „Zurschaustellung" individuellen Verhaltens, muss interkulturelle oder kulturspezifische Forschung eine Klärung liefern.

Das Individuum als Spender: Merkmale und psychologische Prozesse

Gibt es eine Spenderpersönlichkeit?

Natürlich interessiert die meisten Spendenorganisationen, aber auch die spendenden Individuen vermutlich aus Selbstinteresse, wer wann und wie viel gibt. Diese Analysen werden durchgeführt, sind aber sicher abhängig von kulturellen, landesspezifischen und inzidenzbezogenen Faktoren, sowie von der Art der Messung (Wilhelm 2007). Anders gesagt, die Befunde sind schwer zu verallgemeinern. In den Niederlanden wird Spendenverhalten recht systematisch und einheitlich erforscht, und so lassen sich für dieses Land genauere Beschreibungen vornehmen. Vergleicht man die Blutspende, die Geldspende und die Organspende, so zeigen sich in der Studie von Bekkers (2006) unterschiedliche Persönlichkeitseigenschaften, die dieses Verhalten vorhersagen. Die Persönlichkeitsdimension der Verträglichkeit hängt mit der Blutspende zusammen, das Empathieniveau mit der Geldspende und die prosoziale Werthaltung mit der Organspende. Allerdings sagen diese Persönlichkeitsfaktoren Spenden weniger stark vorher als Determinanten wie Bildungskapital oder soziales Kapital. Je höher Bildungs- und Sozialkapital sind, desto geringer wird der Einfluss der Persönlichkeitseigenschaften. Jedoch auch bei den Kapitaldeterminanten liegen Unterschiede vor. Bildungskapital erhöht die Spendenbereitschaft im Allgemeinen, soziales Kapital nur, wenn die Spende durch andere positiv sanktioniert wird. Zudem werden die Effekte der Empathie, der Hilfsbereitschaft und der sozialen Werthaltung auf die Spendenbereitschaft durch Faktoren wie verbale Kompetenz (Subdimension Bildung) oder Gottesdienstbesuch mediiert. Die Studie von Lee, Piliavin und Call (1999) zeigt, dass die Entscheidung, was (Geld, Zeit, Blut, Organe) gespendet wird, auch von den individuellen Erwartungen, der Erfahrung und Geschichte (z.B. elterliche Vorbilder) des Spenders abhängt. Zusammengefasst bedeutet dies, dass es die „Spenderpersönlichkeit" wohl nicht gibt, da soziale und Sozialisierungseinflüsse dieses Verhalten stärker bestimmen. Bekkers (2010) zeigt in seiner Studie mit über 1200 Respondenten, dass lokale Gruppen (inter)nationalen Organisationen vorgezogen werden. Ebenso findet er in dieser Studie erneut, dass höher Gebildete und stärker empathische Menschen mehr spenden. Neben persönlichkeitspsychologischen und sozialen Determinanten haben auch Geschlecht und Personenstand einen Einfluss. Die Re-Analysen von Yörük (2010) aus den USA zeigen nicht nur, dass Männer und Frauen unterschiedliche Präferenzen für die Organisationen haben, für die sie spenden wollen, sondern auch, dass Paare, die ihre Spende gemeinsam entscheiden, bis zu sieben Prozent mehr spenden, wenn sie darüber diskutiert haben, im Vergleich zu einer nicht-diskutierten gemeinsamen Spendenentscheidung.

Kognitive Determinanten von Spenden

Nicht nur Persönlichkeit, Bildung und Sozialkapital haben einen Einfluss auf das Spendenverhalten, sondern auch sehr basale kognitive Prozesse. Forschungen zu automatischem Verhalten, d.h. Verhalten, das unbewusst durch einen externen Reiz ausgelöst wird und dann auch ausgeführt wird, ohne dass wir in der Lage sind, es zu unterbinden, (Jonas/Sassenberg 2006) haben gezeigt, dass Opferbilder unbewusst zu einer Aktivierung von Hilfeverhalten führen. Dieses aktivierte Hilfeverhalten, wenn Spenden die erste Möglichkeit darstellen, es auszuüben, führt zu Spendenaktivität, auch wenn sich die Menschen nicht darüber bewusst sind. Die Befunde zeigen, wie stark „überlernt" Spendenverhalten in unserer Gesellschaft ist und dass nur minimale Hinweisreize ausreichen, das Verhalten zu aktivieren.

Habitus, Gewohnheit und Normen

Wir haben bereits häufiger auf den Einfluss von Habitus, Gewohnheit, und Normen auf die Spendenbereitschaft hingewiesen. Es ist sicher so, dass mit bestimmten Situationen auch bestimmte gewohnte und normative gewünschte Verhaltensweisen einhergehen. In einer längsschnittlichen Studie fanden Smith und McSweeney (2007), dass insbesondere Einstellungen zur Spende, wahrgenommene Verhaltenskontrolle, vergangenes Spendenverhalten, moralische Normen und injunktive, aber nicht deskriptive Normen das Spendenverhalten vorhersagten. Zum zweiten Messzeitpunkt war nur noch die Intention zu Spenden ein signifikanter Prädiktor des Spendenverhaltens. Diese abstrakte Analyse zeigt, dass zunächst ein ganzes Bündel stark normativer und auf Kontrolle ausgelegte Determinanten das Spendenverhalten vorhersagen, in der zweiten Stufe aber nur noch die initial gebildete Intention zur Spende. Man könnte dies etwas vereinfacht zu einer Formel wie „Wer erst einmal begonnen hat zu spenden, der hört so schnell nicht wieder auf" zusammenfassen, wobei deutlich sein muss, dass alle Determinanten im ersten Schritt eine hohe Hürde darstellen.

Der „bystander effect"

Es hat auch einen Einfluss, ob man sich als Spender alleine verantwortlich für einen Spendenempfänger fühlt, oder ob man die Last der Verantwortung mit anderen teilen kann. Der so genannte „bystander effect" beschreibt diesen inversen Zusammenhang zwischen der Anzahl der Anwesenden, die Hilfe leisten könnten und der geleisteten Hilfe. Dies gilt auch für Spenden, die weniger stark flossen, wenn Versuchspersonen sich andere potenzielle Spender vorstellten, ohne dass diese anwesend waren oder Informationen vorlagen, dass sie gespendet hätten (Garcia/Weaver/Moskowitz/Darley 2002). Andererseits ist auch bekannt, dass das Spendenverhalten anderer sogenannte „me too" Effekte, wie sie aus der Werbung bekannt sind, auslösen kann. Die Angleichung an andere Spender, gerade wenn diese einen hohen Status haben und prominent sind, kann auch zur Spende motivieren. Vermutlich sind hier aber einerseits selbstdienliche Faktoren relevanter als altruistische, andererseits spielen soziale Normen (Weihnachtszeit, oder die Unmöglichkeit auf einem Fundraising Dinner nichts zu spenden) eine große Rolle.

Die Angst vor dem eigenen Tod

Spenden werden zudem noch von anderen, zunächst nicht zusammenhängend erscheinenden Wahrnehmungen und Erfahrungen der Menschen bestimmt. Ein Beispiel für einen solchen Ansatz ist das Terror Management Modell (angewandt auf proziales Verhalten siehe Jonas / Schimel / Greenberg / Pyszczynski 2002). Terror Management hat nichts mit Terrorismus zu tun, wie der englische Name vielleicht vermuten lassen möchte, sondern mit dem Umgang mit unserer Angst vor dem eigenen Tod. Konfrontiert mit dieser Tatsache reagieren Menschen mit einem so genannten Angstpuffer und zeigen verschiedene Verhaltensweisen, die zwar nicht ihr körperliches, aber zumindest ihr ideelles Weiterleben garantieren. Spendenverhalten kann ein Ausdruck eines ideellen Weiterlebens darstellen (Jonas et al. 2002). Die Daten von Ferraro, Shiv und Bettman (2005) sind noch etwas spezifischer und verdeutlichen, dass der Effekt der Todessalienz von der Bedeutung (Ferraro / Shiv / Bettman 2005) und dem Thema (Hirschberger / Tsachi / Almakias 2008) der Spendendomäne abhängig ist. Nur wenn die Domäne, in der die Spende angesiedelt ist, von hoher Bedeutung für den potenziellen Spender ist, hat eine Aktivierung der Realität des eigenen Todes den spendenerhöhenden Effekt; ist die Domäne weniger wichtig, sinkt auch die Spende. Dies gilt auch, wenn die Domäne der Spende wiederum mit dem Tod thematisch zu tun hat (z. B. Organspende); dann sinkt die Spendenhöhe. Ist die Spende thematisch unabhängig vom Tod, steigt sie.

Altruismus vs. Reziprozität und Eigennutz

In der Hilfeleistungsforschung ist es eine hoch relevante Fragestellung, ob die Hilfe selbstlos, also altruistisch geleistet wird, oder ob sie auch eine Komponente des Selbstnutzens hat, d. h. dass der Helfende eigene Vorteile durch seine Hilfe, z. B. Anerkennung erfährt, oder ob zu erwarten ist, dass die geleistete Hilfe auch einem selbst in gleicher Situation zukommen würde (Holmes / Miller / Lerner 2002; Piliavin / Charng 1990). Reziprozitätsnormen und Selbstnutzen unterliegen vielen prosozialen Verhaltensweisen und deuten darauf hin, dass rein altruistisches Verhalten sehr selten ist (van Vugt / Hardy 2009). In der Studien von van Vugt und Kollegen zeigten die Versuchspersonen sogar dann noch Spendenverhalten, wenn das Spendenziel an sich schon erreicht war, aber ihre Spende noch ihnen zugeordnet werden konnte, sie also dafür positiv bewertet wurden. Oft wird die spontane Spende an einen Unbekannten (geringe Wahrscheinlichkeit der Reziprozität und wenig Beachtung durch Dritte) als ein prototypisches Beispiel für Altruismus gesehen. Kohut und Ritov (2007) konnten jedoch zeigen, dass die Spendenhöhe steigt, wenn der Empfänger – wenn auch nur lose – als Teil der eigenen Gruppe angesehen werden kann. In diesem Fall hat auch diese Gruppe (und man selbst auch) einen Vorteil durch die Spende, da ja einem Mitglied – „einem von uns“ – geholfen wurde. Spenden können zum Beispiel eingesetzt werden, um eine bedrohte Gruppenidentität (z. B. auf weltpolitischer Ebene) wiederherzustellen. Van Leeuwen (2007) untersuchte in den Niederlanden welche Spendenpräferenz die Niederländer hatten und fand, dass gerade der Tsunami 2004, wegen des Bezuges zum Wassermanagement im Vergleich zu anderen Themen besonders viele Spenden auslöste. Über die Spende in einem thematischen Gebiet, das als positiv herausstechend wahrgenommen wird, kann also sogar das Image einer ganzen Nation aufgebessert werden. Zusammengefasst geht es hier nicht darum, den Altruismus als „sozialromantische Chimäre" darzustellen, und viele Motive zum Spenden (siehe auch West in diesem Band) haben mehr oder minder große altruistische Anteile, aber es muss deutlich werden, dass Hilfeleistung über Spenden eben nicht so selbstlos ist, wie oft angenommen wird.

Dinge, Zeit oder Geld?

Wenn gespendet wird, so werden Sachmittel, Geld oder Zeit unterschiedlich bewertet. Häufig werden Sachspenden, gerade wenn eine persönliche Bindung besteht, als bedeutendere Spenden wahrgenommen als Geld oder Zeit. Wenn man etwas gibt, woran man selbst hängt, tut die Spende weh. Dies gilt natürlich nicht für Güter, die schon längst auf dem Dachboden verstauben. Misstrauen die Spender dem Spendenempfänger oder der spendenvermittelnden Institution (Cheung/Chang 2000; Sargeant/Lee 2004) werden oft Sachspenden bevorzugt, da sie den Spendern die Illusion geben, dass ihre Spende nicht zweckentfremdet eingesetzt werden kann. Vielfach stellt dies jedoch Hilfsorganisationen vor unlösbare logistische Probleme, sodass Sachhilfen überhaupt nicht ihre intendierten Ziele erreichen oder sogar lokale Wirtschaftsräume zerstören. Psychologisch, aus der Sicht der Spender, sind diese Probleme allerdings nachrangig, da sie ihr Hilfeziel fühlbar und nachhaltig erreicht haben. Zeit, die oftmals als unendliche Ressource angesehen wird, wird häufiger ohne „Gegenleistung" gegeben als Geld, wo der Spender sehen möchte, wofür seine Spende verwendet wurde (Ellingsen/Johannesson 2009). Ein Sonderfall stellt die Blutspende dar. Hier ist die Verwendung recht eindeutig geregelt. Allerdings hat sich bei der Blutspende neben kommerziellen Unternehmen, die Blutprodukte quasi „einkaufen", eine monetäre Aufwandsentschädigung verbreitet, die den Spendencharakter etwas mindert. Auf der anderen Seite ist die persönliche „Verwundung" ein sehr deutlicher Eingriff in die eigene Körperlichkeit, was als Hürde nicht gering zu schätzen ist und auch in Studien als Determinante getestet wird. Lemmens und Kollegen (Lemmens et al. 2005; Lemmens et al. 2009) können zeigen, dass gerade bei jungen Spendern bzw. Nichtspendern im Gegensatz zu älteren Spendern das Gefühl der Selbstwirksamkeit eine entscheidende Determinante ist. Die Angst vor Blut und der Nadel hat nur einen indirekten Einfluss. Der gesamte Komplex der Blutspende ist darüber hinaus stark von subjektiven, deskriptiven und moralischen Normen bestimmt, wobei auch persönlicher Utilitarismus der Spender nicht auszuschließen ist, wenn man in Universitätsnähe gegen Monatsende viele Studenten mit Pflaster in der Armbeuge in der Mensa sitzen sieht.

Andererseits wird Geld oft als Spendenmittel verwendet, weil es am wenigsten „weh“ tut: Der Spender hat sein Gewissen beruhigt und muss nicht viel Aufwand und Zeit investieren, oder kommt gar mit den Spendenempfängern, d.h. den notleidenden Menschen in Kontakt (Piliavin / Piliavin / Rodin 1975). Die Befunde der Studie von Jones (2006) zeigen, dass die Einbindung in die soziale Gemeinschaft, sozio-ökonomischer Status (SES) und prosoziale Werte wichtige Faktoren sind, die darüber mitentscheiden auf welche Art und Weise gespendet wird. Stärkere Einbindung in die Gemeinschaft erhöht die Spende von Zeit; SES und prosoziale Werte die Spende von Geld. Geld und Zeit müssen also als unterschiedliche Mittel im Prozess des Spendens aufgefasst werden und teilen sich nicht die selben Determinanten. Nachdem wir nun eine Reihe von individuellen und sozialen Determinanten des Spenders dargestellt haben, werden wir im folgenden Absatz den Prozess des Spendens mit einem besonderen Fokus auf die Höhe der Spende analysieren.

Was bestimmt, wie viel wir spenden?

Die Höhe der individuellen Spende ist von einer Reihe von faktischen, aber auch psychologischen Mechanismen abhängig. Sicher kann man nur so viel spenden, wie es die eigenen finanziellen Möglichkeiten zulassen, aber wenn man die Spendensumme in Relation zu verschiedenen Determinanten betrachtet, dann ergeben sich überraschende Befunde. Diese Determinanten können aus vier Bereichen stammen. Den ersten Bereich stellt der jeweilige individuelle, finanzielle Hintergrund, auch als sozio-ökonomischer Status (SES) bezeichnet, dar. Teil dieser Analyse ist es, die Spendenhöhe aus dem SES des Spenders abzuleiten. Man könnte hier von einem linearen Zusammenhang ausgehen; wer mehr hat, der spendet auch mehr. Dies sollte sich sowohl bei der jeweiligen Einzelspende, bei der Spendenhöhe und bei der Spendenhäufigkeit zeigen. Diese Annahme ist aber nicht immer richtig. Faktisch kann nur ein Millionär Millionen spenden; dass er dies tut, ist allerdings unwahrscheinlich. Die zweite Gruppe von Determinanten betrachtet einen innerpersönlichen Prozess beim Spender. Die affektive Bewertung des Effekts der individuellen Spende stellt hier eine zentrale Stellgröße dar. Gerade diese Prozesse sind eine Erklärung dafür, warum der SES eben nicht direkt die Spendenhöhe und -frequenz prognostiziert. Die dritte Gruppe von Determinanten findet man auf der Seite des Spendenempfängers: Den sogenannten Stimulus für das Spendenverhalten. So bitter und zynisch es im Einzelfall sein mag, es gibt „schlechtere“ und „bessere“ Spendenempfänger; in manchen Fällen spenden wir gar nicht, obwohl die Not groß ist.

Aber betrachten wir den Einfluss der eigenen Möglichkeiten auf die Spendenhöhe und -häufigkeit! Ein fast schon trivial anmutender Zusammenhang zwischen Spendenhöhe und -frequenz wäre der, dass Menschen mit einem höheren SES mehr und häufiger spenden. Ein und der selbe Bettler in einer Innenstadt müsste dann von einem ärmeren Spender weniger Geld in seinen Hut gelegt bekommen als von einem reicheren Spender; der reichere Spender sollte jedem Bettler etwas Geld geben (oder jeden Tag), der ärmere nur einem Bettler (oder nur einmal in der Woche). Man kann sich leicht vorstellen, dass dem nicht so ist. Nur weil ein Spender mehr monetäre Ressourcen zur Verfügung hat, bedeutet das noch nicht, dass mehr gespendet wird. Für manche Länder, z.B. die Niederlande, liegen genaue Analysen der strukturellen Spendendeterminanten vor (Wunderink 2002). Ich habe einmal selbst Bettler in der Münchner Innenstadt befragt, wo man am besten bettelt und wer am meisten gibt. Der Befund ist sicher nicht allgemeingültig, aber dennoch indikativ: Die „Reichen" in der Maximilianstraße seien geizig, da würde man eher weggejagt, die besten Plätze seien Wochenmärkte in den einzelnen Vierteln, und die „normalen" Menschen würden mehr geben. Obwohl Menschen mit einem höheren SES auf mehr Geld für Spenden zurückgreifen können, verzichten sie darauf, die Spendenhöhe ihrem SES anzupassen. In allen Fällen wirken situative Normen mit, die bestimmen, wie viel gespendet wird; weiterhin wirkt ein sogenanntes „Paradoxon des Geldes". Einerseits bestimmen also situative Normen wie viel gespendet wird, andererseits hat die wirtschaftliche Einheit „Geld" selbst einen (negativen) Effekt. Wir haben gelernt, was eine typische Spende in einer bestimmten Situation ist: In den Hut des Bettlers kommen nur Münzen (egal wie reich man selbst ist), beim Fundraising-Abendessen des Golfclubs nur Umschläge mit (vielen) Geldscheinen oder gleich die Absichtserklärung einer noch höheren Spende. Aber nicht nur die situativen Normen bestimmen die Spendenhöhe. Kathleen Vohs und Kollegen konnten in einem vielbeachteten Artikel in der Zeitschrift Science zeigen, dass die unbewusste Aktivierung des Konzepts „Geld" einen Zustand der Selbstgenügsamkeit auslöst und dass in der Folge weniger gespendet wird als unter Kontrollbedingungen, in denen das Konzept „Geld" nicht aktiviert wurde (Vohs / Mead / Goode 2006). Dies könnte erklären, warum Menschen mit einem hohen SES, die kontinuierlich an Geld denken oder in Kontexten leben, die sie ohne Unterbrechung an Finanzen, Konsum und Geld erinnern, weniger spenden als Menschen, in deren Leben Geld eine geringere Rolle spielt.

Als zweite Gruppe von Determinanten haben wir affektive Prozesse beim Spender benannt. Die einfache Annahme, ohne diese Prozesse in die Überlegung mit einzubeziehen, ist, dass die Spendenhöhe mit dem erzeugten Effekt direkt zusammenhängt. Es ist aber so, dass die Tatsache, dass man mit der Spende etwas bewirkt, viel wichtiger und befriedigender ist, als mit einer noch höheren Spende noch mehr zu bewirken, wie die „valued behavior" Theorie annimmt (Kahnemann / Ritov / Schkade 1999; McGraw / Shafir / Todorov 2010). An einem Beispiel wird das deutlich. Gehen wir davon aus, man hätte € 50 zur Verfügung, die man für die Rettung von Pandas spenden könnte. Pro € 10 könnte man einen Panda retten. Die Frage ist nun, spendet man € 50 um fünf Pandas zu retten, oder nur einen geringeren Betrag, weil der erlebte Zugewinn zwischen einem, zwei oder fünf Pandas belanglos ist. Wenn man von einem linearen Zusammenhang der Reichweite der Spende und ihrer erfahrenen Wirksamkeit für den Spender ausgeht, dann müsste man € 50 spenden. Dies ist aber nicht so, denn die Bewertung des Spendeneffekts ist nicht linear, sondern steigt zunächst steil an („ich will mit meiner Spende einen Panda retten!"), erreicht dann aber ein kontinuierliches Plateau („Hauptsache, ich habe ein oder zwei Pandas gerettet, die drei Pandas mehr machen mich nicht zufriedener!"). Würden alle Spender ihre Spendenhöhe berechnen (statistische Reichweite), dann ergäbe dies ein größeres Spendenaufkommen. Da aber die Spendenhöhe eher nach Gefühl „berechnet" wird, erreicht die Spendensumme schneller ein Saturierungsniveau, und es wird letztendlich weniger gespendet. Das Beispiel mit den Pandas ist übrigens nicht so künstlich, wie es scheint. In einer Studie konnten Hsee und Rottenstreich (2004) zeigen, dass unter der Bedingung, dass die Pandas als Punkte dargestellt wurden (Berechnung der Spendenhöhe über den tatsächlichen Effekt), bei mehr Punkten mehr gespendet wurde, unter der Bedingung, dass die Pandas mittels eines emotionalen Bildes dargestellt wurden, weniger gespendet wurde. Hier erzeugt die affektive Berechnung des Spendeneffekts eine frühere Befriedigung des Spendenbedürfnisses, da der gewünschte Effekt bereits mit einem kleineren nominalen Ergebnis eingetreten ist. Allerdings ist die Spendenhöhe bei der Punktdarstellung (statistische Reichweitenberechung) nicht grundsätzlich höher, sondern nur variabler. Unter der Bedingung mit „Pandabildern" wurde bei einem Bild deutlich mehr gespendet als bei einem „Pandapunkt". Unter der Punktbedingung führen mehr Punkte zu mehr Spenden, nur ist dies eben nicht der Fall bei mehr Bildern. Small, Loewenstein und Slovic (2007) sehen die Variabilität bei der statistischen Reichweite der Spende noch kritischer. Wenn Versuchsteilnehmer bewusste, im Gegensatz zu spontanen Spendenentscheidungen trafen und sich über die Konsequenzen ihres Handelns im Klaren waren, verringerte dies insgesamt das Spendenaufkommen. Eines zeigen die Studien aber deutlich: Die Art und Weise, wie für Spenden geworben wird, hat großen Einfluss auf die Spendenbereitschaft und -höhe. Die Verwendung von Bildmaterial (von „putzig" bis „abschreckend") und die Verwendung von deliberativen Überzeugungsprozessen beim Spender in Spendenwerbekampagnen sollten in ihrem Effekt gut getestet sein, bevor sie zum Einsatz kommen: Sonst drohen gegenteilige Effekte und schlussendlich ein geringes Spendenaufkommen. Die Effekte solcher Unterschiede in der Verwendung von Bildmaterial (Welpen im Vergleich zu bildlosen Aufrufen) bei Spendenaufrufen sind nachgewiesen (Perrine / Heather 2000).

Die dritte Gruppe von Determinanten bezieht sich auf die Merkmale des Opfers, des Spendenempfängers (unabhängig davon, ob direkt oder via Hilfsorganisationen gespendet wird). Auch hier gilt zunächst, je personalisierter der (weitgehend anonyme) Empfänger ist, desto größer die Wahrscheinlichkeit und Höhe der Spende (Kohut / Ritov 2007). Wenn dann auch noch eine Beziehung hergestellt werden kann (gemeinsame Gruppenmitgliedschaft), ist der Effekt noch größer (Levine / Prosser / Evans / Reicher 2005). Spender bevorzugen also identifizierbare Spendenempfänger und nicht anonyme Massen, und wenn diese dann noch ein gemeinsames Merkmal haben, ist der Effekt umso stärker. Allerdings konnten Levy, Freitas und Salovey (2002) im Gegensatz dazu zeigen, dass abstrakte (vs. konkrete) Hilfe (z. B. von Spenden) diesen Eigengruppenpräferenzeffekt aufheben kann. Diese sich widersprechenden Befunde weisen auf die Komplexität des Spendenverhaltens hin. Wenn es möglich ist, identifizierbare

(Gruppen-)Beziehungen zu den Spendenempfängern herzustellen (konkrete Hilfe), kann dies die Spendenhöhe positiv beeinflussen. Ist dies jedoch nicht möglich und muss eher als Hindernis überwunden werden, um Spenden zu erhalten, ist eine abstrakte Konstruktion vorteilhafter. Darüber hinaus gilt jedoch: Macht man die Spender auf ihre Präferenz (z. B. identifizierbare Spendenempfänger aus der eigenen Gruppe) aufmerksam (Small/Loewenstein/Slovic 2007), sinkt die Spendenhöhe. Sympathie und Abweisung liegen also nah beieinander. Doch nicht nur die Identifizierbarkeit des Spendenempfängers ist von Bedeutung, sondern auch die Frage, inwiefern der Spendenempfänger für die Situation, in der er sich befindet, selbst verantwortlich ist. Hannah Zagefka untersucht dies am Royal Holloway College in London in einer Reihe von Studien. Sie testet dies in einem Szenarioparadigma und findet konsistent, dass Opfer, denen eine Mitschuld an ihrer Situation, beispielsweise durch Überflutung als Konsequenz von Bodenerosion durch falschen Ackerbau gegeben wird, oder die geringe eigene Aktivität zeigen aus der Notlage heraus zu kommen, die Spendenhöhe verringern. Unverschuldete Opfer, die selbst Initiative ergreifen, haben indes Hoffnung auf mehr Spenden (Zagefka 2008). Das Phänomen der „Annahme einer gerechten Welt“ (Lerner 1980) hängt vermutlich auch mit diesem Befund zusammen. Menschen gehen oft davon aus, dass die Welt als solche gerecht ist und jedes Individuum erhält, was es verdient. Diese „jeder ist seines Glückes Schmied“ Sichtweise entspricht natürlich nicht der Realität; die Studie von Hafer (2000) zeigt, dass unschuldige Opfer diese Annahme nachhaltig ins Wanken bringen können. Die Beeinflussbarkeit ist wichtig, denn Menschen mit einer ausgeprägten „Gerechte-Welt“-Annahme zeigen oftmals schwächer ausgeprägte prosoziale Tendenzen. Aber nicht nur die Opfermerkmale haben einen Einfluss auf die Spendenbereitschaft, sondern auch die Medienberichterstattung und ihre Darstellung der Schwere des Hilfsgrundes, z. B. bei einer Katastrophe (Simon 1997). Dies leitet zum vierten Aspekt über, der Kommunikation der Spendenaufforderung.

Die vierte Determinante der Spendenbereitschaft und -höhe stellt der kommunikative Akt der Spendenaufforderung dar. Die potenziellen Spender sind nicht rein passive Empfänger einer Nachricht mit Aufforderungscharakter, sondern sie sind aktive Respondenten, die sich in Bezug zu der monetären Aufforderung setzen. Vielfach wird in Spendenaufrufen mit dem Thema Schuld im weitesten Sinne gearbeitet. Dies kann von der Reduktion tatsächlicher persönlicher oder gruppenbezogener Schuld bis hin zur subjektiv induzierten Schuld bei an sich schuldlosen Spendern gehen. Die Schuldwahrnehmung, aber auch die Spende und ihre Höhe richten sich nach der Einschätzung des Manipulationsgrades und der Werbetaktik der um Spenden nachsuchenden Organisation (Hibbert/Smith/Davies/Ireland 2007). Unrealistische oder unglaubwürdige Darstellungen in der Spendenaufforderung schaden der Spendenbereitschaft. Eine weitere Rolle spielt die Art und Weise, wie die Botschaft kommuniziert wird, wie abstrakt oder anekdotenhaft, bzw. mit einem positiven oder negativen Rahmen. Das, Kerkhof und Kuiper (2008) konnten zeigen, dass abstrakte Botschaften mit negativem Framing und anekdotenhafte mit positivem Framing effektiver für die Einwerbung von Spenden waren. Allerdings ist uneinheitlich, was als positiv und was als negativ gilt. Barnett und Hammond (1999) konnten in ihrer Studie zur Darstellung von Behinderung in Spendenwerbungsanzeigen verdeutlichen, dass die Bewertung des Bildmaterials von der eigenen Betroffenheit oder der Nähe zu dem Thema beeinflusst wird und keine eindeutigen positiv-negativ Zuordnungen abzuleiten sind. Die Spendenbotschaften sind aber nicht nur im Hinblick auf Dimensionen der (un)realistischen Schuldinduktion oder des Framings der Botschaft zu bewerten, sondern auch in Bezug auf numerische Anker. Diese Anker, auch „Fuss in der Tür Technik“ genannt, bestimmen, ob eine Spende geleistet wird: Sagt beispielsweise ein Spender prinzipiell eine kleine Spende, € 5 im Monat, zu, ist es relativ einfach, danach auch eine Spende von 100 € im Jahr zu erhalten, da ja der tatsächliche Anstieg von € 5 zu € 8,33 im Monat relativ gering ausfällt. Einer Spende in Höhe von € 8,33 würde vermutlich niemand zustimmen, auch weil der Betrag nicht „rund“ ist, wie auch die Gesamtsumme € 60 (12 x € 5) nicht rund ist, € 100 aber schon. Im Kontext der Spendenhöhe zeigen Desmet und Feinberg (2003), dass der erfragte Betrag rund 12 % der Varianz bestimmt, die Übereinstimmung mit „runden Werten“, z. B. denen auf üblichen Banknoten, weitere 7 %, und dass diese Effekte additiv sind. Fast ein Fünftel der Spendenbereitschaft hängt also von relativ banalen numerischen Faktoren ab, die nicht zufällig gewählt werden sollten.

Insgesamt zeigen die vier Gruppen von Determinanten ein vielschichtiges Bild davon, was den Spendenprozess und die Spendenhöhe aus sozialpsychologischer Perspektive beeinflussen kann. Spenden ist keinesfalls ein rein automatisches Verhalten, sondern ein initialer Handlungsimpuls und ein Ergebnis einer komplexen Abwägung mehrdimensionaler Merkmale. Trotz all dieser Abwägung ist eine geleistete Spende nicht immer „gut“. Die Spende wird vom Empfänger eigenständig bewertet.

Welchen Effekt hat die Spende beim Spendenempfänger?

Es ist für eine umfassende Analyse wichtig, auch auf den Effekt der Spende beim Empfänger einzugehen. In unserer Definition der Spende hatten wir herausgestellt, dass die Notlage, die durch die Spende gelindert werden soll, nicht unbedingt vom Spendenempfänger so empfunden werden muss. Es ist auch denkbar, dass ein Spender ungefragt spendet und den Spendenempfänger so in eine prekäre Lage bringt. Ich habe das selbst einmal erlebt: Als ca. 18jähriger alberte ich mit einem Freund recht kindisch in einem Café herum, im Beisein meiner Mutter, die das aber wenig störte. Plötzlich lehnte sich eine ältere Dame vom Nachbartisch herüber und versuchte, meiner Mutter einen Geldschein in die Hand zu drücken, da sie es doch mit zwei behinderten Kindern so schwer hätte. Die entstandene Situation war hochpeinlich, sowohl für meine Mutter, die das Geld ablehnte, für mich und meinen Freund, da wir meine Mutter in diese Situation gebracht hatten, und für die ältere Dame, die nicht verstehen konnte, warum ihre Spende abgelehnt wurde. Diese Anekdote soll dazu dienen, zwei Dimensionen deutlich zu machen, die bei der Hilfeleistung im Allgemeinen, aber beim Spenden besonders relevant sind: erbetene vs. nicht erbetene Spenden und Spenden, die abhängig oder unabhängig machen. Die ältere Dame hat deutlich eine nicht erbetene Spende (aus bester Intention) geleistet und so alle Beteiligten in eine missliche Lage gebracht.

Die Ablehnung der Spende durch den Spendenempfänger kann als Hochmut oder Arroganz ausgelegt werden. Spenden sind also nicht immer „gut", gerade wenn sie ungefragt erbracht werden. Die zweite Dimension betrifft die Art der Spende: Macht die Spende abhängig oder unabhängig? Wenn der Spendenempfänger die Spende frei einsetzen kann, kann sie zur Unabhängigkeit führen. Trifft die Spende aber häufig oder sachgebunden ein, kann das dazu führen, dass der Spendenempfänger jeden selbstständigen Erwerb des Lebensunterhalts einstellt und dann vollends von den Spenden abhängig wird. Solche Wechselwirkungen hat der Psychologe Arie Nadler mit Kollegen vielfach untersucht und dabei festgestellt, dass nicht nur die Unbotmäßigkeit (wie in meiner Café-Anekdote), sondern auch der Typ einer Spende, zu großen Problemen führen kann. Spendenempfänger, die dependenzorientierte Spenden erhalten, verfallen oft in Apathie und versuchen nicht, die strukturellen Gründe ihrer Notlage zu beheben. Das „Angel oder Fisch"-Problem bezeichnet also zwei Typen von Hilfe, die autonom (die Angel, mit der ich Fische fangen kann, wenn ich Hunger leide) oder abhängig machen (der Fisch, der meinen Hunger lindert, ich aber auf weitere Spenden angewiesen bleibe). Negative Effekte können auch durch Statusunterschiede zwischen Spender und Spendenempfänger erzeugt werden. Bei statushohen Spendern (z.B. einem Bürger einer westlichen Industrienation) und statusniedrigeren Spendenempfängern (Bürgern eines Entwicklungslandes) kann eine Möglichkeit zur Reziprozität diesen Statusunterschied ausgleichen. Deshalb verwenden viele Hilfsorganisationen auch symbolische „Geschenke" der Hilfe-Empfänger für die Spender, um so annähernd eine Reziprozität zu erreichen. Ist dies aber nicht möglich, so zeigen die Befunde von Halibi, Dovidio und Nadler (2008), hat die Spende fatale erniedrigende Folgen für den Empfänger, die eben auch bis zur Abweisung der Spende gehen können, um den eigenen Selbstwert zu erhalten.

Fundraising

In den vorigen Abschnitten lag das Augenmerk und die Analyse auf dem Spendenverhalten von Individuen. Man kann aber auch eine andere Perspektive einnehmen und analysieren, wie möglichst viele Spenden bei einer gemeinnützigen Organisation eingehen. Die Fragestellung ist hier, was man tun muss, damit Individuen möglichst viel und kontinuierlich an eine solche Organisation spenden. Dieses Verhalten der Spendeneinwerbung wird im Englischen als Fundraising bezeichnet, ist fast ausschließlich auf monetäre Spenden ausgelegt und umfasst daher nicht mehr das gesamte Spektrum möglicher Einheiten, in denen gespendet werden kann. Fundraising übernimmt zumeist ein Mittler in Form einer Organisation (die somit selbst nicht bedürftig ist). Es enthält zwei zentrale Aspekte: die Anwerbung neuer Spender und deren kontinuierliche, planbare Unterstützung.

Fundraising ist oft auf affluente potenzielle Spender fokussiert, da erwartet wird, dass sie mehr spenden und das, wenn dies öffentlich gemacht wird, dies bei „Normalverdienern" Nachahmungseffekte, sogenannte „me too"-Effekte auslöst. Kumru und Vesterlund (2010) finden Evidenz für diese Erwartung, selbst bei kleinen Statusunterschieden zwischen Initialspender und Nachfolgespendern. Aber auch reine Ähnlichkeitseffekte (Shang/Reed II/Croson 2008) können die Spendenbereitschaft und -höhe positiv beeinflussen. Wenn eine Übereinstimmung oder Ähnlichkeit, z.B. über eine gemeinsame Gruppenmitgliedschaft, besteht und ein hoher kollektiver Selbstwert vorliegt, ist die Chance für hohe Spenden am größten.

Spenden in der Folge von Fundraising sind ebenfalls durch individuelle Präferenzen getrieben und unterliegen üblichen marktwirtschaftlichen Gesetzen von Angebot, Leistung und Kommunikation (Okten/Weisbrod 2000). Kayser, Farwell und Greitemeyer (2008) zeigen, dass es eine Präferenz für individuelle Spendenempfänger gegenüber institutionellen Empfängern gibt. Umgangssprachlich drückt sich diese Präferenz in Zweifeln an der Effizienz von Organisationen („Wieviel meiner Spende kommt eigentlich bei den Opfern an?") aus und verdeutlicht, dass Spender einen vermeintlich direkten Effekt ihrer Spende sehen wollen. Diesen Nachteil in eine Herausforderung umzuwandeln, ist Aufgabe von gemeinnützigen Organisationen. Sie können dies über den bereits beschriebenen Affektumwandlungsmechanismus erreichen (Merchant/Ford/Sargeant 2010), in dem negative (Spendengrund) zu positiven Emotionen (Spende als Mittel der Linderung) gewandelt werden.

Auch die Wahrnehmung des mittelbaren Spendenempfängers hat eine Wirkung. Manche Menschen bevorzugen lokale vs. (inter-)nationale Organsationen (Bekkers 2010), was dem Bedürfnis für Ergebnis- und Selbstwirksamkeitskontrolle (Cheung/Chang 2000) zuzuschreiben ist. Sargeant und Lee (2004), aber auch Cheung et al. konnten weitere Merkmale von Spendenorganisationen ermitteln, die einen Einfluss auf die Spendenbereitschaft haben. Zentral sind dabei eine klare Zielkommunikation der Organisation und konstante Schritte hin zu dieser Zielerreichung, was vermutlich mittelbar die Wirksamkeitswahrnehmung der eigenen Spende beeinflusst (Das et al. 2008), ebenso das Vertrauen, das die Spender in die Organisation haben, an die sie spenden, und die Stabilität der Spendenbeziehung (einmalig vs. regelmäßig). Vertrauen allein reicht aber nicht aus. Der Effekt für die Spendenbereitschaft wird durch die Bindung relativiert bzw. durch zurückliegende Spenden bestimmt (Oosterhof/Heuvelmann/Peters 2009). Für die Hilfsorganisationen bedeutet dies unter anderem, dass sie langfristige, von Vertrauen geprägte Beziehungen zu ihren Unterstützern aufbauen sollten, um optimale Spendenbeträge zu erhalten.

Ein Ziel erfolgreichen Fundraisings ist es, eine möglichst große Zahl fester Spender zu akquirieren. Aldashev und Verdier (2010) weisen darauf hin, dass es sich im dem Verhältnis Spender, Spendenhöhe und gemeinnützige Empfänger um ein Nullsummenverhältnis handeln kann, abhängig von der „Marktgröße" der Spender. Dieser Verdrängungswettbewerb, weltweite Expansion einzelner Organisation bei ausreichenden Spendenmitteln, kann auf Kosten kleinerer lokaler Organisationen gehen (Aldashev / Verdier 2009). Wie jedoch zuvor aufgezeigt, haben individuelle Spender oftmals eine Präferenz für kleinere Organisationseinheiten als Spendenempfänger aufgrund einer höheren wahrgenommenen Spendenwirksamkeit. So können weltweit operierende Organisationen in Finanzprobleme geraten; da sie aber auch lokale Gruppen verdrängt haben, bleiben die tatsächlichen Notleidenden ohne wirkliche Hilfe. Sargeant (2001) folgert daraus, dass das Wegbrechen von Spendern neben Veränderungen ihres finanziellen Hintergrunds gerade durch Loyalitätswechsel bedingt wird und daher Spendern individuell das Gefühl der Spendenwirksamkeit gegeben werden muss, unabhängig von der Größe der Organisation.

Um die Fundraising-Ziele zu erreichen, bedienen sich Organisationen oftmals der Massenansprache z.B. via Call-Center oder prominenter Botschafter. Wer die Botschaft kommuniziert, hat Einfluss auf den Spendenerfolg. In einer Studie mit Call-Center Mitarbeitern, die Spenden für gemeinnützige Organisationen einwerben sollten, zeigte Grant (2008), dass Mitarbeiter mit einer intrinsischen, prosozialen Motivation höhere Spenden einwerben konnten. Der Kontakt zu den Hilfeempfängern bzw. das Feedback der Hilfeempfänger über den Effekt der Hilfe steigert bei den Mitarbeitern die eingeworbene Spendenhöhe zusätzlich (Grant et al. 2007). Im Falle von Freiwilligen ist es von Bedeutung, dass den Freiwilligen Respekt für ihre Arbeit gezollt wird und sie Stolz zeigen können. Beides zusammen erhöht den individuellen freiwilligen Einsatz für die Organisation (Boezeman / Ellemers 2008).

Die Verwendung von prominenten Botschaftern baut einmal auf der zuvor geschilderten Statusfunktion auf – statushohe Spender ziehen mehr Spenden Dritter nach sich. Die Beziehung zwischen Organisation und Spender soll beiden Seiten dienen: Der Botschafter stellt seine Prominenz in den Dienst der Organisation, und durch das gemeinnützige Handeln fällt ein positives Licht auf den Prominenten. Sozialpsychologisch beschreibt man dies als „basking in reflected glory", als Bad im beiderseitigen Glanz. Nicht immer sind diese Beziehungen unproblematisch; es gibt Fälle, in denen sich Organisation und Prominenter trennen: „Cutting off reflected failure" bezeichnet dann den Mechanismus, durch den ein Übergreifen negativer Aspekte von einem Partner auf den anderen verhindert werden soll. Beispiele lassen sich hierfür viele finden. Nach dem Unicef Spendenskandal 2008 zogen sich eine Reihe von prominenten sogenannten „Unicef-Botschaftern" zurück, z.B. die Sportlerin Sandra Völker (Süddeutsche Zeitung 2008). Ähnliches kann passieren, wenn Prominente ihren „Promi-Status" einbüßen. Vor besonderen Herausforderungen stehen beispielsweise die Organisationen, deren Schirmherren oder Schirmherrinnen gewählte Politiker oder deren Ehefrauen sind. Wird der Politiker abgewählt, kann seine oder die Funktion der Ehefrau verloren gehen. Eine Ausnahme stellte die (verstorbene) Ehefrau von Helmut Kohl, Hannelore Kohl, dar: Sie besaß nicht nur Prominenten-Status, sondern erwarb sich relevanten Sachverstand. Ab 1983 und auch nach der

Abwahl von Helmut Kohl 1998, bis zu ihrem Tode 2001, setzte sie sich für Patienten mit Schäden am zentralen Nervensystem ein; die von ihr gegründete Stiftung trägt ihren Namen (ZNS Hannelore Kohl Stiftung).

Die Aspekte dieses Abschnittes zeigen, dass vorhersagbare Ergebnisse beim Fundraising schwer zu erreichen sind, da eine Vielzahl von Parametern diesen Prozess beeinflussen. Zudem variieren die Inhalte, für die gespendet werden soll, bzw. für die Fundraising betrieben wird, substantiell, sodass eindeutige Voraussagen schwer getroffen werden können. Deutlich muss werden, dass es keine einfachen, rezepthaften Erfolgsmodelle beim Fundraising gibt. Ähnlich komplex stellt sich das Spendenverhalten von Unternehmen und Institutionen dar, auf das nun noch eingegangen wird.

Spenden als unternehmerisches Handeln

Wie eingangs erwähnt, gibt es neben individuellen Spendern auch noch Institutionen und Organisationen, die als Spender auftreten können. Wenn Unternehmen spenden, dann erfüllt die Spende, so sie öffentlich und nicht im Stillen gemacht wird, eine kommunikative Funktion, die über die Funktion der Spende hinaus geht. Das Unternehmen möchte Dritten, etwa seinen Kunden, damit vermitteln, dass es sich sozial engagiert, Verantwortung für die Gemeinschaft übernimmt. Die Spende nützt hier nicht nur dem Spendenempfänger, sondern auch dem Unternehmen, es handelt keinesfalls selbstlos. Oftmals werden diese Spenden aus einer moralischen Perspektive, die stark vom Gedanken des Altruismus (Piliavin / Charng 1990) geprägt ist, kritisiert und als weniger wert oder sogar verwerflich abgewertet. Aus sozialpsychologischer Perspektive stellt sich die Frage nach einer moralischen Bewertung nicht; vielmehr ist eine Analyse dieser Zusatzfunktionen, etwa auf Kundenbindung oder Verkaufserfolg, von Interesse. Ein weiterer Aspekt, der sich analytisch anschließt, sind die Auswirkungen im Unternehmen selbst, z. B. für die Mitarbeiter. Schlussendlich laufen diese Fragestellungen immer wieder auf den Aspekt hinaus, ob die öffentlich kommunizierte Spende des Unternehmens den Verkaufserfolg oder die Mitarbeitermotivation steigert. Der Zusammenhang ist nicht linear, sondern stellt ein komplexes Modell dar (Cornwell / Weeks / Roy 2005), in dem beispielsweise die Haltung des Kunden zum Spendenempfänger des Unternehmens (z. B. einer NGO) von zentraler Bedeutung für die Kaufentscheidung ist (Cornwell / Coote 2005). Mit anderen Worten, hat der Kunde eine negative Einstellung zur NGO, dann ist auch das Sponsoring des Unternehmens wertlos, möglicherweise kontraproduktiv.

Im Unternehmenskontext weit verbreitet sind andere Formen nicht-altruistischen Spendens wie Engagement in Freiwilligen-Projekten oder Spendenwettbewerbe. Bei Freiwilligen-Projekten investieren Mitarbeiter eines Unternehmens ihre Zeit für einen guten Zweck, tun dies aber in Teilen ihrer Arbeitszeit. Erwartet wird neben dem positiven Ergebnis für den Empfänger des Engagements eine Steigerung der Motivation des Mitarbeiters und eine positive Einstellung gegenüber dem Arbeitgeber (Booth/Park/Glomb 2009). Ein Beispiel für innerbetriebliche Wettbewerbe sind Teams von Mitarbeitern, die für einen „guten Zweck" Geld sammeln. So treten u.a. Mitarbeiterteams bei einer Sportveranstaltung an, suchen sich „Sponsoren" und versuchen so, die jeweilige Summe des anderen (gegnerischen) Teams zu erreichen oder zu übertreffen. So kommen oftmals beachtliche Spendenbeträge für einen zuvor festgelegten Spendenempfänger zusammen. Ein Ziel dabei ist natürlich auch die Spende, aber weitere Ziele sind die Stärkung der Identifikation der Mitarbeiter mit dem Unternehmen, eine kooperative Form des Wettbewerbs, die Mitarbeitergesundheit oder einfach nur das Betriebsklima. Das Kinderheim oder die Flutopfer treten dabei etwas in den Hintergrund, was aber das prosoziale Verhalten in seiner Intention und Sache nicht unbedingt schmälern muss. Ob die gewünschten positiven Effekte bei all diesen Maßnahmen auch für das Unternehmen unmittelbar auftreten, muss offen bleiben, da wenige systematische sozialpsychologische Evaluationen vorliegen.

Zusammenfassung

Psychologische Prozesse, denen das Spendenverhalten unterliegt, sind vielschichtig und verweisen auf eine Anzahl von komplexen, interagierenden Vorgängen. Dennoch ist es möglich, eine Reihe von Feststellungen zu treffen, die sich aus dem Gesamtbild ableiten lassen. Leider existiert noch keine Meta-Analyse, die die Effekte aus den Einzelstudien zusammenfasst, auf ihre Effektstärke testet und so aufzeigen kann, welche Determinanten den größten Einfluss auf das Spendenverhalten von Individuen haben. So muss die Befundlage noch mittels eines Forschungsreviews wie diesem zusammengefasst werden.

- Beschreibt man den Spender als Person, so ist entscheidend, dass man keine „Spenderpersönlichkeit" beschreiben kann. In der Tat ist es so, dass Persönlichkeitseigenschaften in den Hintergrund treten, sobald Sozialisationsfaktoren auftreten.
- Spendenverhalten kann als spontanes Verhalten auftreten und ist stark von häufig nicht bewusst wahrgenommenen situationalen Einflüssen geprägt. Werden diese externen Einflüsse aufgedeckt, so ist mit aversiven Reaktionen und reduziertem Spendenverhalten zu rechnen.
- Spendenverhalten ist in der Minderheit der Fälle altruistisch geprägt, sondern folgt überwiegend einem individuellen oder gruppenbezogenen Selbstnutzenprinzip.
- Die Spendenhöhe ist unabhängig vom SES und einer statistischen Effektberechnung, sondern wird zumeist von affektiv beeinflussten Wertberechnungen determiniert.
- Spendenempfänger können aus der Sicht der Spender entlang von wahrgenommenen Selbstverantwortungs-, Schuld- und Selbsthilfekriterien in eine Hierarchie der Spendenwahrscheinlichkeit gebracht werden.
- Spenden, obwohl oft gut gemeint, können beim Spendenempfänger auch negativ aufgenommen werden, wenn sie ungefragt geleistet werden oder in ein Abhängigkeitsverhältnis führen.

Literatur

Aldashev, Gani / Verdier, Thierry (2010): Goodwill bazaar: NGO competition and giving to development. Journal of Development Economics, 91, S. 48-63.

Aldashev, Gani / Verdier, Thierry (2009): When NGOs go global: Competition on international markets for development donations. Journal of Development Economics, 79, S. 198-210.

Barnett, J. / Hammond, S. (1999): Representing disability in charity promotions. Journal of Community & Applied Social Psychology, 9, S. 309-314.

Bekkers, René (2010): Who gives what and when? A scenario study of intentions to give time and money. Social Science Research, 39, S. 369-381.

Bekkers, René (2006): Traditional and health-related philanthropy: The role of resources and personality. Social Psychology Quarterly, 69, S. 349-366.

Boezeman, Edwin J. / Ellemers, Naomi (2007): Volunteering for charity: Pride, respect, and the commitment of volunteers. Journal of Applied Psychology, 92, S. 771-785.

Booth, Jonathan, E. / Park, Kyoung Won / Glomb, Theresa M. (2009): Employer-supported volunteering benefits: Gift exchange among employers, employees, and volunteer organizations. Human Resource Management, 48, S. 227-249.

Cheung, C. K. / Chang, C. M. (2000): Social-cognitive factors of donating money to charity, with special attention to an international relief organization. Evaluation and Program Planning, 23, S. 241-253.

Cornwell, Bettina T. / Coote, Leonard V. (2005): Corporate sponsorship of a cause: the role of identification in purchase intent. Journal of Business Research, 58, S. 268-276.

Cornwell, Bettina T. / Weeks, Clinton S. / Roy, Donald P. (2005): Sponsorship-linked marketing: Opening the black box. Journal of Advertizing, 34, S. 21-42.

Das, Enny / Kerkhof, Peter / Kuiper, Joyce (2008): Improving the effectiveness of fundraising messages: The impact of charity goal attainment, message framing, and evidence on persuasion. Journal of Applied Communication Research, 36, S. 161-175.

Desmet, Pierre / Feinberg, Fred M. (2003): Ask and ye shall receive: The effect of the appeals scale on consumers' donation behavior. Journal of Economic Psychology, 24, S. 349-376.

Ellingsen, Tore / Johannesson, Magnus (2009): Time is not money. Journal of Economic Behavior & Organization, 72, S. 96-102.

Ferraro, Rosellina / Shiv, Baba / Bettman, James. R. (2005): Let us eat and drink, for tomorrow we shall die: Effects of mortality salience and self-esteem on self-regulation in consumer choice. Journal of Consumer Research, 32, S. 65-75.

Garcia, Stephen M. / Weaver, Kim / Moskowitz, Gordon. B. / Darley, John M. (2002): Crowded minds: The implicit bystander effect. Journal of Personality and Social Psychology, 83, S. 843-853.

Grant, Adam M. (2008): Does intrinsic motivation fuel the prosocial fire? Motivational synergy in predicting persistence, performance, and productivity. Journal of Applied Psychology, 93, S. 48-58.

Grant, Adam N./Campbell, Elisabeth M./Chen, Grace/Cottone, Keenan/Lapedis, David/Lee, Karen (2007): Impact and the art of motivation maintenance: The effects of contact with beneficiaries on persistence behavior. Organizational Behavior and Human Decision Processes, 103, S. 53-67.

Hafer, Carolyn L. (2000): Do innocent victims threaten the belief in a just world? Evidence from a modified stroop task. Journal of Personality and Social Psychology, 79, S. 165-173.

Halibi, Samer/Dovidio, John/Nadler, Arie (2008): When and how do high status group members offer help: Effects of social dominance orientation and status threat. Political Psychology, 29, S. 841-858.

Hibbert, Sally/Smith, Andrew/Davies, Andrea/Ireland, Fiona (2007): Guilt appeals: Persuasion knowledge and charitable giving. Psychology & Marketing, 24, S. 723-742.

Hirschberger, Gilad/Ein-Dor, Tsachi/Almakias, Shaul (2008): The self-protective altruist: Terror management and the ambivalent nature of prosocial behavior. Personality and Social Psychology Bulletin, 34, S. 666-678.

Holmes, John G./Miller, Dale T./Lerner, Melvin J. (2002): Committing altruism under the cloak of self-interest: The exchange fiction. Journal of Experimental Social Psychology, 38, S. 144-151.

Hsee, Christopher K./Rottenstreich, Yuval (2004): Music, pandas, and muggers: On the affective psychology of value. Journal of Experimental Psychology:General, 133, S. 23-30.

Jonas, Kai J./Sassenberg, Kai (2006): Knowing how to react. Automatic response priming from social categories. Journal of Personality and Social Psychology, 90, S. 709-721.

Jonas, Eva/Schimel, J./Greenberg, J./Pyszczynski, T. (2002): The Scrooge effect: Evidence that mortality salience increases prosocial attitudes and behavior. Personality and Social Psychology Bulletin, 28, S. 1342-1353.

Jones, Keely. S. (2006): Giving and volunteering as distinct forms of civic engagement: The role of community integration and personal resources in formal helping. Nonprofit and Voluntary Sector Quarterly, 35, S. 249-266.

Kahneman, Daniel/Ritov, Ilana/Schkade, David (1999): Economic preferences or attitude expressions? An analysis of dollar responses to public issues. Journal of Risk and Uncertainty, 19, S. 203-235.

Kogut, Tehila/Ritov, Ilana (2007): One of us: Outstanding willingness to help save a single identified compatriot. Organisational Behavior and Human Decision Processes, 104, S. 150-157.

Kumru, Cagri S./Vesterlund, Lise (2010): The effect of status on charitable giving. Journal of Public Economic Theory, 12, S. 709-735.

Lee, Lichang/Piliavin, Jane A./Call, Vaughn R. A. (1999): Giving time, money, and blood: Similarities and differences. Social Psychology Quarterly, 62, S. 276-290.

Lemmens, K. P. H./Abraham, C./Ruiter, R. A. C./Veldhuizen, I. J. T./Dehing, C. J.G./Bos, A. E. R./Schaalma, H. P. (2009): Modelling antecedents of blood donation motivation among non-donors of varying age and education. British Journal of Psychology, 100, S. 71-90.

Lemmens, K. P. H./Abraham, C./Hoekstra, T./Ruiter, R. A. C./De Kort, W. L. A. M./Brug, J./Schaalma, H. P. (2005): Why don't young people volunteer to give blood? An investigation of the correlates of donation intentions among young nondonors. Transfusion, 45, S. 945-955.

Lerner, Melvin J. (1980): The belief in a just world: A fundamental delusion. New York: Plenum.

Levine, Mark/Prosser, Amy/Evans, David/Reicher, Stephen (2005): Identity and emergency intervention: How social group membership and inclusiveness of group boundaries shape helping behavior. Personality and Social Psychology Bulletin, 31, S. 443-453.

Levy, Sheri. R./Freitas, Antonio L./Salovey, Peter (2002): Construing action abstractly and blurring social distinctions: Implications for perceiving homogeneity among, but also empathising with and helping, others. Journal of Personality and Social Psychology, 83, S. 1224-1238.

McGraw, A. Peter/Shafir, Eldar/Todorov, Alexander (2010): Valuing money and things: Why a 20$ item can be worth more and less than 20$. Management Science, 56, S. 816-830.

Merchant, Altaf/Ford, John B./Sargeant, Adrian (2010): Charitable organizations' storytelling influence on donors' emotions and intentions. Journal of Business Research, 63, S. 754-762.

Niesta Kayser/Daniela, Farwell, Lisa/Greitemeyer, Tobias (2008): A Comparison of Help Giving to Individuals Versus Humanitarian Organizations. Journal of Applied Social Psychology, 38, S. 2990-3008.

Okten, Cagla/Weisbrod, Burton A. (2000): Determinants of donations in private nonprofit markets. Journal of Public Economics, 75, S. 255-272.

Oosterhof, Liesbeth/Heuvelmann, Aard/Peters, Oscar (2009): Donation to disaster relief campaigns: Underlying social cognitive factors exposed. Evaluation and Program Planning, 32, S. 148-157.

Perrine R. M./Heather, S. (2000): Effects of picture and even-a-penny-will-help appeals on anonymous donations to charity. Psychological Reports, 86, S. 551-559.

Piliavin, Irving M./Piliavin, Jane A./Rodin, Judith (1975): Costs, diffusion, and the stigmatized victim. Journal of Personality and Social Psychology, 32, S. 429-438.

Piliavin, Jane A./Charng, Hong-Wen (1990): Altruism: A review of recent theory and research. Annual Review of Sociology, 16, S. 27-65.

Sargeant, Adrian/Lee, Stephen (2004): Trust and relationship commitment in the United Kingdom voluntary sector: Determinants of donor behavior. Psychology & Marketing, 21, S. 613-635.

Sargeant, Adrian (2001): Relationship Fundraising: How to keep donors loyal. Nonprofit Management & Leadership, 12, S. 177-192.

Simon, Adam F. (1997): Television news and international earthquake relief. Journal of Communication, 47, S. 82-93.

Shang, Jen/Reed II, Americus/Croson, Rachel (2008): Identity congruency effects on donations. Journal of Marketing Research, XLV, S. 351-361.

Small, Deborah A./Loewenstein, George/Slovic, Paul (2006): Sympathy and callousness: The impact of deliberative thought on donations to identifiable and statistical victims. Organisational Behavior and Human Decision Processes, 102, S. 143-153.

Smith, Joanne. R./McSweeney, Andreé (2007): Charitable giving: The effectiveness of a revised theory of planned behaviour model in predicting donating intentions and behaviour. Journal of Community & Applied Social Psychology, 17, S. 363-368.

Süddeutsche Zeitung (2008): Schönwetterverein im Sturm. Online Dokument (http://www.sueddeutsche.de/panorama/skandal-bei-unicef-schoenwetterverein-im-sturm-1.295363 – Zugriff am 10. September 2010).

Van Leeuven, Esther (2007): Restoring identity through outgroup helping: Beliefs about international aid in response to the December 2004 tsunami. European Journal of Social Psychology, 37, S. 661-671.

Van Vugt, Mark/Hardy, Charlotte. L. (2009): Cooperation for reputation: Wasteful contributions as costly signals in public goods. Group Processes and Intergroup Relations (Sage journals online), 13, S. 101-111.

Wilhelm, Mark O. (2007): The quality and comparability of survey data on charitable giving. Nonprofit and Voluntary Sector Quarterly, 36, S. 65-84.

Wunderink, Sophia R. (2002): Individual financial donations to charities in The Netherlands: Donations following natural and man-made disasters. Why, how and how much? Journal of Nonprofit & Public Sector Marketing, 10, S. 21-39.

Yörük, Barı⊠ K. (2010): Charitable giving by married couples revisited. Journal of Human Resources, 45, S. 497-516.

Zagefka, Hanna (2008): Donations following humanitarian disasters: What motivates people to help? Presentation auf dem 31. Kongress der International Society of Political Psychology, Paris.

Spenden und prosoziales Handeln. Eine Einschätzung aus soziologischer Perspektive[1]

von Jörg Rössel

Einleitung

Prosoziales Handeln von Menschen wird immer wieder zum Problem, sowohl in öffentlichen wie in wissenschaftlichen Diskussionen. Einerseits wird häufig der Rückgang von Hilfsbereitschaft und kooperativem Handeln beklagt und zudem eine Zunahme von rein egoistischen Handlungsorientierungen konstatiert (vgl. Thome / Birkel 2007). Ohne auf diese Diskussion vertieft einzugehen, kann jedoch festgehalten werden, dass Menschen in erstaunlichem Maße in unterschiedlichen sozialen Situationen und Kontexten prosoziales Verhalten zeigen (Fehr / Fischbacher 2003), das zum Teil – wie die Rettung von Juden unter der nationalsozialistischen Diktatur – bis zum Einsatz des eigenen Lebens reicht (Varese / Yaish 2000). Andererseits bleibt es gerade für die Verhaltenswissenschaften (Ökonomie, Evolutionsbiologie und Psychologie), die den Menschen als eigeninteressiert handelnden Akteur konzipiert haben, ein Problem, das tatsächliche Ausmaß von prosozialem und insbesondere altruistischem Handeln erklären zu können (Monroe 1994). Insofern reiht sich die Frage nach Motiven des Spendens in einen wichtigen öffentlichen und wissenschaftlichen Diskurs ein. Bevor ich versuche, zentrale theoretische Ecksteine einer sozialwissenschaftlichen Erklärung von prosozialem Handeln im Allgemeinen und Spendenverhalten im Besonderen herauszuarbeiten, sollen die zentralen Begriffe prosoziales Verhalten, Altruismus und Spenden kurz definiert werden. Unter Altruismus und prosozialem Verhalten soll hier ein Handeln verstanden werden, das anderen Akteuren ökonomische Vorteile im weiteren Sinne verschafft, für den Akteur selbst aber mit ökonomischen Kosten verbunden ist (Fehr / Fischbacher 2003). Damit wird keine begriffliche Trennung zwischen prosozialem Verhalten und Altruismus vorgenommen, wie sie häufig in der Literatur zu finden ist (Bierhoff 2007: 299). Zumeist wird das Ziel des Akteurs als Unterscheidungskriterium herangezogen, wobei Altruismus als eine spezifische Teilmenge des prosozialen Handelns betrachtet wird, die primär durch das Ziel der anderen Person zu helfen und nicht durch eigennützige Motive hervorgerufen wird (Bierhoff 2007: 299; Piliavin 2004: 412; Monroe 1994: 862-863). Sicherlich ist es wichtig zu wissen, ob ein Akteur mit einer Handlung egoistische oder altruistische Ziele verfolgt, doch handelt man sich mit dieser Definition erhebliche Erklärungsprobleme ein. Die mit einer Handlung verbundenen Absichten gehören zu den wichtigsten erklärenden Ursachen derselben (Fishbein / Ajzen 1980). Wenn man aber diese Absicht in die Definition aufnimmt, so sind das Explanandum und das Explanans

1 Ein besonderer Dank gilt Dorothea Eppler, Gunnar Otte und Georg Sunderer, die mir mit zahlreichen Hinweisen geholfen haben.

nicht mehr zu trennen, so dass eine systematische Erklärung nahezu verunmöglicht wird. Um solche Probleme zu vermeiden, verzichte ich bei der Definition von altruistischem Handeln auf die Berücksichtigung der Intention des Akteurs (vgl. Diekmann 2009: 203). Spenden wiederum stellen eine spezifische Variante von prosozialem Handeln dar, bei dem ein freiwilliger Transfer von Geld, Sachen oder Leistungen für gemeinwohlorientierte Zwecke stattfindet, wobei der Spender keine äquivalente materielle Gegenleistung erhält (Priller / Sommerfeld 2005: 8; Lingelbach 2007: 130). Dieser Definition entspricht das Spenden von Geld an gemeinnützige Organisationen oder Hilfsaktionen, aber auch das Bereitstellen von Zeit im Ehrenamt, das Spenden von Blut oder der Kauf von Lotterielosen und Benefizschallplatten.

Nachdem die zentralen Begriffe prosoziales respektive altruistisches Handeln einerseits und Spenden als eine Spezialform desselben andererseits definiert wurden, sollen im Folgenden die zentralen Eckpunkte einer sozialwissenschaftlichen Erklärung dieser Verhaltensweisen angesprochen werden. Dabei gehe ich von einem relativ einfachen Modell des Handelns aus, wie es z. B. von Peter Hedström in Anschluss an die analytische Philosophie des Handelns verwendet wird (Hedström 2005: 38ff.). Dabei unterstellt man, dass Akteure mit ihrem Handeln erstens spezifische Wünsche und Ziele verfolgen, zweitens bestimmte Vorstellungen über die Welt haben und drittens mit verfügbaren Handlungsmöglichkeiten konfrontiert sind. So hat die Münchnerin Tanja den Wunsch nach einem Kurzurlaub in Hamburg, dabei verfügt sie über die Handlungsalternative entweder zu fliegen oder mit der Bahn zu fahren und sie hat die Überzeugung, dass sie mit dem Flugzeug kostengünstiger von München nach Hamburg kommt als mit dem Zug, dies aber zugleich eine größere Umweltbelastung mit sich bringt. Die Frage der Kosten schränkt allerdings ihre Handlungsmöglichkeiten kaum ein, da sie eine gut verdienende Unternehmensberaterin ist, während sie als aktives Mitglied einer Umweltschutzorganisation den Wunsch hat, ihr Handeln möglichst umweltschonend auszurichten. Sie wird daher vor dem Hintergrund ihrer Wünsche, Überzeugungen und Handlungsmöglichkeiten den Zug als Verkehrsmittel wählen. Diesen drei Bedingungen der Handlungserklärung werden sich daher auch die drei zentralen Abschnitte des Beitrags widmen: Abschnitt 2 beschäftigt sich mit Motiven und Anreizen prosozialen Handelns, Abschnitt 3 mit Überzeugungen und Informationen als Grundlagen der Handlungsbereitschaft und Abschnitt 4 schließlich mit den Handlungsrestriktionen und -ressourcen, die die Handlungsmöglichkeiten der Akteure bestimmen. Die hier vorgenommene Fokussierung auf die Entscheidungen und Handlungen individueller Akteure blendet selbstverständlich klassische soziologische und strukturelle Größen nicht aus. Die sozialen Kontexte des Handelns bestimmen ja gerade die Randbedingungen des Handelns, also zum Teil die Wünsche der Akteure, zum Teil deren Überzeugungen und ganz sicher deren Handlungsmöglichkeiten, so dass die strukturellen und kontextuellen Bedingungen der jeweiligen Handlungssituation in den folgenden Abschnitten auch immer angesprochen werden können und sollen.

Motive und Anreize prosozialen Handelns

Intentionalen Erklärungen menschlichen Handelns, wie sie hier im Anschluss an Hedström verfolgt werden, wird zuweilen vorgeworfen, dass sie tautologisch seien, da sie z.B. altruistisches Verhalten mit altruistischen Einstellungen erklären (Kroneberg 2010). Dagegen sprechen allerdings mehrere Argumente: Eine solche Erklärung wird nur dann tautologisch, wenn man ein bestimmtes Verhalten post hoc mit einer passenden Einstellung erklärt. Spezifiziert man die entsprechenden Einstellungen vor der jeweiligen empirischen Studie, so kann der theoretisch postulierte Zusammenhang von Einstellungen und Verhalten empirisch falsifiziert werden, ist also keinesfalls tautologisch. Dabei zeigt zudem die empirische Evidenz, dass die Korrelation zwischen bestimmten Einstellungen und den entsprechenden Verhaltensweisen nicht notwendigerweise sehr stark sein muss (Ajzen/Fishbein 1980). Damit wird aber die Spezifikation der entsprechenden Wünsche oder Anreize des Handelns zu einer zentralen sozialwissenschaftlichen Aufgabenstellung. In Anlehnung an die Überlegungen von Opp (1999) sollen hier zwei Typen von Handlungsanreizen in ihrer Relevanz für das Spenden betrachtet werden, einerseits moralische Anreize, die dem Akteur bestimmte Verhaltensweisen als normativ geboten erscheinen lassen und andererseits soziale Anreize, die vor allem die Wirkungen des Handelns bei unbeteiligten Dritten, insbesondere im sozialen Netzwerk des Akteurs im Blick haben.

Moralische Anreize: Normen, Werte, Empathie

Bei der Erklärung von altruistischem respektive prosozialem Handeln stößt man unvermeidlich auf die Frage, ob dieses Verhalten erklärt werden kann, wenn man unterstellt, dass Menschen eigennützige Akteure sind oder ob man davon ausgehen muss, dass Menschen in ihrem Handeln auch durch moralische Anreize – seien dies internalisierte Normen, kulturelle Werte oder empathisches Mitleiden mit Personen, die unverschuldet in Not geraten sind – geleitet werden. Insbesondere Wirtschaftswissenschaftler und Evolutionsbiologen gehen in der Regel von der erstgenannten Annahme aus und berücksichtigen daher nur materielle Anreize in Handlungserklärungen (Monroe 1994). Hier muss in der Tat berücksichtigt werden, dass soziale Kooperation und die Entstehung von Normen auch aus dem Handeln eigennütziger Akteure erklärt werden können, allerdings nur unter relativ speziellen Bedingungen (häufige Wiederholung von Interaktionen, kostenlose Sanktionen, Entstehung von Reputation), die das gesamte Ausmaß von altruistischem und kooperativem Handeln kaum zu erklären vermögen (Diekmann 2009; Gintis 2003). In der Forschung insbesondere aus der experimentellen Spieltheorie, liegt inzwischen eine beeindruckende empirische Evidenz vor, die aufweist, dass man altruistisches Handeln nicht allein auf eigennützige Kalküle zurückführen kann (Henrich et al. 2005; Fehr/Fischbacher 2003). Insofern zeigt sich auch in zeitgenössischen ökonomischen und psychologischen Theorien, dass diese moralischen Anreizen eine gewisse, zum Teil sogar eine zentrale Rolle zusprechen (Gintis 2003; Bierhoff 2007).

Auch die Beiträge in diesem Band bestätigen die skizzierte Entwicklung eindrucksvoll. So kann Sunderer (in diesem Band) in seinem Beitrag über den Kauf von fair gehandelten Produkten nachweisen, dass spezifische Einstellungen gegenüber der dritten Welt (Fair-Trade Bewusstsein) und die Vorstellung, dass man mit seinem eigenen Handeln einen Beitrag zur Linderung der Not in Entwicklungsländern leisten sollte, (Beitragsbewusstsein) zentral für die Erklärung des Kaufs von fair gehandelten Produkten ist.[2] Die Beiträge von Priller/Schupp und West (beide in diesem Band) machen wiederum deutlich, dass Menschen ganz unterschiedliche Motive mit dem Spenden verbinden können, die von eher eigennützigen bis hin zu altruistischen reichen (vgl. auch Bierhoff 2007: 315). Wichtig ist, dass diese Motive nicht aus unmittelbaren Interaktionen heraus erwachsen müssen, so wie man einer Person hilft, die auf der Straße gestürzt ist. Gerade im Beitrag von Wenzel und Scholz wird deutlich gemacht, dass moralische Gefühle des Mitleids und die Zuschreibung normativer Verpflichtung zum Spenden auch durch eine massenmedial vermittelte parasoziale Interaktion hervorgerufen werden kann. Dies ist insofern zentral, als Spenden sich typischerweise eben nicht an bekannte Personen, mit denen man persönlich interagiert, richten, sondern an Organisationen und Gruppen, die man häufig nur über die Massenmedien kennt. Zusammenfassend bestätigen allerdings diese Beiträge, dass den verschiedenen Arten von moralischen Motiven eine zentrale Rolle bei der Erklärung von prosozialem Handeln generell, dem Spenden im Besonderen zukommt. Vor allem für die psychologische und entscheidungstheoretische Forschung ist hier die Klärung der Mechanismen, die Empathie, altruistische Einstellungen und Gefühle des Mitleids miteinander verbinden und zu einem altruistischen Verhalten führen, entscheidend, um aus der gegenwärtigen Vielzahl unterschiedlicher theoretischer Modelle ein integratives Modell zu entwickeln (vgl. als Überblick Bierhoff 2007; Monroe 1994).

Darüber hinaus kann natürlich auch die Frage gestellt werden, wie diese moralischen Motive beim Menschen überhaupt entstehen. Dabei kann einerseits der Blick auf Prozesse der Sozialisation und der Internalisierung spezifischer moralischer Orientierungen durch eigene Hilfeerfahrungen und Interaktionen gerichtet werden (Van Lange et al. 1999; Lee et al. 1999; Gintis 2003), andererseits muss aber auch betrachtet werden, wie diese Motivlagen evolutionär entstanden sind. Vor allem die evolutionäre Anthropologie macht deutlich, dass Menschen im Vergleich zu anderen Primaten ein stärker kooperatives und altruistisches Verhalten zeigen (vgl. Jensen/Call/Tomasello

2 Fair gehandelte Produkte stellen einen Grenzfall für die oben zitierte Definition von Spenden dar. Im Vergleich zu einem gewöhnlichen Produkt erhält der Käufer hier eine geringere materielle Gegenleistung für den Kaufpreis. Diese Differenz ist allerdings relativ klein, so dass man hier nicht ohne Weiteres von einer Spende sprechen kann. Allerdings schließt der Kauf eines fair gehandelten Produktes meistens auch einen Investitionsbeitrag an die Hersteller ein, den diese für den Bau von Schulen oder anderen gemeinnützigen Einrichtungen verwenden können, so dass die Ähnlichkeit zu Spenden damit wieder stärker gegeben ist (vergleiche dazu Sunderer in diesem Band).

2007). Während andere Primaten sich in Experimenten typischerweise als rationale Nutzenmaximierer erweisen, verfolgen Menschen in stärkerem Maße kooperative und altruistische Strategien. Forscher am Max Planck Institut für evolutionäre Anthropologie in Leipzig führen dies darauf zurück, dass Menschen schon sehr frühzeitig in ihrer individuellen Entwicklung die Fähigkeit erlangen, andere Personen als intentional handelnde Akteure zu verstehen und ihnen Überzeugungen und Emotionen zuzuschreiben (vgl. Call in diesem Band; Tomasello et al. 2005). Damit ist einerseits die Möglichkeit zu einem kooperativen gemeinsamen Handeln gegeben, andererseits auch die Grundlage für Sympathie und Mitleid als moralische Motive für altruistisches und prosoziales Handeln. Viele Biologen und Mediziner sehen die biologische Grundlage für diese Fähigkeit in spezifischen Neuronen (Spiegelneuronen, von Economo-Neuronen), die allein bei der Beobachtung eines spezifischen Verhaltens anderer Personen die damit verbundenen Einstellungen und Emotionen beim Beobachter auslösen (vgl. Miller 2005). Freilich ist mit der empirischen Feststellung der Tatsache, dass Menschen auf der Basis spezieller neuronaler Mechanismen anderen Personen Intentionen, Gefühle und Überzeugungen zuschreiben können, noch nicht erklärt, wie diese ungewöhnliche Fähigkeit evolutionär entstanden ist (Tomasello et al. 2005; Fetchenhauer/Bierhoff 2004). Hier bleibt für die Evolutionsbiologie noch ein weites Forschungsfeld, das auch für Sozialwissenschaftler, die über die biologischen Grundlagen ihrer Disziplin reflektieren möchten, von ausgesprochen großem Interesse ist.

Soziale Anreize: Anerkennung, Status und Reputation

Neben den moralischen werden in der soziologischen Handlungs- und Entscheidungstheorie die sozialen Motive auch zu den sogenannten „weichen Anreizen" gezählt, da es sich bei beiden nicht um im engeren Sinne ökonomische respektive materielle Vorteile handelt (Opp 1999). Während es sich allerdings bei den moralischen Anreizen um uneigennützige Motive handelt, da sie nicht mit äußeren Vorteilen verbunden sind,[3] handelt es sich bei sozialen Anreizen um eigennützige Motive, da es hier um die positiven oder negativen Konsequenzen von Entscheidungen und Handlung in Relation zu ganz bestimmten Bezugspersonen geht. Dabei kann es um unterschiedliche Arten von Vor- und Nachteilen gehen: von der sozialen Anerkennung durch Freunde, Familie und Bekannte, über den Gewinn eines hohen sozialen Status auch gegenüber nicht bekannten Personen bis hin zur Signalisierung einer guten Reputation.[4] Forschungen in unterschiedlichen Bereichen der Sozialwissenschaften haben die empirische Relevanz dieser sozialen Anreize aufzeigen können. So sind diese zentral für die Erklärung der individuellen Teilnahme an Protesten und Demonstrationen (Opp/Gern 1993; Gibson 1997), aber auch für die Entstehung von Gabentausch und

3 Natürlich kann auch bei moralischen Anreizen auf das damit verbundene gute Gewissen verwiesen werden, doch handelt es sich dabei eben nur um eine innere, psychologische Gratifikation.

4 Hier wurden nur die positiven Varianten genannt. Das Handeln kann natürlich auch zu Missachtung und Sanktionierung sowie zu Statusverlust und sinkender Reputation führen.

verschwenderischem Konsum in Stammesgesellschaften (Bird/Smith 2005), um nur zwei Beispiele zu nennen. Die Relevanz sozialer Anreize demonstrieren nicht zuletzt die Beiträge von Priller/Schupp und West (in diesem Band), die in ihren Studien darauf hinweisen, dass bestimmte Gruppen von Spendern durch soziale Anreize motiviert sind. Sunderer (in diesem Band) kann die Relevanz sozialer Motivationen für den Kauf fair gehandelter Produkte in seiner Studie zudem auch unter Kontrolle von Drittvariablen aufzeigen.

Soziale Motive stellen also ein lohnendes Thema für die sozialwissenschaftliche Forschung zum prosozialen Verhalten dar. Sie entstehen aus dem sozialen Kontext des Handelns, insbesondere den anderen Menschen, die einer Person Anerkennung oder Missachtung, Statusgewinn oder -verlust zusprechen. Dies verweist wiederum darauf, dass Personen typischerweise in soziale Milieus eingebettet sind, die sie in bestimmten Handlungen unterstützen, während andere Verhaltensweisen sanktioniert werden (Rössel 2005). Beispielsweise wird in einem umweltorientierten Milieu eine Spende an einen Automobilclub nicht für soziale Anerkennung sorgen, sondern eher zu Verwunderung, Kritik und Missachtung führen. Insofern verweisen soziale Anreize in spezifischer Weise auf die sozialstrukturelle Lokalisierung des Spendenverhaltens in bestimmten sozialen Gruppen, die für die Erklärung der besonderen Ausrichtung des Spendenverhaltens durchaus erklärungskräftig sein dürfte. Dies zu zeigen, ist eine Aufgabe der zukünftigen Forschung.

Überzeugungen und Informationen als Grundlage von Handlungsbereitschaft

In dem von Hedström adaptierten Modell des Handelns standen neben den Wünschen und Motiven des Handelns die Überzeugungen und das Wissen der Akteure als zweite wichtige Größe. Diese werden in sozialwissenschaftlichen Erklärungen häufig übersehen, da man davon ausgeht, dass alle Akteure über ein „common knowledge" verfügen, sich also in einer geteilten und unhinterfragten Lebenswelt mit einem gemeinsamen Wissen bewegen (Diekmann 2009: 54). Dies mag für die Bewohner der Bundesrepublik Deutschland im Hinblick auf die Wahl des Verkehrsmittels zwischen München und Hamburg noch halbwegs zutreffen, doch wenn es um das Spenden für gemeinwohlorientierte Zwecke geht, kann davon ausgegangen werden, dass Informationen über einen großen Teil der Hilfsprojekte, die meisten wohltätigen Organisationen und eine Vielzahl von Notleidenden nicht zum gemeinsam geteilten Wissen gehört. Damit ergibt sich allerdings ein erhebliches Informationsproblem, da der größte Teil der verschiedenen Angebote im Spendenmarkt dem gewöhnlichen Spender nicht bekannt ist und damit auch nicht Teil der subjektiv wahrgenommenen Handlungsmöglichkeiten werden kann. Dies verdeutlicht exemplarisch Sunderer (in diesem Band), der zeigen kann, dass viele Befragte in Deutschland fair gehandelte Produkte nicht kennen und diese daher auch nicht erwerben können. Doch es geht nicht allein um das Wissen über verschiedene Möglichkeiten des Spendens, sondern auch um Informationen, die wiederum Grundlage für moralische Motive des prosozialen Handelns werden können. So ist für das Spenden aus moralischen Gründen die Information über das Ausmaß einer Katastrophe von zentraler Bedeutung, aber auch die Beschreibung der Notleidenden als unschuldige und damit legitime Opfer (Wenzel / Scholz in diesem Band). Darüber hinaus ist das Wissen über die Spendenorganisationen für die Spender auch noch in einer anderen Sicht von großer Bedeutung, wenn es nämlich um deren Vertrauenswürdigkeit und Effektivität geht. Spenden werden nur dann getätigt, wenn man davon ausgeht, dass das Geld auch tatsächlich bei den notleidenden Menschen ankommt und nicht ineffektiv verwendet wird oder gar in korrupte Kanäle fließt. Das Beispiel des Vertrauens potenzieller Spender in die Effektivität und die Glaubwürdigkeit von Spendenorganisationen verdeutlicht noch einmal, dass die Überzeugungen der Akteure als eine Variable bei der Erklärung des Spendenverhaltens nicht vernachlässigt werden darf, auch wenn sie uns manchmal, wenn es um das „common knowledge“ geht, als trivial erscheinen.

Eine zentrale Rolle bei der Verbreitung von relevantem Wissen auf dem Spendenmarkt spielen in gegenwärtigen Gesellschaften die Massenmedien (vgl. Lingelbach und Wenzel / Scholz in diesem Band). Diese lösen das Informationsproblem der Spender, indem sie auf kostengünstige Weise Informationen über den Spendenmarkt bereitstellen. Damit wird im Prinzip eine höhere Markttransparenz hergestellt, was vor allem Breidenbach anhand der Möglichkeiten des Internets verdeutlicht (in diesem Band), wobei allerdings die Spender die Vielzahl von Informationen insgesamt wiederum nur unter relativ hohen Kosten wahrnehmen können. Aus Gründen der Kostenminimierung werden sich daher viele potenzielle Spender über mögliche Ziele des Spendens lediglich anhand der in den Massenmedien besonders präsenten Organisationen, Katastrophen und Hilfsprojekte informieren (Wenzel / Scholz in diesem Band). Nach Breidenbach werden hier auch die neuen Medien eine breitere Bereitstellung von Informationen gewährleisten können, sie werden aber vermutlich nicht dazu führen, dass Personen systematisch mehr Zeit und Ressourcen in die Informationssuche investieren werden. Die Selektivität der Medienberichterstattung wird also weiterhin dazu führen, dass eine gewisse Konzentration der Spendenaktivität auf wenige, stark in den Massenmedien präsente Katastrophen zu finden sein wird.[5] Freilich darf neben diesem Fokus auf die Massenmedien auch nicht unterschätzt werden, dass auch die Spendenorganisationen selbst durch Werbung in unterschiedlichster Form (Kampagnen und Direktansprache der potenziellen Spender) Informationen verbreiten und zur Verfügung stellen können. Gerade wenn es um das handlungsrelevante Wissen potenzieller Spender über die Glaubwürdigkeit und Effektivität der möglichen Spendenorganisationen geht, spielen auch institutionelle Selbstverpflichtungen hinsichtlich der Transparenz bei der Rechnungslegung (vgl. Busse in diesem Band), systematische

5 Aus meiner Sicht sollte man hier von einer Selektivität und nicht von einer Verzerrung durch die Medien sprechen. Diese sind angesichts der Vielzahl von potenziell berichtenswerten Ereignissen zu einer Auswahl gezwungen. Dabei orientieren sich die Auswahlkriterien der Massenmedien (Nachrichtenwerte) durchaus an ähnlichen Kriterien wie ihre Nutzer (Eilders 1997).

Evaluations- und Ratingverfahren durch Drittakteure (z. B. Deutsches Zentralinstitut für soziale Fragen) oder auch die Regulierung durch politische Akteure eine wichtige Rolle (vgl. Lingelbach in diesem Band).

Es wurde deutlich, dass die Verbreitung von Wissen und Informationen eine zentrale Grundlage für die Erklärung der Spendenbereitschaft – insbesondere für die Erklärung der Spenden an bestimmte Organisationen und für bestimmte Zwecke – darstellt. Die Erklärung lässt sich theoretisch konsistent an das oben entwickelte Modell des Handelns anschließen. Darüber hinaus lassen sich auf dieser Grundlage auch noch zwei makrosoziologische Erweiterungen anführen. Erstens verweisen die bisherigen Ausführungen auch auf die Aktivitäten von Spendenorganisationen und Organisationen der Massenmedien, die spezifische Informationen und Wissensgehalte verbreiten und deren Verhalten und Informationsstrategien selbst wiederum einer soziologischen Erklärung bedürfen, die freilich an dieser Stelle nicht geleistet werden kann (vgl. Haibach in diesem Band). Zweitens hat aber die Suche nach Informationen eine sozialstrukturelle Grundlage. In unterschiedlichen sozialen Gruppen und sozialen Milieus finden sich deutliche Divergenzen in der Nutzung von Massenmedien und der Rezeption von Information. Dies kann einerseits bei der Erklärung von sozialstrukturell bedingtem Spendenverhalten berücksichtigt werden, es kann aber auch von Seiten der Spendenorganisationen genutzt werden, um spezifische Strategien der Informationsverbreitung zu kreieren und zu verfolgen (vgl. Haibach in diesem Band). Insofern wird deutlich, dass die Berücksichtigung von Überzeugungen bei der Handlungserklärung nicht nur zu einer besseren Erklärung individueller Entscheidungen führt, sondern auch gewinnbringend mit makrosoziologischen Überlegungen verknüpft werden kann.

Handlungsrestriktionen und Ressourcen

Die Handlungsmöglichkeiten der Akteure sind eine offensichtliche und relevante Größe bei der Erklärung von prosozialem Handeln im Allgemeinen und Spenden im Besonderen. Dabei sollen an dieser Stelle vor allem zwei Punkte hervorgehoben werden. Die Handlungsmöglichkeiten von Akteuren sind einerseits durch externe Restriktionen beschränkt, die kurzfristig durch die Akteure nicht verändert werden können und die auch nicht unter ihrer Kontrolle stehen. Andererseits sind Handlungsmöglichkeiten aber auch durch die Ressourcen eingeschränkt, die unter der Kontrolle der Akteure stehen und von diesen für prosoziales Handeln eingesetzt werden können oder nicht. Aus dem klassischen Modell des Homo Oeconomicus lassen sich an dieser Stelle zwei Prognosen über die Verwendung von Ressourcen ableiten: Erstens würde ein strikt eigennutzorientierter Akteur niemals ökonomische Leistungen ohne äquivalente Gegenleistung erbringen, also Ressourcen nicht für Spenden einsetzen. Zweitens kann man aber davon ausgehen, dass bei einer Verringerung der Kosten für das Spendenverhalten auch ein Zuwachs an Spenden eintreten sollte. Insofern sollte aus einer strikt ökonomischen Perspektive die steuerliche Absetzbarkeit von Spenden auch die Spendenbereitschaft erhöhen (vgl. Priller/Sommerfeld 2005). Dafür liegt auch empirische Evidenz vor, die allerdings in den Wirtschaftswissenschaften heftig diskutiert wird (Auten/Sieg/Clotfelter 2002). Darüber hinaus sollte auch die Ausstattung mit Ressourcen die Bereitschaft zum Spenden steigern. Dies konnte in der empirischen Forschung nachdrücklich demonstriert werden (vgl. Priller/Sommerfeld 2005). Freilich zeigt sich dies im Beitrag von Sunderer (in diesem Band) nicht: Das Einkommen der befragten Personen hat keinen Einfluss auf den Kauf fair gehandelter Produkte. Allerdings hat Sunderer auch nur untersucht, ob Personen überhaupt schon einmal fair gehandelte Produkte erworben haben, also ein Verhalten mit recht niedrigen zusätzlichen Kosten. Vermutlich sähen die Ergebnisse beim regelmäßigen Kauf von Fair Trade Produkten anders aus. Dagegen können Priller/Schupp in ihrem Beitrag (in diesem Band) zeigen, dass Spender häufig genau die Spenden tätigen, die ihnen vor dem Hintergrund ihrer Ressourcenausstattung leichter fallen: Während also ältere Personen eher Geld spenden, spenden jüngere Menschen eher Blut.

Neben der Ausstattung von Akteuren mit Ressourcen schränken aber vor allem externe Handlungsrestriktionen die Spendenmöglichkeiten für Personen ein. So kann Lingelbach in ihrem Beitrag plastisch demonstrieren, dass die staatliche Regulierung des Spendenmarktes in Deutschland bis in die 1950er Jahre hinein die Möglichkeiten des Spendens und der Tätigkeit von wohltätigen Organisationen stark begrenzte (in diesem Band, Lingelbach 2007). Vor allem im Beitrag von Sunderer (in diesem Band) wird zudem deutlich, dass selbst beim Kauf von fair gehandelten Produkten die subjektive Wahrnehmung der Verfügbarkeit dieser Waren in den bevorzugten Einzelhandelsgeschäften der Befragten einen deutlichen Einfluss auf die Nachfrage nach diesen ausübt. Damit zeigt sich sehr klar, dass bei der Analyse des Entscheidungsverhaltens von potenziellen Spendern auch immer der soziale Kontext und insbesondere die in diesem Kontext verfügbaren Handlungsrestriktionen berücksichtigt werden müssen. Dies gilt nicht nur für das objektiv vorhandene Angebot an fair gehandelten Gütern oder Spendenmöglichkeiten, sondern auch für die Struktur sozialer Netzwerke und von Organisationen, die in manchen Fällen bestimmte Spender erreichen und ansprechen können, während in anderen sozialen Kontexten potenzielle Spender gar nicht erst erreicht werden. Dies wurde für soziale Bewegungen und Proteste in einer bahnbrechenden Studie von Klandermans und Oegema (1987) gezeigt, die nachweisen konnten, dass die alleinige Unterstützung des Bewegungsziels nicht für die Mobilisierung zu einer Demonstrationsteilnahme ausreicht, sondern dass die Ansprache durch die Organisation und die Einbettung in spezifische soziale Netzwerke von zentraler Bedeutung für die tatsächliche Teilnahme an sozialen Protesten sind. Für den Fall des Blutspendens in Europa hat Healy (2000) dies nachdrücklich demonstriert, indem er gezeigt hat, dass mit der jeweiligen nationalen Organisation des Blutspendewesens in Europa deutlich unterschiedliche Gruppen in der Bevölkerung erreicht werden. Diese Forschungsergebnisse verdeutlichen, dass auch bei der Analyse von prosozialem Verhalten und von Spenden der Blick auf makrosoziale Strukturen nicht außer Acht gelassen werden darf. Daher bedarf es auch in diesen Bereich international vergleichender und historischer Forschung um die Relevanz der unterschiedlichen Handlungsrestriktionen in verschiedenen räumlichen und zeitlichen Kontexten zu bestimmen. Als wegweisend können hier Versuche betrachtet werden, die diese makrosozialen Kontexte im Zusammenhang mit Mikrodaten über die tatsächliche Bereitschaft zu prosozialem Verhalten untersuchen (vgl. Koos 2009).

Fazit

Es soll deutlich geworden sein, dass prosoziales Handeln im Allgemeinen und Spenden im Besonderen nur aus einer interdisziplinären Perspektive erklärt werden können, wobei die verschiedenen Disziplinen unterschiedliche Bausteine für ein integriertes Erklärungsmodell liefern. Kann die Evolutionsbiologie vor allem die spezifischen biologischen Bedingungen menschlichen Handelns und ihre evolutionäre Herkunft erklären, so wendet sich die Ökonomie vor allem der Relevanz ökonomischer Anreize zu. Die Psychologie kann vor allem das Zusammenspiel von spezifischen Einstellungen und Persönlichkeitsmerkmalen, Empathie und affektiven Zuständen bei der Entscheidung für prosoziales Handeln aufklären, während die Soziologie insbesondere soziale und moralische Anreize einerseits, die nichtmonetären Handlungsrestriktionen andererseits in den Vordergrund stellt. Nur aus der Integration dieser unterschiedlichen Ecksteine kann ein erklärungskräftiges Modell des Spendenverhaltens resultieren, das auch berücksichtigen kann, dass verschiedene Personen aus ganz unterschiedlichen Motiven zu einer Spende bereit sind. Auch die Soziologie wäre gut beraten, sich an der Ausarbeitung eines solchen differenzierten und strikt an Kriterien der theoretischen und empirischen Erklärungskraft orientierten Modells zu beteiligen, das Grundlage für ein kumulatives Forschungsprogramm werden könnte. Ein primärer Fokus auf holistische Konzepte und die abermalige Diskussion von soziologischen Klassikern wird die Soziologie nur weiter gegenüber den erklärenden Wissenschaften wie der Evolutionsbiologie, der Ökonomie und der Psychologie zurückfallen lassen.

Ein systematisches Modell der individuellen Spendenentscheidung, das aus den hier angesprochenen, interdisziplinär entwickelten Ecksteinen bestünde, könnte auch zur Grundlage für eine soziologische Verknüpfung von individuellen Entscheidungen und Handeln einerseits und strukturellen Bedingungen andererseits in diesem Forschungsfeld werden. Dies hat sich in dieser Bilanz vor allem in zwei Hinsichten gezeigt: Einerseits wurde deutlich, dass spezifische Motive des Handelns und bestimmte Formen der Informationssuche stark von der Einbettung in soziale Milieus und von sozialstrukturellen Positionen abhängen. Die Soziologie kann hier also eine ihrer klassischen Stärken ausspielen, indem sie demonstriert, dass Spenden kein Phänomen ist, das in der Bevölkerung gleich verteilt ist, sondern in starkem Maße durch sozialstrukturelle Bedingungen geprägt ist (Priller/Sommerfeld 2005), die dann wiederum die Motive und Überzeugungen von Akteuren bedingen. Andererseits wurde ersichtlich, dass die räumlich und zeitlich variierenden sozialen Kontexte des Spendens mit deutlichen Unterschieden in den Handlungsrestriktionen einhergehen. Die Bedeutung dieser Bedingung von prosozialem Handeln ist bisher nur in Ansätzen erforscht und daher sollte die international vergleichende und historisch-längsschnittliche Analyse dieser Kontexte einen Schwerpunkt in der zukünftigen Erforschung des Spendenverhaltens darstellen. Aber nur wenn die Soziologie in ihren theoretischen Konzepten und in den Ergebnissen dieser Forschung eine Verknüpfung mit dem oben skizzierten interdisziplinären und differenzierten Erklärungsmodell des individuellen Handelns herstellt, wird sie systematisch zum kumulativen Wissensfortschritt im Forschungsfeld des prosozialen Handelns beitragen.

Literatur

Ajzen, Icek / Martin Fishbein (1980): Understanding Attitudes and Predicting Behavior. Englewood Cliffs: Prentice Hall.

Auten, Gerald E. / Sieg, Holger / Charles T. Clotfelter (2002): Charitable Giving, Income, and Taxes: An Analysis of Panel Data. American Economic Review 92, S. 371-382.

Bierhoff, Hans-Werner (2007): Prosoziales Verhalten. In: Klaus Jonas, Wolfgang Stroebe und Miles Hewstone (Hg.): Sozialpsychologie. Berlin: Springer.

Bird, Rebecca Bliege / Eric Alden Smith (2005): Signaling Theory, Strategic Interaction and Symbolic Capital. Current Anthropology 46, S. 221-248.

Diekmann, Andreas (2009): Spieltheorie. Einführung, Beispiele, Experimente. Reinbek: Rowohlt.

Eilders, Christiane (1997): Nachrichtenfaktoren und Rezeption. Opladen: Westdeutscher Verlag.

Fehr, Ernst / Urs Fischbacher (2003): The Nature of Human Altruism. Nature 425, S. 785-791.

Fetchenhauer, Detlef / Hans-Werner Bierhoff (2004): Altruismus aus evolutionstheoretischer Perspektive. Zeitschrift für Sozialpsychologie 35, S. 131-144.

Gibson, James L. (1997): Mass Opposition to the Soviet Putsch August 1991. Collective Action, Rational Choice, and Democratic Values in the Former Soviet Union. American Political Science Review 91, S. 671-684.

Gintis, Herbert (2003): Solving the Puzzle of Prosociality. Rationality and Society 1, S. 155-187.

Healy, Kieran (2000): Embedded Altruism: Blood Collection Regimes and the European Union's Donor Population. American Journal of Sociology 105, S. 1633-1657.

Hedström, Peter (2005): Dissecting the Social. On the Principles of Analytical Sociology. Cambridge: Cambridge University Press.

Henrich, Joseph et al. (2005): "Economic Man" in Cross-Cultural Perspective: Behavioral Experiments in 15 Small-Scale Societies. Behavioral and Brain Sciences 28, S. 795-815.

Jensen, K. / Call, Josep / Michael Tomasello (2007): Chimpanzees are Rational Maximizers in an Ultimatum Game. Science 318, S. 107-109.

Klandermans, Bert/Dirk Oegema (1987): Potentials, Networks, Motivations and Barriers. Steps towards Participation in Social Movements. American Sociological Review 52, S. 519-531.

Koos, Sebastian (2009): The Moral Economy of Consumption in Europe. A Multilevel Analysis of Political Consumption Behaviour in 19 European Countries. Vortrag auf der Tagung: Die Ökononie des Konsums – der Konsum der Ökonomie. Berlin, November 2009.

Kroneberg, Clemens (2010 im Erscheinen): Das Modell der Frameselektion. Wiesbaden: VS.

Lee, Lichang/Piliavin, Jane Allyn/Vaughn, R. A. Call (1999): Giving Time, Money, and Blood: Similarities and Differences. Social Psychology Quarterly 62, S. 276-290.

Lingelbach, Gabriele (2007): Die Entwicklung des Spendenmarktes in der Bundesrepublik Deutschland. Von der staatlichen Regulierung zur medialen Lenkung. Geschichte und Gesellschaft 33, S. 127-157.

Miller, Greg (2005): Reflection on Another's Mind. Science 308, S. 945-947.

Monroe, Kristen Renwick (1994): A Fat Lady in a Corset: Altruism and Social Theory. American Journal of Political Science 38, S. 861-893.

Opp, Karl-Dieter (1999): Contending Conceptions of the Theory of Rational Action. Journal of Theoretical Politics 11, S. 171-202.

Opp, Karl-Dieter/Christiane Gern (1993): Dissident Groups, Personal Networks, And Spontaneous Cooperation. The East German Revolution of 1989. American Sociological Review, 58, S. 659-680.

Piliavin, Jane Allyn (2004): The Sociology of Altruism and Self-Interest. In Paul M. Baltes und Neil Smelser (Hg.): International Encyclopedia of the Social & Behavioral Sciences. Elsevier: Asterdam, S. 411-415.

Priller, Eckhard/Jana Sommerfeld (2005): Wer spendet in Deutschland? Eine sozialstrukturelle Analyse. WZB Discussion Paper SP I 2005-202.

Radtke, Katrin (2007): Ein Trend zu transnationaler Solidarität? Die Entwicklung des Spendenaufkommens für die Not- und Entwicklungshilfe. WZB Discussion Paper SP IV 2007-304.

Rössel, Jörg (2005): Plurale Sozialstrukturanalyse. Eine Rekonstruktion der Grundbegriffe der Sozialstrukturanalyse. Wiesbaden: VS.

Thome, Helmut/Christoph Birkel (2007): Sozialer Wandel und Gewaltkriminalität. Deutschland, England und Schweden im Vergleich, 1950-2000. Wiesbaden: VS.

Tomasello, Michael/Carpenter, M./Call, Josep/Behne, T./H. Moll (2005): Understanding and Sharing Intentions: The Origins of Cultural Cognitions. Behavioral and Brain Sciences 28, S. 1-17.

Van Lange, Paul A. M./Otten, Wilma/De Bruin, Ellen M. N./Jeffrey A. Joireman (1997): Development of Prosocial, Individualistic and Competitive Orientations: Theory and Preliminary Evidence. Journal of Personality and Social Psychology 73, S. 733-746.

Varese, Federico/Meir Yaish (2000): The Importance of Being Asked. The Rescue of Jews in Nazi Europe. Rationality and Society 12, S. 307- 334.

Wilson, John (2000): Volunteering. Annual Review of Sociology 26, S. 215-240.

Die Institutionalisierung und Sakralisierung des Gebens: Ein kultursoziologischer Blick auf das Stiften und Spenden

von Frank Adloff

Pro-soziales, altruistisches oder philanthropisches Handeln ist in den letzten Jahren stark in Öffentlichkeit und Wissenschaft diskutiert worden. Dabei stehen uneigennützige Handlungsformen im Zentrum, bei denen ein Akteur A einem anderen Akteur B etwas unentgeltlich gibt. An dieser Stelle ist es vorab wichtig, zwischen drei Formen des Gebens zu unterscheiden, nämlich zwischen Philanthropie, Spenden und Stiften. Philanthropie wird – hier schließe ich mich angloamerikanischen Forschungstraditionen an – als Oberbegriff für alle Formen des Gebens über den engen Familienkreis hinaus verstanden, Spenden sind hingegen enger gefasst. Sie bezeichnen einen „Transfer von Geld, Sachen und Leistungen für gemeinwohlorientierte Zwecke" (Priller/Sommerfeld 2005: 9). Dieser Transfer ist freiwillig und erfolgt ohne äquivalente materielle Gegenleistungen. Dabei geht die Spende meistens nicht mehr direkt an die Bedürftigen, sondern wird von gemeinnützigen Mittlerorganisationen gesammelt und weitergeleitet. Stiften ist hingegen als ein Akt der Institutionengründung aufzufassen: Die Stiftung ist ein spezifisches Rechtsinstitut, bei dem es idealtypisch darum geht, ein Vermögen, das in der Regel nicht geschmälert werden darf, dauerhaft der Verwirklichung eines Stifterwillens zu widmen. Bei einer gemeinnützigen Stiftung muss der vom Stifter festgelegte und über seinen Tod hinaus zu verwirklichende Zweck den Kriterien der Gemeinwohlorientierung genügen.

In diesem Beitrag geht es darum, eine theoretische Perspektive auf das Phänomen institutionalisierten Gebens in modernen Gesellschaften zu eröffnen, die es zum einen erlaubt, das philanthropische Geben jenseits von Utilitarismus und Normativismus zu denken. Zum anderen werden handlungstheoretische Überlegungen zum Akt des Gebens mit institutionentheoretischen zur Ebene sozialer Ordnung verknüpft: So wird vorgeschlagen, Marcel Mauss' Theorie der Gabe als sozialtheoretische Grundlage zur Erklärung philanthropischer Handlungsmuster zu nutzen. Mikrosoziologische Perspektiven werden sodann mit institutionentheoretischen zusammengeführt, da nur so die Dauerhaftigkeit und Geronnenheit von Stiftungen als Institutionen des Gebens analysiert werden können. Ihre charismatische Aufladung erklärt auch ihre herausgehobene Stellung in zeitgenössischen Diskursen: Ihnen wird so eine quasisakrale Geltung zugebilligt.

Interaktionismus: ein Mikromodell philanthropischen Handelns

Die sozialtheoretische Diskussion des Phänomens des Spendens und Stiftens – allgemeiner: auf das Geben – profitiert von der Reflexion auf einen klassischen Referenzpunkt sowohl der Anthropologie als auch der Soziologie, nämlich auf die Theorie der Gabe von Marcel Mauss (1968 [1925]). Der archaische Gabentausch stellt nach Marcel Mauss ein System totaler Leistungen *(prestations totales)* dar: Geben, Nehmen und Erwidern sind die kollektiven Basisaktivitäten, durch die sich archaische Gesellschaften reproduzieren. Mauss betont, dass die beziehungsstiftende, wechselseitige Präsentation von Gaben zugleich auf der Freiwilligkeit und der Pflicht des Gebens, Nehmens und Zurückgebens beruht. Mauss hat neben dieser Verkettung von Gaben zu Reziprozitätsarrangements noch auf ein weiteres Phänomen des Gabentauschs in archaischen Gesellschaften hingewiesen: Die Gabe beziehungsweise der gegebene Gegenstand wird dort zumeist nicht von der Identität des Gebers abgekoppelt.

Diese hier nur angedeuteten Grundüberlegungen zur Gabe, die auf einem Zyklus der Wechselseitigkeit beruht (vgl. Adloff/Mau 2005), können auf das konkrete Feld des Spendens und Stiftens übertragen werden. Dabei lässt sich insbesondere an die theoretischen wie empirischen Arbeiten von Paul Schervish und Wojciech Sokolowski anknüpfen. Auf der Basis mehrerer empirischer Untersuchungen hat Paul G. Schervish (Schervish 2000; Schervish/Havens 1997, 2002) bspw. ein Interaktions- und Identifikationsmodell des Spendens entwickelt. Dieses Identifikationsmodell beruht auf der zunächst trivial anmutenden Einsicht, dass Spender und Stifter sich häufig mit anderen Menschen verbunden sehen. Entweder fühlen sie sich kognitiv-ideologisch und emotional bestimmten Gruppen verbunden und verpflichtet, oder aber sie sind praktisch in formelle und informelle Netzwerke eingebunden. Das Spendenverhalten – so zeigen alle empirischen Untersuchungen (vgl. Priller/Sommerfeld 2005) – ist offenbar aufs Engste sowohl mit der Partizipation in bürgerschaftlichen Netzwerken und (insbesondere religiösen) Organisationen als auch mit informellen Hilfsaktivitäten im eher privaten Bereich verknüpft (Schervish/Havens 1997: 247).

In einer multivariaten Analyse von Daten zum Spendenverhalten in den USA testete Schervish vier relationale Variablen: die Partizipation in Gemeinschaften und Netzwerken, Wertbindungen, das direkte Erbitten von Spenden und schließlich Vorbilder und Sozialisationserfahrungen (ebd.: 241). Selbstverständlich müssen Spender über disponible Ressourcen als Voraussetzung verfügen. Der stärkste Prädiktor für das Tätigen von Spenden bestand aus Variablen aus dem Bereich der Partizipation in Netzwerken und Gemeinschaften, und dabei besonders der Partizipation in religiösen Gruppen. Jugenderfahrungen und Werthaltungen haben eher einen indirekten Effekt, der sich auf die Bereitschaft auswirkt, sich zu engagieren und in Netzwerken aktiv zu sein. Darüber hinaus wurde bestätigt, dass es entscheidend ist, ob potenzielle Spender direkt um eine Spende gebeten werden. Die Einbindung in assoziative Netzwerke bezeugt also schon zum einen den Willen, sich zu engagieren, zum anderen erzeugt sie die Verpflichtung zum Engagement – auch in Form der Spende (ebd.: 257). „Taken together, our conclusion is that charitable giving derives from forging an associational and psychological connection between donors and recipients" (Schervish 2000: 10).

Offenbar hängt die Bereitschaft, zu spenden und sich für andere zu engagieren, an der Einbindung in Netzwerke von *face-to-face*-Beziehungen des Gebens und Nehmens, die eine Identifikation mit den Interessen, den Bedürfnissen und dem Leiden anderer gestatten: „Charitable giving derives from identification, identification derives from encounter, encounter derives from relationship, and relationship derives from participation“ (Schervish/Havens 1997: 240). Aus der Identifikation mit anderen erwächst das Gefühl einer inneren Verpflichtung, zu helfen beziehungsweise zu spenden. Diese innere Verpflichtung kann als offene Schuld gegenüber anderen interpretiert werden – als die empfundene Verpflichtung, etwas erwidern zu sollen und zu wollen. Aus der Identifikation mit anderen – George Herbert Mead spricht von der Rollenübernahme, also der Fähigkeit, sich in den Anderen hineinzuversetzen – entsteht das Gefühl der Verpflichtung: Man spricht gleichsam mit der Stimme des Gläubigers zu sich selbst (Mead 1980: 402) und identifiziert sich mit den Interessen oder Bedürfnissen des anderen. Aus diesen Bezügen der sozialen Verbindung, Identifikation und reziproken Rollenübernahme entsteht Philanthropie „as the social relation in which one feels obligated to extend one's self-interest to include meeting the need of others“ (Schervish 1998: 602).

Die Fähigkeit zur Rollenübernahme und die daraus erwachsenden Verpflichtungsgefühle entstehen in Interaktionskontexten, und zwar zuallererst in sozialen Nahbeziehungen der Familie, Freundschaft und Gemeinschaft, wo Prozesse permanenten Gebens und Nehmens eingeübt werden. In diesen Kontexten des täglichen Miteinanders und der Fürsorge wird die Fähigkeit erlernt, sich mit dem Schicksal anderer zu identifizieren und für sie zu sorgen. In unserem Alltag stellt sich weniger die Alternative, entweder Hilfe zu leisten oder seinen Eigeninteressen zu folgen; eher muss man zwischen verschiedenen Formen der Hilfeleistung wählen (*care* nach Schervish/Havens 2002: 50f.). Bleibt sie auf den sozialen Nahbereich beschränkt oder wird sie auf größere soziale Kontexte ausgedehnt?

Greift man die momentan gängige Terminologie auf, könnte man auch sagen, dass offenbar diejenigen eher spenden, die über mehr Sozialkapital (vgl. Putnam 2000) verfügen. Es wäre jedoch naiv anzunehmen, dass Interaktionsbeziehungen automatisch zur Verlängerung der Rollenübernahme in dem Sinne führen, dass an Fremde gespendet wird, zu denen zunächst gar keine Bezüge bestehen. Die Spende an Fremde erfolgt in der Regel erst, wenn es gelingt, eine gedachte soziale Beziehung zu Entfernten – etwa Hungernden oder Katastrophenopfern – herzustellen (vgl. Godbout 1998). Die meisten Spenden sind zunächst einmal relativ selbstbezüglich, indem sie den Organisationen nützen, in die man direkt involviert ist. Es geht also nicht nur ums Geben, sondern auch ums Nehmen, um Verhältnisse mehr oder weniger stark generalisierter Reziprozität (siehe Sahlins 2005).

Spenden an Religionsgemeinschaften, Schulen oder Kulturinstitutionen haben z.B. eine konsumtive Seite, indem Organisationen unterstützt werden, die dem Spender direkten Nutzen bringen (Schervish/Ostrander 1990: 78). Wie Daten vornehmlich aus den USA belegen (ebd.), sind es vor allem Vermögende, die eher selbstbezüglich „ihren“ Bildungseinrichtungen großzügige Spenden zukommen lassen. Stärker vermittelt und nicht unmittelbar auf Reziprozitätserwartungen beruhend sind dagegen Spenden an Mittlerorganisationen, die die Spende an sozial entfernte Gruppen weiterreichen. Dabei können die Strategien der spendensammelnden Organisationen sehr unterschiedlich ausfallen: So mögen sie vielleicht einen kleinen Stamm an potenten Spendern an sich binden und diesen pflegen oder aber die Strategie verfolgen, über ihren renommierten Namen einen Vertrauensvorschuss zu generieren und möglichst viele Spender zu mobilisieren. Schließlich, so stellen Schervish und Ostrander heraus (1990: 82ff.), können rollenadäquate Spenden zum Beispiel im Rahmen von Berufsorganisationen erwartet oder statusangemessene öffentlich inszenierte Spenden getätigt werden, um die eigene Position etwa auf einer Spendengala darzustellen und zu legitimieren. Auf diese Weise drückt die Spende nicht selten eine gesellschaftliche Stellung beziehungsweise soziale Hierarchie aus und schützt diese.

Zwar ist die moderne Spende nicht selten eine Spende an Fremde, denn es besteht keine direkte Beziehung zwischen Geber und Empfänger,[1] und die Erwartung einer unmittelbaren Erwiderung wird damit hinfällig, dennoch können dabei *indirekte* Reziprozitätsketten in Gang gesetzt werden. Nicht der Empfänger der Gabe, sondern ein Dritter erwidert diese: etwa die *peers* innerhalb einer spendenden Elite. Man versucht, sich in seiner Spenden- und Stiftungsbereitschaft zu übertreffen, um Prestige innerhalb der eigenen Bezugsgruppe zu erlangen. Allgemeiner gesagt tritt die Gesellschaft als der Dritte in das Verhältnis zwischen Spender und Empfänger, Stiftung und Destinatär ein und konstituiert ein komplexes Wechselspiel von gegenseitiger Beobachtung und gezollter oder vorenthaltener Anerkennung (vgl. auch Kahlert 2008).[2]

Das Streben nach Status und Prestige kann sich natürlich auch über andere sozialkomparative Handlungsweisen verwirklichen; Stiften und Spenden stellen nur eine spezifische Form dar, die sich vor allem über den Gemeinwohlbezug Anerkennung verschafft. Andere Formen hat Thorstein Veblen in seiner klassischen Untersuchung *Theory of the Leisure Class* (1899; deutsch: *Theorie der feinen Leute,* 1997) vorgelegt. Die von ihm Ende des 19. Jahrhunderts analysierte amerikanische Oberschicht versuchte Prestige gegenüber den unter ihr liegenden Schichten aufzubauen, indem sie demonstrativ ihren Reichtum über unproduktiven Müßiggang und Luxuskonsum zur Schau stellte. Vergeudung und Verschwendung von Ressourcen sollen Dritte beeindrucken und Prestige garantieren (Veblen 1997: 93ff). Die Nähe zu den Arbeiten Georges Batailles – der sich wiederum in der Mauss'schen Tradition sieht – ist offenkundig: Bataille knüpft an Mauss' Gabentheorie an und radikalisiert den Potlatsch als soziales Grundprinzip. Neben den Prinzipien des Nutzens, der Produktion und Re-

1 Es werden allerdings über Organisationen vermittelte, indirekte Beziehungen mit imaginierten und häufig abstrakt bleibenden Gemeinschaften geschaffen (vgl. Silber 2001: 393; Calhoun 1999). Auf diesem Wege wird auch sozial distanzierten Gruppen – innerhalb oder außerhalb der Nation – eine vermittelte Anerkennung zuteil. Dass dies ein zutiefst modernes Phänomen ist, wird deutlich, wenn man sich in Erinnerung ruft, dass in vormodernen Gesellschaften generalisierte Reziprozitätsbeziehungen tendenziell nur im sozialen Nahbereich vorfindbar waren, während Beziehungen der Distanz eher dem Muster der balancierten oder negativen Reziprozität zuneigten (vgl. Sahlins 2005; Komter 2005: 197; Bellah 1999).

2 Volz und Kreuzer (2005: 22) führen ebenfalls aus, dass neben Geber und Empfänger häufig Vermittler (z. B. Fundraiser oder Nonprofit-Organisationen, die Spenden weiterreichen) oder indirekte Adressaten (wie die *peers* oder auch Gott bzw. Götter) als Dritte in die Gabenbeziehung eintreten.

produktion erklärt Bataille unproduktive Ausgaben (etwa in Form von Luxus, Krieg, Kulten, perverser Sexualität, Spielen usw.) zum Grundbestandteil menschlicher Aktivität, die er mit dem Begriff der „Verausgabung" belegt (Bataille 1985 [1967]). Diese steht dem Prinzip des ökonomischen Nutzens und der ausgeglichenen Zahlungsbilanz gegenüber und beruht auf Verlusten und Vergeudungen. Nur durch den Verlust an Gütern sind Ruhm und Ehre zu erlangen: Luxus und Verschwendung – Gaben, die nicht erwidert werden können – sind Ausdruck von Macht.[3] Ähnlich wie Veblen sieht Bataille in der Verausgabung der reichen Klassen auch in der Moderne noch Grundkomponenten des Potlatsch am Werke (vgl. auch Wenzel 2003). Sowohl Veblens als auch Batailles Überlegungen sind genuin moderne Theorieentwürfe, da sie auf den Punkt bringen, dass erst die Abschaffung der ständischen Barrieren dezidiert einen Raum für sozialen Vergleich und sozialkomparatives Handeln entstehen lässt (vgl. Nullmeier 2000), der zugleich soziale Identitäten in einem relationalen Sinne zu konstituieren vermag.

Selbst im Medium des gespendeten Geldes sind relationale Fragen persönlicher Bindung und Identität aufgehoben. Wahrscheinlich sind Fragen individueller und kollektiver Identität heutzutage stärker mit der Spende verbunden als je zuvor: Die Spende ist immer auch Ausdruck einer (dargestellten) Individualität und Personalisierung. Insbesondere für Eliten scheinen Spenden (und Stiftungen) Vehikel ihrer Identität zu sein – ein Mittel zur Selbstdefinition und Expression (Silber 1998: 143). In einer qualitativen Studie zur Kultur der Elitenphilanthropie in New York City findet Francie Ostrower (1995) diese These bestätigt. Die von ihr interviewten Eliten beschrieben die Philanthropie als eine distinkte, elitäre Kultur. Philanthropie ist – so Ostrower – einerseits Ausdruck einer Elitenkultur und -identität und zugleich Mittel zur Integration der philanthropischen Eliten. Bspw. sind ausgestellte Kunstwerke in Museen oder eingerichtete Lehrstühle an Universitäten als *tie-signs* zu deuten und sind als Beispiele für die damit verbundene Darstellung von Identitätsbindungen zu lesen.

Spendensammelnde Organisationen stellen sich in der Regel auf diese unterschiedlichen Beziehungen des Spenders zum Sinn und Zweck seiner Spende ein: Das heißt, es werden ihm unter Umständen moralische Gratifikationen genauso wie öffentliche Anerkennung oder Mitentscheidungsmöglichkeiten etwa im Rahmen von Beiratspositionen angeboten. Wenn also Interessen und Werthaltungen aller beteiligten Parteien *idealiter* zur Deckung kommen, steigt die Chance, dass eine Spende getätigt wird.

Ausrichtung und Umfang des Spendenverhaltens variieren dieser Perspektive nach also vor allem mit der Ausdehnung der praktisch-realen wie gedachten Einbindungen von Stiftern und Spendern in verschiedene soziale Kreise. „Mit welchen Gruppen identifiziere ich mich und fühle ich mich verbunden?", lautet die einfache Frage,

3 Sonja Vandenrath (2006: 206) überträgt dieses Modell auf das Verhältnis zwischen Mäzen und Künstler: Die originäre Gabe der schöpferischen Kunst kann per se nicht vom Mäzen erwidert werden, deshalb wartet der Mäzen teilweise auch vergeblich auf eine adäquate Gegengabe zu seiner Förderung, die er wiederum als die erste und nicht als eine reziprozierende Gabe empfindet.

auf die der Spender eine praktische Antwort gibt. *Ceteris paribus* gilt (vgl. Michalski 2003), dass Spenden und andere Unterstützungsleistungen eher zu den sozialen Kreisen fließen, die emotional, kulturell und normativ gesehen weniger weit von den Spendern entfernt sind als andere Gruppen. Bestimmte soziale Gruppen bleiben dabei allerdings eher vom Spenden- und Unterstützungsstrom abgeschnitten: „those who are less integrated, less intimate, less conventional, more culturally distant, more anonymous, and less respectable" (ebd.: 355).

Ein mögliches theoretisches Modell zur Erklärung von Spendenverhalten müsste also – so lassen sich die Überlegungen resümieren – auf interaktionistischen Annahmen sozialen Handelns aufbauen (vgl. Sokolowski 1996; Fine/Harrington 2004). Individuelle Einstellungen sind in solch einem Modell eher das Resultat als die Ursache von Handlungen, und auch das Spendenverhalten beziehungsweise die philanthropischen Einstellungen würden eher eine Konsequenz von Interaktionen in Netzwerken darstellen als deren Ursache. Soziale Bindungen und Interaktionen sind deshalb bessere Prädiktoren philanthropischen Engagements als individuelle Einstellungen (Sokolowski 1996: 273). Zwei Dimensionen sind hier jedoch zu unterscheiden: Es gilt erstens zu erklären, wie es zu der Entscheidung kommt, überhaupt an philanthropischen Aktivitäten zu partizipieren; in einem zweiten Schritt wäre zu benennen, welche Konsequenzen dann die Partizipationserfahrungen haben. Das Modell geht also davon aus, dass Handlungsmotive in Handlungskontexten überhaupt erst erzeugt werden oder, dass in ihnen eine Transformation von Motivlagen – ein *re-framing* – erfolgt. In konkreten Situationen stellen sich Herausforderungen und Problemlagen, auf die wir reflexiv reagieren; erst daraus erwachsen klar konturierte Pläne, Einstellungen und Motive (vgl. Joas 1992: 236f.).

Auf die Frage, warum Menschen beginnen, sich philanthropisch zu engagieren, antwortet Sokolowski (1996: 274), „because someone showed them the way to a socially worthy deed". Menschen partizipieren in sozialen Netzwerken des Engagements, weil sie entweder durch persönlich bekannte Menschen motiviert oder durch organisationelle Netzwerke rekrutiert und animiert wurden. Sind sie erst einmal engagiert oder allgemein in größere soziale Netzwerke eingebunden, verstärken sich die hierfür relevanten Einstellungen und Motivlagen. Aus diesem Grund ist die Basis jeglichen freiwilligen wie monetären Engagements die Einbindung von Individuen in Kleingruppen: seien dies Familien, Freundes- und Bekanntenkreise, Arbeits- oder Vereinskollegen. Kleingruppen bilden das strukturelle Fundament der Zivilgesellschaft, welches Opportunitäten des Zusammenhandelns, des altruistischen oder solidarischen Handelns bietet (Fine/Harrington 2004). Hier geht es um sozial-moralische Prägungen in einem weit verstandenen Sinne von Fürsorge und gegenseitiger Unterstützung, die den formativen Kern auch anderer zivilgesellschaftlicher Handlungsweisen bilden. In Gruppenprozessen werden Probleme als solche erst definiert, Handlungsverpflichtungen hergestellt und kollektive Definitionen überhaupt erst geschaffen. Sie bilden die Brücke zwischen dem Einzelnen, Organisationen, Teilkulturen, Nationen und nationenübergreifenden Beziehungen. Nicht der Einzelne, der einsam seine altruistischen Entscheidungen trifft, konstituiert Philanthropie, sondern in Gruppenprozessen des Gebens und Nehmens werden auf der Mikroebene bürgerschaftliche Identitäten kreiert, die bis in größere Zusammenhänge ausstrahlen können. Eine viel zu wenig untersuchte Frage betrifft dabei die Herstellung virtueller Gemeinschaften etwa vor dem Fernsehgerät oder mittlerweile interaktiver über das Internet. Es kann behauptet werden (vgl. Wenzel 2001), dass auch hier eine Protosozialität und Interaktionsordnung hergestellt wird, die gemeinsame Problemdefinitionen bereitstellt. Dies würde die mobilisierende Kraft des Fernsehens auf das Spendenverhalten im Zusammenhang mit Katastrophen erklären (vgl. Wenzel / Scholz in diesem Band).

Sodann ist natürlich zu beachten, dass soziale Beziehungen in institutionelle und organisationelle Umwelten eingebettet sind, die bestimmten normativen und kognitiven Interpretationen Vorschub leisten und auf die man, zum Beispiel je nach Bildungsniveau, unterschiedlich reagiert. Interaktionen, Gruppen und Organisationen kreieren mithin bürgerschaftlichen Altruismus und identifikatorische Wertbindungen. Ein Großteil der Varianzen im internationalen Vergleich des Spendenverhaltens ist auf dieses Feld der Organisation von Altruismus zurückzuführen (vgl. Healy 2000, 2004) und nicht auf unterschiedlich hohe Raten von Altruisten oder auf materielle Anreize über das Steuerrecht.

Zur Theorie der Institution

Nun fallen philanthropische Handlungsweisen nicht zufällig vom Himmel und verteilen sich auf Individuen, sondern sind in institutionalisierte Kontexte eingebunden. Insbesondere Stiftungen stellen Institutionen *par excellence* dar. Mit Karl-Siegbert Rehberg (1994: 56) lassen sich Institutionen allgemein als Sozialregulationen bezeichnen, in denen Prinzipien und Geltungsansprüche einer Ordnung, im Sinne einer dauerhaften Strukturierungsleistung sozialer Beziehungen, symbolisch zum Ausdruck gebracht werden. Diese Form der Stabilisierung von Orientierungen findet ihren Ausdruck in der Ausformulierung einer institutionellen Leitidee. Institutionen sind nach Rehberg (2002) somit symbolische Ordnungen, die sich über die symbolische Darstellung und Behauptung von Ordnungsprinzipien (Leitideen) stabilisieren. Sie strukturieren soziales Verhalten, indem sie es auf spezifische Wertvorstellungen beziehen – und auf diese Weise legitimieren sie die damit verbundenen Geltungsansprüche zugleich. Institutionen ziehen „Legitimitätsglauben“ auf sich und stellen sich als eine legitime Ordnung – „als vorbildlich oder verbindlich und also gelten sollend“ (Weber 1972: 16) – dar, an der sich soziale Akteure orientieren können und sollen.

Darüber hinaus bedürfen Wertvorstellungen und Geltungsansprüche zu ihrer Realisierung sowohl spezifischer Rationalitätskriterien, die die Leitideen für bestimmte Situationen handlungsrelevant werden lassen, als auch besonderer Mittel wie etwa einer Satzung und einer Führungsmacht (Hauriou 1965: 35ff.) beziehungsweise – mit Weber gesprochen – eines Verwaltungsstabs oder einer Organisation, die auf Mitgliedschaftsrollen beruht. Institutionen zeigen außerdem die Tendenz, sich zu autonomisieren: Es werden in ihnen regulierte „Welten“ mit eigenem Raum- und Zeitschema, mit Eigengeltung und Eigenwürde konstituiert. Spezifische Auffassungen von Ewigkeit und Dauer, Vergangenem und Gegenwärtigem, der Gleichzeitigkeit des weit zurückliegenden Gründungsakts werden entwickelt (Eigenzeit);[4] auch bauen Institutionen eine Eigengeschichte im Sinne einer „Entzeitlichung mit dem Ziel der Legitimitätserhöhung“ (Rehberg 2004: 3) auf. Dabei geht es um die Zurichtung der geschichtlichen Begebenheiten, um die Präsenz des „Immer-schon-so-Gewesenseins“, sodass dem Vergangenen im Sinne einer „institutionellen Theologie“ die Kontingenz genommen wird (Rehberg 2002: 53).

Je spezifischer eine Institution auf ein Rationalitätskriterium ausgerichtet und in der Lage ist, andere Verhaltensorientierungen auszugrenzen, umso rationalisierter ist sie (Lepsius 2003). Nicht alle Institutionen sind demnach gleich stark rationalisiert, und der Geltungsbereich und die Wirkungsreichweite institutionalisierter Handlungslogiken sind Gegenstand ständiger sozialer Auseinandersetzungen und eine Frage von gesellschaftlichen Machtdifferentialen. Institutionen unterscheiden sich danach, wie stark es ihnen gelingt, sich sinnhaft zu spezialisieren, also ihre Handlungsstandards zu homogenisieren und heterogene Standards auszugrenzen. Dies kann nie vollständig gelingen; häufig müssen schließlich divergente Anforderungen aufeinander abgestimmt werden.

Während Wirtschaftsunternehmen hauptsächlich über den Konkurrenzdruck genötigt werden, ihr Rationalitätskriterium der Rentabilität permanent in Anschlag zu bringen, verfolgen Stiftungen dagegen Leitideen nicht wegen des Konkurrenzdrucks, sondern durch die permanente Rückerinnerung an den Anfang, an den Stifterwillen und die in ihm ausgedrückte Leitidee. Stiften ist keineswegs als ein einseitiger, rein solitärer Akt der Eigentumsübertragung zu bestimmen, sondern es initiiert und verstetigt vielmehr soziale Beziehungen. Das Gemeinwohl als zentrale Leitidee wird in Stiftungen über den konkreten Akt der Stiftungsgründung und der Festlegung des Stiftungszwecks normiert und verhaltenswirksam umgesetzt.[5] Die Leitidee einer wertrationalen Gemeinwohlorientierung wird in Stiftungen demnach primär über die Handlungsmaxime eines zunächst einseitigen Gebens – das sich idealtypisch aus den

4 Strachwitz (2003: 60) sieht als ein Spezifikum von Stiftungen ihre „Vertikalität“ in der Zeit an, d. h. ihre Ausrichtung auf die Vergangenheit und Zukunft der Umsetzung des Stifterwillens. Hier wird dagegen betont, dass dieses Charakteristikum Institutionen insgesamt in einem mehr oder weniger starken Sinne zukommt, Institutionen generell also gleichsam ein Stiftungscharakter zueignet.

5 Insbesondere die historisch sich durchsetzende Trennung der Rechts- und Interessensphäre der Mitglieder von der besonderen Rechtssphäre der Stiftung als autonomer Verband garantiert dessen Freiheit, Aufgaben zu übernehmen, die jenseits selbstbezogener Verdienst- und Vermögensinteressen liegen. Der Stiftungszweck löst sich im Prozess der Institutionalisierung somit nicht nur vom Eigensinn des Stifters und wird in eine (gemeinnützige) Organisationsform transformiert, sondern er strukturiert und legitimiert darüber hinaus auch die soziale Beziehung zwischen der gebenden Institution und den jeweiligen Empfängern. Interessanterweise weist die Institution Stiftung stark wertrationale Bezüge auf und widerspricht damit Webers düsterer Zeitdiagnose, dass in der Moderne jegliche Wertrationalität zugunsten rein formaler Rationalität unterminiert werde (vgl. Kalberg 1980: 1174).

Erträgen eines Vermögens speist – konkretisiert, wobei der Stifter formal nicht mehr an diesem Prozess beteiligt ist.

Allerdings müssen weitere Faktoren hinzutreten, um einer Stiftung „Leben einzuhauchen" und sie dann auf Dauer zu stellen (vgl. Hatje 2006: 236ff.). Der Stiftungszweck muss hinreichend präzise formuliert sein, um nicht der Willkür Tür und Tor zu öffnen. Zugleich darf er nicht zu eng gefasst sein, damit er wechselnden Umständen angepasst werden kann. Die Stiftungsverwalter müssen, dies wurde schon erwähnt, sich dem Stiftungszweck unterwerfen, und historisch ist es denn auch der häufigste Fall, dass der Stifter Familienmitglieder und ihre Nachfahren in die Gremien beruft – da sie am Prestige der Stiftung direkt partizipieren, haben sie gleichsam ein natürliches Interesse, die Stiftung am Leben zu erhalten (vgl. Gersick 2004). Auch Repräsentanten von sehr dauerhaften Institutionen werden nicht selten mit einem Stiftungsamt betraut, etwa Kirchen- oder Staatsvertreter. Schließlich muss die Zwecksetzung des Stifters, die ja eine bestimmte Interaktionsstruktur normiert, von Außenstehenden Akzeptanz – besser noch: Anerkennung – finden, nämlich von den Destinatären und der breiteren Öffentlichkeit – zum Zeitpunkt der Gründung als auch Jahrzehnte später. Stifter müssen also aus kollektiven Sinnvorräten schöpfen, über die wenigstens ein minimaler Konsens besteht: „Dies hat nicht zuletzt Auswirkungen auf Vergabekriterien, Statuten, Hausordnungen usw., die bei Stiftungen ähnlicher Zielsetzung oft bemerkenswert ähnlich lauten und sich überdies im Laufe der Jahrhunderte nur sehr langsam verändern" (Hatje 2006: 237). Eine typische Tendenz besteht dann darin, den eigenen – zumeist gehoben-bürgerlichen – Wertehorizont auf andere soziale Kreise auszudehnen. Die Abhängigkeit der Stiftungen von der Akzeptanz der Öffentlichkeit sollte nicht zu gering eingeschätzt werden: Häufig ist die völlige Unabänderlichkeit und Ewigkeit der Zwecksetzung ein Mythos, und das Nachjustieren von Stiftungszwecken ist hingegen gängige Praxis von Stiftungsvorständen und Aufsichtsbehörden.

Die Institutionalisierung des Gebens und das Charisma der Stiftung

Was kann man nun genauer unter einer Stiftung verstehen? Obwohl es juristische Definitionsversuche[6] und Festlegungen gibt, was als Stiftung fungieren soll, sind Stiftungen in Deutschland empirisch betrachtet universelle Instrumente. Sie können einer Vielzahl von Zwecken dienen, sie tun die verschiedensten Dinge, und das jeweils mit den unterschiedlichsten Selbstverständnissen.

6 Zum Beispiel: „Die gemeinwohlfördernde rechtsfähige Stiftung privaten Rechts ist ein Rechtsinstitut, das kraft Rechtsform das Ausschüttungsverbot und die Bindung des Vermögens an den von den Gründern im Rahmen der Stifterfreiheit gesetzten Zweck grundsätzlich unabänderlich festlegt" (Richter 2001: 364). Ein sozialwissenschaftlicher, momentan recht einflussreicher Definitionsversuch stammt von Helmut Anheier (vgl. Anheier/Daly 2007), der m. E. aber zu eng gefasst ist: Anheier interessieren Stiftungen, die über ein Vermögen verfügen, privat sind, sich selbst verwalten, gemeinnützig sind und einem öffentlichem Zweck dienen.

Weiterführend ist ein Blick in die Vergangenheit (vgl. Strachwitz 2010: 28ff.): Denn in den mittelalterlichen Stiftungen durchdrangen sich Religion, Recht, Ökonomie und die Motive der Caritas. Ebenso wie beim Gabentausch – wie ihn Marcel Mauss beschrieben hat – steht dem Stiften die Pflicht einer Erwiderung in Form einer Gegengabe gegenüber: Stiftungen des Mittelalters dienten primär dem Seelenheil; Adressaten der Stiftung waren Gott und die Menschen, die Gebete und Memoria als Gegenleistung gaben. Offenbar dienten Stiftungen primär dazu, im Dies- wie im Jenseits nicht vergessen zu werden. Zentral ist bei der mittelalterlichen Stiftung die *Interaktion* zwischen Lebenden und Toten. So betont Ralf Lusiardi, dass nicht die Dauerhaftigkeit des Stiftungsgutes – also das Vermögen – zentral für die städtischen mittelalterlichen Stiftungen war, sondern die Dauerhaftigkeit der durch die Stiftung geschaffenen sozialen Beziehungen (Lusiardi 2000a: 51), sodass Stiftungen im Mittelalter einen hohen ordnungsbildenden Faktor darstellten.

Die Soziologie hat sich mit dieser spezifischen Institution und ihren ordnungsbildenden Leistungen bisher so gut wie gar nicht auseinandergesetzt. Dies mag mit der juristischen Engführung des Stiftungsbegriffs im 19. Jahrhundert zu tun haben. Hätte sich die Soziologie zu Beginn ihrer Etablierung als Fach weniger auf die damalig typischen Rechtsfiguren der Anstalt und des Vereins eingelassen, sondern in der Theoriebildung bei der Ubiquität der Stiftungen im Mittelalter angesetzt, hätte sie sehen können, dass ein weit gefasster Stiftungsbegriff historisch und gesellschaftsvergleichend gesehen eine große aufschließende Kraft besitzt (vgl. Rassem 1979). Das Mittelalter machte beispielsweise keinen scharfen Unterschied zwischen Stiftung und Korporation – so kann ein „Gegenstand“, der einem höheren Zweck gewidmet ist, oder eine Gemeinschaft wie die Ehe auch als eine Stiftung aufgefasst werden (ebd.: 179). Die Legitimation wird aus dem Zweck bezogen, der über sich selbst hinausweist, soziale Realität transzendiert und Ehrerbietung verlangt. Rassem (ebd.: 186) geht so weit zu behaupten, dass alles, „was man im sozialen Leben als Gestalt sehen kann – es sei je viel oder wenig – [...] Stiftungscharakter“ hat.

Zentral für eine Stiftung sind nach heutigem Verständnis also die dauerhafte Bindung an den Erhalt und die Verwendung des Vermögens, die Bindung an den Stifterwillen und dass die Organe nicht über das Vermögen verfügen – dies kann in unterschiedlichen Rechtsformen geschehen. Eine hieran – und an Mauss – anknüpfende soziologische Definition von Stiftung, die über rechtliche Kategorien hinausweist, könnte lauten: *Wenn eine Gabe eine soziale Beziehung kreiert und institutionalisiert, die vom Schenkenden maßgeblich definiert und strukturiert wird und nach dem Ableben des Schenkenden fortbesteht und immer wieder aktualisiert wird, handelt es sich um eine Stiftung.* Hier liegt die Betonung auf der gestifteten sozialen Beziehung und ihrer fortwährenden Reaktualisierung. Betont man dagegen den Herrschaftscharakter der von Stiftungen kreierten sozialen Beziehungen, bietet sich folgende Definition Michael Borgoltes an, der Webers berühmte Herrschaftsdefinition abwandelt: „Stiftung soll die Chance heißen, für Befehle bestimmten Inhalts *über den eigenen Tod hinaus* bei angebbaren Gruppen von Menschen Gehorsam zu finden“ (Borgolte 2000: 41).

Die Stiftung beruht mithin auf einer in der Satzung fixierten Willensbekundung des Gründers, die zu späteren Zeitpunkten von den Verwaltern der Stiftung re-interpretiert werden muss.[7] Sie privilegiert den Willen eines Menschen über seinen Tod hinaus und widerspricht damit dem für Rechtsordnungen in der Regel zentralen Grundsatz, dass „ein Wille nur so lange binden kann, wie sein Träger lebt" (Münkler 2007: 200).

Damit nicht genug: Eine Soziologie des Stiftens muss bereit sein, individuelles Handeln in einem engeren Sinne zu betrachten. Stiftungen sind, so könnte man idealtypisch formulieren, Institutionen aus einer Hand. Wenn man irgendwo institutionelle Unternehmer *par excellence* beobachten kann, dann in der Figur des Stifters. Stifter bewegen sich nicht nur wie die meisten anderen gesellschaftlichen Akteure in vorgefundenen institutionellen Kontexten, sie schaffen diese vielmehr, verfügen also über institutionenbildende Kapazitäten. Schervish (2006: 488) spricht aus diesem Grund von Stiftern auch als *hyperagents:* „they are capable of forming rather than just working within institutional settings". Man findet hier also die Figur des „institutional entrepreneur", auf dessen Suche sich in den letzten Jahren der soziologische Neo-Institutionalismus gemacht hat (vgl. Beckert 1999) und der in Analogie zum Schumpeter'schen Unternehmer und dessen kreativer Zerstörungs- und Schöpfungsfähigkeiten betrachtet wird. Das Besondere an wohlhabenden Stiftungs- und damit Institutionengründern ist ihre Handlungsautonomie, die es ihnen ermöglicht, eine Vielzahl an Problemen kollektiven Handelns zu umgehen. Neben das allgemeine Problem, dass viele soziale Gruppen relativ ressourcenschwach sind und damit nur eine schwache Artikulations-, Organisations-, Mobilisierungs- und Durchsetzungsfähigkeit ihrer Anliegen haben (von Winter/Willems 2000), treten Probleme der kollektiven Handlungskoordination – insbesondere dann, wenn es sich um freiwillige Zusammenschlüsse handelt. Motivationsprobleme oder Trittbrettfahren sind hier zu erwarten. Stiftungen entgehen dieser Schwierigkeit entweder dadurch, dass die Gremienmitgliedschaft selektive Anreize beispielsweise in Form von Ehre und Status liefert, oder hauptamtliche Kräfte werden für ihre Tätigkeit bezahlt. Schwache Gruppen oder organisatorische Zusammenschlüsse wie Vereine können dagegen kaum hauptamtliches Personal bezahlen und verfügen aufgrund niedrigerer Statusanreize auch nur über schwächere Anreize für Beitritts- und Verbleibemotive (ebd.: 18).

Die dauerhafte Verpflichtung zur Rückbesinnung, zur Bindung an den Stifterwillen und die damit einhergehende Interaktion zwischen Gegenwart, erwarteter Zukunft und Vergangenheit, die auf die kreative Fortschreibung des Willens drängt, scheinen ein entscheidendes Kriterium für Stiftungen zu sein, das sie im Übrigen auch

7 Zum Paradox der Neugründung einer Ordnung, die Anspruch auf fortdauernde Geltung erhebt, vgl. Vorländer (2002). Das Paradox besteht darin, dass die neue Ordnung Kontinuität stiften will, aber auf Diskontinuität gegenüber der alten Ordnung beruht. Deshalb wird nicht selten die Legitimität der Neugründung auf ein transzendentes Absolutes bezogen. Dennoch bedürfen die Gründungsprinzipien (einer Verfassung etwa) „immer einer interpretatorischen Vergegenwärtigung, um auch in konkreten Streit- und Konfliktfällen den Geltungsanspruch einzulösen" (ebd.: 255).

soziologisch vom Verein unterscheidet. Idealtypisch gesehen lebt letzterer von der demokratischen Willensbildung (vgl. Strachwitz 2005, 2010; Müller-Jentsch 2008). Natürlich haben auch Vereine einen gewissen Stiftungscharakter, insofern sie dazu neigen, sich auf einen gesetzten Anfang, auf eine Zwecksetzung zu beziehen und die damit verbundene Tradition eher pflegen, als dass sie sich permanent im internen Willensbildungsprozess neue Zwecke setzen.

Die Identität der Stiftung über die Zeit wird über zwei „Sicherungsformen" gewährleistet: über die dauerhafte (rechtliche) Geltung des schriftlich niedergelegten Stifterwillens und durch die Sicherungsform der memorialen Wiederholung; das heißt, es muss regelmäßig und konkret von den jeweiligen Stiftungsvertretern an den Stiftungszweck erinnert werden. Kulturgeschichtlich gehen derart kanonische Texte auf einen Prozess der „Heiligung" (Assmann 2000) zurück. Stiftungen beruhen auf einer kodifizierten Semantik, die nicht angetastet werden darf und geschützt werden muss.[8]

Es zeigt sich also, dass Stiftungen Institutionen sind, die sich *unmittelbar* mit dem Problem der Zeit beschäftigen beziehungsweise dieses bearbeiten (natürlich hat mittelbar jede Institution mit dem Problem der Zeit zu tun). Anknüpfend an Anthony Giddens (1981: 34ff.) und Hartmut Rosa (2005: 30ff.) lassen sich aus einer Akteursperspektive zunächst drei Zeithorizonte unterscheiden: Erstens wird Zeit routinenhaft als *durée* erlebt, als Alltagszeit, die stark von den Rhythmen von Arbeit, Freizeit, Mahlzeiten und Schlafen usw. geprägt ist. Zweitens haben wir eine zeitliche Perspektive auf unser Leben als Ganzes, auf unser „Dasein" im Sinne Heideggers. Diese Perspektive auf die gesamte Lebenszeit zielt stärker auf die Frage, wie wir leben wollen im Angesicht der unausweichlichen Endlichkeit des Lebens. Drittens schließlich erlebt man sein eigenes Leben eingebettet in größere historische Zusammenhänge, man lebt in der übergreifenden Zeit einer Epoche. In der modernen Gesellschaft erscheint dieser Zeithorizont im Bewusstsein der Historizität, das heißt Geschichte wird als kontingent, beeinflussbar und veränderbar, als abhängig von menschlichen Handlungen gedacht. Alle drei Perspektiven müssen – so bemerkt Rosa (2005: 31) – „immer wieder von Neuem miteinander in Einklang gebracht werden". Ob und wieweit in die Zukunft geplant wird, hängt stark von Stabilität der sozialen Umwelt ab, und die historische Zeitebene entzieht sich sehr stark der individuellen Einflussnahme. Stiftungen jedoch zielen über die *durée* des Alltags hinausweisend auf ein biographisches Leben als Ganzes und sogar auf die historische Epoche ab: Der Stifter, so kann man begründet annehmen, peilt durchaus bewusst die Gestaltung dieser beiden Zeitebenen an, wie eingeschränkt auch immer dies möglich ist. Die biographische Zeit wird gleichsam durch den Stiftungsakt verlängert und in Zusammenhang mit der historischen Zeit gebracht.

8 Die Voraussetzung hierfür besteht natürlich in der Existenz der Schrift als Speichermedium, als „Exteriorisierung" des Gedächtnisses (Assmann 2000: 105). Kanonische Texte werden sodann rechtsförmig nach dem Modell des Vertrags und sakral nach dem Modell des Ritus gesichert (ebd.: 145).

In Anlehnung an Durkheim und Mauss lässt sich allerdings auch noch eine vierte Zeitdimension in die theoretische Betrachtung einführen, nämlich die sakrale Zeit (vgl. Watts Miller 2000; Rosa 2005: 35f.), die sich als heilige Zeit von der profanen Zeit abhebt. Der Alltag wird zu besonderen Zeiten – an Festtagen etwa – unterbrochen, und es wird auf das Heilige verwiesen. Die Sakralzeit transzendiert die drei anderen Zeitdimensionen und verweist auf ein Höheres, ein überwölbendes Heiliges, wobei Stiftungen sich m. E. auch auf diese Dimension beziehen. Stiftungen, so lassen sich diese Überlegungen resümieren, sind als Institutionen auch damit befasst, die vier Zeitebenen (Alltag, biographisches Leben, historische sowie sakrale Zeit) aufeinander zu beziehen und miteinander in Einklang zu bringen. Diese vier Zeitebenen in der Interaktion zwischen Stifterwille, Gegenwart und Zukunft aufeinander zu beziehen, lässt sich als ein Prozess des kollektiven Rekonstruierens von Erinnerung verstehen.

Diese Einsicht verdanken wir vornehmlich Maurice Halbwachs' (1985 [1925]) Theorie des kollektiven Gedächtnisses, die herausstellt, dass Gedächtnis sowie Bewusstsein, Sprache und Identität soziale Phänomene sind. Erinnerung ist abhängig von einem sozialen Rahmen, der Gruppenerinnerungen organisiert – auch der Einzelne ruft mit Hilfe des Bezugsrahmens des sozialen Gedächtnisses Erinnerungen auf (ebd.: 381). So ist eine Memorialstiftung auch als Setzung eines solchen Rahmens zu verstehen (Scheller 2004: 21): Der Stifter versucht aus Motiven der Generativität (also aufgrund des Wunschs, etwas von sich selbst und von bleibendem Wert zu hinterlassen) einen sozialen Gedächtnisrahmen zu setzen, der die Sicht der Nachkommenden auf ihn (und in seinem Sinne) organisiert. Die nach dem Tod des Stifters eingesetzten Verwalter können sich zunächst noch bis zu einige Jahrzehnte lang direkt kommunikativ auf den Stifter und seinen Willen beziehen – sofern sie den Stifter persönlich kannten –, später erlischt diese Form des kommunikativen Gedächtnisses (Assmann 2000: 19) und transformiert sich in eine abstraktere Form des kulturellen Gedächtnisses, die weit über den typischen Dreigenerationen-Zeitrahmen des kommunikativen Gedächtnisses ausgreifen kann. Bei Bindungen an den Stiftungswillen geht es nicht nur um Erinnerungsleistungen, sondern um Bindungen an uneingeschränkte Geltung verlangende und institutionalisierte Willensäußerungen, die zudem noch sakral beziehungsweise charismatisch aufgeladen werden.

Edward Shils' (1972) Transformation des Weber'schen Charismabegriffs zielt in diese Richtung. Shils war der erste Sozialwissenschaftler, der die konkrete Synthese von Charisma und Alltag systematisch entfaltete (Gebhardt 1993: 48): Er führt die Vorstellung des späten Durkheims (1981 [1912]), dass in jeder Gesellschaft ein Heiliges existiert, mit Webers Begriff des Charismatischen zusammen und stellt die These auf, dass man in allen Gesellschaften Dinge, Personen oder Institutionen findet, denen charismatische beziehungsweise heilige Qualitäten zugesprochen werden (vgl. Turner 2003). Diese Institutionen und Symbole haben eine gesellschaftsstabilisierende Funktion, weil sie die Bindung an bestimmte gemeinsam geteilte Werte ausdrücken; sie konstituieren das Zentrum einer Gesellschaft. Die zentralen – heiligen beziehungsweise mit Charisma aufgeladenen – wertbezogenen Institutionen werden in der Regel geschätzt, unterstützt und anerkannt. Auf diese Weise befreit Shils Webers Konzept des individuellen Charismas zum einen seines außeralltäglichen, disruptiven und transformativen Charakters, zum anderen schreibt er auch Rollen, Institutionen und Symbolen eine charismatische Aufladung zu und nicht nur Personen: „Where institutions, roles, persons, norms, or symbols are perceived or believed to be connected or infused with these charismatic powers, we say that they are perceived as charismatic" (Shils 1972: 110).

Dem Charisma liegt nach Shils letztlich ein kognitives wie normatives Bedürfnis nach Ordnung zugrunde, das er anthropologisch fundiert sieht. Insbesondere gesellschaftliche Eliten bedienen dieses Bedürfnis nach (transzendenter) Ordnung, und Charisma wird ihnen auf diese Weise zugeschrieben. Zunächst einmal bildet schon die bloße Konzentration von Macht in einer Institution den Ausgangspunkt für die Zuschreibung von Charisma, aber dies allein ist noch nicht hinreichend; hinzukommen muss der Bezug auf eine transzendente Ordnung etwa der der Gerechtigkeit: „The justice of the Supreme Court is the link between the transcendent order and the earthly order" (ebd.: 134). Den charismatischen Elementen des gesellschaftlichen Zentrums bringen Gesellschaftsmitglieder Achtung und Ehrerbietung *(deference)* gegenüber. Die am meisten geachteten Berufsgruppen sind beispielsweise die, die dem gesellschaftlichen Zentrum am nächsten stehen (Shils 1972: 147) und dies sind in der Regel die Eliten einer Gesellschaft. So kann Reichtum die Basis für gesellschaftliche Anerkennung, Achtung und Ehrerbietung bieten, sofern er mit einem „angemessenen Lebensstil" Hand in Hand geht, der auf anerkannte gesellschaftliche Werte verweist. Verfestigte Positionen der Ehrerbietung bilden zugleich die Basis für soziale Schichtungsprozesse: Mit Weber gesprochen könnte man sagen, dass verschiedenen ständischen Vergesellschaftungen eine unterschiedlich starke charismatische Aufladung und somit auch Ehrerbietung zuerkannt wird.

Knüpft man an diese Überlegungen zum Konzept des Sakralen und Charismatischen an, wird deutlich, wie diese Dimension – manche mögen hier vom „Vormodernen" sprechen wollen – in Stiftungen verkörpert ist und auch in die moderne Institution der Stiftung „hineinragt". Wichtig ist dabei, die Dichotomie sakral/profan nicht mit zwei weiteren gebräuchlichen religionssoziologischen Dichotomien gleichzusetzen, nämlich die Dichotomien transzendent/immanent und religiös/säkular. Es kann in bestimmten historischen Situationen zur Deckungsgleichheit dieser drei Dichotomien kommen, doch besteht dafür keine Notwendigkeit, und alle drei sind voneinander unabhängig (vgl. Casanova 2007, 2008). Das Sakrale beziehungsweise Heilige kann somit transzendent oder immanent sein, kann sich auf die religiöse und die säkulare Sphäre beziehen. Die Kategorie der Transzendenz ist eng mit den achsenzeitlichen Weltreligionen verknüpft, während die Kategorie des Religiösen und des Säkularen westlichen Ursprungs ist und die Unterscheidung außerweltlich/weltlich voraussetzt. Säkularisieren heißt dann schlicht „weltlich machen". In diesem Sinne wäre davon auszugehen, dass Stiftungen eine sakrale Aura auf sich ziehen können, die nicht zwangsläufig auf Transzendentes oder Religiöses verweist. „Was institutionenanalytisch als ‚Heiligung' von Ordnungen behandelt wird, ist nur die extremste Steigerung und Zuspitzung (...) institutioneller Geltungsproduktion. Hier handelt es sich um eine konzeptionell ausdifferenzierte, symbolisch und rituell dargestellte Form der Unverfügbarkeit, die nie ohne Absolutheitsanspruch auskommt" (Rehberg 1994: 65).

Schluss

In der vorangegangenen Diskussion ist deutlich geworden, dass das Stiften zwar genauso wie das Spenden einen einseitigen Transfer darstellt, doch sollte man die beiden philanthropischen Handlungsweisen auch deutlich unterscheiden. Im Vergleich zum Spenden sind nicht nur größere Summen an Geld oder andere Ressourcen für die Stiftungsgründung notwendig, sondern Stiften ist als ein Akt der Institutionengründung aufzufassen. Der damit verbundene Gestaltungsrahmen ist beim Spenden strukturell in der Regel nicht gegeben. Stifter sind Institutionenbildner und gleichsam *hyperagents* (Schervish), die in der Lage sind, soziale Beziehungen über den Tod hinaus zu rahmen. Dabei kommt der geschaffenen Institution eine Eigengeltung zu, die sich von der Person des Stifters ablöst und auf die überindividuelle historische Zeit abzielt. Durch ihren Gemeinwohlbezug gelingt es Stiftungen zudem, Ehrerbietung auf sich zu ziehen und sich charismatisch aufzuladen.[9]

Aus dem Dargestellten ergeben sich starke Indizien für die These, dass stifterische Philanthropie im Unterschied zum Spenden weniger nachfrage- als angebotsinduziert ist. In Phasen großer Vermögenszuwächse nimmt auch die Anzahl von Stiftungen zu. In Deutschland dauerte es allein bis in die 1980er/90er Jahre, bis wieder größere Vermögen aufgebaut waren, die teilweise in Stiftungen überführt wurden. Der Vermögenszuwachs unter den wohlhabendsten zehn Prozent der deutschen Bevölkerung war seit den 1990er Jahren enorm, und dies korreliert mit der Tatsache, dass etwa ein Drittel aller Stiftungen in Deutschland erst in den letzten zehn Jahren gegründet wurde. Es lässt sich mithin die These aufstellen, dass Stiftungen dann vermehrt geschaffen werden, wenn auf gesamtgesellschaftlicher Ebene Gestaltungsmöglichkeiten für stifterische Eliten bestehen; also besonders in historischen Konstellationen, in denen der Staat im Zuge von Liberalisierungsprozessen Eliten diesen Gestaltungsraum überlässt.

Spender und Stifter sind immer schon in Netzwerke des Gebens und Nehmens eingebunden, die die Basis für philanthropisches Handeln bilden. Dabei kann das philanthropische Geben zu symmetrischen solidarischen Beziehungen oder zu asymmetrischen, hierarchisch angelegten führen. Während den ersten Fall eine prinzipielle Umkehrbarkeit des Verhältnisses von Geber und Empfänger konstituiert, ist dies bei der asymmetrischen Beziehung nicht gegeben – anzunehmen ist schließlich, dass dies der für Stiftungen typische Fall ist. Motive des Gebens sollte man nicht einseitig auf

9 Zur Debatte um die demokratische Legitimität von Stiftungen in der Moderne vgl. Strachwitz (2010, insbes. 183ff.).

Eigennutz oder auf Altruismus als Motivation engführen (vgl. West in diesem Band). Alain Caillé (2008) folgend ist vielmehr festzuhalten, dass sich das Geben in einem Spannungsfeld von Pflicht und Spontaneität, Eigennutz und Interesse am anderen befindet, darüber hinaus bewegt es sich in gesellschaftlich institutionalisierten Kontexten. Deshalb ist das Geben einer Stiftung an ihre Destinatäre etwas anderes als das spontane individuelle Geben in spezifischen Mikrosituationen. Stiftungen sind nach ihrer Gründung schlichtweg dazu verpflichtet, ihren Zweck zu verfolgen und entsprechende Förderungen vorzunehmen. Auch die Frage Eigennutz versus Interesse am anderen erübrigt sich quasi durch das Faktum ihrer starken Institutionalisierung. Es wäre also zu fragen, wie es Stiftungen dennoch gelingt, sich als gemeinwohlorientierte und Verpflichtungen transzendierende Akteure darzustellen und auf diese Weise Anerkennung auf sich zu ziehen.

Schließlich wäre zu analysieren, inwiefern Handlungsformen des Spendens und Stiftens an den Prozessen der Radikalisierung, Introvertierung und Universalisierung der Gabe an Fremde (Caillé 2008) über die sozialmoralische Einbindung von Stiftern und Spendern in potenziell weit gefasste und offene soziale Netzwerke (Silber 2001) beteiligt sind. Gerade im Bereich des individuellen, fluiden Spendens an Hilfsorganisationen, von denen niemand etwas erfährt, zeigt sich diese dreifache Besonderheit: Universalisierte Gaben richten sich nicht mehr nur an soziale Gruppen, die einem nahe stehen, sondern auch an Fremde. Die radikalisierte Gabe erwartet keine Erwiderung mehr, und die introvertierte Gabe setzt sich ab vom theatralisch inszenierten, für alle sichtbaren Geben. Anonyme Spenden entsprechen genau diesem Typus des Gebens.

Stiftungen hingegen haben mit Sicherheit am Prozess der Universalisierung des Gebens teilgenommen (ablesbar beispielsweise an der Verbreitung des Stiftungszwecks „Internationales"), zugleich gilt aber auch, dass ein Großteil des stifterischen Gebens sozialstrukturell gesehen sehr selbstbezüglich ist. Eine Radikalisierung im Sinne der Unterbrechung von Reziprozitäts- und Dankbarkeitszyklen ist bei Stiftungen – so ist zu mutmaßen – wohl recht selten anzutreffen. Hier wäre also zu diskutieren, welche Reziprozitätserwartungen zwischen Stiftungen und ihren Destinatären bestehen. Eine Introvertiertheit ist bei Stiftungen nur in den seltensten Fällen gegeben. Die meisten Stiftungen handeln eher gemäß dem Motto „tue Gutes und rede darüber". Die typische anonyme Spende an eine Hilfsorganisation entspricht dagegen eher dem Modell der rationalisierten modernen Gabe.

Man kann an dieser Stelle eine These wagen, die im historisch-vergleichenden Zugriff überprüft werden muss (vgl. Adloff 2010): Gerade Stiftungen bergen strukturell die Gefahr in sich, zur reinen „Prestigeagentur" zu werden. Eine Stiftung ist in besonderer Weise geeignet, Prestige oder Status zu erlangen, da sie zunächst über eigennützige Interessen hinausweist, dauerhaft ist und in der Regel auf gemeinsame Werte im Sinne des Gemeinwohls verweist. Mit der Errichtung einer dauerhaften Institution des Gebens verschärft sich die Ambivalenz oder Doppelgesichtigkeit, die dem Geben an sich schon inhärent ist: Im Geben ist schließlich das Potenzial zu solidarischer

Hilfe und horizontaler Vernetzung einerseits und Distinktion und dem Herstellen gesellschaftlicher Statusgefälle und agonistischer Hierarchien andererseits angelegt. Das Paradox des Gebens besteht also darin, dass es soziale Akteure beziehungsstiftend einander anzunähern und sie zugleich voneinander zu entfernen vermag, dass in ihm mit Mauss (1968) gesprochen Solidarität und Rivalität angelegt sind – und dies auch und gerade in der modernen Gesellschaft.

Literatur

Adloff, Frank (2010): Philanthropisches Handeln. Eine historische Soziologie des Stiftens in Deutschland und den USA. Frankfurt/New York: Campus.

Adloff, Frank/Steffen Mau (2005): Zur Theorie der Gabe und Reziprozität. In: Dies. (Hg.): Vom Geben und Nehmen. Zur Soziologie der Reziprozität. Frankfurt./New York: Campus, S. 9-57.

Anheier, Helmut K./Siobhan Daly (2007): Philanthropic Foundations in Modern Society. In: Dies. (Hg.): The Politics of Foundations. A Comparative Analysis. London: Routledge, S. 3-26.

Assmann, Jan (2000): Religion und kulturelles Gedächtnis. Zehn Studien. München: C. H. Beck.

Bataille, Georges (1985 [1967]): Die Aufhebung der Ökonomie. München: Matthes & Seitz.

Beckert, Jens (1999): Agency, Entrepreneurs, and Institutional Change. The Role of Strategic Choice and Institutionalized Practices in Organizations. Organization Studies 20, S. 777-799.

Bellah, Robert N. (1999): Max Weber and World-Denying Love: A Look at the Historical Sociology of Religion. Journal of the American Academy of Religion 67, Nr. 2, S. 277-304.

Borgolte, Michael (2000): Der König als Stifter. Streiflichter auf die Geschichte des Willens. In: Ders. (Hg.): Stiftungen und Stiftungswirklichkeiten. Vom Mittelalter bis zur Gegenwart. Berlin: Akademie Verlag, S. 39-58.

Caillé, Alain (2008 [2000]): Anthropologie der Gabe. Frankfurt a.M./New York: Campus.

Calhoun, Craig (1999): Nationalism, Political Community and the Representation of Society. Or, Why Feeling at Home is not a Substitute for Public Space. In: European Journal of Social Theory 2, Nr. 2, S. 217-231.

Casanova, José (2007): Public Religions Revisited. Paper presented at the conference on „The Politics of Religious Making", Hofstra University, 4.-6. Oktober 2007.

Casanova, José (2008): A Secular Age: Dawn or Twilight? Draft of paper to be presented at the conference „Varieties of Secularism", Yale University, 3.-5. April 2008.

Durkheim, Emile (1981 [1912]): Die elementaren Formen des religiösen Lebens. Frankfurt a.M.: Suhrkamp.

Fine, Gary Alan/Brooke Harrington (2004): Tiny Publics: Small Groups and Civil Society. In: Sociological Theory 22, Nr. 3, S. 341-356.

Gebhardt, Winfried (1993): Charisma und Ordnung. Formen des institutionalisierten Charisma – Überlegungen im Anschluss an Max Weber. In: Winfried Gebhardt / Arnold Zingerle / Michael N. Ebertz (Hg.): Charisma. Theorie – Religion – Politik. Berlin / New York: Walter de Gruyter, S. 47-68.

Giddens, Anthony (1981): The Time-Space Constitution of Social Systems. In: Ders.: A Contemporary Critique of Historical Materialism, Vol. 1: Power, Property and the State. London: Macmillan, S. 26-48.

Gersick, Kelin E. et al. (2004): Generations of Giving. Leadership and Continuity in Family Foundations. Lanham: Lexington Books.

Godbout, Jacques T. (1998, mit Alain Caillé): The World of the Gift. Montreal: McGill-Queen's Univ. Press.

Halbwachs, Maurice (1985 [1925): Das Gedächtnis und seine sozialen Bedingungen. Frankfurt a.M.: Suhrkamp.

Hatje, Frank (2006): Stiftung, Stadt und Bürgertum. „Konjunkturen“ karitativer Stiftungen vom 16. bis 19. Jahrhundert. Die alte Stadt 3 / 2006, S. 219-248.

Hauriou, Maurice (1965): Die Theorie der Institution und zwei andere Aufsätze. Hg. von Roman Schnur. Berlin: Duncker & Humblot.

Healy, Kieran (2000): Embedded Altruism: Blood Collection Regimes and the European Union's Donor Population. The American Journal of Sociology 105, Nr. 6, S. 1633-1657.

Healy, Kieran (2004): Altruism as an Organizational Problem: The Case of Organ Procurement. American Sociological Review 69, Juni, S. 387-404.

Joas, Hans (1992): Die Kreativität des Handelns. Frankfurt a.M.: Suhrkamp.

Kahlert, Hans Christoph (2008): Die Stiftungsaufgabe – Beobachtung eines Reziprozitätskreislaufes. Berlin: Maecenata Institut für Philanthropie und Zivilgesellschaft.

Kalberg, Stephen (1980): Max Weber's Types of Rationality: Cornerstones for the Analysis of Rationalization Processes in History. The American Journal of Sociology 85, Nr. 5, S. 1145-1179.

Komter, Aafke E. (2005): Social Solidarity and the Gift. Cambridge: Cambridge Univ. Press.

Lepsius, M. Rainer (2003): Eigenart und Potenzial des Weber-Paradigmas. In: Gert Albert u.a. (Hg.): Das Weber-Paradigma. Studien zur Weiterentwicklung von Max Webers Forschungsprogramm. Tübingen: Mohr Siebeck, S. 32-41.

Lusiardi, Ralf (2000): Stiftung und städtische Gesellschaft. Religiöse und soziale Aspekte des Stiftungsverhaltens im spätmittelalterlichen Stralsund. Berlin: Akademie Verlag.

Mauss, Marcel (1968 [1925]): Die Gabe. Frankfurt a.M.: Suhrkamp.

Mead, George Herbert (1980): Die Philanthropie unter dem Gesichtspunkt der Ethik, in: Ders.: Gesammelte Aufsätze Band I, Frankfurt a.M.: Suhrkamp, S. 399-416.

Michalski, Joseph H. (2003): Financial Altruism or Unilateral Resource Exchanges? Toward a Pure Sociology of Welfare, in: Sociological Theory, Vol. 21, Nr. 4, S. 341-358.

Müller-Jentsch, Walther (2008): Der Verein – ein blinder Fleck der Organisationssoziologie. Berliner Journal für Soziologie 18, Heft 3, S. 476-502.

Münkler, Herfried (2007): Anstifter, Unruhestifter. Wie Stiftungen Veränderungen bewegen. Merkur 61, Heft 3, S. 200-209.

Nullmeier, Frank (2000): Politische Theorie des Sozialstaats. Frankfurt/New York: Campus.

Ostrower, Francie (1995): Why the Wealthy Give. The Culture of Elite Philanthropy. Princeton, NJ.: Princeton University Press.

Priller, Eckhard/Jana Sommerfeld (2005): Wer spendet in Deutschland? Eine sozialstrukturelle Analyse. Berlin: Wissenschaftszentrum Berlin für Sozialforschung, Abt. Ungleichheit und soziale Integration.

Putnam, Robert D. (2000): Bowling Alone: The Collapse and Revival of American Community. New York: Simon & Schuster.

Rassem, Mohammed (1979): Stiftung und Leistung. Essais zur Kultursoziologie. Mittenwald: Mäander.

Rehberg, Karl-Siegbert (1994): Institutionen als symbolische Ordnungen. Leitfragen und Grundkategorien zur Theorie und Analyse institutioneller Mechanismen. In: Gerhard Göhler (Hg.): Die Eigenart der Institutionen: Zum Profil politischer Institutionentheorie. Baden-Baden: Nomos, S. 47-84.

Rehberg, Karl-Siegbert (2002): Institutionen, Kognitionen und Symbole – Institutionen als symbolische Verkörperungen. Kultursoziologische Anmerkungen zu einem handlungstheoretischen Forschungsprogramm. In: Andrea Maurer/Michael Schmid (Hg.): Neuer Institutionalismus. Zur soziologischen Erklärung von Organisationen, Moral und Vertrauen. Frankfurt/New York: Campus Verlag, S. 39-56.

Rehberg, Karl-Siegbert (2004): Zur Konstruktion kollektiver „Lebensläufe". Eigengeschichte als institutioneller Mechanismus. In: Gert Melville/Karl-Siegbert Rehberg (Hg.): Gründungsmythen, Genealogien, Memorialzeichen. Beiträge zur institutionellen Konstruktion von Kontinuität. Köln: Böhlau Verlag, S. 3-18.

Richter, Andreas (2001): Rechtsfähige Stiftung und Charitable Corporation. Berlin: Duncker & Humblot.

Rosa, Hartmut (2005): Beschleunigung. Die Veränderung der Zeitstruktur in der Moderne. Frankfurt a.M.: Suhrkamp.

Sahlins, Marshall D. (2005 [1972]): Zur Soziologie des primitiven Tauschs. In: Frank Adloff/Steffen Mau (Hg.): Vom Geben und Nehmen. Zur Soziologie der Reziprozität. Frankfurt/New York: Campus, S. 73-91.

Scheller, Benjamin (2004): Memoria an der Zeitenwende. Die Stiftungen Jakob Fuggers des Reichen vor und während der Reformation. Berlin: Akademie Verlag.

Schervish, Paul G. (1998): Philanthropy. In: Robert Wuthnow (Hg.), The Encyclopedia of Politics and Religion. Washington, DC: Congressional Quarterly, S. 600-602.

Schervish, Paul G. (2000): The Modern Medici: Patterns, Motivations and Giving Strategies of the Wealthy. Boston: Boston College.

Schervish, Paul G./Havens, John J. (1997): Social Participation and Charitable Giving: A Multivariate Analysis. In: Voluntas 8, Nr. 3, S. 235-260.

Schervish, Paul G./Havens, John J. (2002): The Boston Area Diary Study and the Moral Citizenship of Care. In: Voluntas 13, Nr.1, S. 47-71.

Schervish, Paul G./Susan A. Ostrander (1990): Giving and Getting: Philanthropy as a Social Relation. In: Jon Van Til (Hg.): Critical Issues in American Philanthropy. Strengthening Theory and Practice. San Francisco: Jossey-Bass, S. 67-98.

Shils, Edward (1972): The Constitution of Society. Chicago: University of Chicago Press.

Silber, Ilana (1998): Modern Philanthropy: Reassessing the Viability of a Maussian Perspective. In: James, Wendy/Allen, N.J. (Hg.), Marcel Mauss. A Centenary Tribute. New York: Berhahn, S. 134-150.

Silber, Ilana F. (2001): The Gift-Relationship in an Era of "Loose" Solidarities. In: Eliezer Ben-Rafael/Yitzhak Sternberg (Hg.): Identity, Culture and Globalization. Leiden/Boston/Köln: Brill, 385-400.

Sokolowski, S. Wojciech (1996): Show me the Way to the Next Worthy Deed: Towards a Microstructural Theory of Volunteering and Giving. In: Voluntas 7, Nr. 3, S. 259-278.

Strachwitz, Rupert Graf (2003): Towards a New Theory of Foundations. Some Practical and Theoretical Issues Facing Foundations in Germany. In: Ders.: Philanthropy and Civil Society. Berlin: Maecenata Verlag, S. 58-60.

Strachwitz, Rupert Graf (2005): Die Stiftung und ihre Idee. In: Rupert Graf Strachwitz/Florian Mercker (Hg.): Stiftungen in Theorie, Recht und Praxis. Handbuch für ein modernes Stiftungswesen. Berlin: Duncker & Humblot, S. 123-134.

Strachwitz, Rupert Graf (2010): Die Stiftung – ein Paradox? Zur Legitimität von Stiftungen in einer politischen Ordnung. Stuttgart: Lucius & Lucius.

Turner, Stephen (2003): Charisma Reconsidered. Journal of Classical Sociology 3, Nr. 1, S. 5-26.

Vandenrath, Sonja (2006): Private Förderung zeitgenössischer Literatur. Eine Bestandsaufnahme. Bielefeld: transcript.

Veblen, Thorstein B. (1997 [1899]): Theorie der feinen Leute. Eine ökonomische Untersuchung der Institutionen. Frankfurt a.M.: Fischer.

Volz, Fritz/Thomas Kreuzer (2005): Die verkannte Gabe. Anthropologische, sozialwissenschaftliche und ethische Dimensionen des Fundraisings. In: Claudia Andrews/Paul Dalby/Thomas Kreuzer (Hg., 2005): Geben, Schenken, Stiften – theologische und philosophische Perspektiven. Münster: LIT Verlag, S. 11-31.

Vorländer, Hans (2002): Gründung und Geltung. Die Konstitution der Ordnung und die Legitimität der Konstitution. In: Gert Melville/Hans Vorländer (Hg.): Geltungsgeschichten. Über die Stabilisierung und Legitimierung institutioneller Ordnungen. Köln: Böhlau Verlag, S. 243-263.

Watts Miller, William (2000): Durkheimian Time. Time & Society 9, Nr. 1, S. 5-20.

Weber, Max (1972 [1922]): Wirtschaft und Gesellschaft. Grundriß der verstehenden Soziologie. Tübingen: Mohr Siebeck.

Wenzel, Harald (2001): Die Abenteuer der Kommunikation. Echtzeitmassenmedien und der Handlungsraum der Hochmoderne. Weilerswist: Velbrück.

Wenzel, Harald (2003): Traumschlösser: Über den Luxuskonsum der Superreichen. In: Fluck/Werner 2003, S. 225-253.

Winter, Thomas von/Ulrich Willems (2000): Die politische Repräsentation schwacher Interessen: Anmerkungen zum Stand und zu den Perspektiven der Forschung. In: Ulrich Willems/Thomas von Winter (Hg.): Politische Repräsentation schwacher Interessen. Opladen: Leske + Budrich, S. 9-36.

Die Autorinnen und Autoren

Frank Adloff

Studium der Soziologie, Philosophie und Ökonomie in Marburg, Jena und Berlin. Promotion an der Freien Universität Berlin (2002). Wissenschaftlicher Mitarbeiter am Maecenata Institut für Philanthropie und Zivilgesellschaft (2000-2002) und wissenschaftlicher Assistent in Göttingen. 2004 Theodor Heuss Lecturer an der New School for Social Research in New York und Max Weber Fellow am European University Institute in Florenz (2006/07). Von 2007-2010 Professor für die Soziologie Nordamerikas an der FU Berlin. Seit April 2010 Professor für Allgemeine Soziologie und Kultursoziologie an der Universität Erlangen-Nürnberg. Forschungsschwerpunkte: soziologische Theorie, historische Soziologie und Kultursoziologie, insbesondere die Themenfelder Philanthropie (Stiften und Spenden), Zivilgesellschaft und Religionssoziologie.

Joana Breidenbach

Studium der Ethnologie und Kunstgeschichte in München, Berkeley und London. Promotion zum Dr.phil. (1994). Seit 1992 Autorin und Journalistin (Schwerpunkt: die kulturellen Folgen der Globalisierung, Migration und Tourismus). Seit 2007 Mitgründerin von betterplace.org, dem Marktplatz für soziales Engagement. Außerdem Leiterin des betterplace lab, des Think-and-Do-Tanks, der soziales Handeln durch die Erforschung und den Einsatz digitaler Kommunikation verbessern will.

Jan Simon Busse

Studium der Wirtschaftswissenschaften in Hannover. Mitarbeiter bei der KPMG Deutsche Treuhand-Gesellschaft AG, Hannover, Bereich: Audit Commercial Clients (ACC). Seit 2006 wissenschaftlicher Mitarbeiter an der Professur für Rechnungslegung und Wirtschaftsprüfung an der Georg-August-Universität-Göttingen. Promotion an der Georg-August-Universität-Göttingen (2010).

Josep Call

Studium der vergleichenden Psychologie in Barcelona und Atlanta. Nach Abschluss der Promotion 1997 Lehrbeauftragter an der School of Biological Sciences, University of Liverpool. Seit 1999 ist er Senior Scientist am Max-Planck-Institut für evolutionäre Anthropologie in Leipzig und Direktor des WKPRC- Wolfgang Köhler Primate Research Center. Mitherausgeber des Journal of Comparative Psychology und Mitglied des Herausgeberausschusses von mehreren anderen akademischen Zeitschriften.

Marita Haibach

Studium der Amerikanistik, Politikwissenschaften, Mittlere und Neuere Geschichte in Frankfurt am Main. Promotion an der Freien Universität Berlin (1994). 1982-1985 Landtagsabgeordnete und 1985-1987 Staatssekretärin in Hessen. Seit 1991 als unabhängige Beraterin für Fundraising- und Nonprofit-Management tätig. Stellvertretende Vorstandsvorsitzende des Deutschen Fundraising Verbands (1996-2002), Präsidentin der European Fundraising Association (2004-2008, Vizepräsidentin 2002-2004). Seit 2004 ist sie stellvertretende Vorsitzende der Stiftung Citoyen. Mitinitiator/innen der Fundraising Akademie (1999), der Stiftung Filia (2001) und des PECUNIA Erbinnen-Netzwerkes (1999).

Kai J. Jonas

Studium der Sozialwissenschaften und Mathematik in Göttingen. Promotion in Sozialpsychologie an der Georg-August-Universität-Göttingen (2002). Post-Doc und Lehrstuhlassistent bei Prof. Dr. Amélie Mummendey an der Universität Jena. Seit 2008 Assistant Professor für Sozialpsychologie an der Universität von Amsterdam. Seine Forschungsschwerpunkte sind die Analyse von bewussten und unbewussten Verhaltensmustern in komplexen Situationen.

Christoph J. Karlson

Studium der Theologie und Philosophie in Erfurt und Rom. Von 2000 bis 2004 Sekretär des Erzbischofs von Berlin. Seit 2007 Geistlicher Rektor an der Katholischen Akademie in Berlin e.V. und Pfarrer.

Gabriele Lingelbach

Studium der Geschichte, Volkswirtschaft und Germanistik in Berlin und Paris. Promotion an der Freien Universität Berlin (2000). Von 2000 bis 2008 wissenschaftliche Assistentin an der Universität Trier, 2004/2005 John-F.-Kennedy-Fellowship der Harvard University. 2007 Habilitation über die Entwicklung des Marktes für Wohltätigkeitsspenden in der Bundesrepublik Deutschland. Von 2008 bis 2010 Lehrstuhlvertretung der Professur für die Geschichte des Romanischen Westeuropa an der Universität Freiburg. Seit 2010 Professorin für Globalgeschichte des 19. und 20. Jhdts an der Universität Bamberg.

Eckhard Priller

Studium der Soziologie und Ökonomie in Berlin. Promotion an der Humboldt Universität Berlin (1978). Ab 1992 wissenschaftlicher Mitarbeiter am Wissenschaftszentrum Berlin für Sozialforschung, seit 2008 Leitung der Projektgruppe „Zivilengagement“. Forschungsschwerpunkte: Forschung zum Dritten Sektor (1990-1999 im Rahmen des Johns Hopkins Comparative Nonprofit Sector Project), zur Zivilgesellschaft, zum bürgerschaftlichen Engagement, zur Spendenthematik.

Jörg Rössel

Studium der Soziologie und der Geschichte in Berlin. Von 1994 bis 2003 wissenschaftlicher Mitarbeiter/Assistent am Institut für Kulturwissenschaften der Universität Leipzig. Von 2003 bis 2004 John F. Kennedy Memorial Fellow am Center for European Studies der Harvard University. Professuren an der International University Bremen, an der Universität Erfurt und an der Universität zu Köln. Seit 2008 Professor für Soziologie an der Universität Zürich. Forschungsschwerpunkte: Sozialstrukturanalyse, Soziologische Theorie, Politische Soziologie, Historisch-vergleichende Soziologie sowie Empirische Kultursoziologie.

Sara Schmidt

Studium der Soziologie mit dem Schwerpunkt der Spendenforschung und Migration in Hamburg. 2008 Praktikantin im WZB im Bereich Spenden und Dritte-Sektor-Forschung. 2009 Masterarbeit mit dem Titel „Zum Spendenverhalten von Migranten – Überlegungen zu soziokulturellen Einflussfaktoren und empirische Analyse des European Social Survey".

Tobias Scholz

Studium der Publizistik, Soziologie und Nordamerikastudien in München und Berlin. Seit 2004 ist er wissenschaftlicher Mitarbeiter in der Abteilung Soziologie des John-F.-Kennedy-Instituts für Nordamerikastudien an der Freien Universität Berlin. Promotion zum Thema der bildlichen Leidenskommunikation („Rituale des Sehens – hochmoderne Sozialintegration und die Kontingenzen des Mitleids", erscheint 2011).

Jürgen Schupp

Studium der Volkswirtschaftslehre und Soziologie in Mainz und Frankfurt. Promotion in Bochum (1994). Survey-Manager und stellvertr. Leiter der Abteilung Längsschnittstudie Soziooekonomisches Panel am Deutschen Institut für Wirtschaftsforschung (DIW Berlin). Seit 2006 Honorarprofessor für Soziologie am Institut für Soziologie der Freien Universität Berlin sowie seit April 2009 Vice Dean of Graduate Studies am DIW Graduate Center of Economic and Social Research. Forschungsschwerpunkte: Methoden der empirischen Sozialforschung, Soziale Indikatoren, Sozialstrukturanalyse und soziale Ungleichheit.

Barbara Stolterfoht

Studium der Sozial- und Politikwissenschaften in Paris, Göttingen und Berlin. 1985-1995 hauptamtliche Kommunalpolitik als Stadträtin in Kassel und Landesdirektorin und Beigeordnete des Landeswohlfahrtsverbands Hessen. 1995-1999 Ministerin für Frauen, Arbeit und Sozialordnung der hessischen Landesregierung. 2000-2007 Vorsitzende des Deutschen Paritätischen Wohlfahrtsverbandes. 2005-2007 Präsidentin der Arbeitsgemeinschaft der Freien Wohlfahrtspflege (BAGFW). Seit 2007 Mitinhaberin der Stolterfoht und Pfaffenbach GbR Coaching, Strategieentwicklung und Beratung. Schwerpunkte ihrer Arbeit sind Fragen zur Sozialpolitik, die bereichsübergreifende Förderung und Vernetzung der sozialen Infrastruktur sowie die Förderung der Potenziale von Kindern.

Rupert Graf Strachwitz

Studium der Politikwissenschaft, Geschichte und Kunstgeschichte in Hamilton (New York) und München. Promotion 2009 mit einer geistesgeschichtlichen Arbeit zum Stiftungswesen. Seit 1987 verstärkt theoretische Auseinandersetzung mit Philantropie und Zivilgesellschaft. 1989 Gründung der Maecenata Management GmbH. Seit 1997 Direktor des Maecenata Instituts für Philantrophie und Zivilgesellschaftsforschung an der Humboldt-Universität zu Berlin.

Georg Sunderer

Studium der Soziologie mit den Schwerpunkten Umwelt- und Siedlungssoziologie, Empirische Sozialforschung und Sozialpsychologie an den Universitäten Trier und Galway, Irland. Zusammenarbeit mit den Stadtwerken Trier im Rahmen seiner Diplomarbeit zum Thema „Was hält Verbraucher vom Wechsel zu Ökostrom ab?". Seit 2006 wissenschaftlicher Mitarbeiter und Doktorand am Lehrstuhl von Professor Jörg Rössel (Universität Zürich).

Harald Wenzel

Studium der Soziologie, Politikwissenschaft und Psychologie in Heidelberg und Philadelphia. John-F.-Kennedy-Fellow an der Harvard University, Cambridge/Mass., seit 2004 ist er Professor für die Soziologie Nordamerikas und für soziologische Theorie am John-F.-Kennedy-Institut für Nordamerikastudien der Freien Universität Berlin. Seine Forschungsgebiete sind neben der soziologischen Theorie die visuelle Soziologie sowie die Religion und die Medien Nordamerikas.

Clara West

Studium der Erziehungs- und Politikwissenschaft in Kiel und Berlin. Seit 2006 Doktorandin an der Martin-Luther-Universität Halle/Wittenberg, Schwerpunkt: Spenderforschung und Spendenmotive. Von 2006 bis 2007 Mitarbeiterin beim unabhängigen Institut für Umweltfragen sowie freie Mitarbeiterin für weitere Organisationen im Umweltbereich. Seit 2010 freiberuflich tätig in Berlin als Marktforscherin und Beraterin für Non-Profit-Organisationen.

MAECENATA INSTITUT

FÜR PHILANTHROPIE UND ZIVILGESELLSCHAFT AN DER HUMBOLDT UNIVERSITÄT ZU BERLIN

In der Maecenata-Schriftenreihe sind bisher folgende Bände erschienen:

Band 1

Rainer Sprengel
Thomas Ebermann
mit einem Beitrag von Karin Fleschutz

Statistiken zum Deutschen Stiftungswesen 2007

2007. VIII/111 S., kt. € 34,-
ISBN 978-3-8282-0422-5

Zum vierten Mal legt das Maecenata Institut einen statistischen Forschungsbericht zum deutschen Stiftungswesen vor. Anhand der im Institut geführten Datenbank haben die Autoren eine Reihe von Untersuchungen fortgeschrieben und neue erstmals hinzugefügt. Auch ein Vergleich mit anderen verfügbaren Datenquellen findet statt.

Die Untersuchung wird eindrucksvoll ergänzt durch einen Sonderbericht von Karin Fleschutz zu unternehmensverbundenen Stiftungen.

Band 2

Rainer Sprengel
Rupert Graf Strachwitz (Hrsg.)

Private Spenden für Kultur

Bestandsaufnahme, Analyse, Perspektiven

2008. XII/116 S., kt. € 34,-
ISBN 978-3-8282-0430-0

„Der größte Kulturfinanzierer in Deutschland ist der Bürger. Zunächst als Marktteilnehmer, dann als Spender und in dritter Linie als Steuerzahler." Diese Aussage ist vor dem Hintergrund einer Tradition, die stets ‚den Staat' als größten Kulturförderer sieht und das private Engagement in eine Ergänzungsfunktion abdrängen will, ein Paradigmenwechsel. Dass nach der Kulturwirtschaft, deren Beitrag seit langem bekannt ist, das bürgerschaftliche Engagement den zweiten Rang in der Finanzierung von Kultur in Deutschland hat, ist ein überraschendes Ergebnis. Diese Aussage wurde nur möglich, weil die Enquete-Kommission dieses Engagement, das private Spenden für Kultur in einem Gutachten eigens untersuchen ließ, ausdrücklich unter Einbeziehung der Zeitspenden. Mit der Erstellung war das Maecenata Institut beauftragt. Das Gutachten wurde im September 2006 von der Enquete-Kommission ‚Kultur in Deutschland' angenommen.

Band 3

Thomas Adam
Manuel Frey
Rupert Graf Strachwitz (Hrsg.)

Stiftungen seit 1800

Kontinuitäten und Diskontinuitäten

2009. VIII/204 S., kt. € 42,-
ISBN 978-3-8282-0432-4

Stiftungen sind traditionsreiche Institutionen der Zivilgesellschaft. Seit Jahrhunderten tragen sie zum Gemeinwohl bei. Der Band stellt Beiträge und Ergebnisse einer Tagung vor, die vom Maecenata Institut in Zusammenarbeit mit der University of Texas in Arlington und der Kulturstiftung des Freistaates Sachsen in Berlin durchgeführt wurde. Anhand ausgewählter historischer Beispiele aus dem späten 19. und dem 20. Jahrhundert wird die Entwicklung des Stiftungswesens an ideengeschichtlichen Strömungen und der historischen Wirklichkeit gemessen.

LUCIUS & LUCIUS Stuttgart

Gérard Bökenkamp

Das Ende des Wirtschaftswunders

Geschichte der Sozial-, Wirtschafts- und Finanzpolitik in der Bundesrepublik 1969 – 1998

2010. VIII/577 S., geb. ISBN 978-3-8282-0516-1
Subskriptionspreis bis 31.12.2010: € 49,- (danach € 59,-).

In den 1970er Jahren vollzog sich ein Bruch, der einen neuen Rahmen für die Sozial-, Wirtschafts-, Finanz-und damit auch für die Gesellschaftspolitik setzte und dadurch auch den Status der Politik dauerhaft veränderte. Die Bundesrepublik war nicht mehr länger das Land des Wirtschaftswunders. An die Stelle geringer Defizite und Vollbeschäftigung traten rasant steigende Staatsverschuldung und Dauerarbeitslosigkeit.

In der Euphorie der Wiedervereinigung entstand noch einmal die Hoffnung auf ein „zweites Wirtschaftswunder", die sich jedoch nicht erfüllte. Im Gegenteil wurden die Weichen so gestellt, dass die öffentlichen Haushalte und der Arbeitsmarkt vor zuvor nicht gekannte Herausforderungen gestellt wurden.

Dieses Buch erzählt die Geschichte von den Ursprüngen und der Entwicklung dieser großen Veränderungen. Es zeichnet über drei Jahrzehnte hinweg vom Beginn der sozialliberalen Ära bis zum Ende der Regierung Kohl den Weg nach, der vom Boom zum Beginn des Untersuchungszeitraums zu den 5 Millionen Arbeitslosen des Jahres 1998 führte.

Inhaltsübersicht:

LUCIUS & LUCIUS *Stuttgart*